ESSENCIAL

ÉMILE DURKHEIM (David Émile Durkheim) nasceu em Epinal, Lorraine, em 1858, numa família judia religiosa, descendente há gerações de rabinos, como seu pai, Moise. De orientação secular, Durkheim preferiu seguir a carreira acadêmica, estudando na Escola Normal Superior de Paris e na Universidade de Leipzig, Alemanha, diplomando-se em filosofia em 1882. Tornou-se professor da Universidade de Bordeaux, França, em 1887, e em 1902 foi nomeado para a Faculdade de Letras da Universidade de Paris 3. Sua carreira acadêmica está inteiramente entrelaçada com o próprio percurso da institucionalização da sociologia na França, tendo concorrido diretamente para a imposição da sociologia como disciplina acadêmica. Além de sua obra pioneira, como *As regras do método sociológico* (1895), destacou-se também pela criação da importante revista *L'Année Sociologique*, em 1898, e por sua atuação no conhecido "caso Dreyfus" e como membro fundador da Liga pela Defesa dos Direitos do Homem. Casou-se com Louise Dreyfus em 1887, com quem teve um casal de filhos, tendo sido o rapaz, André, morto em combate na Primeira Guerra Mundial. Durkheim morreu em Paris em 1917. Seu sobrinho Marcel Mauss, com quem trabalhou e escreveu, foi um dos seus mais notáveis discípulos.

GEORG SIMMEL nasceu em Berlim, em 1858, filho de pais abastados com ascendência judia, embora ele e a mãe tenham sido batizados luteranos. Diplomou-se na Universidade de Berlim, onde frequentou cursos de filosofia, área em que também defendeu seu doutorado, em 1881. Sua formação, porém, inclui outros campos do conhecimento, como a psicologia e as ciências sociais. Simmel foi um professor talentoso e popular tanto dentro quanto fora da universidade, embora nesta não tenha ocupado senão posições secundárias. Em 1885 tornou-se *Privatdozent* (professor remunerado apenas pelas taxas pagas pelos estudantes que se inscreviam em seus cursos) e em 1901 *Ausserordentlicher Professor* (um título puramente honorário) na Universidade de Berlim. Em 1912, foi nomeado professor em Estrasburgo. Nessa cidade, então parte do Império Germânico, veio a falecer em 1918. Foi casado, desde 1890, com Gertrud Kinel. A obra de Simmel foi fundamental para a consolidação da sociologia em seu país e além dele, e foram muitas as suas contribuições, a exemplo do livro *Soziologie*, publicado em 1908.

KARL MARX nasceu em 1818 em Trier, na Renânia, então parte da Prússia, filho de um advogado judeu que se convertera ao luteranismo para poder praticar a profissão. Formou-se em direito em Berlim e logo se destacou por seu brilhantismo intelectual. Na década de 1840, integrou-se ao movimento esquerdista dos Jovens Hegelianos e foi influenciado pelas leituras de Ludwig Feuerbach, Henri de Saint-Simon, Charles Fourier, Adam Smith e David Ricardo. Em 1841, obteve o título de doutor em filosofia com uma tese sobre Demócrito e Epicuro, mas foi impedido de seguir a carreira acadêmica. No final da década, trabalhou como jornalista de periódicos radicais na Alemanha, França e Bélgica. Ainda na Alemanha conheceu Friedrich Engels, com quem escreveu *A sagrada família* e *Ideologia alemã*. Em 1848, ano em que participam dos fracassados episódios revolucionários na Europa, ambos publicam o *Manifesto do Partido Comunista*, esboço da teoria que depois seria denominada marxista. Em 1864, filiou-se à Associação Internacional dos Trabalhadores, a Primeira Internacional. A partir das ideias hegelianas, tornou-se o grande teórico do socialismo, cuja obra revolucionária e de maior importância é *O capital*, que começa a ser publicada em 1867. Após ser expulso da Bélgica e da Alemanha, refugiou-se em Londres, onde enfrentou sérias dificuldades econômicas. Morreu na capital inglesa, em 1883, e foi enterrado como apátrida.

MAX WEBER (Maximilian Karl Emil Weber) nasceu em Erfurt, Alemanha, em 1864, numa família de orientação política liberal e calvinista moderada. Tornou-se um dos fundadores da sociologia, carreira também abraçada por seu irmão mais jovem, Alfred Weber. Estudou direito e economia nas universidades de Heidelberg e Berlim. Em 1893 casou-se com Marianne Schnitger, que se tornaria uma feminista importante, curadora póstuma das obras do marido e sua principal biógrafa. Weber iniciou sua carreira na Universidade Humboldt, em Berlim, em 1894, e, posteriormente, trabalhou nas Universidades de Freiburg, Heidelberg, Viena e Munique. Foi diretor associado do *Archiv für Sozialwissenschaft und Sozialpolitik* [Arquivos de Ciências Sociais e Política Social], com Edgar Jaffé e Werner Sombart, onde publicou em duas partes, em 1904 e 1905, o artigo-chave "A ética protestante e o espírito do capitalismo". Como intelectual Weber também foi influente na política alemã, sendo consultor dos negociadores alemães no Tratado de Versalhes (1919) e membro da comissão encarregada de redigir a Constituição de Weimar. Morreu em Munique em 14 de junho de 1920.

ANDRÉ BOTELHO é professor do Departamento de Sociologia e do Programa de Pós-Graduação em Sociologia e Antropologia — PPGSA — da Universidade Federal do Rio de Janeiro (UFRJ). Nascido em Petrópolis (RJ), bacharelou-se em ciências sociais na UFRJ (1994), cursou mestrado em sociologia (1997) e doutorado em ciências sociais (2002) na Universidade Estadual de Campinas (Unicamp). Foi *Visiting Fellow* na Universidade Princeton, nos Estados Unidos. Pesquisador do CNPq e da Faperj, possui diversas publicações e atua nas áreas de pensamento social brasileiro e teoria social.

ESSENCIAL
SOCIOLOGIA

Organização e introdução de
ANDRÉ BOTELHO

2ª reimpressão

Copyright da organização © 2013 by André Botelho

*Grafia atualizada segundo o Acordo Ortográfico
da Língua Portuguesa de 1990,
que entrou em vigor no Brasil em 2009.*

Penguin and the associated logo and trade dress
are registered and/or unregistered trademarks
of Penguin Books Limited and/or
Penguin Group (USA) Inc. Used with permission.

Published by Companhia das Letras in association
with Penguin Group (USA) Inc.

PREPARAÇÃO
Baby Siqueira Abrão

REVISÃO
Isabel Jorge Cury
Jane Pessoa

Dados Internacionais de Catalogação na Publicação (CIP)
(Câmara Brasileira do Livro, SP, Brasil)

Essencial sociologia / organização e introdução de
André Botelho. — 1ª ed. — São Paulo: Penguin Classics
Companhia das Letras, 2013.

ISBN 978-85-63560-78-0

1. Sociologia I. Título.

13-09207   CDD-301

Índice para catálogo sistemático:
1. Sociologia 301

[2021]
Todos os direitos desta edição reservados à
EDITORA SCHWARCZ S.A.
Rua Bandeira Paulista, 702, cj. 32
04532-002 — São Paulo — SP
Telefone: (11) 3707-3500
www.penguincompanhia.com.br
www.companhiadasletras.com.br
www.blogdacompanhia.com.br

Sumário

O universo dinâmico dos clássicos da sociologia —
André Botelho · 9

KARL MARX
Prefácio a *Contribuição à crítica da economia política* · 33
Introdução a *Contribuição à crítica da economia política* · 39
Manifesto do Partido Comunista · 77
A mercadoria [*O capital*] · 118

ÉMILE DURKHEIM
O que é um fato social? · 179
Regras relativas à observação dos fatos sociais · 191
Algumas formas primitivas de classificação · 222
O dualismo da natureza humana e suas condições sociais · 291

GEORG SIMMEL
As grandes cidades e a vida do espírito (1903) · 311
O dinheiro na cultura moderna · 330
A escultura de Rodin e a direção espiritual do presente · 351

MAX WEBER
Conceitos sociológicos fundamentais · 363
Ciência como vocação · 392
Política como vocação · 432
Reflexão intermediária — Teoria dos níveis e direções
da rejeição religiosa do mundo · 506

Notas · 553

Introdução

O universo dinâmico dos clássicos da sociologia*

ANDRÉ BOTELHO

*Um clássico é um livro que nunca terminou de dizer
aquilo que tinha para dizer.*
Italo Calvino, *Por que ler os clássicos*

Movimento dos mais relevantes no contexto contemporâneo das ciências é a reabilitação do interesse pela teoria, que tem levado também ao questionamento da ortodoxia positivista, antes amplamente aceita, de uma distinção substantiva entre "fatos" e "teorias". Em seu lugar, vem aumentando a percepção de que até mesmo os dados empíricos da ciência são modelados teoricamente, de que os empreendimentos científicos nunca são baseados apenas em evidências empíricas e, por fim, de que mudanças fundamentais na ciência ocorrem quando alterações empíricas são acompanhadas pela existência de alternativas teóricas convincentes. É a isso, fundamentalmente, que se pode chamar de contexto "pós-positivista" da ciência.

Esse movimento geral, embora com especificidades, tem caracterizado também a sociologia, um campo disci-

---

* Sou grato a Lilia Moritz Schwarcz, Elide Rugai Bastos, Antônio Brasil Jr. e aos meus orientandos no PPGSA/IFCS/UFRJ, especialmente a Maurício Hoelz Veiga Jr., pela interlocução durante a realização do projeto. Há cerca de treze anos ministrando disciplinas sobre os clássicos da sociologia, a cada semestre venho aprendendo mais com e sobre eles com os bons alunos que tenho tido a sorte de ter, e a eles dedico este projeto. (N. O.)

plinar que compreende diferentes e conflitantes correntes teórico-metodológicas, bem como tradições intelectuais e nacionais. Essa reabilitação da teoria como contrapartida ao positivismo tem levado não apenas ao questionamento da identificação das ciências naturais como paradigma para a sociologia mas também a um interesse renovado pelos clássicos da disciplina. É verdade que, diferentemente do que ocorreu noutras ciências, os clássicos da sociologia jamais perderam totalmente sua relevância, embora também estejam sujeitos a desvalorizações sazonais. E mesmo que dados empíricos produzidos posteriormente — ao longo de mais de um século em nosso campo científico — permitam problematizar as obras dos autores clássicos, o progresso da sociologia não as tornou anacrônicas. Afinal, não são clássicas justamente as teorias que, apesar de tudo, não envelheceram como teoria e por isso ainda têm muito a nos dizer?

COMO LER OS CLÁSSICOS?

Esse é justamente um dos argumentos propostos pelo sociólogo norte-americano Jeffrey Alexander em defesa dos clássicos da disciplina. Para ele, é em virtude da importância do discurso, já que não temos uma linguagem codificada de antemão, como a matemática nas ciências físicas, que a teoria se mostra tão polivalente na sociologia. E por esse mesmo motivo não poderíamos prescindir dos clássicos, pois justamente eles permitem que a discordância endêmica na disciplina, dadas as diferentes perspectivas que a constituem, seja possível de modo produtivo, coerente e duradouro. Como uma gramática, os clássicos nos dariam uma base comum para que a interlocução seja possível e faça sentido para todos que dela participam. Eles ainda facilitam a discussão teórica, uma vez que propiciam que um pequeno número de

INTRODUÇÃO

obras substitua as incontáveis formulações produzidas no curso da vida intelectual contingente. Falando nos termos dos clássicos, argumenta Alexander, "podemos ficar relativamente seguros de que nossos receptores pelo menos saberão do que estamos falando, ainda que não reconheçam em nossa discussão sua própria posição particular e única".[1]

É verdade que a própria definição de quais são as obras "clássicas" de que poderiam provir os compromissos gerais da disciplina é questão delicada. Ela envolve critérios variáveis, de acordo com tradições ideológicas, nacionais e de pesquisa propriamente dita, para não falar dos critérios extracognitivos também aí envolvidos, como geracionais, históricos, políticos e mesmo geopolíticos.[2] Assim, por exemplo, o sociólogo britânico contemporâneo Anthony Giddens pretende, com alguma razão, que seu *Capitalismo e moderna teoria social*, publicado em 1971, tenha fortalecido a ideia de um trio de pais fundadores e clássicos para a sociologia — Marx, Weber e Durkheim — contra a influente proposta anterior de Talcott Parsons (1902-79). Em *A estrutura da ação social*, publicado em 1937, esse sociólogo norte-americano considerou que apenas a geração de 1890-1920 teria rompido com as formas mais especulativas de interpretação social. Como as de Karl Marx (1818-83), que ainda estaria preso fundamentalmente à filosofia da história hegeliana, o que o dotava de um caráter pré-científico vis-à-vis às formulações de autores como Max Weber (1864-1920), Émile Durkheim (1858-1917) e até mesmo Vilfredo Pareto (1848-1923) e Alfred Marshall (1842-1924).[3]

É certo que a exclusão de Marx dos clássicos da sociologia, proposta por Parsons, foi objeto de muita controvérsia. A propósito, vale observar que um de seus críticos foi o sociólogo brasileiro Florestan Fernandes (1920-95), que refuta a afirmação de que Marx propunha um único princípio explicativo para toda a história. Segundo Fernandes, Parsons desconsiderava que, além de salientar os princípios gerais da evolução histórica, Marx teria se dedicado igualmente à análise das especificidades propriamente sociais do capitalismo.[4] A lembrança do nome de Florestan Fernandes, aqui, sugere como a sociologia produzida no Brasil desde os anos 1940 também tem estado atenta ao debate mais amplo da disciplina.[5] Mas não apenas isso, se lembrarmos que já em 1953 Fernandes começaria a redigir *Fundamentos empíricos da explicação sociológica*, no qual Marx ocupa um lugar decisivo, ainda que não exclusivo, na definição dos clássicos da sociologia. Bem antes, portanto, da crítica sem dúvida mais conhecida de Giddens à proposta de Parsons, feita somente no início dos anos 1970.

Para Giddens, as obras de Marx, Weber e Durkheim perfazem, cada qual a seu modo, simultaneamente, uma análise e uma crítica moral da sociedade moderna, de tal modo que se destacariam entre outros fundadores, devendo por isso ser reconhecidos como "clássicos". Observando não haver mais divisões nas disciplinas do que entre países em um mapa e que todos, países e disciplinas, têm seus mitos de origem, Giddens afirma que os clássicos seriam fundadores que ainda falam para nós com uma voz considerada relevante. Eles não seriam "relíquias antiquadas", argumenta; podem ser lidos e relidos com proveito, como fonte de reflexão sobre problemas e questões contemporâneos.[6]

Como Jeffrey Alexander depois dele, também Giddens considera que os clássicos possuem força específica nas ciências sociais, já que, do ponto de vista metodológico, por exemplo, não haveria nestas a mesma forma de conhecimento cumulativo que pode caracterizar as ciências naturais. Lembra ainda a reflexividade da sociologia e sua "dupla hermenêutica", tema que analisa no importante *A constituição da sociedade*, publicado em 1984.[7] Como, diferentemente do que se passa nas ciências natu-

INTRODUÇÃO 13

rais, as ações humanas são historicamente construídas, achados teóricos na sociologia podem se tornar até certo ponto banais, à medida que são incorporados à prática e ao conhecimento cotidianos dos atores sociais.

Não há apenas convergências, porém, entre as perspectivas de Alexander e Giddens, representativas que são das principais vertentes contemporâneas da sociologia voltadas para a pesquisa dos significados teóricos dos textos clássicos da disciplina. Ilustrando bem o fato de que a comunicação entre questões do presente e interpretações do passado não são autoevidentes, mesmo quando as orientações são sensíveis ao papel da análise das obras clássicas em todo trabalho teórico, as ideias de Alexander e Giddens dão vida a duas abordagens distintas e, na verdade, concorrentes. A primeira delas, identificada no sociólogo norte-americano, poderia ser chamada "analítica" e afirma a validade em retomar os textos clássicos diretamente a partir de questões próprias do (nosso) presente. A outra perspectiva, que se poderia chamar "contextualista", identificada em Anthony Giddens, afirma, por sua vez, a necessidade de reconstituir minuciosamente o contexto "original" em que os autores e seus textos estavam inscritos, para que se possa especificar sua "intenção".[8]

Note-se, a propósito, que ambos os autores desenvolveram intervenções relevantes na teoria sociológica contemporânea, propondo em meados dos anos 1980 programas de pesquisa próprios, nada modestos, em diálogo com os clássicos: Alexander com sua quase monumental reconstrução da lógica teórica da sociologia, em quatro alentados volumes publicados entre 1982 e 1984, passa em revista os clássicos como recurso para fundamentar sua proposta de uma sociologia neofuncionalista — que, embora reivindicando uma volta a Parsons, deveria incluir também os níveis micro e macro de análise, a valorização da ação e da criatividade dos atores sociais, a dimensão de conflito e uma visão crítica da modernidade. Nessa proposta, destaca-se não apenas uma imediata revalorização de Talcott Parsons, mas também de Durkheim e, por meio deste, gradualmente, da cultura como variável explicativa forte e autônoma da sociedade, expressa em sua nova ideia de uma "sociologia cultural". Giddens, por sua vez, realiza extenso exame dos clássicos, que, além do já citado *Capitalismo e moderna teoria social*, inclui também *As novas regras do método sociológico* (1976) e *Central Problems in Social Theory* (1979). Tal exame deságua em *A constituição da sociedade* (1984), no qual o autor desenvolve sua teoria da estruturação, e em *O Estado-nação e a violência* (1985), concebidos como partes de uma avaliação crítica contemporânea sobre Marx e o materialismo histórico.

Tomar essas perspectivas como antagônicas, no entanto, não é nem inevitável nem desejável, como pude discutir anteriormente — tanto ao retomar um clássico da sociologia brasileira, Luís de Aguiar Costa Pinto, para a análise de questões contemporâneas relativas ao Estado-nação[9] quanto ao percorrer a agenda internacional de pesquisas da sociologia política, uma das áreas mais consolidadas da disciplina, para cujo desenvolvimento o diálogo com os clássicos tem representado um papel decisivo.[10] Pois supor, de um lado, que a intenção de um autor possa ser plenamente recuperável implica mesmo um tipo de "confiança empírica de transparência do mundo social" difícil de sustentar no contexto pós-positivista da sociologia.[11] De outro lado, a contextualização dos textos representa um mecanismo de controle do risco de anacronismo envolvido na aproximação de preocupações atuais na compreensão dos textos mais antigos, podendo fornecer, assim, uma "sólida proteção contra as excentricidades do relativismo".[12]

Nesse sentido, entendo que o "contextualismo" desempenha um papel especificamente metodológico na pesquisa dos textos clássicos e não um fim em si mesmo, ao menos quando se busca prioritariamente identificar a capaci-

INTRODUÇÃO 15

dade de interpelação teórica à sociologia contemporânea que eles ainda possam ter. Fortemente influenciada pelo chamado "contextualismo linguístico" do historiador das ideias britânico Quentin Skinner, essa perspectiva parece mesmo, a princípio, favorecer pouco a comunicação entre questões do presente e interpretações do passado. Afinal, quando essas interpretações são tomadas como resultado de um momento específico da sociedade, sua validade teórica tenderia a se esgotar em sua própria individualidade histórica. Mas, combinada em tensão com uma abordagem "analítica", tal perspectiva pode representar uma forma de identificação do alcance e do sentido teórico mais amplo de certas formulações. Ou seja, se o fim da pesquisa das obras clássicas é "analítico", no sentido de uma reivindicação da comunicação entre interesses teóricos contemporâneos e pesquisa em textos mais antigos, os meios para atingi-lo passam, necessariamente, por alguma contextualização ou avaliação dos textos em termos históricos. O significado teórico de qualquer texto não poderá ser identificado de modo consistente sem que seja minimamente contextualizado, ao menos em relação a determinadas tradições intelectuais que tornaram possível a formulação de certas ideias, em determinados momentos e não noutros. Afinal, como sustenta Skinner, "é evidente que a natureza e os limites do vocabulário normativo disponível em qualquer época dada também contribuirão para determinar as vias pelas quais certas questões em particular virão a ser identificadas e discutidas".[13]

A interface entre a intencionalidade do autor, isto é, levando-se em conta o que ele pretendia fazer ao escrever no contexto das questões de sua época, e os significados daquilo que realizou para a sociologia como um todo, parece ser um bom caminho para retomar os clássicos. Dessa perspectiva, o interesse em estabelecer diálogo entre autores situados em contextos diferentes não se mostra impeditivo para uma reconstrução analiticamente orientada. Mesmo admitindo que o corte operado pela institucionalização da sociologia como disciplina científica tenha acarretado mudanças significativas no modo de produção de conhecimento, torna-se possível delinear, todavia, continuidades decisivas — embora não necessariamente articuladas de modo explícito — em torno de questões centrais da vida social. Do mesmo modo, é possível perceber, por meio de uma leitura a contrapelo e no corpo a corpo com os textos, como os autores introduzem descontinuidades cruciais por dentro dos próprios desdobramentos analíticos que direta ou indiretamente realizam. Isto é, retomar perspectivas ou questões clássicas não significa apenas aperfeiçoá-las, mas muitas vezes implica também manter certos achados e descartar outros.

Mas é preciso insistir que o reconhecimento do adensamento intelectual na sociologia, das obras clássicas às interpretações de hoje, não implica necessariamente a atribuição de valor cognitivo superior a uma forma ou outra de "imaginação sociológica", para usar a conhecida categoria do sociólogo norte-americano Charles Wright Mills (1916-62).[14] Quer, antes, corroborar a ideia de perpétua "imaturidade" — ou o "dom da eterna juventude" — das ciências sociais, de que fala Max Weber, pois o fluxo da vida social suscita sempre novos problemas e a produção de novos conceitos, o que não deixa de acentuar o caráter transitório daqueles já formulados.

MODERNIDADE E ALÉM DA MODERNIDADE

É sabido que a sociologia nasce como empreendimento organizado em torno do final do século XIX, quando se tentava compreender a decisiva transição da sociedade tradicional para uma ordem social moderna, urbana, industrial, competitiva, laica e democrática. Esse é seu contexto histórico particular de surgimento, e de seus clássicos. Assim, em suas origens, a sociologia é uma resposta intelectual a um período histórico particular, vivenciado num espaço particular, a partir e por meio de eventos singulares — especialmente a Europa do século XIX, a Revolução Francesa, a Revolução Industrial etc.

Mas a modernidade e seus processos constitutivos centrais desde sempre implicaram dimensões transnacionais, que desconhecem fronteiras não apenas geográficas, mas de qualquer tipo, ainda que a modernidade seja vivenciada de modo particular em cada sociedade, mesmo quando processos gerais as perpassam, reúnem e distanciam. O conceito de modernidade compreende, por isso, uma dimensão analítica, além da histórica. Interessa, nessa acepção, apreender e qualificar conceitualmente processos, relações, interações e ações que configuram a dinâmica mais geral da mudança social, mesmo que a partir da investigação de um processo histórico-social concreto ou específico. Quais são as características fundamentais da modernidade e como as sociedades mudam? É a pergunta fundamental da sociologia, nesse caso. E a mudança social, já se disse muitas vezes, é tema que se inscreve no "coração" da disciplina. Afinal, desde seu surgimento até o presente, marcado pela reestruturação das relações e dos processos sociais no âmbito da própria "modernidade" pelas chamadas "pós-modernidade" ou "globalização", a disciplina tem um de seus desafios cruciais na explicação de como as sociedades mudam ou não mudam.[15]

Se a sociologia nasceu do interesse pelos acontecimentos históricos, tomando para si a tarefa de investigar fenômenos como o surgimento do capitalismo, da individualização, do racionalismo ocidental e suas consequências, o interesse e o alcance das suas interpretações não se limitam ao contexto do surgimento daqueles processos substantivos. Até porque a relação entre história e teoria implica uma reivindicação específica sobre o caráter da explicação sociológica, e alguns clássicos incorporaram mais do que outros a dimensão histórica às suas perspectivas teóricas sobre o mundo social, não se limitando a apenas situar historicamente suas pesquisas.[16] O mesmo desenvolvimento plural da combinação entre teoria e história se verifica desde então na história da própria disciplina. Não constitui uma fragilidade, mas antes uma das forças dos autores clássicos o fato de eles terem elaborado suas ideias por meio da reflexão sobre os problemas substantivos da sua época — o mesmo, talvez, podendo ser dito da sociologia que se lhes seguiu. Mas as próprias interpretações desses fenômenos compreendem dimensões analíticas, que são teóricas e metodológicas, que perfazem a gramática básica da sociologia como disciplina e são recorrentemente retomadas como recursos intelectuais para a interpretação de novos e velhos fenômenos da vida social. Justamente porque a sociologia talvez seja mesmo, antes de tudo, um método, isto é, um modo específico de olhar e formular questões sobre a vida em sociedade, é que, não custa lembrar, em 1895, em meio aos grandes esforços de sua institucionalização como disciplina e carreira acadêmica na universidade francesa, Émile Durkheim escreveu *As regras do método sociológico*. Reforça ainda mais a sugestão de que a sociologia não se define meramente pelo objeto que toma para sua investigação, mas sim *como* ela o faz, o fato de o mesmo Durkheim ter publicado logo depois seu livro *O suicídio* (1897), disputando com outras formas de conhecimento e perspectivas, como a biologia, a psicologia nascente ou a moral religiosa, sua versão sobre um fenômeno que passava então a também ser explicado sociologicamente.

Voltemos à dimensão analítica da sociologia e à gramática que as obras dos clássicos perfazem como códigos que simplificam a comunicação entre sociólogos de diferentes gerações ou tradições intelectuais ou nacionais.

Não há como pensar, por exemplo, a dualidade constitutiva da teoria sociológica, ação e estrutura, também referida nos termos de indivíduo e sociedade, sem voltar aos clássicos da disciplina.[17] Não se trata de recolocar a questão simplesmente para, mais uma vez, contrapor mecanicamente um autor ao outro — por exemplo, a ênfase de Marx ou de Durkheim na "estrutura" ou na "sociedade" ou a de Weber na "ação" ou no "indivíduo".

Embora não seja esta a melhor oportunidade para aprofundar a questão, vale chamar a atenção para a necessidade permanente de uma revisão dos termos assentados sobre a dualidade ação/estrutura que permita antes qualificar a interação dinâmica entre a capacidade de ação de indivíduos e grupos e o condicionamento de estruturas na vida social. Mesmo porque o materialismo histórico de Marx não constitui uma teoria unidimensional, compreendendo ao menos três níveis discursivos diferentes inter-relacionados: um mais geral, que é histórico-universal, em que Marx formula a teoria das formações socioeconômicas e onde predomina uma linguagem altamente abstrata, cujas unidades são construtos sem referências empíricas diretas e imediatas ("relações de produção", "superestrutura", "mais-valia"); um nível intermediário, em que ele formula uma teoria da luta de classes; e outro, inferior, da teoria do indivíduo. Nessas duas últimas dimensões prevalece uma linguagem empírico-concreta voltada para a descrição de fenômenos mais imediatamente observáveis: as pessoas, suas atividades, os grupos que formam, os produtos de seu trabalho etc.[18] Essa visão multidimensional, porém, não deve nos levar a minimizar a visão de totalidade que conforma a perspectiva de Marx sobre a vida social.

Quanto a Max Weber, por exemplo, se não for possível pensar sua sociologia senão como uma teoria da ação — pois seu objeto é justamente o sentido subjetivo dado pelo ator individual à sua ação —, é preciso reconhecer que esta não é concebida em termos voluntaristas, isto é, como se dependesse puramente da vontade dos indivíduos. Se a ênfase na agência constitui um recurso de contraposição a visões reificadas de sociedade, como se esta tivesse existência objetiva externa aos indivíduos — como identificado em Durkheim —, a ação não se dá num vazio de relações sociais e históricas e, portanto, inteiramente livre de constrangimentos relativos à própria interação social. Há grande debate, também, como acontece em relação aos outros clássicos da sociologia, sobre a coerência interna da obra de Weber, especialmente sobre o individualismo metodológico. Se este preside suas definições básicas da sociologia, tal como desenvolvido nos escritos metodológicos e, em especial, na primeira parte de *Economia e sociedade*, sua coerência com as abordagens mais históricas — sobre as religiões orientais, sobre a emergência do capitalismo, sobre a burocracia, sobre a dominação tradicional e outras questões substantivas — é mais controversa.[19]

Isso para não falar de Georg Simmel, cuja abordagem do problema visa superar toda dualidade. Por isso, sua sociologia das "formas sociais" se concentra antes na própria interação criadora entre indivíduo e sociedade do que em algum desses termos isolados, que, mesmo como ponto de partida da análise, dessa perspectiva, não chegam sequer a formar polos extremos de uma relação.[20]

Outro aspecto relacionado à complexa relação entre teoria e história nos clássicos da sociologia diz respeito a seus supostos "acertos" ou "erros" de interpretação de fenômenos históricos pontuais ou mesmo mais gerais. Assim, o interesse por Marx deve diminuir pelo fato de, sob certos aspectos, e de acordo com alguns pontos de vista, sua interpretação sobre o sentido da história ter se mostrado limitada? Não seria possível valorizar sua obra antes como uma teoria crítica do capitalismo do que como uma teoria geral da história? Do mesmo modo, será mesmo que o prognóstico de Émile Durkheim de que o direito tenderia a ser cada vez mais meramente restitutivo do que punitivo, na sociedade moderna, inviabiliza ou restringe o alcance de sua teoria da modernidade? Dificilmente essas perguntas poderiam receber respostas consensuais, mas o que se quer marcar aqui é que às vezes há nos clássicos da sociologia achados analíticos mais gerais que sobrevivem a suas interpretações pontuais de fenômenos sociais específicos.

Para dar apenas um exemplo em uma das áreas clássicas da sociologia, são persistentes os problemas apontados por Marx e Weber na pesquisa sobre estratificação social — ainda que suscitem respostas e desenvolvimentos diferentes, naturalmente. As abordagens clássicas de Marx e de Weber sobre classes sociais podem ser parcialmente fundidas de modo a preencher eventuais falhas ou a atualizá-las ante as mudanças posteriores ocorridas na sociedade. Isso acontece, em parte, em *A distinção*, de Pierre Bourdieu, publicado em 1979, no qual são enfatizadas as disputas simbólicas como elo essencial na vinculação das classes.[21] Mas suas divergências são também reiteradas, ou mesmo acirradas, dando lugar a aperfeiçoamentos antitéticos (e não complementares, como no caso de Bourdieu) em correntes contemporâneas não por acaso chamadas "neomarxistas", como aparece em trabalhos de Erik Olin Wright, de um lado, e de "neoweberianas", nos trabalhos de John H. Goldthorpe, de outro.

É certo que cada geração de sociólogos tende a acentuar o caráter radicalmente agudo e diferente da sua era de mudança, seja do ponto de vista histórico, seja do ponto de vista analítico, e com isso frequentemente os clássicos são postos de novo na berlinda. Mas não devemos nos esquecer de que parecem inexistir condições cognitivas suficientes para que se possa falar em consenso sobre o "sentido" da mudança social mesmo entre os sociólogos de uma mesma geração ou nacionalidade. Antes de ser um problema, contudo, o próprio caráter cronicamente não consensual das teorias sociológicas representa um recurso dos mais produtivos da disciplina. E concorre para que afinal, em meados do século XX, a sociologia e as outras ciências sociais tenham se consagrado como formas válidas de autoconsciência "científica" da sociedade moderna.

Aqui, um parêntese: embora a sociologia condense em sua história intelectual uma identificação com a modernidade, é preciso pensá-la em conjunto com as outras disciplinas que com ela formam as ciências sociais, em especial a antropologia e, posteriormente, a ciência política. Foi para assinalar a relativa convergência entre as disciplinas em seu papel de consciência crítica da modernidade, aliás, que incluímos, nesta coletânea, o texto "Algumas formas primitivas de classificação" (1903), que Émile Durkheim escreveu junto com Marcel Mauss (1872-1950). Texto emblemático, que sintetiza tão bem a aproximação entre a antropologia e a sociologia, e sua abertura para as sociedades não ocidentais e para a comparação como método de pesquisa e análise. E ninguém melhor do que Mauss, a propósito, representa ou simboliza como o diálogo entre as duas disciplinas pode ser profícuo, já que ele foi não apenas antropólogo e etnólogo, como costuma ser reconhecido, como ainda deixou contribuições fundamentais à sociologia, tanto institucional quanto teoricamente.[22]

Falar das ciências sociais como forma de autoconsciência "científica" da modernidade implica reconhecer ainda o caráter dinâmico, crítico e reflexivo da relação entre elas e a vida social moderna. Dinâmica, porque a sociologia, como ciência social, está intimamente sintonizada com o caráter instável próprio da modernidade, por representar a consciência de um mundo em que os valores têm sido radicalmente relativizados. Viver a modernidade, como tão bem expressa a frase de Karl Marx tomada como chave de interpretação e título de um belo livro do nosso tempo, *Tudo que é sólido desmancha no ar* (1994), de Marshall Berman, é viver uma experiência de volatilidade de prá-

INTRODUÇÃO   23

ticas e valores; viver no centro de processos e relações em constante mutação.[23] E as ciências sociais, por sua própria definição, buscam sempre diferentes maneiras de olhar o mundo. Elas envolvem constitutivamente aquilo que, numa introdução ainda hoje insuperável à disciplina, outro sociólogo norte-americano, Peter Berger, chamou de "alternação": a capacidade de perceber que os compromissos morais, políticos e culturais são relativos, que dependem de localizações sociais específicas, e a possibilidade decorrente de alternar entre sistemas de significado até mesmo logicamente contraditórios.[24]

É justamente o caso do sociólogo que, por seu compromisso em interpretar objetivamente a própria sociedade em que vive, é levado a ver além das aparências, a procurar outros níveis de realidade além dos definidos pelas interpretações oficiais da sociedade. Tratando a sociedade como um complexo de relações e interações, o sociólogo frequentemente surpreende aquilo que Max Weber chama de consequências involuntárias e imprevistas das ações humanas. Weber, a propósito, ilustra de modo dramático até onde o compromisso do sociólogo pode levá-lo a inclusive contrariar seus próprios valores e convicções como ator social e cidadão. Afinal, sua constatação sobre o sentido que a racionalização da vida social estava assumindo na modernidade, e a burocratização a ela associada, atingiam em cheio as suas convicções liberais e os ideais de liberdade e criatividade humanas que esposava.

Isso nos remete à dimensão crítica que a sociologia clássica necessariamente encerra e à relação tensa que estabeleceu com "seu" tempo — e que pode muito bem nos orientar em relação ao nosso próprio tempo. Mesmo considerando o peso que o século XIX tem em suas formulações básicas, e quanto estas são devedoras da crença na razão, na ciência, no progresso como valores da modernidade então triunfante, não me parece suficiente assinalar uma inclinação otimista como distintiva dos clássicos da sociologia. Entre outros problemas, essa caracterização pode encobrir a complexidade das relações dos autores clássicos com a modernidade, acentuando um sentido dominante unilateral onde antes há uma ambiguidade constitutiva. Ao mesmo tempo que os clássicos se mostram relativamente fascinados com as transformações então operadas, por exemplo, em relação às formas de estratificação da sociedade tradicional, e a possibilidade de mobilidade social que a modernidade trazia em contraste com as hierarquias do mundo feudal, não deixaram de ver efeitos ambivalentes ou mesmo contraditórios nessas e noutras inovações sociais. Assim, por exemplo, Marx assinalará a alienação enraizada no modo de produção capitalista; Durkheim, o risco da anomia em meio à emergência do individualismo como moralidade; Weber, como observado acima, o processo geral de racionalização e burocratização que colocava em risco os valores liberais; e Simmel, em cujas penetrantes análises do dinheiro e da metrópole na vida social, e de outros aspectos menos cristalizados da modernidade, consegue apreendê-la, em suas ambiguidades constitutivas, como o próprio individualismo por meio do qual se realiza. Assim, vemos como o "desencanto" com a modernidade é uma dimensão constitutiva das interpretações clássicas da sociologia, o que assinala a visão crítica dos autores e da própria disciplina, além de abrir a possibilidade de interpelação de suas teorias para além da modernidade.

Por fim, a reflexividade social. Como nos ensina Anthony Giddens em seu já citado *A constituição da sociedade*, as práticas sociais são constantemente examinadas e reformadas à luz de informação renovada sobre essas próprias práticas, alternando assim constitutivamente seu caráter. Noutras palavras, o conhecimento sociológico afeta as práticas sociais que interpreta, as quais, por sua vez, incorporam esse conhecimento produzido na sua própria recriação social. Diferente do que ocorre nas ciências naturais, essa relação dinâmica, vagamente presente em outras

INTRODUÇÃO   25

formas de conhecimento pré-sociológico, torna-se aguda
como a modernidade: ela se inscreve na base da reprodução do sistema, de modo que ação e interpretação passam
a estar constantemente refratadas entre si.[25] E não é essa
justamente uma das dimensões mais características da modernidade? Para dar um único exemplo: como separar a
força assumida pela noção de "classe" como princípio de
identificação intersubjetiva entre as pessoas e de ação coletiva ao longo do século XIX e parte do XX da inteligibilidade dada a ela por Marx?

Chegamos aqui a uma resposta minimamente plausível, dentre outras possíveis, à questão de por que nem
todos os fundadores da sociologia são, necessariamente,
clássicos da disciplina. São clássicas aquelas teorias que
conseguem conjugar as três dimensões acima expostas.
São clássicas as teorias 1) que interpretam de modo consistente e crítico os processos histórico-sociais concretos
e circunscritos que pretendem investigar em seu contexto original; 2) que fazem de modo consequente a compreensão do fenômeno em uma dinâmica social mais
ampla, forjando conceitos e outros instrumentos capazes
de interpelar diversos contextos e temporalidades; 3) e
que, assim procedendo, selam a reflexividade entre sociologia e sociedade, deixando claro que mudanças nas
ordens de valores e práticas não são independentes das
inovações cognitivas sobre o mundo social.

MARX, DURKHEIM, SIMMEL E WEBER

A seleção de autores e textos proposta neste livro procura, assim, dar conta desses três aspectos centrais que,
como argumentamos, são características indissociáveis
nos clássicos da sociologia. Os textos selecionados pri-
vilegiam o entendimento tanto das interpretações substantivas de aspectos cruciais da modernidade, de seus

desenvolvimentos, impasses, ambiguidades e contradições, quanto das contribuições teóricas e metodológicas dos autores à sociologia; isto é, do modo como formularam as questões com as quais ajudaram a modelar a abordagem sociológica, adensando e refinando os nossos instrumentos de análise. É certo que essas dimensões, a substantiva e a metodológica, não se separam senão por ênfases e para efeitos didáticos. Afinal, a interpretação do que seja a modernidade (a dimensão substantiva) só faz sentido em relação à construção (metodológica) dessa inteligibilidade; ou, noutras palavras, forma e conteúdo sempre existem relacionalmente. Tendo essa advertência em vista, privilegiamos momentos diferentes nas obras dos clássicos selecionados, dando visibilidade também a suas reflexões sobre os modos de fazer sociologia.

Novas traduções foram feitas de alguns textos da coletânea, mesmo daqueles que já circulavam em edições brasileiras anteriores, como "Ciência como vocação" e "Política como vocação", de Max Weber, aqui traduzidos diretamente do alemão. Propôs-se também a inclusão de textos menos conhecidos nos programas de sociologia ministrados em diferentes cursos de graduação e carreiras universitárias, como "O dualismo da natureza humana e suas condições sociais" (1914), de Émile Durkheim, ou "Reflexão intermediária — Teoria dos níveis e direções da rejeição religiosa do mundo" (1915), de Max Weber, também traduzido diretamente do alemão. Por fim, assinale-se a decisão de incluir textos de Georg Simmel, autor amplamente aceito como um clássico da sociologia, mas ainda pouquíssimo conhecido e incorporado sobretudo à prática nos segmentos introdutórios da disciplina — e não apenas no Brasil. A presença de Simmel no livro visa não somente tornar mais complexa a visão assentada dos clássicos e da própria sociologia. Sua obra introduz interesses, preocupações e contribuições próprios que nos permitem uma aproximação maior da pluralidade das orientações intelectuais da disciplina. Além do mais, ela representa uma afirmação da relevância da sociologia no estudo de diferentes dimensões cotidianas e microssociais da vida em sociedade, como a arte, por exemplo, e sua contribuição possível a diferentes áreas de conhecimento, consolidadas ou emergentes. Professores e estudantes de sociologia de diferentes áreas se beneficiarão assim desta coletânea, que reapresenta os clássicos da sociologia. Vale observar ainda que, tendo em vista a presença atual da sociologia como disciplina obrigatória no currículo do ensino médio, a coletânea traz também subsídios fundamentais para o material didático dos professores, permitindo ainda uma primeira aproximação dos estudantes desse segmento ao universo sempre dinâmico dos clássicos da sociologia.

O universo dinâmico dos clássicos. Esse é mesmo o aspecto mais importante do que, neste volume, entendemos e desejamos comunicar como "essencial" da sociologia. E, ainda que se possa até mesmo considerar que se trata de concepções equivocadas no varejo, os problemas que os clássicos buscaram enfrentar nos textos selecionados continuam em debate na prática cotidiana da disciplina e naquelas com as quais dialoga de mais perto. A abordagem proposta justifica-se, então, fundamentalmente, tendo em vista o próprio perfil cognitivo das ciências sociais, em geral, e da sociologia, em particular. Em primeiro lugar, sendo o sentido da construção do conhecimento sociológico cumulativo, ainda que cronicamente não consensual, o reexame constante de suas realizações passadas, inclusive pela exegese de textos, assume papel muito mais do que tangencial na prática corrente da disciplina. Em segundo, se é verdade que há impasses reais no presente, é igualmente válido que as controvérsias sobre o objeto e o método da sociologia são mais ou menos permanentes. Isso se dá assim porque, como lembra o sociólogo brasileiro Octavio Ianni, a sociologia "sempre se pensa, ao mesmo tempo que se realiza, desenvolve, enfrenta impasses, reorienta".[26]

Enfim, como tão bem resume uma das definições do escritor Italo Calvino: "Os clássicos são aqueles livros que chegam até nós trazendo consigo as marcas das leituras que precederam a nossa e atrás de si os traços que deixaram na cultura ou nas culturas que atravessaram (ou mais simplesmente na linguagem ou nos costumes)".[27] Mas quero sustentar, para encerrar esta introdução, que as obras que compõem esta edição não são equivalentes entre si. Cada uma delas tem autonomia e validade analíticas independentes umas das outras, e de acordo com os diferentes objetivos e compromissos que apresentam. Por outro lado, o reconhecimento de que formam um conjunto e que, assim consideradas, expressam conquistas cognitivas cruciais da sociologia, não invalida a qualificação do caráter conflituoso e concorrente de suas perspectivas.

Minha defesa da importância dos clássicos numa abordagem que combine fins analíticos e meios contextualistas, como discutido na primeira parte desta introdução, embora tenha o objetivo de assinalar a relevância atual deles, não implica, contudo, nenhum compromisso em torno da ideia de "convergência" teórico-metodológica, como aparece reiteradamente nas propostas analíticas funcionalistas de Parsons e neofuncionalistas de Alexander. A tensão entre aquelas abordagens é produtiva, como também foi discutido, justamente porque, embora seus desenvolvimentos teóricos não se esgotem em sua identidade histórica imediata, os diferentes contextos dos clássicos os diferenciam notavelmente uns dos outros. A volta aos clássicos da sociologia pressupõe, assim, perspectivas e desenvolvimentos plurais e não necessariamente aperfeiçoamentos cognitivos lineares.[28]

Lembro, nesse sentido, o filósofo e sociólogo alemão Theodor Adorno (1903-69), que, ao confrontar parte da sociologia clássica à de seu tempo, reconheceu, em suas lições, os clássicos da disciplina como incontornáveis. "Penso que o estudo de escritos sociológicos importan-

INTRODUÇÃO   29

tes do passado não somente ajuda, mas é absolutamente
fundamental à compreensão da sociedade atual", disse o
autor.[29] Lembro ainda Florestan Fernandes, que, ao se referir ao caráter prismático da vida social, defendia que a
sociologia deveria recorrer necessariamente a diferentes
métodos, de modo a realizar uma "rotação de perspectivas" que fosse capaz de "saturar" ao máximo a apreensão
empírica dos fenômenos sociais. Assim, acentua não as
convergências, mas as divergências entre Marx (que inclui
entre os clássicos a contrapelo de Parsons, como também
vimos), Weber e Durkheim. Eles encerrariam, para Florestan, três possibilidades de construção tipológica disponíveis à sociologia (tipo extremo, tipo ideal e tipo médio),
conformando igualmente três dimensões da teoria sociológica (sociologia diferencial, sistemática e comparada).[30]

Em suma, os legados intelectuais de Karl Marx, Émile
Durkheim, Georg Simmel e Max Weber como clássicos da
sociologia chegam ao século XXI nos interpelando, inspi-
rando inovações e provocando questionamentos sobre o
que constitui a "vida propriamente social das sociedades",
para usarmos a definição sintética de sociologia dada por
Marcel Mauss.[31] É um legado plural e dinâmico que ainda nos diz respeito, inclusive, porque o próprio tempo dos
clássicos, de onde eles extraem sua força, envolve dimensões de longa duração, ainda em curso, ou que ao menos
nos deixaram consequências, como talvez reconhecessem
até mesmo os sociólogos mais "pós-modernos". A leitura
dos clássicos, por isso, certamente nos ajudará a ter uma
visão mais integrada e consistente da dimensão de processo
social que o nosso presente ainda oculta. O que é uma condição imprescindível para divisarmos e imaginarmos futuros possíveis, mesmo que ainda hoje menos intangíveis.
Sigamos, então, com os clássicos na sociologia.

KARL MARX

Prefácio a *Contribuição à crítica da economia política**

Examino pela ordem seguinte o sistema da economia burguesa: *capital, propriedade fundiária, trabalho assalariado; Estado, comércio externo, mercado mundial.* Nos três primeiros tópicos estudo as condições econômicas de existência das três grandes classes em que se divide a sociedade burguesa moderna; a ligação das três restantes é evidente. A primeira seção do livro I, que trata do capital, subdivide-se nos seguintes capítulos: 1. a mercadoria; 2. a moeda ou a circulação simples; 3. o capital em geral. Os dois primeiros capítulos formam o conteúdo do presente volume. Parto de um conjunto de documentos sob a forma de monografias escritas com longos intervalos para meu próprio esclarecimento, não para impressão, e cuja elaboração sistemática, segundo o plano indicado, dependerá das circunstâncias.

Suprimo uma introdução geral que esbocei no passado porque, pensando bem, parece-me que antecipar conclusões do que é preciso demonstrar em primeiro lugar é pouco correto, e o leitor que quiser seguir-me deverá decidir-se a passar do particular ao geral. Por outro lado, incluí algumas indicações sobre a sequência

---

* Texto publicado originalmente em Karl Marx, *Contribuição à crítica da economia política*. Trad. de Maria Helena Barreiro Alves. São Paulo: Martins Fontes, 2003. (N. E.)

dos meus próprios estudos da economia política, por me parecerem aqui pertinentes.

O objeto dos meus estudos especializados era a jurisprudência, à qual me dediquei como disciplina complementar da filosofia e da história. Em 1842-3, na qualidade de redator da *Rheinische Zeitung*,[1] encontrei-me pela primeira vez na obrigação embaraçosa de dar minha opinião sobre o que é costume chamar-se "os interesses materiais". As deliberações do *Landtag* renano sobre os roubos de lenha e a divisão da propriedade imobiliária, a polêmica oficial que o sr. Von Scharper, então primeiro presidente da província renana, sustentou com a *Rheinische Zeitung* sobre a situação dos camponeses do Mosela e, finalmente, os debates sobre o livre-câmbio e o protecionismo forneceram-me as primeiras razões para me ocupar das questões econômicas. Por outro lado, na época em que o desejo de "ir para a frente" substituía frequentemente a competência, fez-se ouvir na *Rheinische Zeitung* um eco do socialismo e do comunismo francês, ligeiramente contaminado de filosofia. Pronunciei-me contra esse trabalho de aprendiz, mas ao mesmo tempo confessei abertamente, numa controvérsia com a *Allgemeine Augsburger Zeitung*,[2] que os estudos que tinha feito até então não me permitiam arriscar nenhum juízo sobre o teor das tendências francesas. Aproveitando a ilusão dos diretores da *Rheinische Zeitung*, que julgavam poder suspender a sentença de morte proferida contra o jornal dando-lhe um caráter mais moderado, preferi deixar o cenário público e retirar-me para meu gabinete de estudo.

O primeiro trabalho que empreendi para esclarecer as dúvidas que me assaltavam foi uma revisão crítica da *Filosofia do direito*, de Hegel, trabalho cuja introdução apareceu nos *Deutsch-Französische*,[3] publicados em Paris em 1844. Nas minhas pesquisas cheguei à conclusão de que as relações jurídicas — assim como as formas de Estado — não podem ser compreendidas por si mesmas, nem pela dita evolução geral do espírito humano, inserindo-se, ao contrário, nas condições materiais de existência de que Hegel, à semelhança dos ingleses e franceses do século XVIII, compreende o conjunto pela designação de "sociedade civil"; por seu lado, a anatomia da sociedade civil deve ser procurada na economia política. Tinha começado o estudo desta em Paris, continuando-o em Bruxelas, para onde emigrei após uma sentença de expulsão do sr. Guizot. A conclusão geral a que cheguei e que, uma vez adquirida, serviu de fio condutor de meus estudos, pode formular-se resumidamente assim: na produção social de sua existência, os homens estabelecem relações determinadas, necessárias, independentes de sua vontade, relações de produção que correspondem a um determinado grau de desenvolvimento das forças produtivas materiais. O conjunto dessas relações de produção constitui a estrutura econômica da sociedade, a base concreta sobre a qual se eleva uma superestrutura jurídica e política à qual correspondem determinadas formas de consciência social. O modo de produção da vida material condiciona o desenvolvimento da vida social, política e intelectual em geral. Não é a consciência dos homens que determina seu ser; é seu ser social que, inversamente, determina sua consciência. Em certo estágio de desenvolvimento, as forças produtivas materiais da sociedade entram em contradição com as relações de produção existentes ou, o que é sua expressão jurídica, com as relações de propriedade no seio das quais tinham se movido até então. De formas de desenvolvimento das forças produtivas, essas relações transformam-se no seu entrave. Surge então uma época de revolução social. A transformação da base econômica altera, mais ou menos rapidamente, toda a imensa superestrutura. Ao considerar tais alterações é necessário sempre distinguir entre a alteração material — que se pode comprovar de maneira cientificamente rigorosa — das condições econômicas de produção e as formas jurídicas, políticas, religiosas, artísticas ou filosóficas, em resumo, as formas ideológicas pelas quais os homens tomam consciência desse conflito, levando-o às suas últimas consequências. Assim como não se julga um indivíduo pela ideia que ele faz de si próprio, não se poderá julgar uma tal época de transformação pela mesma consciência de si; é preciso, ao contrário, explicar essa consciência pelas contradições da vida material, pelo conflito que existe entre as forças produtivas sociais e as relações de produção. Uma organização social nunca desaparece antes que se desenvolvam todas as forças produtivas que ela é capaz de conter; nunca relações de produção novas e superiores se lhe substituem antes que as condições materiais de existência dessas relações se produzam no próprio seio da velha sociedade. É por isso que a humanidade só levanta os problemas que é capaz de resolver e assim, numa observação atenta, descobrir-se-á que o próprio problema só surgiu quando as condições materiais para resolvê-lo já existiam ou estavam, pelo menos, em via de aparecer. Em um caráter amplo, os modos de produção asiático, antigo, feudal e burguês moderno podem ser qualificados como épocas progressivas da formação econômica da sociedade. As relações de produção burguesas são a última forma contraditória do processo de produção social, contraditória não no sentido de uma contradição individual, mas de uma contradição que nasce das condições de existência social dos indivíduos. No entanto, as forças produtivas que se desenvolvem no seio da sociedade burguesa criam ao mesmo tempo as condições materiais para resolver essa contradição. Com essa organização social termina, assim, a pré-história da sociedade humana.

Friedrich Engels, com quem, desde a publicação do seu genial esboço de uma contribuição para a crítica das categorias econômicas nos *Deutsch-Französische Jahrbücher*, tenho mantido por escrito uma constante troca de ideias, chegou por outras vias (confrontar a sua *Situação das classes operárias na Inglaterra*) ao mesmo resultado, e quando, na primavera de 1845, veio se estabelecer também em Bruxelas, resolvemos trabalhar em conjunto, a fim de esclarecer o antagonismo existente entre nossa maneira de ver e a concepção ideológica da filosofia alemã; tratava-se, de fato, de um ajuste de contas com a nossa consciência filosófica anterior. Esse projeto foi realizado sob a forma de uma crítica da filosofia pós-hegeliana. O manuscrito, dois grandes volumes *in-octavo*, estava havia muito no editor na Vestefália quando soubemos que novas circunstâncias já não permitiam a sua impressão. De bom grado abandonamos o manuscrito à crítica corrosiva dos ratos, tanto mais que tínhamos atingido nosso fim principal, que era enxergar com clareza as nossas ideias. Dos vários trabalhos dispersos dessa época, em que apresentamos nossas opiniões sobre diversos assuntos, mencionarei apenas o *Manifesto do Partido Comunista*, redigido em colaboração com Engels, e o *Discurso sobre o livre-câmbio*, publicado por mim. Os pontos decisivos de nossas concepções foram cientificamente esboçados pela primeira vez, ainda que de forma polêmica, em meu texto contra Proudhon publicado em 1847: *Miséria da filosofia* etc. A impressão de uma dissertação sobre o trabalho assalariado, escrita em alemão e reunindo as conferências sobre esse tema que proferi na Associação dos Operários Alemães de Bruxelas, foi interrompida pela Revolução de Fevereiro, a que se seguiu minha expulsão da Bélgica.

A publicação da *Neue Rheinische Zeitung*[4] em 1848-9 e os acontecimentos posteriores interromperam meus estudos econômicos, que só pude retomar em 1850, em Londres. A prodigiosa documentação sobre a história da economia política reunida no Museu Britânico, o posto favorável que Londres oferece para a observação da sociedade burguesa e, por último, o novo estágio de desenvolvimento em que esta parecia entrar com a descoberta do ouro californiano e do australiano, fizeram com que me decidisse a recomeçar e a estudar a fundo, com espírito crítico, os novos materiais. Esses estudos conduziam-me a disciplinas que pareciam distanciar-me de meu propósito e nas quais tive de me fixar mais ou menos tempo. Mas o que limitou o tempo de que dispunha foi principalmente a imperiosa necessidade de fazer um trabalho remunerado. Uma colaboração de há oito anos a esta parte no *New York Tribune*, o primeiro jornal anglo-americano, provocou, na medida em que só excepcionalmente me ocupo do jornalismo propriamente dito, uma extraordinária dispersão em meus estudos. Entretanto, os artigos sobre os acontecimentos econômicos de relevo na Inglaterra e no continente formavam uma parte tão considerável de minhas colaborações que fui levado a familiarizar-me com os pormenores práticos que não são do domínio da ciência pura da economia política.

Com este esboço da evolução de meus estudos no terreno da economia política, quis apenas mostrar que minhas opiniões, seja qual for o julgamento que mereçam e por muito pouco que concordem com os preconceitos interessados das classes dirigentes, são o resultado de longas e conscienciosas pesquisas. Mas, no limiar da ciência, como à entrada do inferno, esta obrigação se impõe:

> *Qui se convien lasciare ogni sospetto*
> *Ogni viltà convien che qui sia morta.*[5]

Londres, janeiro de 1859

KARL MARX

Introdução a *Contribuição à crítica da economia política**

I. PRODUÇÃO, CONSUMO, DISTRIBUIÇÃO, TROCA (CIRCULAÇÃO)

1. Produção

O objeto deste estudo é, em princípio, a *produção material*.

Indivíduos produzindo em sociedade, portanto uma produção de indivíduos socialmente determinada — esse é, naturalmente, o ponto de partida. O caçador e o pescador individuais e isolados, de que partem Smith e Ricardo, pertencem às inocentes ficções do século XVIII. São "robinsonadas" que não exprimem de forma alguma, como parecem crer alguns historiadores da civilização, uma simples reação contra os excessos de requinte e um regresso a um estado de natureza mal compreendido. Do mesmo modo, o contrato social de Rousseau, que estabelece, entre indivíduos independentes por natureza, relações e laços por meio de um pacto, nem por isso se acha mais assentado em um tal naturalismo. Não passa de aparência, aparência de ordem puramente estética nas pequenas e grandes

---

* Texto publicado originalmente em Karl Marx, *Contribuição à crítica da economia política*. Trad. de Maria Helena Barreiro Alves. São Paulo: Martins Fontes, 2003. (N.E.)

"robinsonadas". Na realidade, trata-se de uma antecipação da "sociedade burguesa" que vem se preparando desde o século XVI e que, no século XVIII, caminhava a passos de gigante para sua maturidade. Nessa sociedade onde reina a livre concorrência, o indivíduo aparece isolado dos laços naturais que fazem dele, em épocas históricas anteriores, um elemento de um conglomerado humano determinado e delimitado. Para os profetas do século XVIII — Smith e Ricardo fundamentam-se ainda completamente em suas teses —, esse indivíduo do século XVIII — produto, por um lado, da decomposição das formas feudais de sociedade e, por outro, das novas forças de produção que se desenvolvem a partir do século XVI — surge como um ideal que teria *existido no passado*. Veem nele não um resultado histórico, mas o ponto de partida da história, porque consideram esse indivíduo algo natural, de acordo com sua concepção de natureza humana, não como um produto da história, mas como um dado da natureza. Essa ilusão tem sido partilhada, até o presente, por todas as novas épocas. Steuart, que em mais de um aspecto se opõe ao século XVIII e que, em sua condição de aristocrata, se situa mais sobre o terreno histórico, conseguiu fugir a essa ilusão ingênua.

Quanto mais se recua na história, mais o indivíduo — e, por conseguinte, também o indivíduo produtor — se apresenta num estado de dependência, membro de um conjunto mais vasto; esse estado começa por se manifestar de forma totalmente natural na família, e na família ampliada até as dimensões da tribo; depois, nas diferentes formas de comunidades provenientes da oposição e da fusão das tribos. Só no século XVIII, na "sociedade burguesa", as diferentes formas do conjunto social passaram a apresentar-se ao indivíduo como um simples meio de realizar seus objetivos particulares, como uma necessidade exterior. Mas a época que dá origem a esse ponto de vista, o do indivíduo isolado, é precisamente aquela em que as relações sociais (revestindo esse ponto de vista de um caráter geral) atingiram o seu máximo desenvolvimento. O homem é, no sentido mais literal, um *dzôon politikhón*,[1] não só um animal sociável, mas um animal que só em sociedade pode isolar-se. A produção realizada à margem da sociedade pelo indivíduo isolado — fato excepcional que pode muito bem acontecer a um homem civilizado transportado por acaso para um lugar deserto, mas já levando consigo em potência as forças próprias da sociedade — é uma coisa tão absurda como o seria o desenvolvimento da linguagem sem a presença de indivíduos vivendo e falando *em conjunto*. É inútil insistirmos nisso. Nem mesmo haveria razão para abordarmos esse assunto se tal banalidade, que tinha um sentido e uma razão de ser para as pessoas do século XVIII, não tivesse sido reintroduzida muito a sério por Bastiat, Carey, Proudhon e outros em plena economia política moderna. Para Proudhon torna-se por certo muito cômodo fazer mitologia para dar uma explicação histórico-filosófica de uma relação econômica de que ele ignora a origem histórica: a ideia dessa relação teria surgido já acabada, um belo dia, na cabeça de Adão ou Prometeu, que depois a deixaram ao mundo como herança (...). Nada é mais fastidioso e árido do que o *locus communis* [lugar-comum] possesso de delírio.

Eternização das relações históricas de produção. Produção e distribuição em geral. Propriedade

Assim, sempre que falamos de produção, é à produção num estágio determinado do desenvolvimento social que nos referimos — à produção de indivíduos vivendo em sociedade. Pode parecer que, para falar da produção em geral, será conveniente ou seguir o processo histórico de seu desenvolvimento em suas diversas fases, ou declarar antes de mais nada que iremos ocupar-nos de *uma* época histórica determinada — por exemplo, da produção burguesa moderna, que é, de fato, o nosso verdadeiro tema. Mas todas as épocas da produção têm certas características comuns, certas determinações comuns. A *produção em geral* é uma abstração, mas uma abstração racional, na medida em que, sublinhando e precisando os traços comuns, nos evita a repetição. No entanto, esse caráter *geral* ou esses traços comuns, que a comparação permite estabelecer, formam por seu lado um conjunto muito complexo cujos elementos divergem para revestir diferentes determinações. Algumas dessas características pertencem a todas as épocas, outras são comuns apenas a umas poucas. [Algumas] dessas determinações revelar-se-ão comuns tanto à época mais recente como à mais antiga. Sem elas, não é possível conceber nenhuma espécie de produção. Mas, se é verdade que as línguas mais evoluídas têm de comum com as menos evoluídas certas leis e determinações, é precisamente aquilo que as diferencia desses traços gerais e comuns que constitui a sua evolução; do mesmo modo é importante distinguir as determinações que valem para a produção em geral, a fim de que a unidade — que se infere já do fato de o sujeito, a humanidade, e o objeto, a natureza, serem idênticos — não nos faça esquecer a diferença essencial. Esse esquecimento é o responsável por toda a sapiência dos economistas modernos que pretendem provar a eternidade e a harmonia das relações sociais atualmente existentes. Por exemplo, não há produção possível sem um instrumento de produção; esse instrumento será a mão. Não há produção possível sem trabalho passado acumulado; esse trabalho será a habilidade que o exercício repetido desenvolveu e fixou na mão do selvagem. Entre outras coisas, o capital é, também, um instrumento de produção, é também trabalho passado, objetivado. Logo, o capital é uma relação natural universal e eterna; sim, mas com a condição de negligenciar precisamente o elemento específico, o único que transforma em capital o "instrumento de produção", o "trabalho acumulado". A história das relações de produção apresenta-se assim, e a obra de Carey é um exemplo disso, como uma falsificação provocada pela malevolência dos governos. Se não há produção em geral, não há também produção geral. A produção é sempre um ramo particular da produção — por exemplo, a agricultura, a criação de gado, a manufatura etc. — ou constitui um todo. Mas economia política não é tecnologia. Em outro lugar (mais tarde) será necessário explicar a relação entre as determinações gerais da produção num dado estágio social e as formas particulares da produção. Finalmente a produção também não é apenas uma produção particular; surge sempre sob a forma de um determinado corpo social de um indivíduo social, que exerce sua atividade num conjunto mais ou menos vasto e rico de ramificações da produção. Não é ainda oportuno estudar a relação entre a exposição científica e o movimento real. A produção em geral. Os ramos particulares da produção. A produção considerada na sua totalidade.

Está na moda em economia política fazer preceder qualquer estudo de uma parte geral — aquela que figura precisamente com o título de *Produção* (Cf., por exemplo, J. St. Mill) — em que se trata das *condições gerais* de qualquer produção. Essa parte geral compreende ou supõe-se que compreende:

a) o estudo das condições sem as quais a produção não é possível, e que de fato se limita à menção dos fatores essenciais comuns a qualquer produção. Na realidade, costuma reduzir-se a algumas determinações muito simples, repisadas em insípidas tautologias, como se verá;

b) o estudo das condições que favorecem mais ou menos o desenvolvimento da produção, como, por exemplo, o estado social progressivo ou estagnado de Adam Smith. Para dar um caráter científico àquilo que, na obra de Smith, vale como rascunho, seria necessário estudar os períodos

dos diversos *graus de produtividade* no decurso do desenvolvimento dos diferentes povos — estudo que ultrapassa os limites propriamente ditos de nosso assunto, mas que, na medida em que nele se enquadra, será exposto na parte referente à concorrência, à acumulação etc. Na sua forma geral, a conclusão leva à seguinte generalidade: um povo industrial encontra-se no apogeu de sua produção no próprio momento em que, de certo modo, atinge o apogeu histórico. E, de fato, um povo está em seu apogeu industrial quando não é ainda o lucro, mas a procura do ganho, que é tida como essencial. Superioridade, nesse caso, dos ianques sobre os ingleses. Ou conclui-se também o seguinte: certas raças, certas inclinações, certos climas, certas condições naturais, como a situação geográfica à beira-mar, a fertilidade do solo etc., são mais favoráveis que outros à produção. O que nos leva de novo a esta tautologia: a riqueza cria-se tanto mais facilmente quanto os seus elementos subjetivos e objetivos existem em um grau mais elevado.

Mas nessa parte geral não são estes, de modo algum, os problemas que na realidade são postos aos economistas. Trata-se de preferência, como o prova o exemplo de Mill, de apresentar a produção, em oposição à distribuição etc., como que fechada em leis naturais, eternas, independentes da história, aproveitando a ocasião para insinuar sub-repticiamente que as relações *burguesas* são leis naturais imutáveis da sociedade concebida *in abstracto*. Tal é o fim para que, mais ou menos conscientemente, tende todo esse processo. Na distribuição, pelo contrário, os homens permitir-se-iam agir com muita arbitrariedade. Abstraindo dessa separação brutal da produção e da distribuição, e da ruptura da sua relação real, podemos ver claramente pelo menos que, por muito diversificada que possa ser a distribuição nos diferentes estágios da sociedade, deve ser possível, tal como no caso da produção, isolar as características comuns; possível ainda diluir ou suprimir todas as diferenças históricas para enunciar leis que se apliquem ao *homem em geral*. Por exemplo, o escravo, o servo, o trabalhador assalariado, todos eles recebem uma determinada quantidade de alimento que lhes permite subsistir na sua condição de escravo, servo, assalariado. Quer vivam do tributo, do imposto, da renda imobiliária, da esmola ou do dízimo, o conquistador, o funcionário, o proprietário de bens de raiz, o monge ou o sacerdote recebem todos eles uma cota da produção social, parte que lhes é fixada segundo outras leis que não as do escravo e seus semelhantes. Os dois pontos principais que todos os economistas colocam nessa rubrica são: a) propriedade; b) garantia desta por intermédio do direito, da polícia etc. A isso podemos responder em muito breves palavras.

Sobre o primeiro ponto: toda e qualquer produção é apropriação da natureza pelo indivíduo, no quadro e por intermédio de uma forma de sociedade determinada. Nesse sentido, é uma tautologia dizer que a propriedade (apropriação) é uma condição da produção. Mas é ridículo partir daqui para, de um salto, passar a uma forma determinada da propriedade, à propriedade privada, por exemplo. (Que, além disso, supõe igualmente como condição uma forma oposta, a *não propriedade*.) A história nos apresenta na propriedade comum (por exemplo nos índios, nos eslavos, nos antigos celtas e outros) o exemplo da forma primitiva, forma que, sob o aspecto de propriedade comunal, desempenhará ainda durante muito tempo um papel importante. Quanto a saber se a riqueza se desenvolve melhor sob uma ou outra forma de propriedade, tal preocupação não está ainda em causa. Mas afirmar que não pode haver produção nem, por conseguinte, sociedade onde não existe nenhuma das formas de propriedade é pura tautologia. Uma apropriação que não se apropria de nada é uma *contradictio in subjecto* [contradição nos termos].

Sobre o segundo ponto: garantir a segurança dos bens adquiridos etc. Se reduzirmos essas banalidades ao seu conteúdo real, elas significam muito mais do que imaginam aqueles que as apregoam. A saber, que qualquer forma de produção engendra as suas próprias relações jurídicas, a sua própria forma de governo etc. É falta de sutileza e de perspicácia estabelecer relações contingentes entre as coisas que formam um todo orgânico, estabelecer entre elas um simples laço de reflexão. Assim, os economistas burgueses têm o vago sentimento de que a produção é mais fácil com a moderna polícia do que, por exemplo, na época do "direito do mais forte". Simplesmente esquecem que o "direito do mais forte" é igualmente um direito, e que, sob outra forma, sobrevive em seu "Estado jurídico".

Quando as condições sociais correspondentes a um estágio determinado da produção estão ainda em via de formação ou quando, pelo contrário, estão já em via de desaparecer, produzem-se naturalmente perturbações na produção, ainda que de grau e de efeito variáveis.

Resumindo: todos os estágios da produção possuem determinações comuns, às quais o pensamento dá um caráter geral, mas as pretensas *condições gerais* de qualquer produção não são mais que esses fatores abstratos, sem nenhuma correspondência num estágio histórico real da produção.

2. Relação geral entre a produção e a distribuição, a troca, o consumo

Antes de nos embrenharmos mais na análise da produção, é necessário examinar os diversos tópicos de que os economistas a acompanham.

Eis o problema, tal como ele se apresenta: na produção, os membros da sociedade adaptam (produzem, dão forma) os produtos da natureza em conformidade com as necessidades humanas; a distribuição determina a proporção em que o indivíduo participa da repartição desses produtos; a troca obtém-lhe os produtos particulares em que o indivíduo quer converter a cota-parte que lhe é reservada pela distribuição; no consumo, finalmente, os produtos tornam-se objetos de prazer, de apropriação individual. A produção cria os objetos que correspondem às necessidades; a distribuição reparte-os segundo leis sociais; a troca reparte de novo o que já tinha sido repartido, mas segundo as necessidades individuais; no consumo, enfim, o produto evade-se desse movimento social, torna-se diretamente objeto e servidor da necessidade individual, que satisfaz pela fruição. A produção surge assim como o ponto de partida, o consumo como o ponto de chegada, a distribuição e a troca como o meio--termo que, por seu lado, tem um duplo caráter, sendo a distribuição o momento que tem por origem a sociedade e a troca, o momento que tem por origem o indivíduo. Na produção o indivíduo objetiva-se, e no indivíduo[2] subjetiva-se o objeto; na distribuição é a sociedade, sob a forma de determinações gerais dominantes, que faz o papel de intermediária entre a produção e o consumo; na troca, a passagem de uma a outra é assegurada pela determinação contingente do indivíduo.

A distribuição determina a proporção (a quantidade) de produtos que cabem ao indivíduo; a troca determina os produtos que cada indivíduo reclama como parte que lhe foi designada pela distribuição.

Produção, distribuição, troca, consumo, formam assim [segundo a doutrina dos economistas][3] um silogismo--modelo; a produção constitui o geral; a distribuição e a troca, o particular; o consumo, o singular para o qual tende o conjunto. Trata-se, sem dúvida, de um encadeamento, mas muito superficial. A produção é determinada por leis naturais gerais; a distribuição pela contingência social, e esta pode, por consequência, exercer sobre a produção uma ação mais ou menos estimulante; a troca situa-se entre ambas como um movimento social de caráter formal, e o ato final do consumo, concebido não só como resultado, mas também como última finalidade, é, a bem dizer, exterior a toda a economia, salvo na medida em que reage por sua vez sobre o ponto de partida, abrindo de novo todo o processo.

Os adversários dos economistas — adversários da profissão ou amadores —, que os censuram por dissociarem de forma bárbara coisas que formam um todo, colocam-se no mesmo nível ou até abaixo deles. Não há nada mais banal que a acusação feita aos economistas de considerarem a produção exclusivamente como um fim em si, alegando que a distribuição tem igual importância. Essa censura baseia-se precisamente na concepção econômica segundo a qual a distribuição existe como esfera autônoma, independente, lado a lado com a produção. Censuram-nos ainda por não considerarem na sua unidade essas diferentes fases. Como se essa dissociação não tivesse passado da realidade para os livros, mas, pelo contrário, dos livros para a realidade, como se estivesse em causa um equilíbrio dialético de conceitos, e não da concepção[4] das relações reais!

a) *A produção é também imediatamente consumo*

Duplo caráter do consumo, subjetivo e objetivo: por um lado, o indivíduo que desenvolve suas faculdades, ao produzir, igualmente as despende, as consome no ato da produção, tal como a procriação natural é um consumo de forças vitais. Em segundo lugar há o consumo dos meios de produção que empregamos, porque se desgastam e se dissolvem (como na combustão, por exemplo) nos elementos do universo. O mesmo acontece com a matéria-prima, que não conserva sua forma e sua constituição naturais, mas que se vê desgastada. Portanto, o ato de produção é, em todos os seus momentos e ao mesmo tempo, um ato de consumo. Aliás, os economistas admitem-no. Designam mesmo por *consumo produtivo* a produção considerada: como imediatamente idêntica ao consumo e o consumo como coincidente de forma imediata com a produção. Essa identidade da produção e do consumo recorda a afirmação de Espinosa: *Determinatio est negatio* [qualquer determinação é negação].

Mas essa determinação do consumo produtivo só é exatamente estabelecida para distinguir o consumo que se identifica com a produção do consumo propriamente dito, que costuma ser concebido como a antítese destrutiva da produção. Consideremos portanto o consumo propriamente dito.

Imediatamente, o consumo é também produção, à semelhança da natureza, em que o consumo dos elementos e das substâncias químicas é a produção da planta. É evidente que através da alimentação, por exemplo, forma particular do consumo, o homem produz o seu próprio corpo. Ora, isso é igualmente válido para qualquer outra espécie de consumo que, de uma maneira ou de outra, contribui com qualquer aspecto para a produção humana. Produção consumidora. Mas, objeta a economia, essa produção que se identifica com o consumo é uma segunda produção, resultante da destruição do primeiro produto. Na primeira, o produtor objetiva-se; na segunda, pelo contrário, é o objeto que ele criou que se personifica. Assim, essa produção consumidora — apesar de constituir uma unidade imediata da produção e do consumo — é essencialmente diferente da produção propriamente dita. A unidade imediata, em que a produção coincide com o consumo e o consumo com a produção, deixa subsistir a dualidade intrínseca de ambos.

Portanto, a produção é imediatamente consumo, o consumo imediatamente produção. Cada um é imediatamente o seu contrário. Mas opera-se simultaneamente um movimento intermediário entre os dois termos. A produção é a intermediária do consumo, ao qual fornece os elementos materiais e que, sem ela, não teria nenhum objetivo. Por seu lado, o consumo é também o intermediário da produção, dando aos produtos o motivo que os justifica como produtos. Só no consumo o produto conhece sua realização última. Uma estrada de ferro em que não passam comboios, que não se usa, não é consumida, só no domínio da possibilidade *dünámei* [abstrata] e não no da realidade é estrada de ferro. Sem produção não há consumo; mas sem consumo também não haveria produção, porque nesse caso a produção não teria nenhum objetivo. O consumo produz duplamente a produção. 1. Somente pelo consumo o produto se torna realmente produto. Por exemplo, um terno só se torna verdadeiramente um terno quando vestido; uma casa que não seja habitada não é, de fato, uma verdadeira casa; logo, o produto, ao contrário do simples objeto natural, não se afirma como produto, não se *torna* produto, senão pelo consumo. Apenas o consumo, ao absorver o produto, lhe dá o retoque final (*finish stroke*); porque a produção não se desencadeou como atividade objetivada, mas como mero objeto para o sujeito ativo [o consumo produz a produção].[5] 2. O consumo cria a necessidade de uma *nova* produção, e por conseguinte a razão ideal, o móbil interno da produção, que é sua condição prévia. O consumo cria o móbil da produção; cria também o objeto que, atuando sobre a produção, lhe determina a finalidade. Se é evidente que a produção oferece, na sua forma material, o objeto do consumo, não é menos evidente que o consumo *supõe idealmente* o objeto da produção, na forma de imagem interior, de necessidade, de móbil e fim. Cria os objetos da produção sob uma forma ainda subjetiva. Sem necessidade não há produção. Ora, o consumo reproduz a necessidade.

A esse duplo caráter corresponde, do ponto de vista da produção: a) a produção fornece ao consumo a sua matéria, o seu objeto. Um consumo sem objeto não é consumo; nesse sentido, portanto, a produção cria, produz o consumo; b) mas não é unicamente o objeto que a produção dá ao consumo. Dá-lhe ainda o seu aspecto determinado, o seu caráter, o seu acabamento (*finish*). Tal como o consumo dava o retoque final ao produto como produto, a produção o dá ao consumo. *Em primeiro lugar* o objeto não é um objeto geral, mas um objeto determinado, que deve ser consumido de forma determinada, à qual a própria produção deve servir[6] de intermediária. A fome é a fome, mas a fome que se satisfaz com carne cozida, comida com faca e garfo, não é a mesma fome que come a carne crua servindo-se das mãos, das unhas, dos dentes. Por conseguinte, a produção determina não só o objeto do consumo, mas também o modo de consumo, e não só de forma objetiva, mas também subjetiva. Logo, a produção cria o consumidor; c) a produção não se limita a fornecer um objeto material à necessidade; fornece ainda uma necessidade ao objeto material. Quando o consumo se liberta de sua grosseria primitiva e perde seu caráter imediato — e não o fazer seria ainda o resultado de uma produção que se mantivesse num estágio de primitiva rudeza —, o próprio consumo, como instinto, tem como intermediário o objeto. A necessidade que sente desse objeto é criada pela percepção deste. O objeto de arte — tal como qualquer outro produto — cria um público capaz de compreender a arte e de apreciar a beleza. Portanto, a produção não cria somente um objeto para o sujeito, mas também um sujeito para o objeto. Logo, a produção gera o consumo: i) fornecendo-lhe sua matéria; ii) determinando o modo de consumo; iii) criando no consumidor a necessidade de produtos que começaram como simples objetos. Produz, por conseguinte, o objeto do consumo, o modo de consumo, o instinto do consumo. De igual modo o consumo engendra a *vocação* do produtor, solicitando-lhe a finalidade da produção sob a forma de uma necessidade determinante.

A identidade entre o consumo e a produção surge sob um triplo aspecto:

i) *identidade imediata*. Produção é consumo; consumo é produção. Produção consumidora. Consumo produtivo. Ambos são chamados consumo produtivo pelos economistas, que fazem no entanto uma distinção: a primeira toma a forma de reprodução; o segundo, de consumo produtivo. Todas as pesquisas sobre a primeira são o estudo do trabalho produtivo ou improdutivo; as pesquisas sobre o segundo são o estudo do consumo produtivo ou improdutivo;

2) ambos surgem como intermediários um do outro; uma é intermediada pelo outro, o que se exprime por sua interdependência, movimento que os relaciona entre si e os torna reciprocamente indispensáveis, embora se conservem exteriores uma ao outro. A produção cria a matéria do consumo como objeto exterior; o consumo cria para a produção a necessidade como objeto interno, como finalidade. Sem produção não há consumo; sem consumo não há produção. Isso é repetido na economia política de numerosas formas;

3) a produção não é apenas imediatamente consumo, nem o consumo imediatamente produção; igualmente a produção não é apenas um meio para o consumo, nem o consumo um fim para a produção, no sentido em que cada um dá ao outro o seu objeto, a produção o objeto exterior do consumo, o consumo o objeto figurado da produção. De fato, cada um não é apenas imediatamente o outro, nem apenas intermediário do outro: cada um, ao realizar-se, cria o outro; cria-se sob a forma do outro. É o consumo que realiza plenamente o ato da produção ao dar ao produto o seu caráter acabado de produto, ao dissolvê--lo consumindo a forma objetiva independente que ele reveste, ao elevar à destreza, pela necessidade de repetição, a aptidão desenvolvida no primeiro ato da produção; ele não é somente o ato último pelo qual o produto se torna realmente produto, mas o ato pelo qual o produtor se torna também verdadeiramente produtor. Por outro lado, a produção motiva o consumo ao criar o modo determinado do

consumo, e originando em seguida o apetite do consumo, a faculdade de consumo sob a forma de necessidade. Esta última identidade, que particularizamos adiante no item 3), é comentada em economia política de múltiplas formas a propósito das relações entre a oferta e a procura, os objetos e as necessidades, as necessidades criadas pela sociedade e as necessidades naturais.

Nada mais simples nesse caso, para um hegeliano, que admitir a identidade da produção e do consumo, proeza realizada não só por homens de letras socialistas, mas até por prosaicos economistas, como por exemplo Say, do seguinte modo: quando se considera um povo, ou a humanidade *in abstracto*, conclui-se que sua produção é seu consumo. Storch apontou o erro de Say: um povo, por exemplo, não consome pura e simplesmente a sua produção, mas cria também meios de produção etc., capital fixo etc. Considerar a sociedade um indivíduo único é, de resto, considerá-la de um ponto de vista falso — especulativo. Para um indivíduo, produção e consumo manifestam-se como momentos de um mesmo ato. Importa apenas sublinhar que, quer se considere a produção e o consumo como atividades de um sujeito, quer de numerosos indivíduos,[7] ambos os atos surgem de qualquer modo como momentos de um processo em que a produção é o verdadeiro ponto de partida e, por conseguinte, também o fator que prevalece. O consumo como necessidade é um fator interno da atividade *produtiva*; mas esta é o ponto de partida da realização e, por conseguinte, o seu fator predominante, o ato em que todo o processo novamente se desenvolve. O indivíduo produz um objeto, e pelo consumo deste regressa a si mesmo, mas o faz como indivíduo produtivo e que se reproduz. O consumo surge assim como momento da produção.

Mas na sociedade a relação entre o produtor e o produto, quando este último se considera acabado, é uma relação exterior, e o retorno do produto ao sujeito depende das relações deste com os outros indivíduos. Não se torna imediatamente proprietário. Tanto mais que a imediata apropriação do produto não é o objetivo do produtor ao produzir em sociedade. Entre o produtor e os produtos interpõe-se a *distribuição*, que obedecendo a leis sociais determina a parte que lhe pertence na totalidade dos produtos, colocando-se assim entre a produção e o consumo.

Mas constituirá a distribuição uma esfera autônoma, marginal e exterior à produção?

b) *Distribuição e produção*

À primeira vista causa necessariamente espanto, quando se examinam os tratados correntes de economia política, ver que todas as categorias neles são consideradas de duplo modo. Por exemplo, na distribuição incluem: renda imobiliária, salário, juro e lucro, enquanto na produção figuram como agentes terra, trabalho e capital. No que diz respeito ao capital, é evidente que ele é admitido de duas formas: a) como agente de produção; b) como fonte de receitas: como formas de distribuição determinadas e determinantes. Por conseguinte, juro e lucro figuram também na produção, na medida em que são formas que determinam o aumento do capital, seu crescimento, na medida em que são fatores de sua própria produção. Juro e lucro, como formas de distribuição, supõem o capital considerado como agente da produção. São modos de distribuição que têm por postulado o capital como agente da produção. São igualmente modos de reprodução do capital.

De igual modo o salário é o trabalho assalariado, que os economistas consideram num outro tópico: o caráter determinado de agente de produção que o trabalho possui nesse caso apresenta-se como determinação da distribuição. Se o trabalho não fosse definido como trabalho assalariado, o modo segundo o qual participa da repartição dos produtos não assumiria a forma de salário; é o que acontece com a escravatura. Finalmente, a renda imobiliária, para considerar agora a forma mais desenvolvida da distribuição, pela qual a propriedade fundiária participa da repartição dos produtos, supõe a grande propriedade fundiária (a bem dizer, a grande agricultura) como agente de produção, e não pura e simplesmente a terra, tal como o salário não supõe o trabalho puro e simples. As relações e os modos de distribuição apresentam-se simplesmente como o inverso dos agentes de produção. Um indivíduo que participe da produção por meio do trabalho assalariado participa da repartição dos produtos, resultado da produção, através do salário. A estrutura da distribuição é inteiramente determinada pela estrutura da produção. A própria distribuição é um produto da produção, não só no que diz respeito ao objeto — apenas podendo ser distribuído o resultado da produção —, mas também no que diz respeito à forma, determinando o modo preciso de participação, na produção, das formas particulares da distribuição, isto é, determinando de que forma o produtor participará da distribuição. É absolutamente ilusório incluir a terra na produção, a renda imobiliária na distribuição etc.

Economistas como Ricardo, a quem muitas vezes se censurou ter em vista somente a produção, definiram, no entanto, a distribuição como o objeto exclusivo da economia política, porque instintivamente viam nas formas de distribuição a expressão mais clara das relações fixas dos agentes de produção numa dada sociedade.

Em relação ao indivíduo isolado, a distribuição surge naturalmente como uma lei social, que condiciona a sua posição no interior da produção — no quadro da qual ele produz, e que precede, portanto, a produção. Originariamente, o indivíduo não tem capital nem propriedade fundiária. Logo ao nascer é reduzido ao trabalho assalariado pela distribuição social. Mas o próprio fato de ser reduzido ao trabalho assalariado é um resultado da existência do capital e da propriedade fundiária como agentes de produção independentes.

Considerando as sociedades na sua totalidade, a distribuição, de outro ponto de vista, parece preceder a produção e determiná-la — a bem dizer, como um fato pró-econômico. Um povo conquistador partilha a terra entre os conquistadores, impondo assim certa repartição e certa forma de propriedade fundiária; determina, portanto, a produção. Ou então escraviza os povos conquistados, fazendo assim do trabalho servil a base da produção. Ou ainda, pela revolução, um povo destrói a grande propriedade e divide-a; dá assim, com essa nova distribuição, um novo caráter à produção. Ou, finalmente, a legislação perpetua a propriedade fundiária em certas famílias, e faz do trabalho um privilégio hereditário, imprimindo-lhe, desse modo, um caráter de casta. Em todos esses casos, e todos são históricos, a distribuição não parece ser organizada e determinada pela produção; ao contrário, é a produção que parece determinada pela distribuição.

Na sua concepção mais banal, a distribuição apresenta-se como distribuição dos produtos, e assim como que afastada da produção e a bem dizer independente dela. Contudo, antes de ser distribuição de produtos, ela é: a) distribuição dos instrumentos de produção; b) distribuição dos membros da sociedade pelos diferentes gêneros de produção, o que é outra determinação da relação anterior. (Subordinação dos indivíduos a relações de produção determinadas.) A distribuição dos produtos é manifestamente o resultado dessa distribuição, que, incluída no próprio processo de produção, determina-lhe a estrutura. Considerar a produção sem ter em conta essa distribuição, nela incluída, é sem dúvida uma abstração vazia de sentido, visto que a distribuição dos produtos é implicada por essa distribuição, que constitui na origem um fator da produção. Ricardo, a quem interessava conceber a produção moderna na sua estrutura social determinada, e que é o economista da produção por excelência,[8] afirma, por essa mesma razão, que *não* é a produção, mas sim a distribuição que constitui o verdadeiro assunto da economia política moderna. Daí o absurdo quando os economistas tratam a produção como se fosse uma verdade eterna, pondo de parte a história no domínio da distribuição.

A questão de saber que relação se estabelece entre a distribuição e a produção que ela determina depende da própria produção. Se, partindo do princípio de que a produção tem necessariamente o seu ponto de partida numa determinada distribuição dos instrumentos de produção, concluíssemos que a distribuição, pelo menos nesse sentido, precede a produção, constituindo a sua condição prévia, poderíamos responder à questão posta afirmando que a produção tem efetivamente suas próprias condições e premissas, que constituem os seus fatores. Estes podem surgir a princípio como dados naturais. O próprio processo da produção transforma esses dados naturais em dados históricos e, se é certo que surgem em determinado período como premissas naturais da produção, em outro período foram o seu resultado histórico. São constantemente modificados no próprio quadro da produção. A máquina, por exemplo, modificou a distribuição tanto dos instrumentos de produção como dos produtos. A grande propriedade latifundiária moderna é o resultado não só do comércio e da indústria modernos como da aplicação desta última à agricultura.

As questões acima formuladas resumem-se, em última análise, a saber de que modo as condições históricas gerais intervêm na produção e qual a relação desta com o movimento histórico em geral. O problema levanta a discussão e a análise da própria produção.

No entanto, na forma trivial em que foram aqui citadas, podemos arrumá-las em uma palavra. Em todas as conquistas há três possibilidades: o povo conquistador impõe ao povo conquistado o seu próprio modo de produção (por exemplo, os ingleses na Irlanda, neste século, e em parte na Índia); ou deixa subsistir o antigo modo de produção, contentando-se em cobrar um tributo (os turcos e os romanos, por exemplo); ou verifica-se uma ação recíproca que dá origem a alguma coisa nova, a uma síntese (foi o que aconteceu, em parte, nas conquistas germânicas). Em qualquer dos casos, o modo de produção — quer o do povo conquistador, quer o do povo conquistado, quer ainda o que resulta da fusão de ambos — é determinante para a nova distribuição que se faz. Embora esta se apresente como condição prévia do novo período de produção, ela própria, por sua vez, é produto da produção, não só da produção histórica em geral, mas desta ou daquela produção histórica determinada.

Os mongóis, quando devastaram a Rússia, por exemplo, agiram de acordo com o seu modo de produção, que se baseava no pastoreio, exigindo como condição essencial grandes espaços desabitados. Os bárbaros germânicos, cujo modo de produção tradicional se baseava na cultura da terra pelos servos e na vida isolada no campo, puderam submeter facilmente as províncias romanas a essas condições, tanto mais que a concentração da propriedade rural que se tinha já operado alterara completamente o anterior regime da agricultura.

É já tradicional a afirmação de que em certos períodos o homem viveu apenas da pilhagem. Contudo, para poder fazê-lo, é necessário que exista algo para pilhar, logo, uma produção. E o modo de pilhagem é, por seu lado, determinado pelo modo de produção. Uma *stock-jobbing nation* [nação de especuladores da Bolsa], por exemplo, não pode ser pilhada como uma nação de vaqueiros.

O instrumento de produção é diretamente roubado na pessoa do escravo. Mas nesse caso a produção do país, em proveito do qual ele é roubado, deve ser organizada de modo que permita o trabalho do escravo, ou (como na América do Sul etc.) é necessário criar um modo de produção de acordo com a escravatura.

As leis podem perpetuar em certas famílias um instrumento de produção, por exemplo a terra. Mas essas leis só têm importância econômica quando a grande propriedade fundiária está em harmonia com a produção social, como acontece na Inglaterra. Na França praticou-se a pequena cultura apesar da existência da grande propriedade, aliás destruída pela Revolução. Mas o que acontecerá se pretendermos perpetuar através da lei a divisão da propriedade, por exemplo? A propriedade volta a concentrar-se, não obstante a lei. A influência que as leis exercem sobre a manutenção das relações de distribuição e, por conseguinte, sobre a produção, deve ser determinada separadamente.

c) *Troca e produção*

A própria circulação é apenas um momento determinado da troca, ou a troca considerada na sua totalidade.

Na medida em que a *troca* não é mais que um fator que serve de intermediário entre a produção e a distribuição que ela determina, tal como o consumo; na medida, por outro lado, em que este último surge como um dos fatores da produção, a troca constitui manifestamente um momento da produção.

Em primeiro lugar, é evidente que a troca de atividades e de capacidade que tem lugar na própria produção faz diretamente parte desta, constituindo um dos seus elementos essenciais. Em segundo lugar, isso é verdade para a troca de produtos, na medida em que essa troca é o instrumento que fornece o produto acabado, destinado ao consumo imediato. Nesse sentido, a própria troca é um ato incluído na produção. Em terceiro lugar, a troca (*exchange*) entre negociantes (*dealers*) é, por sua organização, inteiramente determinada pela produção, ao mesmo tempo que atividade produtiva. A troca só aparece como independente ao lado da produção, como indiferente em presença desta, no último estágio em que o produto é trocado para ser imediatamente consumido. Mas: a) não há troca sem divisão do trabalho, quer esta seja natural, quer um resultado histórico; b) a troca privada supõe a produção privada; c) a intensidade da troca, tal como sua extensão e seu modo, é determinada pelo desenvolvimento e pela estrutura da produção. Por exemplo, a troca entre a cidade e o campo; a troca entre o campo e a cidade etc. Em todos esses momentos, a troca aparece, portanto, como diretamente compreendida na produção ou por ela determinada.

Não chegamos à conclusão de que a produção, a distribuição, a troca e o consumo são idênticos, mas que são, antes, elementos de uma totalidade, diferenciações no interior de uma unidade. A produção ultrapassa também o seu próprio quadro na determinação antitética de si mesma, tal como os outros momentos. É a partir dela que o processo recomeça sem cessar. É evidente que a troca e o consumo não podem prevalecer sobre ela. O mesmo acontece com a distribuição, como distribuição dos produtos. Mas, como distribuição dos agentes de produção, a distribuição é um momento da produção. Uma produção determinada determina portanto um consumo, uma distribuição, uma troca determinados, regulando igualmente as *relações recíprocas determinadas desses diferentes momentos*. A bem dizer a produção, *na sua forma exclusiva*, é também, por seu lado, determinada pelos outros fatores. Quando o mercado, ou seja, a esfera da troca, por exemplo, se desenvolve, cresce o volume da produção, operando-se nela uma divisão mais profunda. Uma transformação da distribuição provoca uma transformação da produção; é o caso da concentração do capital, da repartição diferente da população entre a cidade e o campo etc. Finalmente, as necessidades inerentes ao consumo determinam a produção. Há reciprocidade de ação entre os diferentes momentos, o que acontece com qualquer totalidade orgânica.

3. O método da economia política

Quando consideramos um determinado país do ponto de vista da economia política, começamos por estudar sua população, a divisão desta em classes, sua repartição pelas cidades, pelo campo e à beira-mar, os diversos ramos da produção, a exportação e a importação, a produção e o consumo anuais, os preços das mercadorias etc.

Parece que o melhor método será começar pelo real e pelo concreto, que são a condição prévia e efetiva; assim, em economia política, por exemplo, começar-se-ia pela população, que é a base e o sujeito do ato social de produção como um todo. No entanto, numa observação atenta, apercebemo-nos de que há aqui um erro. A população é uma abstração se desprezarmos, por exemplo, as classes de que se compõe. Por seu lado, essas classes são uma palavra oca se ignorarmos os elementos em que repousam, por exemplo o trabalho assalariado, o capital etc. Estes supõem a troca, a divisão do trabalho, os preços etc. O capital, por exemplo, sem o trabalho assalariado, sem o valor, sem o dinheiro, sem o preço etc., não é nada. Assim, se começássemos pela população teríamos uma visão caótica do todo, e através de uma determinação mais precisa, através de uma análise, chegaríamos a conceitos cada vez mais simples; do concreto figurado passaríamos a abstrações cada vez mais delicadas até atingirmos as determinações mais simples. Partindo daqui, seria necessário caminhar em sentido contrário até chegar finalmente de novo à população, que não seria, desta vez, a representação caótica de um todo, mas uma rica totalidade de determinações e de relações numerosas. A primeira via foi a que, historicamente, a economia política adotou no seu nascimento. Os economistas do século XVII, por exemplo, começam sempre por uma totalidade viva: população, nação, Estado, diversos Estados; mas acabam sempre por formular, através da análise, algumas relações gerais abstratas determinantes, tais como a divisão do trabalho, o dinheiro, o valor etc. A partir do momento em que esses fatores isolados foram mais ou menos fixados e teoricamente formulados, surgiram sistemas econômicos que, partindo de noções simples tais como o trabalho, a divisão do trabalho, a necessidade, o valor de troca, se elevaram até o Estado, as trocas internacionais e o mercado mundial. Esse segundo método é evidentemente o método científico correto. O concreto é concreto por ser a síntese de múltiplas determinações, logo, unidade da diversidade. É por isso que ele é para o pensamento um processo de síntese, um resultado, e não um ponto de partida, apesar de ser o verdadeiro ponto de partida e portanto igualmente o ponto de partida da observação imediata e da representação. O primeiro passo reduziu a plenitude da representação a uma determinação abstrata; pelo segundo, as determinações abstratas conduzem à reprodução do concreto pela via do pensamento. Por isso Hegel caiu na ilusão de conceber o real como resultado do pensamento, que se concentra em si mesmo, se aprofunda em si mesmo e se movimenta por si mesmo, enquanto o método que consiste em elevar-se do abstrato ao concreto é para o pensamento precisamente a maneira de se apropriar do concreto, de o reproduzir como concreto espiritual. Mas esse não é de modo nenhum o processo da gênese do próprio concreto. Por exemplo, a categoria econômica mais simples, o valor de troca, por hipótese, supõe a população, uma população produzindo em condições determinadas; supõe ainda um certo gênero de família, ou de comuna, ou de Estado etc. Só pode pois existir sob a forma de relação *unilateral* e abstrata de um todo concreto, vivo, já dado. Como categoria, pelo contrário, o valor de troca leva uma existência antediluviana. Para a consciência — e a consciência filosófica considera que o pensamento que concebe constitui o homem real e, por conseguinte, o mundo só é real quando concebido —, portanto, o movimento das categorias surge como ato de produção real — que recebe um simples impulso do exterior, o que é lamentado — cujo resultado é o mundo; e isso (mas trata-se ainda de uma tautologia) é exato na medida em que a totalidade concreta como totalidade-de--pensamento, como concreto-de-pensamento, é de fato um produto do pensamento, da atividade de conceber; ele não é, pois, de forma alguma o produto do conceito que engendra a si próprio, que pensa exterior e superiormente à observação imediata e à representação, mas um produto da elaboração de conceitos a partir da observação imediata e da representação. O todo, na forma em que aparece no espírito como todo-de-pensamento, é um produto do cérebro pensante, que se apropria do mundo do único modo que lhe é possível, de um modo que difere da apropriação desse mundo pela arte, pela religião, pelo espírito prático. Antes como depois, o objeto real conserva a sua independência fora do espírito; e isso durante o tempo em que o espírito tiver uma atividade meramente especulativa, meramente teórica. Por consequência, também no emprego do método teórico é necessário que o objeto, a sociedade, esteja constantemente presente no espírito como dado primeiro.

Mas as categorias simples não terão também uma existência independente, de caráter histórico ou natural, anterior à das categorias mais concretas? Depende.[9] Hegel, por exemplo, tem razão em começar a filosofia do direito pelo estudo da posse, constituindo esta a relação jurídica mais simples do problema. Mas não existe posse antes de existir a família ou as relações entre senhores e escravos, que são relações muito mais concretas. Pelo contrário, seria correto dizer que existem famílias, comunidades de tribos, que estão ainda apenas no estágio da *posse* e não no da *propriedade*. Em relação à propriedade, a categoria mais simples surge, pois, como a relação de comunidades simples de famílias ou de tribos. Na sociedade num estágio superior, ela aparece como a relação mais simples de uma organização mais desenvolvida. Mas pressupõe-se sempre o substrato concreto que se exprime por uma relação de posse. Podemos imaginar um selvagem isolado que tenha uma posse, mas esta não constitui, no caso, uma relação jurídica. Não é exato que historicamente a posse evolua até a forma familiar. Pelo contrário, ela supõe sempre a existência dessa "categoria jurídica mais concreta". Entretanto, não deixaria de ser menos verdadeiro que as categorias simples são a expressão de relações em que o concreto ainda não desenvolvido pôde realizar-se sem ter ainda dado origem à relação ou conexão mais complexa que encontra sua expressão mental na categoria mais concreta, enquanto o concreto mais desenvolvido deixa subsistir essa mesma categoria como uma relação subordinada. O dinheiro pode existir, e de fato existiu historicamente, antes de existirem o capital, os bancos, o trabalho assalariado etc. Nesse sentido, podemos dizer que a categoria mais simples pode exprimir relações dominantes de um todo menos desenvolvido ou, pelo contrário, relações subordinadas de um todo mais desenvolvido, relações que existiam já historicamente antes que o todo se desenvolvesse no sentido que encontra a sua expressão numa categoria mais concreta. Nessa medida, a evolução do pensamento abstrato, que se eleva do mais simples ao mais complexo, corresponderia ao processo histórico real.

Por outro lado, podemos dizer que há formas de sociedade muito desenvolvidas, mas a que falta historicamente maturidade, e nas quais descobrimos as formas mais elevadas da economia, como, por exemplo, a cooperação, uma divisão do trabalho desenvolvida etc., sem que exista nenhuma forma de moeda: o Peru, por exemplo. Também entre os eslavos, o dinheiro e a troca que o condiciona não aparecem, ou aparecem pouco, no interior de cada comunidade, mas aparecem nas suas fronteiras, no comércio com outras comunidades. Aliás, é um erro colocar a troca no centro das comunidades, fazer dela o elemento que está na sua origem. A troca surge nas relações das diversas comunidades entre si, muito antes de aparecer nas relações dos membros no interior de uma só e mesma comunidade. Além disso, embora o dinheiro apareça muito cedo e desempenhe um papel múltiplo, é na Antiguidade que ele aparece, como elemento dominante, apanágio de nações determinadas unilateralmente, de nações comerciais. E mesmo na Antiguidade de menor duração, entre os gregos e os romanos, o dinheiro só atinge seu completo desenvolvimento, postulado da sociedade burguesa moderna, no período da sua dissolução. Essa categoria, apesar de tão simples, só aparece portanto historicamente, com todo o seu vigor, nos estados mais desenvolvidos da sociedade. Não abre caminho através de todas as relações econômicas. No Império Romano, por exemplo, no apogeu do seu desenvolvimento, o tributo e as prestações em gêneros continuavam a ser fundamentais. O sistema monetário propriamente dito só estava completamente desenvolvido no Exército. E nunca se introduziu na totalidade do trabalho. Assim, apesar de historicamente a categoria mais simples poder ter existido antes da mais concreta, ela pode pertencer, no seu completo desenvolvimento — em compreensão e em extensão —, precisamente a uma forma de sociedade complexa,[10] enquanto a categoria mais concreta se achava já completamente desenvolvida numa forma de sociedade mais atrasada.

O trabalho parece ser uma categoria muito simples. A ideia de trabalho nessa universalidade — como trabalho em geral — é, também, das mais antigas. No entanto, concebido do ponto de vista econômico nessa forma simples, o "trabalho" é uma categoria tão moderna como as relações que essa abstração simples engendra. O sistema monetário, por exemplo, situa ainda de forma perfeitamente objetiva, como coisa exterior a si, a riqueza no dinheiro. Em relação a esse ponto de vista, fez-se um grande progresso quando o sistema industrial ou comercial transportou a fonte de riqueza do objeto para a atividade subjetiva — o trabalho comercial e fabril —, concebendo ainda essa atividade apenas sob a forma limitada de produtora de dinheiro. Em face desse sistema, o sistema dos fisiocratas admite uma forma determinada do trabalho — a agricultura — como a forma de trabalho criadora de riqueza, e admite o próprio objeto não sob a forma dissimulada do dinheiro, mas como produto enquanto produto, como resultado geral do trabalho. Esse produto, em virtude do caráter limitado da atividade, continua a ser ainda um produto determinado pela natureza — produto da agricultura, produto da terra *por excelência*.[11]

Um enorme progresso é devido a Adam Smith, que rejeitou toda a determinação particular da atividade criadora de riqueza, considerando apenas o trabalho puro e simples, isto é, nem o trabalho industrial, nem o trabalho comercial, nem o trabalho agrícola, mas todas essas formas de trabalho no seu caráter comum. Com a generalidade abstrata da atividade criadora de riqueza, igualmente se manifesta então a generosidade do objeto na determinação de riqueza, o produto considerado em absoluto, ou ainda o trabalho em geral, mas enquanto trabalho passado, objetivado num objeto.

O exemplo de Adam Smith, que pende por vezes para o sistema dos fisiocratas, prova quanto era difícil e importante a transição para essa nova concepção. Poderia assim parecer que desse modo se encontrara simplesmente a expressão abstrata da relação mais simples e mais antiga que se estabeleceu — seja qual for a forma de sociedade — entre os homens considerados produtores, o que é verdadeiro num sentido, mas falso em outro. A indiferença em relação a um gênero determinado de trabalho pressupõe a existência de uma totalidade muito desenvolvida de gêneros de trabalhos reais, dos quais nenhum é absolutamente predominante. Assim, as abstrações mais gerais só nascem, em resumo, com o desenvolvimento concreto mais rico, em que um caráter aparece como comum a muitos, como comum a todos. Deixa de ser possível, desse modo, pensá-lo apenas sob uma forma particular. Por outro lado, essa abstração do trabalho em geral não é somente o resultado mental de uma totalidade concreta de trabalhos. A indiferença em relação a esse trabalho determinado corresponde a uma forma de sociedade na qual os indivíduos mudam com facilidade de um trabalho para outro, e na qual o gênero preciso de trabalho é para eles fortuito, logo indiferente. Aí o trabalho tornou-se, não só no plano das categorias, mas na própria realidade, um meio de criar a riqueza em geral e deixou, como determinação, de constituir um todo com os indivíduos, em qualquer aspecto particular. Esse estado de coisas atingiu o seu mais alto grau de desenvolvimento na forma de existência mais moderna das sociedades burguesas, nos Estados Unidos. Só aí, portanto, a abstração da categoria "trabalho", "trabalho em geral", trabalho *"sans phrase"*,[12] ponto de partida da economia moderna, torna-se verdade prática.

Assim, a abstração mais simples, que a economia política moderna coloca em primeiro lugar e que exprime uma relação muito antiga e válida para todas as formas de sociedade, só aparece no entanto sob essa forma abstrata como verdade prática, enquanto categoria da sociedade mais moderna. Poder-se-ia dizer que essa indiferença em relação a uma forma determinada de trabalho, que se apresenta nos Estados Unidos como produto histórico, manifesta-se na Rússia, por exemplo, como uma disposição natural. Mas, por um lado, que extraordinária diferença entre os bárbaros, que têm uma tendência natural para se deixarem empregar em todos os trabalhos, e os civilizados, que empregam a si próprios. E, por outro lado, a essa indiferença em relação a um trabalho determinado corresponde na prática, entre os russos, a sua sujeição tradicional a um trabalho bem determinado, do qual só influências exteriores podem arrancá-los.

Esse exemplo do trabalho mostra com toda a evidência que até as categorias mais abstratas, ainda que válidas — precisamente por causa da sua natureza abstrata — para todas as épocas, não são menos, sob a forma determinada dessa mesma abstração, o produto de condições históricas, e só se conservam plenamente válidas nessas condições e no quadro delas.

A sociedade burguesa é a organização histórica da produção mais desenvolvida e mais variada que existe. Por esse fato, as categorias que exprimem as relações dessa sociedade e que permitem compreender a sua estrutura permitem, ao mesmo tempo, perceber a estrutura e as relações de produção de todas as formas de sociedade desaparecidas, sobre cujas ruínas e elementos ela se edificou, que certos vestígios, parcialmente ainda não apagados, continuam a subsistir nela, e que certos signos simples, desenvolvendo-se nela, se enriqueceram de toda a sua significação. A anatomia do homem é a chave da anatomia do macaco. Nas espécies animais inferiores só se podem compreender os signos denunciadores de uma forma superior quando essa forma superior já é conhecida. Da mesma forma a economia burguesa nos dá a chave da economia antiga etc. Mas nunca à maneira dos economistas que suprimem todas as diferenças históricas e veem em todas as formas de sociedade as da sociedade burguesa. Podemos compreender o tributo, o dízimo etc. quando conhecemos a renda imobiliária. Mas não se devem identificar essas formas. Como, além disso, a sociedade burguesa é apenas uma forma antitética do desenvolvimento histórico, há relações que pertencem a formas de sociedade anteriores que só poderemos encontrar nela completamente debilitadas ou até disfarçadas. Por exemplo, a propriedade comunal. Se, portanto, é certo que as categorias da economia burguesa possuem certa verdade válida para todas as outras formas de sociedade, isso só pode ser admitido *cum grano salis* [com um grão de sal]. Elas podem encerrar essas formas desenvolvidas, debilitadas, caricaturadas etc., mas sempre com uma diferença essencial. O que se chama desenvolvimento histórico baseia-se, ao fim e ao cabo, no fato de a última forma considerar as formas passadas como jornadas que levam ao seu próprio grau de desenvolvimento, e dado que ela raramente é capaz de fazer a sua própria crítica, e isso em condições bem determinadas — não estão naturalmente em questão os períodos históricos que consideram a si próprios como épocas de decadência —, concebe-as sempre sob um aspecto unilateral. A religião cristã só pôde ajudar a compreender objetivamente as mitologias anteriores depois de ter feito, até certo grau, por assim dizer *dünámei* [virtualmente], a sua própria crítica. Igualmente a economia política burguesa só conseguiu compreender as sociedades feudais, antigas e orientais no dia em que empreendeu a autocrítica da sociedade burguesa. Na medida em que a economia política burguesa, criando uma nova mitologia, não se identificou pura e simplesmente com o passado, a crítica que fez às sociedades anteriores, em particular à sociedade feudal — contra a qual tinha ainda que lutar diretamente —, assemelha-se à crítica do paganismo feita pelo cristianismo, ou à do catolicismo feita pela religião protestante.

Do mesmo modo que em toda a ciência histórica ou social em geral, é preciso nunca esquecer, a propósito da evolução das categorias econômicas, que o objeto — nesse caso a sociedade burguesa moderna — é dado tanto na realidade como no cérebro; não esquecer que as categorias exprimem portanto formas de existência, condições de existência determinadas, muitas vezes simples aspectos particulares dessa sociedade determinada, desse objeto, e que, por conseguinte, essa sociedade de maneira nenhuma começa a existir, *inclusive do ponto de vista científico, somente a partir do momento em que ela está em questão como tal.* É uma regra a fixar, porque dá indicações decisivas para a escolha do plano a adotar. Nada parece mais natural, por exemplo, do que começar pela renda imobiliária, pela propriedade fundiária — dado que está ligada à terra, fonte de toda a produção e de toda a existência —, e por ela à primeira forma de produção de qualquer sociedade que atingiu certo grau de estabilidade: a agricultura. Ora, nada seria mais errado. Em todas as formas de sociedade são uma produção determinada e as relações por ela produzidas que estabelecem, a todas as outras produções e às relações a que elas dão origem, sua categoria e sua importância. É como uma iluminação geral em que se banham todas as cores e que modifica as tonalidades particulares destas. É como um éter particular que determina o peso específico de todas as formas de existência que aí se salientam. Tomemos como exemplo os povos de pastores. (Os simples povos de caçadores e pescadores estão aquém do ponto em que começa o verdadeiro desenvolvimento.) Entre eles aparece certa forma de agricultura, uma forma esporádica. É o que determina entre eles a forma de propriedade fundiária. Trata-se de uma propriedade coletiva que conserva mais ou menos essa forma enquanto esses povos continuam mais ou menos ligados à sua tradição: por exemplo, a propriedade comunal dos eslavos. Entre os povos em que a agricultura está solidamente implantada — implantação que constitui já uma etapa importante —, em que predomina essa forma de cultura, como acontece nas sociedades antigas e feudais, a própria indústria, assim como sua organização e as formas de propriedade que lhe correspondem, têm mais ou menos o caráter da propriedade fundiária. Ou a indústria depende completamente da agricultura, como entre os antigos romanos, ou, como na Idade Média, imita na cidade e nas suas relações a organização rural. Na Idade Média, o próprio capital — na medida em que não se trata apenas de capital monetário — tem, sob a forma de aparelhagem de um ofício tradicional etc., esse caráter de propriedade fundiária. Na sociedade burguesa é o contrário. A agricultura torna-se cada vez mais um simples ramo da indústria e acha-se totalmente dominada pelo capital. O mesmo acontece com a renda imobiliária. Em todas as formas de sociedade em que predomina a propriedade fundiária, a relação com a natureza é predominante. Naquelas em que o capital domina é o elemento social formado ao longo da história que prevalece. Não se pode compreender a renda imobiliária sem o capital. Mas podemos compreender o capital sem a renda imobiliária. O capital é a força econômica da sociedade burguesa que tudo domina. Constitui necessariamente o ponto de partida e o ponto de chegada e deve ser explicado antes da propriedade fundiária. Depois de os ter estudado a cada um em particular, é necessário examinar a sua relação recíproca.

Seria portanto impossível e errado classificar as categorias econômicas pela ordem em que foram historicamente determinantes. A sua ordem é, pelo contrário, determinada pelas relações que existem entre elas na sociedade burguesa moderna e é precisamente contrária ao que parece ser sua ordem natural ou ao que corresponde a sua ordem de sucessão no decurso da evolução histórica. Não está em questão a relação que se estabeleceu historicamente entre as relações econômicas na sucessão das diferentes formas de sociedade. Muito menos sua ordem de sucessão "na ideia" (Proudhon) (concepção nebulosa do movimento histórico). Trata-se da sua hierarquia no quadro da moderna sociedade burguesa.

O estado de pureza (determinação abstrata) em que apareceram no mundo antigo os povos comerciantes — fenícios, cartagineses — é determinado pela própria predominância dos povos agricultores. O capital, como capital comercial ou monetário, aparece precisamente sob essa forma abstrata sempre que não é ainda o elemento dominante das sociedades. Os lombardos e os judeus têm a mesma posição em relação às sociedades da Idade Média que praticam a agricultura.

Outro exemplo do lugar diferente que essas mesmas categorias ocupam em diferentes estágios da sociedade: uma das mais recentes formas da sociedade burguesa são as *joint stock-companies* [sociedades por ações]. Mas aparecem também no princípio das grandes companhias privilegiadas de comércio que gozavam de um monopólio.

O próprio conceito de riqueza nacional se insinua na obra dos economistas do século XVII — a ideia subsiste, em parte, nos do século XVIII — desta forma: a riqueza é criada unicamente pelo Estado, e o poder deste mede--se por essa riqueza. Essa era a forma ainda inconscientemente hipócrita que anuncia a ideia que faz da própria riqueza e de sua produção o objetivo final dos Estados modernos, considerados assim exclusivamente como meios de produzir a riqueza.

O plano a adotar deve evidentemente ser o seguinte: a) as determinações abstratas gerais, convindo portanto mais ou menos a todas as formas de sociedade, mas consideradas no sentido anteriormente referido; b) as categorias que constituem a estrutura interna da sociedade burguesa e sobre as quais se assentam as classes fundamentais. Capital, trabalho assalariado, propriedade fundiária. Suas relações recíprocas. Cidade e campo. As três grandes classes sociais. A troca entre estas. A circulação. O crédito (privado); c) concentração da sociedade burguesa na forma do Estado. Considerado na sua relação consigo próprio. As classes "improdutivas". Os impostos. A dívida pública. O crédito público. A população. As colônias. A emigração; d) relações internacionais de produção. A divisão internacional do trabalho. A troca internacional. A exportação e a importação. Os câmbios; e) o mercado mundial e as crises.

4. Produção. Meios de produção e relações de produção. Relações de produção e relações de circulação formas de estado e de consciência em relação às condições de produção e de circulação. Relações jurídicas. Relações familiares

N. B.: em relação aos pontos a mencionar aqui e a não esquecer:

1. A *guerra* desenvolvida anteriormente à paz: mostrar como certas relações econômicas, tais como o trabalho assalariado, a máquina etc. se desenvolveram mais cedo com a guerra e os exércitos que no seio da sociedade burguesa. Igualmente a relação entre a força produtiva e as relações de circulação particularmente manifesta no Exército.

2. *Relação entre a história idealista tal como tem sido escrita e a história real. Em particular as que se intitulam histórias da civilização*, e que são todas histórias da religião e dos Estados.[13] (A propósito, podemos referir também os diferentes gêneros de história escrita até o presente. A história dita objetiva. A subjetiva [moral etc.]. A filosófica.)[14]

3. *Fenômenos secundários e terciários*. De maneira geral, relações de produção *derivadas, transferidas*, não originais. Aqui entram em jogo relações internacionais.

4. *Críticas a propósito do materialismo dessa concepção. Relação com o materialismo naturalista.*

5. *Dialética dos conceitos: força produtiva (meios de produção) e relações de produção, dialética* cujos limites estão por determinar o que não suprime a diferença real.

6. *Relação desigual entre o desenvolvimento da produção material e o da produção artística, por exemplo.* De maneira geral, não tomar a ideia do progresso na forma abstrata habitual. Arte moderna etc.[15] Essa desproporção está longe de ser tão importante e tão difícil de aprender como a que se produz no interior das relações sociais práticas. Por exemplo, a cultura. Relação dos Estados Unidos com a Europa.[16] A verdadeira dificuldade, nesse caso, é

discutir o seguinte: de que modo as relações de produção, tomando a forma de relações jurídicas, seguem um desenvolvimento desigual. Assim, por exemplo, a relação entre o direito privado romano (que não é bem o caso do direito criminal e do direito público) e a produção moderna.

7. *Esta concepção surge como um desenvolvimento necessário.* Mas justificação do acaso. De que modo.[17] (Particularmente também a liberdade.) (Influência dos meios de comunicação. A história universal não existiu sempre; a história considerada como história universal é um resultado.)[18]

8. *Naturalmente o ponto de partida das determinações naturais*; subjetivamente e objetivamente. Tribos, raças etc.

Em relação à arte, sabe-se que certas épocas do florescimento artístico não estão de modo algum em conformidade com o desenvolvimento geral da sociedade, nem, por conseguinte, com o de sua base material, que é, a bem dizer, a ossatura de sua organização. Por exemplo: os gregos comparados com os modernos ou ainda Shakespeare. Em relação a certas formas de arte — a epopeia, por exemplo —, admite-se mesmo que não poderiam ter sido produzidas na forma clássica em que fizeram escola no momento em que a produção artística se manifesta como tal; que, portanto, no domínio da própria arte, algumas de suas criações importantes só são possíveis num estágio inferior do desenvolvimento artístico. Se isso é verdade em relação aos diferentes gêneros artísticos no interior do domínio da própria arte, já é menos surpreendente que seja igualmente verdade em relação a todo o domínio artístico no desenvolvimento geral da sociedade. A dificuldade reside apenas na maneira geral de apreender essas contradições. Uma vez especificadas, estão automaticamente explicadas.

Tomemos, por exemplo, a relação com o nosso tempo, primeiro, da arte grega, depois da arte de Shakespeare. Sabe-se que a mitologia grega não foi somente o arsenal da arte grega, mas também a terra que a alimentou. A maneira de ver a natureza e as relações sociais que a imaginação grega inspira, e que constitui por isso mesmo o fundamento da [mitologia][19] grega, será compatível com as *selfactors* [máquinas automáticas de fiar], as estradas de ferro, as locomotivas e o telégrafo? Quem é Vulcano aos pés de Roberts & Cia., Júpiter em comparação com o para-raios e Hermes em comparação com o crédito mobiliário? Toda a mitologia subjuga, governa as forças da natureza no domínio da imaginação e pela imaginação, dando-lhes forma; portanto, desaparece quando essas forças são dominadas realmente. O que seria da Fama em confronto com a Printing-House Square?[20] A arte grega supõe a mitologia grega, isto é, a elaboração artística mas inconsciente da natureza e das próprias formas sociais pela imaginação popular. São esses os seus materiais. O que não significa nenhuma mitologia, ou seja, nenhuma elaboração artística inconsciente da natureza (subentendendo essa palavra tudo o que é objetivo, incluindo portanto a sociedade). Jamais a mitologia egípcia teria podido proporcionar um terreno favorável à eclosão da arte grega. Mas de qualquer modo é necessária *uma* mitologia, isto é, uma sociedade num estágio de desenvolvimento que exclua qualquer relação mitológica com a natureza, qualquer relação geradora de mitos exige assim do artista uma imaginação independente da mitologia.

Por outro lado, Aquiles será compatível com a pólvora e o chumbo? Ou, em resumo, a *Ilíada* com a imprensa, ou melhor, com a máquina de imprimir? O canto, o poema épico, a musa, não desaparecerão necessariamente perante a barra do tipógrafo? Não terão deixado de existir as condições necessárias à poesia épica?

Mas a dificuldade não está em compreender que a arte grega e a epopeia estão ligadas a certas formas do desenvolvimento social. A dificuldade reside no fato de continuarem a nos proporcionar um prazer estético e de terem ainda para nós, em certos aspectos, o valor de normas e de modelos inacessíveis.

Um homem não pode voltar a ser criança, sob pena de cair na puerilidade. Mas não é verdade que acha prazer na inocência da criança e, tendo alcançado um nível superior, não deve aspirar ele próprio a imitar aquela verdade? Em todas as épocas não se julga ver repetido o seu próprio caráter na verdade natural do temperamento infantil? Por que então a infância histórica da humanidade, naquilo precisamente em que atingiu o seu mais belo florescimento, por que esse estágio de desenvolvimento para sempre perdido não há de exercer um eterno encanto? Há crianças mal-educadas e crianças que agem como adultos. A maior parte dos povos da Antiguidade pertencia a esta categoria. Os gregos eram crianças normais. O encanto que sua arte exerce sobre nós não está em contradição com o caráter primitivo da sociedade em que ela se desenvolveu. Pelo contrário, é uma consequência desse caráter primitivo e está indissoluvelmente ligado ao fato de as condições sociais insuficientemente maduras em que esta arte nasceu — nem poderia ter nascido em condições diferentes — nunca mais poderem repetir-se.

Manifesto do Partido Comunista[*]

Um fantasma circula pela Europa — o fantasma do comunismo. Todas as potências da velha Europa se aliaram numa caçada santa a esse fantasma: o papa e o czar, Metternich e Guizot, radicais franceses e policiais alemães.

Que partido oposicionista não é acusado de comunista por seus adversários no governo? Que partido de oposição não atira de volta a pecha estigmatizante do comunismo tanto contra os colegas mais progressistas como contra seus adversários reacionários?

Duas coisas decorrem desse fato.

O comunismo já é reconhecido como um poder por todas as potências europeias.

Está mais do que na hora de os comunistas exporem abertamente ao mundo inteiro seus pontos de vista, seus objetivos, suas tendências, e de contrapor à lenda do fantasma do comunismo um manifesto de seu próprio partido.

Com esse propósito, comunistas das mais diversas nacionalidades se reuniram em Londres e redigiram o manifesto que se segue, a ser publicado em inglês, francês, alemão, flamengo e dinamarquês.

---

[*] Karl Marx e Friedrich Engels, *Manifesto do Partido Comunista*. São Paulo: Companhia das Letras; Penguin, 2012. (N.E.)

I

Burgueses e proletários[1]

Até hoje, a história de toda sociedade é a história das lutas de classes.[2]

Homem livre e escravo, patrício e plebeu, senhor e servo, mestre de corporação e aprendiz — em suma, opressores e oprimidos sempre estiveram em oposição, travando luta ininterrupta, ora velada, ora aberta, uma luta que sempre terminou ou com a reconfiguração revolucionária de toda a sociedade ou com o ocaso conjunto das classes em luta.

Em épocas anteriores da história, encontramos por quase toda parte uma estratificação completa da sociedade em diferentes estamentos, uma variegada gradação das posições sociais. Na Roma Antiga, temos patrícios, cavaleiros, plebeus, escravos; na Idade Média, senhores feudais, vassalos, mestres de corporação, aprendizes e servos, além de outras gradações especiais no interior de quase todas essas classes.

A moderna sociedade burguesa, nascida do ocaso da sociedade feudal, não aboliu tais antagonismos de classes. O que ela fez foi apenas colocar novas classes, novas condições de opressão, novas formas de luta no lugar das antigas.

Nossa época, porém, a época da burguesia, se caracteriza por ter simplificado os antagonismos de classe. Toda a sociedade se divide mais e mais em dois grandes campos inimigos, em duas classes frontalmente opostas: a burguesia e o proletariado.

Dos servos da Idade Média saíram os moradores dos burgos das primeiras cidades; e a partir destes desenvolveram-se os primeiros elementos da burguesia.

A descoberta da América e a circum-navegação da África criaram novo território para a burguesia crescente. Os mercados das Índias Orientais e da China, a colonização da América e as trocas com as colônias — a multiplicação dos meios de troca e das mercadorias em si — deram impulso jamais visto ao comércio, à navegação marítima e à indústria, conferindo, assim, rápido desenvolvimento ao elemento revolucionário na sociedade feudal em desintegração.

O modo de funcionamento da indústria, até então feudal ou corporativo, já não dava conta de atender à necessidade que crescia com os novos mercados. Substituiu-o a manufatura. Os mestres de corporação foram desalojados pelo estamento médio industrial; a divisão do trabalho entre as diferentes corporações desapareceu perante a divisão do trabalho no interior das próprias oficinas.

Os mercados, no entanto, seguiram crescendo cada vez mais, tanto quanto a demanda. A própria manufatura já não bastava. Foi quando o vapor e as máquinas revolucionaram a produção industrial. O lugar da manufatura foi ocupado pela grande indústria moderna; o do estamento médio industrial, pelos milionários da indústria, os chefes de exércitos industriais inteiros, os modernos burgueses.

A grande indústria produziu o mercado mundial, que a descoberta da América preparara. O mercado mundial deu ao comércio, à navegação marítima e às comunicações por terra entre os países desenvolvimento incomensurável. E esse desenvolvimento, por sua vez, retroagiu sobre a expansão industrial; na mesma medida em que indústria, comércio, navegação marítima e estradas de ferro se expandiam, desenvolvia-se também a burguesia, multiplicavam-se seus capitais, e ela empurrou para segundo plano todas as classes oriundas da Idade Média.

Vemos, portanto, como a própria burguesia moderna é produto de um longo processo de desenvolvimento, de uma série de transformações nos modos de produção e circulação.

Cada um desses estágios do desenvolvimento da burguesia se fez acompanhar do correspondente progresso político. Estamento oprimido sob a dominação dos senhores feudais, associação armada e autogovernante na comuna,[3] ora república municipal independente, ora terceiro estamento tributável da monarquia; depois, à época da manufatura, contrapeso para a nobreza na monarquia estamental ou na absoluta, fundamento central de todas as grandes monarquias — a burguesia por fim conquistou para si, desde o estabelecimento da grande indústria e do mercado mundial, a exclusiva dominação política no moderno Estado representativo. O moderno poder estatal é apenas uma comissão que administra os negócios comuns de toda a classe burguesa.

Ao longo da história, a burguesia desempenhou papel altamente revolucionário.

Onde quer que ela tenha chegado ao poder, a burguesia destruiu todas as relações feudais, patriarcais, idílicas. Esgarçou sem piedade os variados laços feudais que uniam o ser humano a seu superior natural, sem deixar outro vínculo a ligar seres humanos que não o puro interesse, o insensível "pagamento em dinheiro". Ela afogou os sagrados calafrios do êxtase devoto, do entusiasmo cavalheiresco, da melancolia pequeno-burguesa nas águas gélidas do cálculo egoísta. Dissolveu a dignidade pessoal em valor de troca e substituiu as inúmeras liberdades conquistadas e garantidas por uma única: a inescrupulosa liberdade de comércio. Em resumo, a burguesia trocou a exploração envolta em ilusões religiosas e políticas pela exploração pura e simples, aberta, desavergonhada e direta.

Todas aquelas atividades desde sempre encaradas com temor respeitoso e devoto, a burguesia as despiu de sua auréola. Ela transformou o médico, o jurista, o sacerdote, o poeta e o homem das ciências em assalariados a seu serviço.

A burguesia removeu das relações familiares seu véu emotivo-sentimental, reduzindo-as a mera relação monetária.

A burguesia revelou como o dispêndio brutal de forças, que a reação tanto admira na Idade Média, encontrou seu complemento adequado na mais indolente ociosidade. Somente ela demonstrou o que a atividade humana é capaz de produzir. Erigiu maravilhas muito diferentes das pirâmides egípcias, dos aquedutos romanos e das catedrais góticas, e promoveu marchas bastante diversas das migratórias ou daquelas das Cruzadas.

A burguesia não pode existir sem revolucionar continuamente os instrumentos de produção — ou seja, as relações de produção —, isto é, o conjunto das relações sociais. A manutenção inalterada do velho modo de produção era, ao contrário, condição primordial para a existência de todas as classes industriais anteriores. A transformação contínua da produção, o abalo ininterrupto de todas as condições sociais, incerteza e movimento eternos, eis aí as características que distinguem a época burguesa de todas as demais. Todas as relações sólidas e enferrujadas, com seu séquito de venerandas e antigas concepções e visões, se dissolvem; todas as novas envelhecem antes mesmo que possam se solidificar. Evapora-se toda estratificação, todo o estabelecido; profana-se tudo que é sagrado, e as pessoas se veem enfim obrigadas a enxergar com olhos sóbrios seu posicionamento na vida, suas relações umas com as outras.

Por todo o globo terrestre a burguesia busca satisfazer a necessidade de um escoamento cada vez mais amplo para seus produtos. Ela precisa se implantar e se expandir por toda parte, estabelecer vínculos onde quer que seja.

Graças a sua exploração do mercado mundial, ela conformou de modo cosmopolita a produção e o consumo de todos os países. Para grande pesar dos reacionários, ela arrancou o solo nacional de debaixo dos pés da indústria. As antiquíssimas indústrias nacionais, ela as aniquilou e segue aniquilando dia após dia. Expulsam-nas novas indústrias, cujo surgimento se torna questão de vida ou morte para todas as nações civilizadas, indústrias que já não processam matéria-prima nativa, mas aquela proveniente de áreas as mais remotas, e cujos produtos são consumidos não apenas em seu próprio país, mas também, e simultaneamente, em todos os continentes. No lugar das antigas necessidades, antes atendidas por produtos nacionais, surgem outras, cuja satisfação demanda produtos de países e climas longínquos. Em lugar da velha autossatisfação e do velho isolamento local e nacional, surgem relações abrangentes, uma abrangente interdependência entre as nações. E isso tanto no que se refere à produção material quanto à intelectual. Os produtos intelectuais de cada nação tornam-se bens comuns. Cada vez mais impossível se faz a unilateralidade, a estreiteza nacional, e a partir das muitas literaturas locais, nacionais, forma-se uma literatura universal.

Devido à rápida melhoria de todos os instrumentos de produção, à comunicação imensamente facilitada, a burguesia insere todos, até as nações mais bárbaras, no mundo civilizado. O preço baixo de suas mercadorias é a artilharia pesada com que ela põe abaixo toda e qualquer muralha da China, a arma mediante a qual ela força à capitulação a mais renitente xenofobia dos bárbaros. Obriga, pois, todas as nações a se apropriarem do modo de produção burguês, caso não desejem perecer; força-as a abraçar a assim chamada civilização, ou seja, a se tornarem burguesas. Em resumo, cria um mundo à sua imagem e semelhança.

A burguesia submeteu o campo à dominação da cidade. Criou cidades gigantescas, multiplicou em grande medida as populações urbanas em relação às rurais e, dessa forma, arrancou da idiotia da vida no campo significativa porção dessas populações. Assim como tornou o campo dependente da cidade, tornou também os países bárbaros e semibárbaros dependentes dos civilizados, a população camponesa dependente da burguesa, o Oriente dependente do Ocidente.

A burguesia abole cada vez mais a fragmentação dos meios de produção, da propriedade e das populações. Ela aglomerou as populações, centralizou os meios de produção e concentrou em poucas mãos a propriedade. A consequência inevitável disso foi a centralização política. Províncias independentes, quase que tão somente aliadas, mas dotadas de interesses, leis, governos e aduanas diversos, foram reunidas à força em uma nação, um governo, uma lei, um interesse nacional de classe, uma fronteira aduaneira.

Em menos de um século de dominação como classe, a burguesia criou forças produtivas mais numerosas e colossais do que todas as gerações anteriores somadas. Subjugação das forças da natureza, maquinaria, aplicação da química na indústria e na agricultura, navegação a vapor, ferrovias, o telégrafo elétrico, expansão das áreas de cultivo em continentes inteiros e da navegação fluvial, populações inteiras brotadas do solo — que século anterior anteviu semelhantes forças produtivas adormecidas no regaço do trabalho social?

Vimos, portanto, que a sociedade feudal gerou os meios de produção e circulação que constituíram a base para a formação da burguesia. Uma vez atingido certo patamar de desenvolvimento desses meios de produção e circulação, as condições em que a sociedade feudal produzia e comerciava, a organização feudal da agricultura e da manufatura — em suma, as relações feudais de propriedade — deixaram de ser compatíveis com as forças de produção desenvolvidas. Elas inibiam a produção em vez de estimulá-la. Transformaram-se em grilhões. Era necessário explodi-los, e assim foi feito.

Em seu lugar surgiu a livre concorrência, acompanhada da constituição social e política adequada a ela, da dominação econômica e política da classe burguesa.

Sob nossos olhos, movimento semelhante tem lugar. As relações burguesas de produção e circulação, as relações burguesas de propriedade, a moderna sociedade burguesa, que produziu a mágica de tão poderosos meios de produção e circulação, é um feiticeiro já incapaz de dominar os poderes subterrâneos que ele próprio conjurou. Há décadas, a história da indústria e do comércio é tão somente a história da sublevação das modernas forças produtivas contra as relações de produção modernas, contra as relações de propriedade que compõem a condição vital da burguesia e de seu domínio. Basta mencionar as crises comerciais que, recorrentes de tempos em tempos, põem em xeque a própria existência de toda a sociedade burguesa de forma cada vez mais ameaçadora. Essas crises do comércio aniquilam regularmente grande parte não apenas dos produtos gerados, mas também das forças produtivas já existentes. Nelas, irrompe uma epidemia social que pareceria um contrassenso a todas as épocas passadas: a epidemia da superprodução. De súbito, a sociedade vê-se lançada de volta a um estado de barbárie momentânea. A fome, uma generalizada guerra de extermínio parece ter lhe cortado os gêneros alimentícios. A indústria e o comércio parecem ter se aniquilado. E por quê? Porque essa sociedade se torna possuidora de civilização demais, de gêneros alimentícios demais, de indústria e comércio demais. As forças produtivas à sua disposição deixam de servir de estímulo às relações de propriedade burguesas; elas se tornaram demasiado poderosas para tais relações, que passam a inibir. E, tão logo superada essa inibição, as forças produtivas mergulham em desordem o conjunto da sociedade, pondo em risco a existência inclusive da propriedade burguesa. As relações burguesas tornaram-se estreitas demais para comportar a riqueza que elas próprias geraram. E de que forma a burguesia supera essas crises? Por um lado, mediante a aniquilação forçada de toda uma massa de forças produtivas; por outro, graças à conquista de novos e à exploração mais aprofundada de antigos mercados. De que forma, portanto? Dando origem a crises mais abrangentes e violentas e reduzindo os meios capazes de preveni-las.

As armas de que a burguesia se valeu para derrotar o feudalismo voltam-se agora contra a própria burguesia.

Ela, porém, não apenas forjou as armas que vão matá-la, mas gerou também os homens que vão empunhar essas armas: os trabalhadores modernos, os proletários.

Na mesma medida em que se desenvolve a burguesia — isto é, o capital —, desenvolve-se também o proletariado, a classe dos trabalhadores modernos, que só sobrevivem à medida que encontram trabalho, e só encontram trabalho à medida que seu próprio trabalho multiplica o capital. Esses trabalhadores, que precisam se vender a varejo, são uma mercadoria como qualquer outro artigo vendido no comércio, sujeita, portanto, a todas as vicissitudes da concorrência e a todas as oscilações do mercado.

Em virtude da expansão da maquinaria e da divisão do trabalho, o trabalho dos proletários perdeu todo caráter autônomo e, com isso, toda atratividade para os próprios trabalhadores. O trabalhador torna-se mero acessório da máquina, do qual se exige apenas o mais simples e monótono movimento da mão, de aprendizado facílimo. Os custos que o trabalhador acarreta restringem-se, assim, quase que tão somente ao dos víveres de que ele necessita para seu sustento e para a propagação de sua espécie. O preço de uma mercadoria, porém, e portanto do trabalho, é igual ao de seus custos de produção. À medida que cresce a repugnância pelo trabalho, diminui, pois, o salário. E mais: na mesma medida em que aumentam maquinaria e divisão do trabalho, aumenta também a quantidade de trabalho, seja pela multiplicação da jornada, do trabalho exigido num dado período, do aumento do ritmo das máquinas etc.

A indústria moderna transformou a pequena oficina do mestre patriarcal na grande fábrica do capitalista industrial. Massas de trabalhadores, comprimidas nas fábricas, são organizadas de maneira soldadesca. Como soldados rasos da indústria, elas são submetidas à supervisão de toda uma hierarquia de oficiais e suboficiais. Não são apenas servos da classe burguesa, do Estado burguês: são também, todo dia e a todo momento, transformados em servos das máquinas por seu supervisor e, sobretudo, pelos próprios fabricantes burgueses. Esse despotismo é tanto mais mesquinho, detestável e amargurante quanto mais abertamente ele proclama ter por propósito o lucro.

Quanto menos habilidade e força o trabalho manual demanda, ou seja, quanto mais a indústria moderna se desenvolve, mais o trabalho dos homens é substituído pelo das mulheres. Em se tratando da classe trabalhadora, diferenças de sexo e idade já não têm importância social nenhuma. O que há são instrumentos de trabalho de custos variados, de acordo com idade e sexo.

Terminada a exploração do trabalhador por parte do fabricante com o pagamento em dinheiro da remuneração pelo trabalho, outros componentes da burguesia se lançam sobre ele, como o proprietário de sua casa, o merceeiro, o penhorista etc.

Aqueles que até agora compunham os pequenos estratos médios — os pequenos produtores, os comerciantes, os que vivem de pequenas rendas, os artesãos e os camponeses —, todas essas classes mergulham no proletariado, em parte porque seu pequeno capital não basta para tocar a grande indústria, sucumbindo à concorrência com os grandes capitalistas, em parte porque sua habilidade se desvaloriza diante dos novos modos de produção. Assim, o proletariado é recrutado de todas as classes da população.

O proletariado passa por diversos estágios de desenvolvimento. Sua luta contra a burguesia começa no momento mesmo em que ele surge.

De início, lutam trabalhadores isolados; depois, os trabalhadores de uma fábrica; e, a seguir, os trabalhadores de determinado ramo e lugar contra o burguês que os explora diretamente. Seus ataques não se voltam apenas contra as relações de produção burguesas, mas também contra os próprios instrumentos de produção. Eles destroem as mercadorias concorrentes de outras partes, quebram as máquinas, põem fogo nas fábricas, buscando reconquistar a posição já desaparecida do trabalhador medieval.

Nesse estágio, os trabalhadores compõem uma massa esparramada por todo o país e fragmentada pela concorrência. Sua coesão em grande escala ainda não é consequência da própria união, mas da união da burguesia, que, para a obtenção de suas próprias metas políticas, precisa — e por enquanto ainda consegue — pôr em movimento todo o proletariado. Nesse estágio, portanto, os proletários não combatem seus inimigos, mas os inimigos de seus inimigos: os resquícios da monarquia absoluta, os proprietários de terras, a burguesia não industrial, os pequeno-burgueses. A totalidade do movimento histórico encontra-se, assim, concentrada nas mãos da burguesia. Cada vitória conquistada é uma vitória da burguesia.

O desenvolvimento da indústria, todavia, resulta não apenas na multiplicação do proletariado; comprimido em massas maiores, esse proletariado ganha força também, uma força que passa a sentir em maior medida. Os interesses e as condições de vida dentro desse proletariado se equivalem cada vez mais, à medida que as máquinas vão progressivamente apagando as diferenças no trabalho e, quase por toda parte, o salário é reduzido a um patamar baixo. A concorrência crescente no interior da própria burguesia e as crises comerciais daí resultantes fazem o salário dos trabalhadores oscilar cada vez mais; o rápido e incessante progresso da maquinaria torna toda a sua condição de vida mais e mais insegura; cada vez mais, as colisões entre trabalhadores e burgueses isolados ganham o caráter de colisões entre duas classes. Com isso, os trabalhadores começam a formar coalizões contra os burgueses; eles se juntam na defesa de seus salários. Fundam eles próprios associações duradouras, a fim de se abastecerem para as eventuais revoltas. Aqui e ali, a luta irrompe em sublevações.

De tempos em tempos, os trabalhadores vencem, mas apenas de forma efêmera. A verdadeira consequência de suas lutas não é a vitória imediata, mas a unificação cada vez mais abrangente dos trabalhadores. Estimula-a o crescimento dos meios de comunicação, que, criados pela grande indústria, põem os trabalhadores das mais diversas partes em contato uns com os outros. Basta, porém, esse contato para centralizar numa luta nacional, numa luta de classes, as muitas lutas locais, todas elas de caráter idêntico. Mas toda luta de classes é uma luta política. E a unificação que, na Idade Média, com seus caminhos vicinais, demandou séculos para ser construída, os proletários modernos, com suas estradas de ferro, a produzem em poucos anos.

A própria concorrência entre os trabalhadores destrói a cada momento essa organização dos proletários numa classe e, assim, num partido político. Mas a organização sempre renasce, mais forte, mais sólida e mais poderosa. Ela obtém à força o reconhecimento de interesses isolados dos trabalhadores sob a forma de lei, valendo-se para tanto das cisões da própria burguesia. Assim foi com a jornada de trabalho de dez horas na Inglaterra.

As colisões no interior da velha sociedade estimulam de diversas formas o ritmo de desenvolvimento do proletariado. A burguesia encontra-se em luta permanente.

De início, contra a aristocracia; depois, contra outras frações da própria burguesia, cujos interesses entram em contradição com o desenvolvimento da indústria; e, sempre, contra a burguesia dos demais países. Em todas essas lutas, ela se vê obrigada a apelar para o proletariado, a recorrer a sua ajuda e, assim, a arrastá-lo para o movimento político. Portanto, a burguesia alimenta o proletariado de seus próprios elementos formativos, ou seja, de armas contra si mesma.

Além disso, como vimos, o progresso da indústria lança porções inteiras da classe dominante no proletariado, ou no mínimo constitui ameaça às condições de vida dessas pessoas. Também elas alimentam o proletariado com uma massa de elementos formativos.

Por fim, em épocas nas quais a luta de classes se aproxima de uma decisão, o processo de dissolução dentro da classe dominante, dentro de toda a velha sociedade, assume caráter tão veemente, tão agudo, que uma pequena porção dessa classe dominante renuncia a ela e se junta à classe revolucionária, àquela que tem o futuro nas mãos. Assim como, no passado, uma parte da nobreza se passou para a burguesia, agora uma parte da burguesia se passa para o proletariado, e, mais especificamente, uma parte dos ideólogos da burguesia: aqueles que lograram alcançar a compreensão teórica do movimento histórico em seu conjunto.

De todas as classes que hoje confrontam a burguesia, apenas o proletariado constitui uma classe verdadeiramente revolucionária. As demais perecem, sucumbem ante a grande indústria; o proletariado é seu produto mais característico.

Os estratos médios — o pequeno industrial, o pequeno comerciante, o artesão, o camponês — combatem a burguesia para evitar sua extinção como estratos médios. Não são, portanto, revolucionários, e sim conservadores. Mais do que isso, são reacionários, buscam girar para trás a roda da história. Quando são revolucionários, eles o são em vista da iminente transição para o proletariado; não defendem, pois, seus interesses presentes, e sim os futuros; abandonam seu ponto de vista para assumir o do proletariado.

O lumpemproletariado, esse apodrecimento passivo das camadas inferiores da velha sociedade, é, aqui e ali, lançado no movimento por uma revolução proletária; mas, por sua própria situação, ele se revelará mais disposto a se deixar comprar por conspirações reacionárias.

As condições de vida da velha sociedade já foram aniquiladas da vida do proletariado. O proletário não tem propriedade nenhuma; sua relação com esposa e filhos nada mais possui em comum com as relações familiares burguesas; o trabalho industrial moderno, a moderna sujeição ao capital — que é a mesma na Inglaterra como na França, nos Estados Unidos como na Alemanha —, arrancou do trabalhador todo e qualquer caráter nacional. As leis, a moral e a religião são também, para ele, outros tantos preconceitos burgueses por trás dos quais se ocultam interesses burgueses.

No passado, todas as classes que conquistaram poder procuraram assegurar a posição já adquirida submetendo o conjunto da sociedade aos requisitos de seu ganho. Os proletários só podem conquistar para si as forças produtivas da sociedade à medida que puserem fim a seu modo peculiar de apropriação e, com isso, a todo e qualquer modo de apropriação existente. Eles não têm o que assegurar para si; cabe-lhes destruir toda segurança e toda garantia à propriedade privada.

Até hoje, todos os movimentos foram ou movimentos de minorias ou no interesse de minorias. O movimento proletário é o movimento autônomo da imensa maioria em favor dos interesses dessa imensa maioria. O proletariado, a mais inferior das camadas da sociedade de hoje, não pode se erguer, não tem como se levantar sem que voe pelos ares a superestrutura das camadas que compõem a sociedade oficial.

A luta do proletariado contra a burguesia é, de início, uma luta nacional, não em seu conteúdo, mas em sua forma. Evidentemente, o proletariado de cada país precisa, em primeiro lugar, se haver com sua própria burguesia.

Ao esboçarmos aqui as fases gerais do desenvolvimento do proletariado, acompanhamos a guerra civil mais ou menos oculta no interior da sociedade existente até o ponto em que ela irrompe em franca revolução, e, com a queda violenta da burguesia, o proletariado estabelece, então, sua dominação.

Até hoje, como vimos, todas as sociedades sempre se assentaram na oposição entre as classes opressoras e oprimidas. Contudo, para que uma classe possa ser oprimida, é preciso que lhe sejam asseguradas condições sob as quais ela possa ao menos levar sua existência servil. O servo, em sua servidão, fez-se membro da comuna, assim como, sob o jugo do absolutismo feudal, o pequeno-burguês se transformou em burguês. O trabalhador moderno, ao contrário, em vez de se erguer com o progresso da indústria, afunda cada vez mais, abaixo das condições de sua própria classe. O trabalhador transforma-se em miserável, e a miséria desenvolve-se com rapidez ainda maior que a população e a riqueza. Evidencia-se assim, claramente, que a burguesia é incapaz de se manter por mais tempo como a classe dominante da sociedade e de impor a ela, como lei reguladora, as condições de vida de sua classe. Ela é incapaz de dominar em razão de sua incapacidade de assegurar a seu escravo até mesmo uma existência no interior dessa escravidão, vendo-se obrigada a rebaixá-lo a uma condição na qual, em vez de se alimentar dele, precisa alimentá-lo. A sociedade não pode viver sob ela, ou seja, a vida da burguesia deixa de ser compatível com a sociedade.

A condição essencial para a existência e a dominação da classe burguesa é a acumulação da riqueza em mãos privadas, a formação e a multiplicação do capital; a condição para o capital é o trabalho assalariado. O trabalho assalariado, por sua vez, se assenta exclusivamente na concorrência entre os trabalhadores. O progresso da indústria, de que a burguesia — sem o desejar e sem opor resistência a ele — é pilar, põe no lugar do isolamento pela concorrência a união revolucionária dos trabalhadores em associações. Assim, o desenvolvimento da grande indústria tira da burguesia o próprio chão sobre o qual ela produz e se apropria de produtos. O que ela produz é, sobretudo, seu próprio coveiro. Sua derrota e a vitória do proletariado são, ambas, inevitáveis.

II

Proletários e comunistas

Que relação, afinal, têm os comunistas com os proletários?

Comparados aos demais partidos de trabalhadores, os comunistas não formam um partido específico.

Eles não têm interesses diversos daqueles que são os interesses de todo o proletariado.

Não propõem princípios específicos com base nos quais pretendam moldar o movimento proletário.

Os comunistas só se diferenciam dos demais partidos proletários pelo fato de, nas diferentes lutas nacionais dos proletários, eles, por um lado, ressaltarem e fazerem valer os interesses comuns da totalidade do proletariado, independentemente de nacionalidade; por outro lado, distingue-os também, nos diferentes estágios de desenvolvimento que a luta entre proletariado e burguesia atravessa, a defesa constante do interesse do conjunto do movimento.

Os comunistas são, portanto, na prática, a porção decisiva dos partidos de trabalhadores de todos os países, a força sempre a impulsioná-los adiante; eles percebem, na teoria, antes da massa restante do proletariado, as condições, o curso e o resultado geral do movimento proletário.

O objetivo imediato dos comunistas é o mesmo de todos os demais partidos proletários: a constituição do proletariado como classe, a derrubada da dominação burguesa e a conquista do poder político pelo proletariado.

Os postulados teóricos dos comunistas não se assentam,

de maneira alguma, em ideias ou princípios inventados ou descobertos por este ou aquele reformador do mundo.

Eles constituem apenas expressões gerais das condições de fato de uma luta de classes real, de um movimento histórico que se desenrola diante de nossos olhos. A supressão das presentes relações de propriedade não é característica singular do comunismo.

Todas as relações de propriedade sempre estiveram à mercê de uma história em constante mutação, decorrendo desses câmbios frequentes na história.

A Revolução Francesa, por exemplo, suprimiu a propriedade feudal em favor da burguesa.

O que caracteriza o comunismo não é a supressão da propriedade em si, mas a supressão da propriedade burguesa.

A moderna propriedade privada burguesa, no entanto, é a expressão última e mais perfeita daquilo que é gerar e se apropriar de produtos com base nos antagonismos de classes, na exploração de uma classe pela outra.

Nesse sentido, o comunismo pode resumir sua teoria numa única expressão: a abolição da propriedade privada.

A nós, comunistas, já acusaram de querer suprimir a propriedade adquirida individualmente pela via do trabalho, aquela propriedade que constituiria a base de toda liberdade, de toda atividade e de toda autonomia pessoal.

Propriedade conquistada, adquirida, resultante de merecimento pessoal! Falam os senhores daquela propriedade do pequeno-burguês ou do pequeno camponês a qual precedeu a propriedade burguesa? Essa não precisamos suprimir, porque o desenvolvimento da indústria já a suprimiu e segue fazendo-o dia após dia.

Ou falam os senhores da moderna propriedade privada burguesa? O trabalho assalariado, o trabalho do proletário, porventura lhe cria propriedade? De jeito nenhum. O que ele cria é o capital — isto é, a propriedade que o explora e que só pode multiplicar-se à medida que gera mais trabalho assalariado que possa, de novo, explorar. A propriedade, em sua configuração atual, se move pela oposição entre capital e trabalho assalariado. Examinemos os dois lados dessa oposição.

Ser capitalista significa assumir uma posição não apenas puramente pessoal, mas também uma posição social na produção. O capital é um produto coletivo, algo que só pode ser posto em movimento pela atividade conjunta de muitos membros da sociedade, ou, em última instância, pela atividade conjunta da totalidade de seus membros.

O capital, portanto, não é um poder pessoal, e sim um poder social.

Quando, pois, o capital é transformado em propriedade coletiva de todos os membros da sociedade, o que se tem não é a transformação de propriedade pessoal em propriedade social. O que se transforma aí é apenas o caráter social da propriedade. Ela perde sua componente de classe.

Vejamos o trabalho assalariado.

O preço médio do trabalho assalariado é a remuneração mínima, ou seja, a soma dos gêneros alimentícios necessários para manter vivo, e trabalhando, o trabalhador. Assim, aquilo de que o trabalhador assalariado se apropria mediante sua atividade basta apenas para reproduzir sua vida nua e crua. Não queremos de modo algum suprimir esse apropriar-se dos produtos do trabalho com vista à reprodução da vida pura e simples — um apropriar-se que não enseja ganho líquido resultante em poder sobre o trabalho de outros. O que queremos suprimir é apenas o caráter miserável dessa apropriação, que só permite que o trabalhador viva para multiplicar o capital, e apenas na medida em que essa vida seja do interesse da classe dominante.

Na sociedade burguesa, o trabalho vivo é apenas um meio para a multiplicação do trabalho acumulado. Na sociedade comunista, o trabalho acumulado é apenas um meio para a ampliação, o enriquecimento e a promoção da vida dos trabalhadores.

Assim, na sociedade burguesa, o passado domina o presente; na comunista, é o presente que domina o passado. Na sociedade burguesa, o capital é autônomo e pessoal, ao passo que o indivíduo atuante é impessoal e destituído de autonomia.

E a abolição dessa situação é o que a burguesia chama de abolição da personalidade e da liberdade! Tem razão. Trata-se, todavia, da abolição da personalidade, da autonomia e da liberdade dos burgueses.

Dentro das atuais relações de produção burguesas, entende-se por liberdade o livre-comércio, a liberdade de comprar e vender.

Mas, não havendo barganha, tampouco haverá a livre barganha. Todo o palavrório sobre a livre barganha, assim como todas as demais bravatas de nossa burguesia sobre liberdade, só têm sentido em relação à barganha controlada, ao burguês avassalado da Idade Média, e não em relação à abolição comunista da barganha, à abolição das relações de produção burguesas e da própria burguesia.

Horroriza os senhores o fato de querermos abolir a propriedade privada. A verdade, porém, é que ela já foi abolida para nove décimos dos membros da sociedade dos senhores; e é ao fato de não existir para nove décimos dessa sociedade que ela deve sua existência. Os senhores nos acusam, pois, de querer abolir uma propriedade que tem por pressuposto necessário a imensa maioria da sociedade não dispor de propriedade nenhuma.

Os senhores nos acusam, em resumo, de querer abolir a sua propriedade. E é isso mesmo que queremos.

A partir do momento em que o trabalho não mais puder ser transformado em capital, em dinheiro, em renda fundiária — em suma, em um poder social monopolizável; ou seja, a partir do momento em que a propriedade pessoal não mais puder se tornar propriedade burguesa, desse momento em diante, declaram os senhores, a pessoa humana estaria abolida.

Confessam, portanto, que, por pessoa, entendem ninguém mais que o burguês, o proprietário burguês. Pois essa pessoa deve, sim, ser abolida.

O comunismo não tira de ninguém o poder de se apropriar de produtos sociais; tira, sim, apenas o poder de, mediante essa apropriação, subjugar o trabalho de outros.

Já se objetou que, com a abolição da propriedade, cessaria toda e qualquer atividade, espraiando-se uma indolência generalizada.

Se assim fosse, a sociedade burguesa já teria há tempos sucumbido à preguiça. Sim, porque aqueles que nela trabalham nada ganham, ao passo que os que ganham não trabalham. Trata-se de uma preocupação que redunda na seguinte tautologia: não mais havendo capital, deixa de haver trabalho assalariado.

Todas as restrições feitas ao modo de apropriação e produção comunista dos produtos materiais estendem-se também à apropriação e à produção de produtos intelectuais. Assim como, para o burguês, o fim da propriedade de classe significa o fim da própria produção, também o fim da formação cultural de classe é, para ele, o fim da formação em si.

A formação cujo fim o burguês lamenta é, para a enorme maioria, a formação que transforma o homem em máquina.

Mas não briguem conosco ao avaliar a abolição da propriedade burguesa com base em suas concepções burguesas de liberdade, formação cultural, justiça etc. As próprias ideias dos senhores são produto das relações burguesas de produção e propriedade, assim como sua justiça é apenas a vontade de uma classe transformada em lei, uma vontade cujo conteúdo está dado nas condições materiais de vida da classe dos senhores.

A concepção interessada segundo a qual os senhores transformam suas relações de produção e propriedade de relações históricas, passageiras no curso da produção, em leis da natureza e da razão é algo comum a todas as classes dominantes já desaparecidas. O que os senhores entendem por propriedade antiga, o que entendem por propriedade feudal, já não se aplica à propriedade burguesa.

Abolição da família! Até os mais radicais exaltam-se com essa intenção vergonhosa dos comunistas.

Sobre o que repousa a família atual, burguesa? Sobre o capital, o lucro privado. Plenamente desenvolvida, ela só existe para a burguesia; mas encontra seu complemento na família obrigatoriamente inexistente dos proletários e na prostituição pública.

Naturalmente, a família burguesa desaparece com o desaparecimento desse seu complemento, e ambos se extinguem com a extinção do capital.

Censuram-nos os senhores por defendermos a abolição da exploração dos filhos pelos pais? Confessamos esse crime.

Mas, dizem os senhores, abolimos as relações mais íntimas ao substituir a educação doméstica pela social.

Não é, porém, também a educação dos senhores determinada pela sociedade? Não é ela determinada pelas relações sociais a partir das quais os senhores educam, com a ingerência direta ou indireta da sociedade, por intermédio das escolas etc.? Os comunistas não inventaram a influência da sociedade na educação: eles apenas mudaram seu caráter, arrancando a educação da esfera de influência da classe dominante.

O palavrório burguês acerca da família, da educação e da relação íntima de pais e filhos se torna tanto mais enojante quanto mais a grande indústria esgarça todos os laços familiares dos proletários e transforma seus filhos em artigos de comércio e instrumentos de trabalho.

Mas vocês, comunistas, querem implantar a comunhão de mulheres, grita toda a burguesia em coro.

O burguês vê em sua esposa um mero instrumento de produção. Ele ouve que os instrumentos de produção devem ser explorados comunitariamente e não consegue conceber outra coisa senão que o destino comunitário se aplica também às mulheres.

Ele não percebe que a questão é justamente abolir a posição das mulheres como meros instrumentos de produção.

De resto, nada é mais risível do que o horror moral de nossa burguesia à suposta comunhão oficial comunista de mulheres. Os comunistas não precisam implantar a comunhão das mulheres, porque ela quase sempre existiu.

Não contentes com o fato de ter à disposição as mulheres e filhas dos proletários — para nem falar na prostituição oficial —, nossos burgueses têm por principal diversão seduzir as esposas uns dos outros.

O casamento burguês é, na realidade, a comunhão das esposas. No máximo, poder-se-ia criticar os comunistas por terem desejado implantar uma comunhão oficial e franca das mulheres, em vez de uma comunhão hipócrita e oculta. É evidente, aliás, que, com a abolição das relações de produção atuais, também a comunhão das mulheres delas decorrente — isto é, a prostituição oficial e a não oficial — desaparece.

Acusam, ademais, os comunistas de querer suprimir a pátria, as nacionalidades.

Os trabalhadores não têm pátria. Não se pode tirar deles o que não têm. Sendo imperativo que o proletariado, antes de mais nada, conquiste o domínio político, se erga em uma classe nacional e se constitua em uma nação, ele próprio será nacional, ainda que não no sentido burguês do termo.

Já com o desenvolvimento da burguesia, com a liberdade de comércio, com o mercado mundial, com a uniformidade da produção industrial e com as condições de vida dela decorrentes, as especificidades e diferenças entre os povos vão desaparecendo cada vez mais.

O domínio do proletariado vai fazê-las desaparecer ainda mais. A ação unitária, ao menos nos países civilizados, é uma das primeiras condições para sua libertação.

À medida que se abolir a exploração de um indivíduo pelo outro, abolir-se-á também a exploração de uma nação pela outra.

Juntamente com a oposição das classes no interior de uma nação cai a postura hostil das nações umas em relação às outras.

As acusações feitas ao comunismo dos pontos de vista religioso, filosófico e ideológico não carecem de ulteriores explicações.

É necessária uma percepção profunda para compreender que, com as condições de vida das pessoas, com suas relações sociais e com sua existência em sociedade, modificam-se também suas representações, seus pontos de vista e seus conceitos — ou, numa palavra, sua consciência?

O que demonstra a história das ideias senão que a produção intelectual se reconfigura com a produção material? As ideias dominantes em todas as épocas sempre foram aquelas da classe dominante.

Fala-se de ideias que revolucionam toda uma sociedade. O que isso exprime é apenas o fato de, no interior da velha sociedade, terem se formado elementos de uma nova [sociedade] e de a abolição das velhas ideias caminhar lado a lado com a abolição das velhas condições de vida.

Quando o mundo antigo estava prestes a sucumbir, as velhas religiões foram derrotadas pela religião cristã. Quando, no século XVIII, as ideias cristãs foram sobrepujadas pelas do Esclarecimento, a sociedade feudal travou sua batalha mortal contra a burguesia, à época, revolucionária. As ideias de liberdade de consciência e de religião apenas deram expressão ao domínio da livre concorrência no terreno do saber.

"Mas, se ideias religiosas, morais, filosóficas, políticas, jurídicas etc. se modificaram no curso do desenvolvimento histórico", dirão, "a religião, a moral, a filosofia, a política, o direito sempre se mantiveram em meio à mudança. Além disso, há verdades eternas, como a liberdade, a justiça etc., que são comuns a todos os estados da sociedade. O comunismo, contudo, abole essas verdades eternas; abole a religião, a moral, em vez de lhes dar nova forma; contradiz, portanto, todos os desenvolvimentos históricos até o presente momento."

A que se reduz essa acusação? Até hoje, a história de toda a sociedade se moveu por antagonismos de classes que, em épocas diversas, assumiram formas diversas.

Qualquer que tenha sido a forma assumida, porém, a exploração de uma parte da sociedade por outra é um dado comum a todos os séculos passados. Não admira, pois, que a consciência social de todos os séculos, a despeito de toda a variedade e diversidade, se mova de acordo com certas formas comuns, com formas de consciência que somente com o total desaparecimento dos antagonismos de classes se dissolverão por completo.

A revolução comunista constitui o rompimento mais radical das relações tradicionais de propriedade; não admira, pois, que, no curso de seu desenvolvimento, a ruptura com as ideias tradicionais seja também a mais radical.

Mas deixemos de lado as objeções da burguesia ao comunismo.

Já vimos que o primeiro passo da revolução dos trabalhadores é alçar o proletariado à condição de classe dominante, é conquistar a democracia.

O proletariado usará sua dominação política para, pouco a pouco, arrancar da burguesia todo o capital, centralizar todos os instrumentos de produção nas mãos do Estado — isto é, do proletariado organizado como classe dominante — e multiplicar o mais rapidamente possível a massa das forças de produção.

De início, é claro que isso só pode acontecer por intermédio de intervenções despóticas no direito de propriedade e nas relações de produção burguesas, ou seja, por intermédio de medidas que parecem economicamente insuficientes e insustentáveis, mas que, no curso do movimento, transcenderão a si mesmas e são inevitáveis como meio de transformação da totalidade do modo de produção.

Naturalmente, essas medidas serão diferentes nos diferentes países.

Para os países mais desenvolvidos, no entanto, aplicar-se-ão de forma geral as que seguem:

1. Expropriação da propriedade fundiária e utilização das rendas da terra nas despesas do Estado.

2. Forte imposto progressivo.

3. Supressão do direito de herança.

4. Confisco da propriedade de todos os emigrantes e rebeldes.

5. Centralização do crédito nas mãos do Estado mediante um banco nacional com capital estatal e monopólio exclusivo.

6. Centralização dos transportes nas mãos do Estado.

7. Multiplicação das fábricas nacionais, dos instrumentos de produção; expansão e melhoria das terras para o cultivo segundo um plano comunitário.

8. Obrigatoriedade do trabalho para todos, criação de exércitos industriais, sobretudo para a agricultura.

9. União das atividades agrícolas e industriais, empenho na eliminação gradativa da diferença entre cidade e campo.

10. Educação pública e gratuita para todas as crianças. Eliminação do trabalho infantil nas fábricas em sua forma atual. Associação da educação com a produção material etc.

No curso do desenvolvimento, uma vez desaparecidas as diferenças de classe e estando toda a produção nas mãos dos indivíduos associados, o poder público perde seu caráter político. O poder político, em seu sentido real, é o poder organizado de uma classe para a opressão de outra. Se, na luta contra a burguesia, o proletariado, por necessidade, se une numa classe, torna-se a classe dominante por meio de uma revolução e, como classe dominante, se vale de seu poder para abolir as velhas relações de produção; com isso abole também as condições para a existência do antagonismo de classes, abole as próprias classes e, desse modo, sua própria dominação como classe.

No lugar da velha sociedade burguesa, com suas classes e antagonismos de classes, surge uma associação na qual o livre desenvolvimento de cada um é a condição para o livre desenvolvimento de todos.

III

As literaturas socialista e comunista

I. O SOCIALISMO REACIONÁRIO

a) O socialismo feudal

Por sua posição histórica, as aristocracias francesa e inglesa estavam fadadas a escrever panfletos contra a moderna sociedade burguesa. Tanto na revolução de julho de 1830, na França, como no movimento reformista inglês, a aristocracia tornou a sucumbir à detestada arrivista. Já não se podia falar aí em uma luta política séria. Restou-lhe apenas a luta literária. Contudo, também no domínio da literatura, o velho palavrório do tempo da Restauração tornara-se inviável.[4] Com o intuito de despertar simpatia, a aristocracia, ao que parece, precisou pôr de lado seus próprios interesses e formular seu libelo acusatório contra a burguesia de acordo apenas com o interesse da classe explorada dos trabalhadores. Ressarciu-se, assim, permitindo-se entoar zombarias ao novo soberano e sussurrar-lhe ao ouvido profecias mais ou menos prenhes de infortúnios.

Foi assim que surgiu o socialismo feudal, um misto de lamento, pasquim, eco do passado e vaticínio das ameaças do futuro — por vezes, atingindo a burguesia no coração com veredictos amargos e espirituosamente dilacerantes, mas sempre causando impressão engraçada, graças a sua total incapacidade de compreender o curso da história moderna.

A fim de reunir o povo atrás de si, esse socialismo sempre brandia o saquinho proletário de esmolas qual uma bandeira. Mas, tão logo o povo o seguia, divisava em seu traseiro os velhos brasões feudais e se perdia em altas e desrespeitosas gargalhadas.

Uma parte dos legitimistas franceses e a "Jovem Inglaterra" proporcionaram semelhante espetáculo.

Quando os feudais demonstram que seu modo de explorar exibia forma diversa da exploração burguesa, esquecem-se eles apenas de que sua exploração se dava sob circunstâncias e condições inteiramente diferentes e já superadas. Quando provam que, sob seu domínio, o proletariado moderno não existia, esquecem-se tão somente de que a burguesia moderna foi o rebento lógico de sua ordem social.

De resto, ocultam em tão pouca medida o caráter reacionário de sua crítica que a principal acusação que fazem à burguesia é precisamente a de, sob o regime burguês, ter se desenvolvido uma classe que mandará pelos ares a totalidade da velha ordem social.

Censuram a burguesia antes por ter gerado um proletariado revolucionário do que apenas um proletariado.

Na prática política, comungam, portanto, de todas as medidas violentas tomadas contra a classe dos trabalhadores e, na vida cotidiana, sentem-se à vontade para, a despeito de todo o inflado palavrório, colher as maçãs douradas e trocar lealdade, amor e honra pela barganha com lã, beterraba e aguardente.[5]

Assim como o padre sempre caminhou de mãos dadas com o senhor feudal, assim também o socialismo clerical caminha lado a lado com o feudal.

Nada mais fácil que dar à ascese cristã um ar socialista. Afinal, não se bateu também o cristianismo contra a propriedade privada, o casamento e o Estado? Não propôs em seu lugar a beneficência e a pobreza, o celibato e a mortificação da carne, a vida monástica e a igreja? O socialismo cristão é apenas a água benta com que o padre abençoa a irritação do aristocrata.

b) O socialismo pequeno-burguês

A aristocracia feudal não foi a única classe posta abaixo pela burguesia cujas condições de vida se deterioraram e definharam na moderna sociedade burguesa. Os moradores dos burgos da Idade Média e o estamento do pequeno campesinato foram os precursores da burguesia moderna. Naqueles países em que a indústria e o comércio são menos desenvolvidos, essas classes seguem vegetando, ao lado da burguesia ascendente.

Nos países em que a civilização moderna se desenvolveu, formou-se uma nova pequena-burguesia, que paira entre o proletariado e a burguesia e se renova continuamente como complemento da sociedade burguesa. Devido à concorrência, porém, seus membros são constantemente rebaixados ao proletariado. Com o desenvolvimento da grande indústria, eles veem avizinhar-se o momento em que desaparecerão por completo como porção autônoma da sociedade moderna, sendo substituídos no comércio, na manufatura e na agricultura por supervisores e empregados domésticos.

Em países como a França, onde a classe dos camponeses representa bem mais da metade da população, era natural que escritores favoráveis ao proletariado e contra a burguesia aplicassem o metro da pequena-burguesia e do pequeno campesinato em sua crítica ao regime burguês, tomando, assim, o partido dos trabalhadores, mas do ponto de vista pequeno-burguês. Foi desse modo que se constituiu o socialismo pequeno-burguês. Sismondi é o principal nome dessa literatura, não apenas na França, mas também na Inglaterra.

Com grande perspicácia, esse socialismo dissecou as contradições das modernas relações de produção. Ele revelou os embelezamentos hipócritas de autoria dos economistas. Demonstrou de maneira irrefutável os efeitos destrutivos da maquinaria e da divisão do trabalho, a concentração dos capitais e da propriedade da terra, a superprodução, as crises, o ocaso necessário da pequena-burguesia e do pequeno campesinato, a miséria do proletariado, a anarquia na produção, a desproporção na distribuição da riqueza, a guerra de extermínio industrial travada pelos diversos países entre si, a dissolução dos velhos costumes, das velhas relações familiares e das velhas nacionalidades.

Em seu teor positivo, no entanto, esse socialismo deseja ou reimplantar os velhos meios de produção e circulação — e, com eles, as velhas relações de produção e a velha sociedade — ou aprisionar à força os modernos meios de produção e circulação nos moldes das velhas relações de produção que esses mesmos meios de produção modernos explodiram e tinham de explodir. Em ambos os casos, trata-se de um socialismo a um só tempo reacionário e utópico.

Corporativismo na manufatura e economia patriarcal no campo: são essas suas palavras definitivas.

Em seu ulterior desenvolvimento, essa tendência se perdeu em covarde choradeira.

c) O socialismo alemão, ou o "verdadeiro" socialismo

As literaturas socialista e comunista na França, surgidas sob a pressão de uma burguesia dominante e como expressão literária da luta contra essa dominação, foram introduzidas na Alemanha em uma época em que a burguesia tinha acabado de dar início a sua luta contra o absolutismo feudal.

Filósofos, semifilósofos e belos espíritos alemães se apoderaram com avidez dessa literatura, esquecendo-se apenas de que as condições de vida na França não emigraram para a Alemanha juntamente com os escritos franceses. Diante da situação alemã, essa literatura francesa perdeu todo o seu sentido prático imediato, assumindo um aspecto puramente literário. A única impressão que ela podia causar era a de uma especulação ociosa acerca da realização da essência humana. Assim sendo, para os filósofos alemães do século XVIII, as demandas da primeira revolução francesa só podiam ser demandas gerais da "razão prática", e as manifestações da vontade da burguesia revolucionária francesa significavam a seus olhos as leis da vontade pura, da vontade como ela tem de ser: a verdadeira vontade humana.

O trabalho exclusivo dos literatos alemães consistiu em harmonizar as novas ideias francesas com sua velha consciência filosófica, ou, antes, em se apropriar das ideias francesas a partir de seu ponto de vista filosófico.

Essa apropriação se deu da mesma forma como nos apropriamos de uma língua estrangeira, ou seja, pela via da tradução.

É sabido como os monges escreveram histórias católicas de santos, de muito mau gosto, por cima dos textos constantes dos manuscritos em que estavam registradas as obras clássicas da Antiguidade pagã. Os literatos alemães fizeram o contrário com a literatura profana francesa: acrescentaram seus absurdos filosóficos debaixo do original francês. Debaixo da crítica francesa às relações monetárias, por exemplo, escreveram "alienação da essência humana"; em seguida à crítica francesa do Estado burguês, acrescentaram "Abolição da soberania do geral abstrato", e assim por diante.

À introdução desse palavrório filosófico nos escritos franceses chamaram "filosofia da ação", "verdadeiro socialismo", "ciência alemã do socialismo", "fundamentação filosófica do socialismo" etc.

Desse modo, a literatura socialista-comunista francesa foi, literalmente, emasculada. E como, em mãos alemãs, ela deixou de dar expressão à luta de uma classe contra outra, os alemães acreditaram ter superado a "unilateralidade francesa", acreditaram-se representantes da necessidade da verdade, em vez das verdadeiras necessidades, e dos interesses da essência humana, em vez daqueles do proletariado — ou seja, dos interesses do ser humano em si, um ser humano vinculado a classe nenhuma e a realidade nenhuma, apenas ao céu nebuloso da fantasia filosófica.

Esse socialismo alemão, que levou tão a sério seus solenes e desastrados exercícios escolares, propagando-os bombasticamente aos quatro ventos, acabou por perder pouco a pouco sua inocência pedante.

A luta dos alemães, ou, mais especificamente, a luta da burguesia prussiana contra os senhores feudais e a monarquia absoluta — o movimento liberal, em suma — tornou-se mais séria.

Ao "verdadeiro" socialismo ofereceu-se, assim, a desejada oportunidade de contrapor ao movimento político as demandas socialistas, de arremessar os anátemas tradicionais contra o liberalismo, contra o Estado representativo, contra a concorrência burguesa, contra a liberdade de imprensa burguesa, contra a justiça, a liberdade e a igualdade burguesas, e de pregar à massa popular que ela nada tinha a ganhar com esse movimento burguês, mas, antes, muito a perder. O socialismo alemão esqueceu-se bem a tempo de que a crítica francesa, da qual ele próprio era um eco banal, pressupunha uma sociedade burguesa moderna, com suas respectivas condições de vida e uma constituição política adequada — pressupostos que, na Alemanha, tratava-se ainda de conquistar.

Aos governos absolutos alemães, com seu séquito de prelados, mestres-escolas, nobres rurais e burocratas, ele serviu de desejado espantalho a afugentar a burguesia que ameaçava ascender.

Foi o doce complemento às amargas chicotadas e balas de espingarda com que esses mesmos governos tratavam as revoltas alemãs de trabalhadores.

Se, nas mãos dos governos, o "verdadeiro" socialismo se transformou numa tal arma contra a burguesia alemã, ele foi também representante direto de um interesse reacionário: o interesse pequeno-burguês alemão. Na Alemanha, a pequena-burguesia, herança do século XVI e desde então ressurgindo constantemente sob formas variadas, constitui a verdadeira base da situação reinante.

Sua preservação é a preservação da situação vigente na Alemanha. Seu temor diante do domínio industrial e político da burguesia é o da ruína certa, em consequência, por um lado, da concentração do capital e, por outro, do surgimento de um proletariado revolucionário. A essa pequena-burguesia, o "verdadeiro" socialismo pareceu ter matado dois coelhos com uma só cajadada. Ele se espraiou como uma epidemia.

O manto exuberante com que os socialistas alemães envolveram suas duas ou três "verdades eternas" petrificadas — um manto entretecido de especulativas teias de aranha, bordado com as flores retóricas do belo espírito e encharcado de caloroso orvalho sentimental —, esse manto só fez multiplicar a venda de suas mercadorias junto desse público.

O socialismo alemão, por sua vez, reconheceu cada vez mais o seu ofício de pomposo representante dessa pequena-burguesia.

Ele proclamou que a nação alemã era a nação normal e que os pequeno-burgueses alemães eram os seres humanos normais. A cada vileza desse pequeno-burguês, ele deu um sentido oculto, superior, socialista, fazendo-a significar o oposto. E foi às últimas consequências na medida em que fez oposição direta à tendência "cruamente destrutiva" do comunismo e anunciou estar sua superioridade apartidária acima de toda luta de classes. Com pouquíssimas exceções, todos os escritos supostamente socialistas ou comunistas que circulam na Alemanha pertencem ao domínio dessa literatura suja e enervante.[6]

2. O SOCIALISMO CONSERVADOR OU BURGUÊS

Uma parte da burguesia quer remediar os males sociais para garantir a sobrevivência da sociedade burguesa.

Encaixam-se nessa categoria economistas, filantropos, humanitários, pessoas desejosas de melhorar a situação das classes trabalhadoras, fundadores de organizações beneficentes, abolicionistas da crueldade contra animais, promotores das sociedades de temperança e reformistas dos mais diversos matizes. E esse socialismo burguês chegou mesmo a embasar sistemas inteiros.

Como exemplo, podemos citar a "Filosofia da miséria" de Proudhon.

Os burgueses socialistas desejam as condições de vida da sociedade moderna, mas sem as lutas e os perigos que dela necessariamente decorrem. Querem a sociedade existente, com exceção daqueles elementos capazes de revolucioná-la ou dissolvê-la. Querem a burguesia sem o proletariado. Naturalmente, a burguesia imagina o mundo dominado por ela como o melhor dos mundos. O socialismo burguês expande essa ideia reconfortante num sistema parcial ou completo. Quando ele convoca o proletariado a concretizar tais sistemas e adentrar a nova Jerusalém, o que demanda, na verdade, é tão somente que o proletariado permaneça na sociedade atual, liberto, porém, de suas concepções hostis a respeito dela.

Uma outra forma desse socialismo — menos sistemática, mais prática — tentou indispor a classe trabalhadora contra todo e qualquer movimento revolucionário mediante a comprovação de que apenas uma modificação das condições materiais de vida, das condições econômicas, e não uma ou outra mudança política, podia lhe ser útil. O que, no entanto, esse socialismo entende por mudança das condições materiais de vida não é, de modo algum, a supressão das relações de produção burguesas — possível apenas por caminhos revolucionários —, e sim melhorias administrativas a serem implementadas no âmbito dessas mesmas relações de produção e que, portanto, nada mudam na relação entre capital e trabalho assalariado. Na melhor das hipóteses, o que essas melhorias fazem é reduzir os custos da dominação burguesa e facilitar sua administração do Estado.

O socialismo burguês encontra expressão adequada somente quando se transforma em mera figura retórica.

Livre-comércio no interesse da classe trabalhadora! Tarifas protecionistas no interesse da classe trabalhadora! Prisão em celas no interesse da classe trabalhadora! — essa é a última palavra do socialismo burguês, e a única que ele diz a sério.

O socialismo da burguesia consiste justamente na afirmação de que os burgueses são burgueses — no interesse da classe trabalhadora.

3. SOCIALISMO E COMUNISMO CRÍTICO-UTÓPICO

Não nos referimos aqui àquela literatura que, em todas as grandes revoluções modernas, deram expressão às demandas do proletariado (os escritos de Babeuf etc.).

As primeiras tentativas do proletariado de, numa época de agitação geral, durante a derrocada da sociedade feudal, impor diretamente seu próprio interesse de classe só podiam falhar, tanto em virtude da configuração nada desenvolvida do próprio proletariado como da ausência das condições materiais para sua libertação, as quais só foram se concretizar como produto da época burguesa. A literatura revolucionária que acompanhou esses movimentos iniciais do proletariado revela, necessariamente, um conteúdo reacionário. Ela prega uma ascese generalizada e um igualitarismo rudimentar.

Os sistemas socialistas e comunistas de fato, aqueles de Saint-Simon, Fourier, Owen etc., surgem nos primórdios de uma luta ainda não desenvolvida entre proletariado e burguesia, período que já descrevemos. (Ver "Burgueses e proletários".)

Os inventores desses sistemas veem, é certo, tanto os antagonismos das classes como a eficácia dos elementos a dissolver a sociedade dominante. Mas não identificam nenhuma autonomia histórica, nenhum movimento político próprio, da parte do proletariado.

Como o desenvolvimento do antagonismo de classes caminha passo a passo com o desenvolvimento da indústria, tampouco encontram eles as condições materiais para a libertação do proletariado, buscando, então, uma ciência social, leis sociais capazes de criar essas condições.

A atuação social precisa ser substituída pela inventividade pessoal, as condições históricas para a libertação, por condições fantásticas, a organização paulatina do proletariado em classe, por uma organização da sociedade engendrada pela própria imaginação. A história universal em curso dissolve-se para eles em propaganda política e na execução prática de seus planos para a sociedade.

É certo que eles têm consciência de, em seus planos, estarem representando sobretudo o interesse da classe trabalhadora como a mais sofrida das classes. É somente desse ponto de vista da classe mais sofrida que o proletariado existe para eles.

Mas a forma não desenvolvida da luta de classes, assim como a própria condição de vida desses socialistas, faz com que eles se creiam muito acima desse antagonismo de classes. Seu desejo é melhorar as condições de vida de todos os membros da sociedade, inclusive dos mais favorecidos. Com frequência, portanto, apelam a toda a sociedade, sem distinções, e mesmo, de preferência, à classe dominante. Basta que compreendam o sistema que propõem para que o reconheçam como o melhor plano possível para a melhor sociedade possível.

Assim sendo, censuram toda ação política, vale dizer, toda ação revolucionária. Querem atingir seu objetivo por vias pacíficas e procuram, por intermédio de pequenos experimentos, naturalmente malsucedidos, por meio da força do exemplo, abrir caminho ao novo evangelho social.

A descrição fantástica da sociedade do futuro nasce em um momento em que o proletariado se apresenta ainda não desenvolvido, em que, portanto, ele ainda vê sua própria posição como fantástica; ela brota, pois, de um primeiro e pressagioso ímpeto rumo à reconfiguração geral da sociedade.

Contudo, esses escritos socialistas e comunistas compõem-se também de elementos críticos. Eles atacam todos os fundamentos da sociedade existente. Produzem, assim, material altamente valioso para o esclarecimento dos trabalhadores. Suas proposições positivas sobre a sociedade do futuro — por exemplo, a abolição da oposição entre cidade e campo, a abolição da família, do lucro privado, do trabalho assalariado, a proclamação da harmonia social, a transformação do Estado em mero gestor da produção —, todas essas proposições nada mais fazem que expressar o desaparecimento do antagonismo de classes que começa a se desenhar e que eles só conhecem em suas primeiras manifestações, ainda indefinidas e disformes. São, portanto, proposições que ainda possuem um sentido puramente utópico.

A importância do socialismo e do comunismo crítico-utópico guarda relação inversa com o desenvolvimento histórico. À mesma medida que a luta de classes se desenvolve e se configura, perde valor prático e toda e qualquer justificativa teórica essa fantástica visão de cima, esse combate fantástico que ele dá à luta de classes. Se, por um lado, os iniciadores desses sistemas eram revolucionários em muitos aspectos, por outro, suas escolas sempre dão origem a seitas reacionárias. Elas se aferram às velhas concepções de seus mestres em face do desenvolvimento histórico do proletariado. Procuram, assim, de novo e continuadamente, embotar a luta de classes e intermediar as oposições. Seguem sonhando com a concretização experimental de suas utopias sociais, com a fundação de falanstérios isolados, o estabelecimento de *home colonies* e com a construção de uma pequena Icária — edição *in-doze* da nova Jerusalém;[7] e, para erigir todos esses castelos imaginários, têm de apelar à filantropia dos corações e dos sacos de dinheiro dos burgueses. Pouco a pouco, entram na categoria, descrita acima, dos socialistas reacionários ou conservadores, deles diferenciando-se apenas por um pedantismo mais sistemático, pela crença fanática nos efeitos milagrosos de suas ciências sociais.

Desse modo, opõem-se com amargura a todo movimento político dos trabalhadores, algo que só pode brotar da descrença cega no novo evangelho.

Os owenistas, na Inglaterra, e os fourieristas, na França, reagem, na primeira, aos cartistas e, na última, aos reformistas.

IV

O posicionamento dos comunistas em relação aos diversos partidos oposicionistas

Pelo exposto no item II, compreende-se a relação dos comunistas com os partidos já constituídos de trabalhadores, ou seja, sua relação com os cartistas, na Inglaterra, e com os reformistas agrários norte-americanos.

Eles lutam para alcançar os objetivos e interesses imediatos da classe dos trabalhadores, mas, no movimento atual, representam também o futuro desse mesmo movimento. Na França, os comunistas se juntam ao partido social-democrata[8] contra a burguesia conservadora e radical, sem com isso abrir mão do direito de se posicionar criticamente em relação ao palavreado e às ilusões oriundas da tradição revolucionária.

Na Suíça, apoiam os radicais, sem desconhecer que esse partido se constitui de elementos contraditórios, em parte de socialistas democráticos, no sentido francês da expressão, em parte de burgueses radicais.

Na Polônia, os comunistas apoiam o partido que faz da revolução agrária pré-requisito para a libertação nacional, o mesmo partido que deu origem à insurreição de 1846 na Cracóvia.

Na Alemanha, o Partido Comunista luta em conjunto com a burguesia sempre que esta age de forma revolucionária, contra a monarquia absoluta, a propriedade feudal da terra e a pequena-burguesia.

Em nenhum momento, porém, deixa de incutir nos trabalhadores a consciência mais clara possível da oposição hostil entre burguesia e proletariado, a fim de que os trabalhadores alemães possam voltar de pronto contra essa mesma burguesia as condições sociais e políticas que ela há de produzir com sua dominação, assim como tantas outras armas; o propósito disso é que, tão logo se dê a derrocada das classes reacionárias na Alemanha, a luta contra a própria burguesia possa começar de imediato.

É sobretudo para a Alemanha que os comunistas voltam sua atenção, porque ela está às vésperas de uma revolução burguesa e porque realizará essa transformação sob condições mais avançadas da civilização europeia, assim como com um proletariado bem mais desenvolvido do que a Inglaterra no século XVII e a França no século XVIII, podendo, pois, constituir-se a revolução burguesa alemã apenas num breve prólogo a uma revolução proletária.

Em suma, os comunistas apoiam por toda parte os movimentos revolucionários contra as condições sociais e políticas existentes.

Em todos esses movimentos, eles ressaltam a questão da propriedade, qualquer que seja o grau de desenvolvimento em que ela se apresente, como a questão fundamental do movimento.

Por fim, os comunistas atuam, onde quer que seja, em favor da união e do entendimento entre os partidos democráticos de todos os países.

Os comunistas repudiam todo e qualquer ocultamento de suas posições e intenções. Eles declaram abertamente que seus propósitos só podem ser alcançados mediante a derrubada, pela força, de toda ordem social até hoje reinante. Que as classes dominantes tremam ante a revolução comunista. Os proletários nada mais têm a perder com ela do que seus grilhões. Têm, sim, um mundo a ganhar.

PROLETÁRIOS DE TODOS OS PAÍSES, UNAM-SE!

A mercadoria [O *capital*]*1

OS DOIS FATORES DA MERCADORIA:
VALOR DE USO E VALOR
(SUBSTÂNCIA DO VALOR, GRANDEZA DO VALOR)

A riqueza das sociedades onde reina o modo de produção capitalista aparece como uma "enorme coleção de mercadorias",[2] e a mercadoria individual, como sua forma elementar. Nossa investigação começa, por isso, com a análise da mercadoria.

A mercadoria é, antes de tudo, um objeto externo, uma coisa que, por meio de suas propriedades, satisfaz necessidades humanas de um tipo qualquer. A natureza dessas necessidades — se, por exemplo, elas provêm do estômago ou da imaginação — não altera em nada a questão.[3] Tampouco se trata aqui de como a coisa satisfaz a necessidade humana, se diretamente, como meio de subsistência [*Lebensmittel*], isto é, como objeto de fruição, ou indiretamente, como meio de produção.

Toda coisa útil, como ferro, papel etc., deve ser considerada sob um duplo ponto de vista: o da qualidade e

---

* Texto publicado originalmente em Karl Marx, *O capital: Crítica da economia política*. Trad. de Rubens Enderle. São Paulo: Boitempo, 2013. Livro I: O processo de produção do capital. (N. E.)

o da quantidade. Cada uma dessas coisas é um conjunto de muitas propriedades e pode, por isso, ser útil sob diversos aspectos. Descobrir esses diversos aspectos e, portanto, as múltiplas formas de uso das coisas é um ato histórico.[4] Assim como também é um ato histórico encontrar as medidas sociais para a quantidade das coisas úteis. A diversidade das medidas das mercadorias resulta, em parte, da natureza diversa dos objetos a serem medidos e, em parte, da convenção.

A utilidade de uma coisa faz dela um valor de uso.[5] Mas essa utilidade não flutua no ar. Condicionada pelas propriedades do corpo da mercadoria [*Warenkörper*], ela não existe sem esse corpo. Por isso, o próprio corpo da mercadoria, como ferro, trigo, diamante etc., é um valor de uso ou um bem. Esse seu caráter não depende do fato de a apropriação de suas qualidades úteis custar muito ou pouco trabalho aos homens. Na consideração do valor de uso será sempre pressuposta sua determinidade [*Bestimmtheit*] quantitativa, como uma dúzia de relógios, uma braça de linho, uma tonelada de ferro etc. Os valores de uso das mercadorias fornecem o material para uma disciplina específica, a merceologia.[6] O valor de uso se efetiva apenas no uso ou no consumo. Os valores de uso formam o conteúdo material da riqueza, qualquer que seja a forma social desta. Na forma de sociedade que iremos analisar, eles constituem, ao mesmo tempo, os suportes materiais [*stoffliche Träger*] do valor de troca.

O valor de troca aparece inicialmente como a relação quantitativa, a proporção na qual valores de uso de um tipo são trocados por valores de uso de outro tipo,[7] uma relação que se altera constantemente no tempo e no espaço. Por isso, o valor de troca parece algo acidental e puramente relativo, um valor de troca intrínseco, imanente à mercadoria (*valeur intrinsèque*); portanto, uma *contradictio in adjecto* [contradição nos próprios termos].[8] Vejamos a coisa mais de perto.

Certa mercadoria, um *quarter*[9] de trigo, por exemplo, é trocada por x de graxa de sapatos ou por y de seda ou z de ouro etc., em suma, por outras mercadorias nas mais diversas proporções. O trigo tem, assim, múltiplos valores de troca em vez de um único. Mas sendo x de graxa de sapatos, assim como y de seda e z de ouro etc. o valor de troca de um *quarter* de trigo, então x de graxa de sapatos, y de seda e z de ouro etc. têm de ser valores de troca permutáveis entre si ou valores de troca de mesma grandeza. Disso se segue, em primeiro lugar, que os valores de troca vigentes da mesma mercadoria expressam algo igual. Em segundo lugar, porém, que o valor de troca não pode ser mais do que o modo de expressão, a "forma de manifestação" [*Erscheinungsform*] de um conteúdo que dele pode ser distinguido.

Tomemos, ainda, duas mercadorias, por exemplo, trigo e ferro. Qualquer que seja sua relação de troca, ela é sempre representável por uma equação em que uma dada quantidade de trigo é igualada a uma quantidade qualquer de ferro, por exemplo, um *quarter* de trigo = a quintais[10] de ferro. O que mostra essa equação? Que algo comum de mesma grandeza existe em duas coisas diferentes, em um *quarter* de trigo e em a quintais de ferro. Ambas são, portanto, iguais a uma terceira, que, em si mesma, não é nem uma nem outra. Cada uma delas, na medida em que é valor de troca, tem, portanto, de ser redutível a essa terceira.

Um simples exemplo geométrico ilustra isso. Para determinar e comparar as áreas de todas as figuras retilíneas, é preciso decompô-las em triângulos. O próprio triângulo é reduzido a uma expressão totalmente distinta de sua figura visível — a metade do produto de sua base pela sua altura. Do mesmo modo, os valores de troca das mercadorias têm de ser reduzidos a algo em comum, com relação ao qual eles representam um mais ou um menos.

Esse algo em comum não pode ser uma propriedade geométrica, física, química ou qualquer outra propriedade natural das mercadorias. Suas propriedades físicas importam apenas na medida em que conferem utilidade às mercadorias, isto é, fazem delas valores de uso. Por outro lado, parece claro que a abstração de seus valores de uso é justamente o que caracteriza a relação de troca das mercadorias. Nessa relação, um valor de uso vale tanto quanto o outro desde que esteja disponível em proporção adequada. Ou, como diz o velho Barbon: "Um tipo de mercadoria é tão bom quanto outro se seu valor de troca for da mesma grandeza. Pois não existe nenhuma diferença ou possibilidade de diferenciação entre coisas cujos valores de troca são da mesma grandeza".[11]

Como valores de uso, as mercadorias são, antes de tudo, de diferente qualidade; como valores de troca, elas podem ser apenas de quantidade diferente, sem conter, portanto, nenhum átomo de valor de uso.

Prescindindo do valor de uso dos corpos das mercadorias, resta nelas uma única propriedade: a de serem produtos do trabalho. Mas mesmo o produto do trabalho já se transformou em nossas mãos. Se abstraímos seu valor de uso, abstraímos também os componentes [*Bestandteilen*] e as formas corpóreas que fazem dele um valor de uso. O produto não é mais uma mesa, uma casa, um fio ou qualquer outra coisa útil. Todas as suas qualidades sensíveis foram apagadas. E também já não é mais o produto do carpinteiro, do pedreiro, do fiandeiro ou de qualquer outro trabalho produtivo determinado. Com o caráter útil dos produtos do trabalho desaparece o caráter útil dos trabalhos neles representados e, portanto, também as diferentes formas concretas desses trabalhos, que não mais se distinguem uns dos outros, sendo todos reduzidos a trabalho humano igual, a trabalho humano abstrato.

Consideremos agora o resíduo dos produtos do trabalho. Deles não restou mais do que uma mesma objetividade fantasmagórica, uma simples geleia [*Gallerte*] de trabalho humano indiferenciado, isto é, de dispêndio de força de trabalho humana, sem consideração pela forma de seu dispêndio. Essas coisas representam apenas o fato de que em sua produção foi despendida força de trabalho humana, foi acumulado trabalho humano. Como cristais dessa substância social que lhes é comum, elas são valores — valores de mercadorias.

Na própria relação de troca das mercadorias, seu valor de troca apareceu-nos como algo completamente independente de seus valores de uso. No entanto, abstraindo-se agora o valor de uso dos produtos do trabalho, obteremos seu valor como ele foi definido anteriormente. O elemento comum, que se apresenta na relação de troca ou no valor de troca das mercadorias, é, portanto, seu valor. A continuação da investigação nos levará de volta ao valor de troca como o modo necessário de expressão ou forma de manifestação do valor, mas este tem de ser, por ora, considerado independentemente dessa forma.

Assim, um valor de uso ou bem só possui valor porque nele está objetivado ou materializado trabalho humano abstrato. Mas como medir a grandeza de seu valor? Por meio da quantidade de "substância formadora de valor", isto é, da quantidade de trabalho nele contida. A própria quantidade de trabalho é medida por seu tempo de duração, e o tempo de trabalho possui, por sua vez, seu padrão de medida em frações determinadas de tempo, como hora, dia etc.

Poderia parecer que, se o valor de uma mercadoria é determinado pela quantidade de trabalho despendido durante sua produção, quanto mais preguiçoso ou inábil for um homem, tanto maior o valor de sua mercadoria, pois ele necessitará de mais tempo para produzi-la. No entanto, o trabalho que constitui a substância dos valores é trabalho humano igual, dispêndio da mesma força de trabalho humana. A força de trabalho conjunta da sociedade, que se apresenta nos valores do mundo das mercadorias, vale aqui como uma única força de trabalho humana, embora consista em inumeráveis forças de trabalho individuais. Cada uma dessas forças de trabalho individuais é a mesma força de trabalho humana que a outra, na medida em que possui o caráter de uma força de trabalho social média e atua como tal força de trabalho social média, portanto, na medida em que, para a produção de uma mercadoria, ela só precisa do tempo de trabalho em média necessário ou do tempo de trabalho socialmente necessário. Tempo de trabalho socialmente necessário é aquele requerido para produzir um valor de uso qualquer sob as condições normais para uma dada sociedade e com o grau social médio de destreza e intensidade do trabalho. Após a introdução do tear a vapor na Inglaterra, por exemplo, tornou-se possível transformar uma dada quantidade de fio em tecido empregando cerca da metade do trabalho de antes. Na verdade, o tecelão manual inglês continuava a precisar do mesmo tempo de trabalho para essa produção, mas agora o produto de sua hora de trabalho individual representava apenas metade da hora de trabalho social e, por isso, seu valor caiu para a metade do anterior.

Portanto, é apenas a quantidade de trabalho socialmente necessário ou o tempo de trabalho socialmente necessário para a produção de um valor de uso que determina a grandeza de seu valor.[12] A mercadoria individual vale aqui somente como exemplar médio de sua espécie.[13] Por essa razão, mercadorias em que estão contidas quantidades iguais de trabalho ou que podem ser produzidas no mesmo tempo de trabalho têm a mesma grandeza de valor. O valor de uma mercadoria está para o valor de qualquer outra mercadoria assim como o tempo de trabalho necessário para a produção de uma está para o tempo de trabalho necessário para a produção de outra. "Como valores, todas as mercadorias são apenas medidas determinadas de tempo de trabalho cristalizado."[14]

Assim, a grandeza de valor de uma mercadoria permanece constante se permanece igualmente constante o tempo de trabalho requerido para sua produção. Mas este muda com cada mudança na força produtiva do trabalho. Essa força produtiva do trabalho é determinada por múltiplas circunstâncias, dentre outras pelo grau médio de destreza dos trabalhadores, o grau de desenvolvimento da ciência e de sua aplicabilidade tecnológica, a organização social do processo de produção, o volume e eficácia dos meios de produção e as condições naturais. Por exemplo, a mesma quantidade de trabalho produz, numa estação favorável, oito alqueires[15] de trigo, mas apenas quatro alqueires numa estação menos favorável. A mesma quantidade de trabalho extrai mais metais em minas ricas do que em pobres etc. Os diamantes muito raramente se encontram na superfície da terra, e, por isso, encontrá-los exige muito tempo de trabalho. Em consequência, eles representam muito trabalho em pouco volume. Jacob duvida que o ouro tenha alguma vez pagado seu pleno valor.[16] Isso vale ainda mais para o diamante. Segundo Eschwege, oitenta anos de exploração das minas de diamante brasileiras não haviam atingido, em 1823, o preço do produto médio de um ano e meio das plantações brasileiras de açúcar ou café, embora ela representasse muito mais trabalho, portanto, mais valor. Com minas mais ricas, a mesma quantidade de trabalho seria representada em mais diamantes, e seu valor cairia. Se com pouco trabalho fosse possível transformar carvão em diamante, seu valor poderia cair abaixo do de tijolos. Como regra geral, quanto maior é a força produtiva do trabalho, menor é o tempo de trabalho requerido para a produção de um artigo, menor a massa de trabalho nele cristalizada e menor seu valor. Inversamente, quanto menor a força produtiva do trabalho, maior o tempo de trabalho necessário para a produção de um artigo e maior seu valor. Assim, a grandeza de valor de uma mercadoria varia na razão direta da quantidade de trabalho que nela é realizado e na razão inversa da força produtiva desse trabalho.[17]

Uma coisa pode ser valor de uso sem ser valor. É esse o caso quando sua utilidade para o homem não é mediada pelo trabalho. Assim são o ar, a terra virgem, os campos naturais, a madeira bruta etc. Uma coisa pode ser útil e produto do trabalho humano sem ser mercadoria. Quem, por meio de seu produto, satisfaz sua própria necessidade cria certamente valor de uso, mas não mercadoria. Para produzir mercadoria, ele tem de produzir não apenas valor de uso, mas valor de uso para outrem, valor de uso social. {e não somente para outrem. O camponês medieval produzia a talha para o senhor feudal, o dízimo para o padre, mas nem por isso a talha ou o dízimo se tornavam mercadorias. Para se tornar mercadoria, é preciso que o produto, por meio da troca, seja transferido a outrem, a quem vai servir como valor de uso.}[18] Por último, nenhuma coisa pode ser valor sem ser objeto de uso. Se ela é inútil, também o é o trabalho nela contido, não conta como trabalho e não cria, por isso, nenhum valor.

O DUPLO CARÁTER DO TRABALHO
REPRESENTADO NAS MERCADORIAS

Inicialmente, a mercadoria apareceu-nos como um duplo [*Zwieschlächtiges*] de valor de uso e valor de troca. Mais tarde, mostrou-se que também o trabalho, na medida em que se expressa no valor, já não possui os mesmos traços que lhe cabem como produtor de valores de uso. Essa natureza dupla do trabalho contido na mercadoria foi criticamente demonstrada pela primeira vez por mim.[19] Como esse ponto é o centro em torno do qual gira o entendimento da economia política, ele deve ser examinado mais de perto.

Tomemos duas mercadorias, por exemplo, um casaco e dez braças de linho. Consideremos que a primeira tenha o dobro do valor da segunda, de modo que se 10 braças de linho = V, o casaco = $2V$.

O casaco é um valor de uso que satisfaz uma necessidade específica. Para produzi-lo, é necessário um tipo determinado de atividade produtiva, a qual é determinada por seu escopo, modo de operar, objeto, meios e resultado. O trabalho, cuja utilidade se representa, assim, no valor de uso de seu produto, ou no fato de que seu produto é um valor de uso, chamaremos aqui, resumidamente, de trabalho útil. Desse ponto de vista, ele será sempre considerado em relação a seu efeito útil.

Assim como o casaco e o linho são valores de uso qualitativamente distintos, também o são os trabalhos que os produzem — alfaiataria e tecelagem. Se essas coisas não fossem valores de uso qualitativamente distintos e, por isso, produtos de trabalhos úteis qualitativamente distintos, elas não poderiam de modo algum se confrontar como mercadorias. O casaco não é trocado por casaco, um valor de uso não se troca pelo mesmo valor de uso.

No conjunto dos diferentes valores de uso ou corpos de mercadorias [*Warenkörper*] aparece um conjunto igualmente diversificado, dividido segundo o gênero, a espécie, a família e a subespécie, de diferentes trabalhos úteis — uma divisão social do trabalho. Tal divisão é condição de existência da produção de mercadorias, embora esta última não seja, inversamente, a condição de existência da divisão social do trabalho. Na antiga comunidade indiana, o trabalho é socialmente dividido sem que os produtos se tornem mercadorias. Ou, para citar um exemplo mais próximo, em cada fábrica o trabalho é sistematicamente dividido, mas essa divisão não implica que os trabalhadores troquem entre si seus produtos individuais. Apenas produtos de trabalhos privados, separados e mutuamente independentes uns dos outros, confrontam-se como mercadorias.

Viu-se, portanto, que no valor de uso de toda mercadoria reside determinada atividade produtiva adequada a um fim, ou trabalho útil. Valores de uso não podem se confrontar como mercadorias se neles não residem trabalhos úteis qualitativamente diferentes. Numa sociedade cujos produtos assumem genericamente a forma da mercadoria, isto é, numa sociedade de produtores de mercadorias, essa diferença qualitativa dos trabalhos úteis, executados separadamente uns dos outros como negócios privados de produtores independentes, desenvolve-se como um sistema complexo, uma divisão social do trabalho.

Para o casaco, é indiferente se ele é usado pelo alfaiate ou pelo freguês do alfaiate, uma vez que, em ambos os casos, ele funciona como valor de uso. Tampouco a relação entre o casaco e o trabalho que o produziu é alterada pelo fato de a alfaiataria se tornar uma profissão específica, um elo independente no interior da divisão social do trabalho. Onde a necessidade de se vestir o obrigou, o homem costurou por milênios, e desde muito antes que houvesse qualquer alfaiate. Mas a existência do casaco, do linho e de cada elemento da riqueza material não fornecido pela natureza teve sempre de ser mediada por uma atividade produtiva especial, direcionada a um fim, que adapta matérias naturais específicas a necessidades humanas específicas. Como criador de valores de uso, como trabalho útil, o trabalho é, assim, uma condição de existência do homem, independentemente de todas as formas sociais, uma eterna necessidade natural de mediação do metabolismo entre homem e natureza e, portanto, da vida humana.

Os valores de uso casaco, linho etc., em suma, os corpos das mercadorias, são nexos de dois elementos: matéria natural e trabalho. Subtraindo-se a soma total de todos os diferentes trabalhos úteis contidos no casaco, no linho etc., o que resta é um substrato material que existe na natureza sem a interferência da atividade humana. Ao produzir, o homem pode apenas proceder como a própria natureza, isto é, pode apenas alterar a forma das matérias.[20] Mais ainda: nesse próprio trabalho de formação, ele é constantemente amparado pelas forças da natureza. Portanto, o trabalho não é a única fonte dos valores de uso que ele produz, a única fonte da riqueza material. O trabalho é o pai da riqueza material, como diz William Petty, e a terra é a mãe.

Passemos, então, da mercadoria, como objeto de uso, para o valor-mercadoria.

De acordo com nossa suposição, o casaco tem o dobro do valor do linho. Essa é, porém, apenas uma diferença quantitativa, que por ora ainda não nos interessa. Recordemos, por isso, que, se o valor de um casaco é o dobro de dez braças de linho, então vinte braças de linho têm a mesma grandeza de valor de um casaco. Como valores, o casaco e o linho são coisas de igual substância, expressões objetivas do mesmo tipo de trabalho. Mas alfaiataria e tecelagem são trabalhos qualitativamente distintos. Há, no entanto, circunstâncias sociais em que a mesma pessoa costura e tece alternadamente, de modo que esses dois tipos distintos de trabalho são apenas modificações do trabalho do mesmo indivíduo e ainda não constituem funções fixas, específicas de indivíduos diferentes, assim como o casaco que nosso alfaiate faz hoje e as calças que ele faz amanhã pressupõem somente variações do mesmo trabalho individual. A evidência nos ensina, além disso, que em nossa sociedade capitalista, a depender da direção cambiante assumida pela procura de trabalho, uma dada porção de trabalho humano será alternadamente oferecida sob a forma da alfaiataria e da tecelagem. Essa variação de forma do trabalho, mesmo que não possa se dar sem atritos, tem necessariamente de ocorrer. Abstraindo-se da determinidade da atividade produtiva e, portanto, do caráter útil do trabalho, resta o fato de que ela é um dispêndio de força humana de trabalho. Alfaiataria e tecelagem, embora atividades produtivas qualitativamente distintas, são ambas dispêndio produtivo de cérebro, músculos, nervos, mãos etc. humanos e, nesse sentido, ambas são trabalho humano. Elas não são mais do que duas formas diferentes de se despender força humana de trabalho. No entanto, a própria força humana de trabalho tem de estar mais ou menos desenvolvida para poder ser despendida desse ou daquele modo. Mas o valor da mercadoria representa unicamente trabalho humano, dispêndio de trabalho humano. Ora, assim como na sociedade burguesa um general ou um banqueiro desempenham um grande papel, ao passo que o homem comum desempenha, ao contrário, um papel muito miserável,[21] o mesmo ocorre aqui com o trabalho humano. Ele é dispêndio da força de trabalho simples que, em média, toda pessoa comum, sem qualquer desenvolvimento especial, possui em seu organismo corpóreo. O próprio *trabalho simples médio* varia, decerto, seu caráter em diferentes países e épocas culturais, porém é sempre dado numa sociedade existente. O trabalho mais complexo vale apenas como trabalho simples *potenciado* ou, antes, *multiplicado*, de modo que uma quantidade menor de trabalho complexo é igual a uma quantidade maior de trabalho simples. Que essa redução ocorre constantemente é algo mostrado pela experiência. Mesmo que uma mercadoria seja o produto do trabalho mais complexo, seu *valor* a equipara ao produto do trabalho mais simples e, desse modo, representa ele próprio uma quantidade determinada de trabalho simples.[22] As diferentes proporções em que os diferentes tipos de trabalho são reduzidos ao trabalho simples como sua unidade de medida são determinadas por meio de um processo social que ocorre pelas costas dos produtores e lhes parecem, assim, ter sido legadas pela tradição. Para fins de simplificação, de agora em diante consideraremos todo tipo de força de trabalho diretamente como força de trabalho simples, com o que apenas nos poupamos o esforço de redução.

Assim como nos valores casaco e linho está abstraída a diferença entre seus valores de uso, também nos trabalhos representados nesses valores não se leva em conta a diferença entre suas formas úteis, a alfaiataria e a tecelagem.

Assim como os valores de uso casaco e linho constituem nexos de atividades produtivas orientadas a um fim e realizadas com o tecido e o fio, ao passo que os valores casaco e linho são, ao contrário, simples geleias de trabalho, também os trabalhos contidos nesses valores não valem pela relação produtiva que guardam com o tecido e o fio, mas tão somente como dispêndio de força humana de trabalho. Alfaiataria e tecelagem são elementos formadores dos valores de uso, casaco e linho, precisamente devido a suas diferentes qualidades; constituem substâncias do valor do casaco e do valor do linho apenas na medida em que se abstraem suas qualidades específicas e ambas possuem a mesma qualidade: a qualidade do trabalho humano.

Casaco e linho não são apenas valores em geral, mas valores de determinada grandeza, e, de acordo com nossa suposição, o casaco tem o dobro do valor de dez braças de linho. De onde provém essa diferença de suas grandezas de valor? Do fato de que o linho contém somente a metade do trabalho contido no casaco, pois para a produção do último requer-se um dispêndio de força de trabalho durante o dobro do tempo necessário à produção do primeiro.

Portanto, se em relação ao valor de uso o trabalho contido na mercadoria vale apenas qualitativamente, em relação à grandeza de valor ele vale apenas quantitativamente, depois de ter sido reduzido a trabalho humano sem qualquer outra qualidade. Lá, trata-se do "como" e do "quê" do trabalho; aqui, trata-se de seu "quanto", de sua duração. Como a grandeza do valor de uma mercadoria expressa apenas a quantidade de trabalho nela contida, as mercadorias devem, em dadas proporções, ser sempre valores de mesma grandeza.

Mantendo-se inalterada a força produtiva, digamos, de todos os trabalhos úteis requeridos para a produção de um casaco, a grandeza de valor do casaco aumenta com sua própria quantidade. Se um casaco contém x dias de trabalho, dois casacos contêm $2x$, e assim por diante. Suponha, porém, que o trabalho necessário à produção de um casaco dobre ou caia pela metade. No primeiro caso, um casaco tem o mesmo valor que antes tinham dois casacos; no segundo caso, dois casacos têm o mesmo valor que antes tinha apenas um casaco, embora nos dois casos um casaco continue a prestar os mesmos serviços e o trabalho útil nele contido conserve a mesma qualidade. Alterou-se, porém, a quantidade de trabalho despendida em sua produção.

Uma quantidade maior de trabalho constitui, por si mesma, uma maior riqueza material, dois casacos em vez de um. Com dois casacos podem-se vestir duas pessoas; com um casaco, somente uma etc. No entanto, ao aumento da massa da riqueza material pode corresponder uma queda simultânea de sua grandeza de valor. Esse movimento antitético resulta do duplo caráter do trabalho. Naturalmente, a força produtiva é sempre a força produtiva de trabalho útil, concreto, e determina, na verdade, apenas o grau de eficácia de uma atividade produtiva adequada a um fim, num dado período de tempo. O trabalho útil se torna, desse modo, uma fonte mais rica ou mais pobre de produtos em proporção direta com o aumento ou a queda de sua força produtiva. Ao contrário, por si mesma, uma mudança da força produtiva não afeta em nada o trabalho representado no valor. Como a força produtiva diz respeito à forma concreta e útil do trabalho, é evidente que ela não pode mais afetar o trabalho, tão logo se abstraia dessa sua forma concreta e útil. Assim, o mesmo trabalho produz, nos mesmos períodos de tempo, sempre a mesma grandeza de valor, independentemente da variação da força produtiva. Mas ele fornece, no mesmo espaço de tempo, diferentes quantidades de valores de uso: uma quantidade maior quando a produtividade aumenta e menor quando ela diminui. A mesma variação da força produtiva, que aumenta a fertilidade do trabalho e, com isso, a massa dos valores de uso por ele produzida, diminui a grandeza de valor dessa massa total aumentada ao reduzir a quantidade de tempo de trabalho necessário à sua produção. E vice-versa.

Todo trabalho é, por um lado, dispêndio de força humana de trabalho em sentido fisiológico, e graças a essa sua propriedade de trabalho humano igual ou abstrato ele gera o valor das mercadorias. Por outro lado, todo trabalho é dispêndio de força humana de trabalho numa forma específica, determinada à realização de um fim, e, nessa qualidade de trabalho concreto e útil, ele produz valores de uso.[23]

A FORMA DE VALOR [*WERTFORM*]
OU O VALOR DE TROCA

As mercadorias vêm ao mundo na forma de valores de uso ou corpos de mercadorias, como ferro, linho, trigo etc. Essa é sua forma natural originária. Porém, elas só são mercadorias porque são algo duplo: objetos úteis e, ao mesmo tempo, suportes de valor. Por isso, só aparecem como mercadorias ou só possuem a forma de mercadorias na medida em que possuem esta dupla forma: a forma natural e a forma de valor.

A objetividade do valor das mercadorias é diferente de Mistress Quickly,[24] na medida em que não se sabe por onde agarrá-la. Exatamente ao contrário da objetividade sensível e crua dos corpos das mercadorias, na objetividade de seu valor não está contido um único átomo de matéria natural. Por isso, pode-se virar e revirar uma mercadoria como se queira, e ela permanece inapreensível como coisa de valor [*Wertding*]. Lembremo-nos, todavia, de que as mercadorias possuem objetividade de valor apenas na medida em que são expressões da mesma unidade social, do trabalho humano, pois sua objetividade de valor é puramente social e, por isso, é evidente que ela só pode se manifestar numa relação social entre mercadorias. Partimos do valor de troca ou da relação de troca das mercadorias para seguir as pegadas do valor que nelas se esconde. Temos, agora, de retornar a essa forma de manifestação do valor.

Qualquer um sabe, mesmo que não saiba mais nada além disso, que as mercadorias possuem uma forma de valor em comum que contrasta do modo mais evidente com as variegadas formas naturais que apresentam seus valores de uso: a forma-dinheiro. Cabe, aqui, realizar o que jamais foi tentado pela economia burguesa, a saber, provar a gênese dessa forma-dinheiro, portanto, seguir de perto o desenvolvimento da expressão do valor contida na relação de valor das mercadorias, desde sua forma mais simples e opaca até a ofuscante forma-dinheiro. Com isso, desaparece, ao mesmo tempo, o enigma do dinheiro.

A relação mais simples de valor é, evidentemente, a relação de valor de uma mercadoria com uma única mercadoria distinta dela, não importando qual seja. A relação de valor entre duas mercadorias fornece, assim, a mais simples expressão de valor para uma mercadoria.

A forma de valor simples, individual ou ocasional

x mercadorias $A = y$ mercadorias B, ou: x mercadorias A têm o valor de y mercadorias B
(20 braças de linho = 1 casaco, ou: vinte braças de linho têm o valor de um casaco)

1. Os dois polos da expressão do valor: forma de valor relativa e forma de equivalente

O segredo de toda forma de valor reside em sua forma de valor simples. Sua análise oferece, por isso, a verdadeira dificuldade.

Aqui, duas mercadorias diferentes, *A* e *B* — em nosso exemplo, o linho e o casaco —, desempenham claramente dois papéis distintos. O linho expressa seu valor no casaco; este serve de material para essa expressão de valor. A primeira mercadoria desempenha um papel ativo; a segunda, um papel passivo. O valor da primeira mercadoria se apresenta como valor relativo, ou encontra-se na forma de valor relativa. A segunda mercadoria funciona como equivalente, ou encontra-se na forma de equivalente.

Forma de valor relativa e forma de equivalente são momentos inseparáveis, inter-relacionados e que se determinam reciprocamente, mas, ao mesmo tempo, constituem extremos mutuamente excludentes, isto é, polos da mesma expressão de valor; elas se repartem sempre entre mercadorias diferentes, relacionadas entre si pela expressão de valor. Não posso, por exemplo, expressar o valor do linho em linho. A equação "20 braças de linho = 20 braças de linho" não é nenhuma expressão de valor. Diz, antes, o contrário: vinte braças de linho não são mais do que vinte braças de linho, uma quantidade determinada do objeto de uso linho. O valor do linho só pode, assim, ser expresso relativamente, isto é, por meio de outra mercadoria. A forma de valor relativa do linho pressupõe, portanto, que outra mercadoria qualquer se confronte com ela na forma de equivalente. Por outro lado, essa outra mercadoria, que figura como equivalente, não pode estar simultaneamente contida na forma de valor relativa. Ela não expressa seu valor, apenas fornece o material para a expressão do valor de outra mercadoria.

De fato, a expressão "20 braças de linho = 1 casaco", ou vinte braças de linho valem um casaco, também inclui as relações inversas: "1 casaco = 20 braças de linho", ou um casaco vale vinte braças de linho. Mas, então, tenho de inverter a equação para expressar relativamente o valor do casaco e, assim o fazendo, o linho é que se torna o equivalente, em vez do casaco. A mesma mercadoria não pode, portanto, aparecer simultaneamente em ambas as formas na mesma expressão do valor. Essas formas se excluem, antes, como polos opostos.

Se uma mercadoria se encontra na forma de valor relativa ou na forma contrária, a forma de equivalente, é algo que depende exclusivamente de sua posição eventual na expressão do valor, isto é, se num dado momento ela é a mercadoria cujo valor é expresso ou a mercadoria na qual o valor é expresso.

2. *A forma de valor relativa*

a) Conteúdo da forma de valor relativa

Para descobrir como a expressão simples do valor de uma mercadoria está contida na relação de valor entre duas mercadorias é preciso, inicialmente, considerar essa relação de modo totalmente independente de seu aspecto quantitativo. Na maioria das vezes, percorre-se o caminho contrário e vislumbra-se na relação de valor apenas a proporção em que quantidades determinadas de dois tipos de mercadoria se equiparam. Negligencia-se que as grandezas de coisas diferentes só podem ser comparadas quantitativamente depois de reduzidas à mesma unidade. Somente como expressões da mesma unidade são elas grandezas com um denominador comum e, portanto, grandezas comensuráveis.[25]

Se "20 braças de linho = 1 casaco" ou "= 20" ou "= x" casacos, isto é, se uma dada quantidade de linho vale muitos ou poucos casacos, independentemente de qual seja essa proporção, ela sempre implica que linho e casaco, como grandezas de valor, sejam expressões da mesma unidade, coisas da mesma natureza. A igualdade entre linho e casaco é a base da equação.

Mas as duas mercadorias qualitativamente igualadas não desempenham o mesmo papel. Apenas o valor do linho é expresso. E como? Por meio de sua relação com o casaco como seu "equivalente", ou como seu "permutá-vel" [*Austauschbar*]. Nessa relação, o casaco vale como forma de existência do valor, como coisa de valor, pois apenas como tal ele é o mesmo que o linho. Por outro lado, o próprio ser do valor [*Wertsein*] do linho se revela ou alcança uma expressão independente, pois apenas como valor o linho pode se relacionar com o casaco como equivalente ou algo com ele permutável. Assim, o ácido butanoico é um corpo diferente do formiato de propila. Ambos são formados, no entanto, pelas mesmas substâncias químicas — carbono (C), hidrogênio (H) e oxigênio (O) — e combinados na mesma porcentagem, a saber: $C_4H_8O_2$. Ora, se o ácido butanoico fosse equiparado ao formiato de propila, em primeiro lugar o formiato de propila seria considerado mera forma de existência de $C_4H_8O_2$ e, em segundo lugar, poderia ser dito que o ácido butanoico também é composto de $C_4H_8O_2$. Desse modo, a equação do formiato de propila com o ácido butanoico seria a expressão de sua substância química em contraste com sua forma corpórea.

Como valores, as mercadorias não são mais do que geleias de trabalho humano; por isso, nossa análise as reduz à abstração de valor, mas não lhes confere qualquer forma de valor distinta de suas formas naturais. Diferente é o que ocorre na relação de valor de uma mercadoria com outra. Seu caráter de valor manifesta-se aqui por meio de sua própria relação com outras mercadorias.

Quando o casaco é equiparado ao linho como coisa de valor, o trabalho nele contido é equiparado com o trabalho contido no linho. Ora, a alfaiataria que faz o casaco é um tipo de trabalho concreto diferente da tecelagem que faz o linho. Mas a equiparação com a tecelagem reduz a alfaiataria, de fato, àquilo que é realmente igual nos dois trabalhos, a seu caráter comum de trabalho humano. Por esse desvio, diz-se, então, que também a tecelagem, na medida em que tece valor, não possui nenhuma característica que a diferencie da alfaiataria, e é, portanto, trabalho humano abstrato. Somente a expressão de equivalência de diferentes tipos de mercadoria evidencia o caráter específico do trabalho criador de valor, ao reduzir os diversos trabalhos contidos nas diversas mercadorias àquilo que lhes é comum: o trabalho humano em geral.[26]

Mas não basta expressar o caráter específico do trabalho que cria o valor do linho. A força humana de trabalho em estado fluido, ou trabalho humano, cria valor, mas não é, ela própria, valor. Ela se torna valor em estado cristalizado, em forma objetiva. Para expressar o valor do linho como geleia de trabalho humano, ela tem de ser expressa como uma "objetividade" materialmente [*dinglich*][27] distinta do próprio linho e simultaneamente comum ao linho e a outras mercadorias. Assim, a tarefa está resolvida.

Na relação de valor com o casaco, o linho vale como seu equivalente qualitativo, como coisa da mesma natureza, porque ele é um valor. Desse modo, ele vale como uma coisa na qual se manifesta o valor ou que, em sua forma natural palpável, representa valor. Na verdade, o casaco, o corpo da mercadoria casaco, é um simples valor de uso. Um casaco expressa tão pouco valor quanto a melhor peça de linho. Isso prova apenas que ele significa mais quando se encontra no interior da relação de valor com o linho do que fora dela, assim como alguns homens significam mais dentro de um casaco agaloado do que fora dele.

Na produção do casaco houve, de fato, dispêndio de força humana de trabalho na forma da alfaiataria. Por tanto, trabalho humano foi nele acumulado. Por esse lado, o casaco é "suporte de valor", embora essa sua qualidade não se deixe entrever nem mesmo no casaco mais puído. E na relação de valor com o linho ele só é considerado segundo esse aspecto, isto é, como valor corporificado, como corpo de valor. Apesar de seu aspecto abotoado, o linho reconhece nele a bela alma de valor que lhes é originariamente comum. O casaco, em relação ao linho, não pode representar valor sem que, para o linho, o valor assuma simultaneamente a forma de um casaco. Assim, o indivíduo *A* não pode se comportar para com o indivíduo *B* como uma majestade sem que, aos olhos de *B*, a majestade assuma a forma corpórea de *A* e, desse modo, seus traços fisionômicos, seus cabelos e muitas características se modifiquem de acordo com o soberano em questão.

Portanto, na relação de valor em que o casaco constitui o equivalente do linho, a forma de casaco vale como forma de valor. O valor da mercadoria linho é, assim, expresso no corpo da mercadoria casaco, sendo o valor de uma mercadoria expresso no valor de uso da outra. Como valor de uso, o linho é uma coisa fisicamente distinta do casaco; como valor, ele é "casaco-idêntico" [*Rockgleiches*] e aparenta, pois, ser um casaco. Assim, o linho recebe uma forma de valor diferente de sua forma natural. Sua existência de valor aparece na igualdade com o casaco, assim como a natureza de carneiro do cristão aparece na igualdade com o Cordeiro de Deus.

Como se vê, tudo o que a análise do valor das mercadorias nos disse anteriormente é dito pelo próprio linho assim que entra em contato com outra mercadoria, o casaco. A única diferença é que ele revela seus pensamentos na língua que lhe é própria, a língua das mercadorias. Para dizer que seu próprio valor foi criado pelo trabalho, na qualidade abstrata de trabalho humano, ele diz que o casaco, na medida em que lhe equivale — ou seja, na medida em que é valor —, consiste do mesmo trabalho que o linho. Para dizer que sua sublime objetividade de valor é diferente de seu corpo entretelado, o linho diz que o valor tem a aparência de um casaco e, com isso, que ele próprio, como coisa de valor, é tão igual ao casaco quanto um ovo é ao outro. Note-se de passagem que a língua das mercadorias, além do hebraico, tem também muitos outros dialetos, mais ou menos corretos. Por exemplo, o termo alemão "Wertsein" [existência do valor] expressa — de modo menos certeiro que o verbo românico *valere, valer, valoir* — o fato de que a equiparação da mercadoria *B* com a mercadoria *A* é a própria expressão de valor da mercadoria *A*. *Paris vaut bien une messe!* [Paris vale bem uma missa!][28]

Por meio da relação de valor, a forma natural da mercadoria *B* converte-se na forma de valor da mercadoria *A*, ou o corpo da mercadoria *B* se converte no espelho do valor da mercadoria *A*.[29] Ao relacionar-se com a mercadoria *B* como corpo de valor, como materialização de trabalho humano, a mercadoria *A* transforma o valor de uso de *B* em material de sua própria expressão de valor. O valor da mercadoria *A*, assim expresso no valor de uso da mercadoria *B*, possui a forma do valor relativo.

b) A determinidade quantitativa da forma de valor relativa

Toda mercadoria, cujo valor deve ser expresso, é um objeto de uso numa dada quantidade: quinze alqueires de trigo, cem libras de café etc. Essa dada quantidade de mercadoria contém uma quantidade determinada de trabalho humano. A forma de valor tem, portanto, de expressar não só valor em geral, mas valor quantitativamente determinado, ou grandeza de valor. Na relação de valor da mercadoria *A* com a mercadoria *B*, do linho com o casaco, não apenas a espécie de mercadoria casaco é qualitativamente equiparada ao linho, como corpo de valor em geral, mas determinada quantidade de linho, por exemplo, vinte braças, é equiparada a determinada quantidade do corpo de valor ou equivalente, por exemplo, a um casaco.

A equação "20 braças de linho = 1 casaco ou vinte braças de linho valem um casaco" pressupõe que um casaco contém tanta substância de valor quanto vinte braças de linho; que, portanto, ambas as quantidades de mercadorias custam o mesmo trabalho, ou a mesma quantidade de tempo de trabalho. Mas o tempo de trabalho necessário para a produção de vinte braças de linho ou um casaco muda com cada alteração na força produtiva da tecelagem ou da alfaiataria. A influência de tais mudanças na expressão relativa da grandeza de valor tem, por isso, de ser investigada mais de perto.

I. O valor do linho varia,[30] enquanto o valor do casaco permanece constante. Se o tempo de trabalho necessário à produção do linho dobra — por exemplo, em consequência da crescente infertilidade do solo onde o linho é cultivado —, dobra igualmente seu valor. Em vez de "20 braças de linho = 1 casaco", teríamos "20 braças de linho = 2 casacos", pois um casaco contém, agora, a metade do tempo de trabalho contido em vinte braças de linho. Se, ao contrário, o tempo de trabalho necessário para a produção do linho cai pela metade — graças, por exemplo, à melhoria dos teares —, cai também pela metade o valor do linho. Temos, agora: "20 braças de linho = ½ casaco". Assim, o valor relativo da mercadoria *A*, isto é, seu valor expresso na mercadoria *B*, aumenta e diminui na proporção direta da variação do valor da mercadoria *A* em relação ao valor constante da mercadoria *B*.

II. O valor do linho permanece constante, enquanto o valor do casaco varia. Se dobra o tempo de trabalho necessário à produção do casaco — por exemplo, em consequência de tosquias desfavoráveis —, temos, em vez de "20 braças de linho = 1 casaco", agora: "20 braças de linho = ½ casaco". Ao contrário, se cai pela metade o valor do casaco, temos "20 braças de linho = 2 casacos". Permanecendo constante o valor da mercadoria *A*, aumenta ou diminui, portanto, seu valor relativo, expresso na mercadoria *B*, em proporção inversa à variação de valor de *B*.

Ao compararmos os diferentes casos sob I e II, concluímos que a mesma variação de grandeza do valor relativo pode derivar de causas absolutamente opostas. Assim, a equação "20 braças de linho = 1 casaco" se transforma em: 1) a equação "20 braças de linho = 2 casacos", seja porque o valor do linho dobrou, seja porque o valor dos casacos caiu pela metade; e 2) a equação "20 braças de linho = ½ casaco", seja porque o valor do linho caiu pela metade, seja porque dobrou o valor do casaco.

III. As quantidades de trabalho necessárias à produção de linho e casaco podem variar ao mesmo tempo, na mesma direção e na mesma proporção. Nesse caso, como antes, "20 braças de linho = 1 casaco", quaisquer que sejam as mudanças ocorridas em seus valores. Sua variação de valor é descoberta tão logo o casaco e o linho sejam comparados com uma terceira mercadoria, cujo valor permaneceu constante. Se os valores de todas as mercadorias aumentassem ou diminuíssem ao mesmo tempo e na mesma proporção, seus valores relativos permaneceriam inalterados. Sua variação efetiva de valor seria inferida do fato de que no mesmo tempo de trabalho passaria agora a ser produzida uma quantidade de mercadorias maior ou menor do que antes.

IV. Os tempos de trabalho necessários à produção do linho e do casaco, respectivamente, e, com isso, seus valores, podem variar simultaneamente, na mesma direção, porém em graus diferentes, ou em direção contrária etc. A influência de todas as combinações possíveis sobre o valor relativo de uma mercadoria resulta da simples aplicação dos casos I, II e III.

As variações efetivas na grandeza de valor não se refletem nem inequívoca nem exaustivamente em sua expressão relativa ou na grandeza do valor relativo. O valor relativo de uma mercadoria pode variar, embora seu valor se mantenha constante. Seu valor relativo pode permanecer constante, embora seu valor varie, e, finalmente, variações simultâneas em sua grandeza de valor e na expressão relativa dessa grandeza não precisam de modo algum coincidir entre si.[31]

3. A forma de equivalente

Vimos: quando uma mercadoria *A* (o linho) expressa seu valor no valor de uso de uma mercadoria diferente *B* (o casaco), ela imprime nesta última uma forma peculiar de valor: a forma de equivalente. A mercadoria linho expressa seu próprio valor quando o casaco vale o mesmo que ela sem que este último assuma uma forma de valor distinta de sua forma corpórea. Portanto, o linho expressa sua própria qualidade de ter valor na circunstância de que o casaco é diretamente permutável com ele. Consequentemente, a forma de equivalente de uma mercadoria é a forma de sua permutabilidade direta com outra mercadoria.

No fato de que um tipo de mercadoria, como o casaco, vale como equivalente de outro tipo de mercadoria, como o linho — com o que os casacos expressam sua propriedade característica de se encontrar em forma diretamente permutável com o linho —, não está dada de modo algum a proporção em que casacos e linho são permutáveis. Tal proporção depende da grandeza de valor dos casacos, já que a grandeza de valor do linho é dada. Se o casaco é expresso como equivalente e o linho, como valor relativo, ou, inversamente, o linho como equivalente e o casaco como valor relativo, sua grandeza de valor permanece, tal como antes, determinada pelo tempo de trabalho necessário à sua produção e, portanto, independente de sua forma de valor. Mas, quando o tipo de mercadoria casaco assume na expressão do valor o lugar de equivalente, sua grandeza de valor não obtém nenhuma expressão como grandeza de valor. Na equação de valor, ela figura, antes, como quantidade determinada de uma coisa.

Por exemplo: quarenta braças de linho "valem" o quê? Dois casacos. Como o tipo de mercadoria casaco desempenha aqui o papel do equivalente, o valor de uso em face do linho como corpo de valor, uma determinada quantidade de casacos é também suficiente para expressar determinada quantidade de valor do linho. Portanto, dois casacos podem expressar a grandeza de valor de quarenta braças de linho, porém jamais podem expressar sua própria grandeza de valor, a grandeza de valor dos casacos. A interpretação superficial desse fato, de que o equivalente sempre possui, na equação de valor, apenas a forma de uma quantidade simples de uma coisa, confundiu Bailey, assim como muitos de seus predecessores e sucessores, fazendo-o ver na expressão do valor uma relação meramente quantitativa. Ao contrário, a forma de equivalente de uma mercadoria não contém qualquer determinação quantitativa de valor.

A primeira peculiaridade que sobressai na consideração da forma de equivalente é esta: o valor de uso se torna a forma de manifestação de seu contrário, do valor.

A forma natural da mercadoria torna-se forma de valor. Porém, *nota bene*, esse quiproquó se dá para uma mercadoria *B* (casaco, trigo, ferro etc.) apenas no interior da relação de valor em que outra mercadoria *A* qualquer (linho etc.) a confronta, apenas no âmbito dessa relação. Como nenhuma mercadoria se relaciona consigo mesma como equivalente e, portanto, tampouco pode transformar sua própria pele natural em expressão de seu próprio valor, ela tem de se reportar a outra mercadoria como equivalente ou fazer da pele natural de outra mercadoria a sua própria forma de valor.

Isso pode ser ilustrado com o exemplo de uma medida que se aplica aos corpos de mercadorias como tais, isto é, como valores de uso. Um pão de açúcar,[32] por ser um corpo, é pesado e tem, portanto, um peso, mas não se pode ver ou sentir o peso de nenhum pão de açúcar. Tomemos, então, diferentes pedaços de ferro cujo peso foi predeterminado. A forma corporal do ferro, considerada por si mesma, é tão pouco a forma de manifestação do peso quanto o é a forma corporal do pão de açúcar. No entanto, a fim de expressar o pão de açúcar como peso, estabelecemos uma relação de peso entre ele e o ferro. Nessa relação, o ferro figura como um corpo que não contém nada além de peso. Quantidades de ferro servem, desse modo, como medida de peso do açúcar e representam, diante do corpo do açúcar, simples figura do peso, forma de manifestação do peso. Tal papel é desempenhado pelo ferro somente no interior dessa relação, quando é confrontado com o açúcar ou outro corpo qualquer, cujo peso deve ser encontrado. Se as duas coisas não fossem pesadas, elas não poderiam estabelecer essa relação e, por conseguinte, uma não poderia servir de expressão do peso da outra. Quando colocamos as duas sobre os pratos da balança, vemos que, como pesos, elas são a mesma coisa e, por isso, têm também o mesmo peso em determinada proporção. Como medida de peso, o ferro representa, quando confrontado com o pão de açúcar, apenas peso, do mesmo modo como, em nossa expressão de valor, o corpo do casaco representa, quando confrontado com o linho, apenas valor.

Mas aqui acaba a analogia. Na expressão do peso do pão de açúcar, o ferro representa uma propriedade natural comum a ambos os corpos, seu peso, ao passo que o casaco representa, na expressão de valor do linho, uma propriedade supernatural: seu valor, algo puramente social.

Como a forma de valor relativa de uma mercadoria, por exemplo, o linho, expressa sua qualidade de ter valor como algo totalmente diferente de seu corpo e de suas propriedades, como algo igual a um casaco, essa mesma expressão esconde em si uma relação social. O inverso ocorre com a forma de equivalente, que consiste precisamente no fato de que um corpo de mercadoria, como o casaco, essa coisa imediatamente dada, expressa valor e, assim, possui, por natureza, forma de valor. É verdade que isso vale apenas no interior da relação de valor na qual a mercadoria casaco se confronta como equivalente com a mercadoria linho.[33] Mas como as propriedades de uma coisa não surgem de sua relação com outras coisas, e sim apenas atuam em tal relação, também o casaco aparenta possuir sua forma de equivalente, sua propriedade de permutabilidade direta como algo tão natural quanto sua propriedade de ser pesado ou de reter calor. Daí o caráter enigmático da forma de equivalente, a qual só salta aos olhos míopes do economista político quando lhe aparece já pronta, no dinheiro. Então, ele procura escamotear o caráter místico do ouro e da prata, substituindo-os por mercadorias menos ofuscantes, e, com prazer sempre renovado, põe-se a salmodiar o catálogo inteiro de mercadorias que, em épocas passadas, desempenharam o papel de equivalente de mercadorias. Ele nem sequer suspeita que uma expressão de valor tão simples como "20 braças de linho = 1 casaco" já forneça a solução do enigma da forma de equivalente.

O corpo da mercadoria que serve de equivalente vale sempre como incorporação de trabalho humano abstrato e é sempre o produto de um determinado trabalho útil, concreto. Esse trabalho concreto se torna, assim, expressão do trabalho humano abstrato. Se o casaco, por exemplo, é considerado mera efetivação [*Verwirklichung*], então a alfaiataria, que de fato nele se efetiva, é considerada mera forma de efetivação de trabalho humano abstrato. Na expressão de valor do linho, a utilidade da alfaiataria não consiste em fazer roupas, logo, também pessoas,[34] mas sim em fazer um corpo que reconhecemos como valor e, portanto, como geleia de trabalho, que não se diferencia em nada do trabalho objetivado no valor do linho. Para realizar tal espelho de valor, a própria alfaiataria não tem de espelhar senão sua qualidade abstrata de ser trabalho humano.

Tanto na forma da alfaiataria quanto na da tecelagem, força humana de trabalho é despendida. Ambas possuem, portanto, a propriedade universal do trabalho humano, razão pela qual em determinados casos, por exemplo, na produção de valor, elas só podem ser consideradas desse ponto de vista. Nada disso é misterioso. Mas na expressão de valor da mercadoria a coisa é distorcida. Por exemplo, para expressar que a tecelagem cria o valor do linho não em sua forma concreta como tecelagem, mas em sua qualidade universal como trabalho humano, ela é confrontada com a alfaiataria, o trabalho concreto que produz o equivalente do linho, como a forma palpável de efetivação do trabalho humano abstrato.

Assim, constitui uma segunda propriedade da forma de equivalente que o trabalho concreto se torne forma de manifestação de seu contrário, trabalho humano abstrato.

Mas, porque esse trabalho concreto, a alfaiataria, vale como mera expressão de trabalho humano indiferenciado, ele possui a forma da igualdade com outro trabalho, aquele contido no linho, e por isso, embora seja trabalho privado como todos os outros, trabalho que produz mercadorias, ele é trabalho em forma imediatamente social. Justamente por isso, apresenta-se num produto que pode ser diretamente trocado por outra mercadoria. Assim, uma terceira peculiaridade da forma de equivalente é que o trabalho privado se converta na forma de seu contrário, trabalho em forma imediatamente social.

As duas peculiaridades por último desenvolvidas da forma de equivalente tornam-se ainda mais tangíveis se recorremos ao grande estudioso que pela primeira vez analisou a forma de valor, assim como tantas outras formas de pensamento, de sociedade e da natureza. Este é Aristóteles.

De início, Aristóteles afirma claramente que a forma--dinheiro da mercadoria é apenas a figura ulteriormente desenvolvida da forma de valor simples, isto é, da expressão do valor de uma mercadoria em outra mercadoria qualquer, pois ele diz que:

"5 divãs[35] = 1 casa"
("Κλίναι πέντε ἀντὶ οἰκίας")

"não se diferencia" de:
"5 divãs = certa soma de dinheiro"
(Κλίναι πέντε ἀντὶ... ὅσου αἱ πέντε κλίναι").

Além disso, ele vê que a relação de valor que contém essa expressão de valor condiciona, por sua vez, que a casa seja qualitativamente equiparada ao divã e que, sem tal igualdade de essências, essas coisas sensivelmente distintas não poderiam ser relacionadas entre si como grandezas comensuráveis. "A troca", diz ele, "não pode se dar sem a igualdade, mas a igualdade não pode se dar sem a comensurabilidade" (οὔτ᾽ ἰσότης μὴ οὔσης συμμετρίας). Aqui, porém, ele se detém e abandona a análise subsequente da forma de valor. "No entanto, é na verdade impossível (τῇ μὲν οὖν ἀληθείᾳ ἀδύνατον) que coisas tão distintas sejam comensuráveis", isto é, qualitativamente iguais. Essa equiparação só pode ser algo estranho à verdadeira natureza das coisas, não passando, portanto, de um "artifício para a necessidade prática".

O próprio Aristóteles nos diz o que impede o desenvolvimento ulterior de sua análise, a saber, a falta do conceito de valor. Em que consiste o igual [das Gleiche], isto é, a substância comum que a casa representa para o divã na expressão de valor do divã? Algo assim "não pode, na verdade, existir", diz Aristóteles. Por quê? A casa, confrontada com o divã, representa algo igual na medida em que representa aquilo que há de efetivamente igual em ambas, no divã e na casa. E esse igual é: o trabalho humano.

O fato de que nas formas dos valores das mercadorias todos os trabalhos são expressos como trabalho humano igual e, desse modo, como dotados do mesmo valor é algo que Aristóteles não podia deduzir da própria forma de valor, posto que a sociedade grega se baseava no trabalho escravo e, por conseguinte, tinha como base natural a desigualdade entre os homens e suas forças de trabalho. O segredo da expressão do valor, a igualdade e equivalência de todos os trabalhos porque e na medida em que são trabalho humano em geral, só pode ser decifrado quando o conceito de igualdade humana já possui a fixidez de um preconceito popular. Mas isso só é possível numa sociedade em que a forma-mercadoria [*Warenform*] é a forma universal do produto do trabalho e, portanto, também a relação entre os homens como possuidores de mercadorias é a relação social dominante. O gênio de Aristóteles brilha precisamente em sua descoberta de uma relação de igualdade na expressão de valor das mercadorias. Foi apenas a limitação histórica da sociedade em que ele vivia que o impediu de descobrir em que "na verdade" consiste essa relação de igualdade.

4. *O conjunto da forma de valor simples*

A forma de valor simples de uma mercadoria está contida em sua relação de valor com uma mercadoria de outro tipo ou na relação de troca com esta última. O valor da mercadoria *A* é expresso qualitativamente por meio da permutabilidade direta da mercadoria *B* com a mercadoria *A*. Ele é expresso quantitativamente por meio da permutabilidade de uma determinada quantidade da mercadoria *B* por uma dada quantidade da mercadoria *A*. Em outras palavras: o valor de uma mercadoria é expresso de modo independente por sua representação como "valor de troca". Quando, no começo deste capítulo, dizíamos, como quem expressa um lugar-comum, que a mercadoria é valor de uso e valor de troca, isso estava, para ser exato, errado. A mercadoria é valor de uso — ou objeto de uso — e "valor". Ela se apresenta em sua existência dupla na medida em que seu valor possui uma forma de manifestação própria, distinta de sua forma

KARL MARX   149

natural, a saber, a forma do valor de troca, e ela jamais
possui essa forma quando considerada de modo isolado,
mas sempre apenas na relação de valor ou de troca com
uma segunda mercadoria de outro tipo. Uma vez que se
sabe disso, no entanto, aquele modo de expressão não
causa dano, mas serve como abreviação.

Nossa análise demonstrou que a forma de valor ou a
expressão de valor da mercadoria surge da natureza do
valor das mercadorias, e não, ao contrário, que o valor
e a grandeza de valor sejam derivados de sua expressão
como valor de troca. Esse é, no entanto, o delírio tanto
dos mercantilistas e de seus entusiastas modernos, como
Ferrier, Ganilh[36] etc., quanto de seus antípodas, os modernos *commis-voyageurs*[37] do livre-câmbio, como Bastiat e consortes. Os mercantilistas priorizam o aspecto
qualitativo da expressão do valor e, por conseguinte,
a forma de equivalente da mercadoria, que alcança no
dinheiro sua forma acabada; já os mascates do livre-
-câmbio, que têm de dar saída à sua mercadoria a qualquer preço, acentuam, ao contrário, o aspecto quantitativo da forma de valor relativa. Consequentemente, para
eles não existem nem valor nem grandeza de valor das
mercadorias além de sua expressão mediante a relação
de troca, ou seja, além do boletim diário da lista de preços. O escocês Macleod, em sua função de aclarar do
modo mais erudito possível o emaranhado confuso das
noções que povoam a *Lombard Street*,[38] opera a síntese
bem-sucedida entre os mercantilistas supersticiosos e os
mascates esclarecidos do livre-câmbio.

A análise mais detalhada da expressão de valor da
mercadoria *A*, contida em sua relação de valor com a
mercadoria *B*, mostrou que, no interior dessa mesma
expressão de valor, a forma natural da mercadoria *A* é
considerada apenas figura de valor de uso, e a forma natural da mercadoria *B*, apenas como forma de valor ou
figura de valor [*Wertgestalt*]. A oposição interna entre

valor de uso e valor, contida na mercadoria, é representada, assim, por meio de uma oposição externa, isto é, pela relação entre duas mercadorias, sendo a primeira — *cujo* valor deve ser expresso — considerada imediata e exclusivamente valor de uso, e a segunda — *na qual* o valor é expresso — imediata e exclusivamente como valor de troca. A forma de valor simples de uma mercadoria é, portanto, a forma simples de manifestação da oposição nela contida entre valor de uso e valor.

O produto do trabalho é, em todas as condições sociais, objeto de uso, mas o produto do trabalho só é transformado em mercadoria numa época historicamente determinada de desenvolvimento: uma época em que o trabalho despendido na produção de uma coisa útil se apresenta como sua qualidade "objetiva", isto é, como seu valor. Segue-se daí que a forma de valor simples da mercadoria é simultaneamente a forma-mercadoria simples do produto do trabalho, e que, portanto, também o desenvolvimento da forma-mercadoria coincide com o desenvolvimento da forma de valor.

O primeiro olhar já mostra a insuficiência da forma de valor simples, essa forma embrionária que só atinge a forma-preço [*Preisform*] através de uma série de metamorfoses.

A expressão numa mercadoria qualquer *B* distingue o valor da mercadoria *A* apenas de seu próprio valor de uso e a coloca, assim, numa relação de troca com uma mercadoria qualquer de outro tipo, em vez de representar sua relação de igualdade qualitativa e proporcionalidade quantitativa com todas as outras mercadorias. A forma de equivalente individual de outra mercadoria corresponde à forma de valor simples e relativa de uma mercadoria. Assim, o casaco possui, na expressão relativa de valor do linho, apenas a forma de equivalente ou a forma de permutabilidade direta no que diz respeito a esse tipo individual de mercadoria: o linho.

Todavia, a forma individual de valor se transforma por si mesma numa forma mais completa. Mediante essa forma, o valor de uma mercadoria *A* só é expresso numa mercadoria de outro tipo. Mas de que tipo é essa segunda mercadoria, se ela é casaco, ou ferro, ou trigo etc., é algo totalmente indiferente. Conforme ela entra em relação de valor com este ou aquele outro tipo de mercadoria, surgem diferentes expressões simples de valor de uma mesma mercadoria.[39] O número de suas expressões possíveis de valor só é limitado pelo número dos tipos de mercadoria que dela se distinguem. Sua expressão individualizada de valor se transforma, assim, numa série sempre ampliável de suas diferentes expressões simples de valor.

A forma de valor total ou desdobrada

z mercadoria $A = u$ mercadoria B, ou $= v$ mercadoria C, ou $= w$ mercadoria D, ou $= x$ mercadoria E, ou = etc. (20 braças de linho = 1 casaco, ou = 10 libras de chá, ou = 40 libras de café, ou = 1 *quarter* de trigo, ou = 2 onças de ouro, ou = ½ tonelada de ferro, ou = etc.)

1. *A forma de valor relativa e desdobrada*

O valor de uma mercadoria — do linho, por exemplo — é agora expresso em inúmeros outros elementos do mundo das mercadorias. Cada um dos outros corpos de mercadorias se torna um espelho do valor do linho.[40]

Pela primeira vez, esse mesmo valor aparece verdadeiramente como geleia de trabalho humano indiferenciado. Pois o trabalho que o cria é, agora, expressamente representado como trabalho que equivale a qualquer outro trabalho humano, indiferentemente da forma natural que ele possua e, portanto, do objeto no qual se incorpora, se no casaco, ou no trigo, ou no ferro, ou no ouro etc. Por meio de sua forma de valor, o linho se encontra agora em relação social não mais com apenas outro tipo de mercadoria individual, mas com o mundo das mercadorias. Como mercadoria, ele é cidadão desse mundo. Ao mesmo tempo, a série infinita de suas expressões demonstra que, para o valor das mercadorias, é indiferente a forma específica do valor de uso na qual o linho se manifesta.

Na primeira forma — 20 braças de linho = 1 casaco —, pode ser acidental que essas duas mercadorias sejam permutáveis numa determinada relação quantitativa. Na segunda forma, ao contrário, evidencia-se imediatamente um fundamento essencialmente distinto da manifestação acidental e que a determina. O valor do linho permanece da mesma grandeza, seja ele representado no casaco, seja no café, seja no ferro etc., em inúmeras mercadorias diferentes que pertencem aos mais diferentes possuidores. A relação acidental entre dois possuidores individuais de mercadorias desaparece. Torna-se evidente que não é a troca que regula a grandeza de valor da mercadoria, mas, inversamente, é a grandeza de valor da mercadoria que regula suas relações de troca.

2. *A forma de equivalente particular*

Na expressão de valor do linho, cada mercadoria, seja ela casaco, chá, trigo, ferro etc., é considerada como equivalente e, portanto, como corpo de valor. A forma natural determinada de cada uma dessas mercadorias é, agora, uma forma de equivalente particular ao lado de muitas outras. Do mesmo modo, os vários tipos de trabalho, determinados, concretos e úteis, contidos nos diferentes corpos de mercadorias são considerados, agora, como tantas outras formas de efetivação ou de manifestação particulares de trabalho humano como tal.

3. Insuficiências da forma de valor total ou desdobrada

Em primeiro lugar, a expressão de valor relativa da mercadoria é incompleta, pois sua série de representações jamais se conclui. A cadeia em que uma equiparação de valor se acrescenta a outra permanece sempre prolongável por meio de cada novo tipo de mercadoria que se apresenta, fornecendo, assim, o material para uma nova expressão de valor. Em segundo lugar, ela forma um colorido mosaico de expressões de valor, desconexas e variegadas. E, finalmente, se o valor relativo de cada mercadoria for devidamente expresso nessa forma desdobrada, a forma de valor relativa de cada mercadoria será uma série infinita de expressões de valor, diferente da forma de valor relativa de qualquer outra mercadoria. As insuficiências da forma de valor relativa e desdobrada se refletem em sua correspondente forma de equivalente. Como a forma natural de todo tipo de mercadoria individual é aqui uma forma de equivalente particular ao lado de inúmeras outras formas de equivalentes particulares, conclui-se que existem apenas formas de equivalentes limitadas, que se excluem mutuamente. Do mesmo modo, o tipo de trabalho determinado, concreto e útil contido em cada equivalente particular de mercadorias é uma forma apenas particular e, portanto, não exaustiva de manifestação do trabalho humano. De fato, este possui sua forma completa ou total de manifestação na cadeia plena dessas formas particulares de manifestação. Porém, assim ele não possui qualquer forma de manifestação unitária.

A forma de valor relativa e desdobrada consiste, no entanto, apenas de uma soma de expressões simples e relativas de valor ou de equações da primeira forma, como:

> 20 braças de linho = 1 casaco
> 20 braças de linho = 10 libras de chá etc.

Mas cada uma dessas equações também contém, em contrapartida, a equação idêntica:

1 casaco = 20 braças de linho
10 libras de chá = 20 braças de linho etc.

De fato, se alguém troca seu linho por muitas outras mercadorias e, com isso, expressa seu valor numa série de outras mercadorias, os muitos outros possuidores de mercadorias também têm necessariamente de trocar suas mercadorias pelo linho e, desse modo, expressar os valores de suas diferentes mercadorias na mesma terceira mercadoria: o linho. Se, portanto, invertemos a série: "20 braças de linho = 1 casaco", ou "= 10 libras de chá", ou "= etc.", isto é, se expressamos a relação inversa já contida na própria série, obtemos:

A forma de valor universal

1 casaco =
10 libras de chá =
40 libras de café =
1 *quarter* de trigo =
2 onças de ouro =   20 braças de linho
½ tonelada de ferro =
x mercadoria A =
etc. mercadoria =

1. *Caráter modificado da forma de valor*

Agora, as mercadorias expressam seus valores 1) de modo simples, porque numa mercadoria singular, e 2) de modo unitário, porque na mesma mercadoria. Sua forma de valor é simples e comum a todas e, por conseguinte, universal.

As formas I e II só foram introduzidas para expressar o valor de uma mercadoria como algo distinto de seu próprio valor de uso ou de seu corpo de mercadoria.

A primeira forma resultou em equações de valor como: "1 casaco = 20 braças de linho", "10 libras de chá = ½ tonelada de ferro" etc. O valor-casaco é expresso como igual ao linho; o valor-chá, como igual ao ferro etc., mas as igualdades com o linho e com o ferro, essas expressões de valor do casaco e do chá, são tão distintas quanto o linho e o ferro. Tal forma só se revela na prática nos primórdios mais remotos, quando os produtos do trabalho são transformados em mercadorias por meio da troca contingente e ocasional.

A segunda forma distingue o valor de uma mercadoria de seu próprio valor de uso mais plenamente do que a primeira, pois o valor do casaco, por exemplo, confronta-se com sua forma natural em todas as formas possíveis, como igual ao linho, igual ao ferro, igual ao chá etc., mas não como igual ao casaco. Por outro lado, toda expressão comum do valor das mercadorias está aqui diretamente excluída, pois na expressão de valor de cada mercadoria todas as outras aparecem agora na forma de equivalentes. A forma de valor desdobrada se mostra pela primeira vez apenas quando um produto do trabalho, por exemplo, o gado, passa a ser trocado por outras mercadorias diferentes não mais excepcional, mas habitualmente.

A nova forma obtida expressa os valores do mundo das mercadorias num único tipo de mercadoria, separada das outras, por exemplo, no linho, e assim representa os valores de todas as mercadorias mediante sua igualdade com o linho. Como algo igual ao linho, o valor de cada mercadoria é agora não apenas distinto de seu próprio valor de uso, mas de qualquer valor de uso, sendo, justamente por isso, expresso como aquilo que ela tem em comum com todas as outras mercadorias. Essa forma é, portanto, a primeira que relaciona efetivamente as mercadorias entre si como valores, ou que as deixa aparecer umas para as outras como valores de troca.

As duas formas anteriores expressam, cada uma, o valor de uma mercadoria, seja numa única mercadoria de tipo diferente, seja numa série de muitas mercadorias diferentes dela. Nos dois casos, dar a si mesma uma forma de valor é algo que, por assim dizer, pertence ao foro privado da mercadoria individual, e ela o realiza sem a ajuda de outras mercadorias. Estas representam, diante dela, o papel meramente passivo do equivalente. A forma universal do valor só surge, ao contrário, como obra conjunta do mundo das mercadorias. Uma mercadoria só ganha expressão universal de valor porque, ao mesmo tempo, todas as outras expressam seu valor no mesmo equivalente, e cada novo tipo de mercadoria que surge tem de fazer o mesmo. Com isso, revela-se que a objetividade do valor das mercadorias, por ser a mera "existência social" dessas coisas, também só pode ser expressa por sua relação social universal [*allseitige*], e sua forma de valor, por isso, tem de ser uma forma socialmente válida.

Na forma de iguais ao linho, todas as mercadorias aparecem agora não só como qualitativamente iguais, como valores em geral, mas também como grandezas de valor quantitativamente comparáveis. Por espelharem suas grandezas de valor num mesmo material, o linho, essas grandezas de valor se espelham mutuamente. Por exemplo, "10 libras de chá = 20 braças de linho", e "40 libras de café = 20 braças de linho". Portanto, "10 libras de chá = 40 libras de café". Ou: em uma libra de café está contido apenas um quarto da substância de valor — de trabalho — contida em uma libra de chá.

A forma de valor relativa e universal do mundo das mercadorias imprime na mercadoria equivalente, que dele é excluída, no linho, o caráter de equivalente universal. Sua própria forma natural é a figura de valor comum a esse mundo, sendo o linho, por isso, diretamente permutável por todas as outras mercadorias. Sua forma corpórea é considerada a encarnação visível, a crisalidação social e universal de todo trabalho humano. A tecelagem, o trabalho privado que produz o linho, encontra-se, ao mesmo tempo, na forma social universal, a forma da igualdade com todos os outros trabalhos. As inúmeras equações em que consiste a forma de valor universal equiparam sucessivamente o trabalho efetivado no linho com todo trabalho contido em outra mercadoria e, desse modo, transformam a tecelagem em forma universal de manifestação do trabalho humano como tal. Assim, o trabalho objetivado no valor das mercadorias não é expresso apenas negativamente como trabalho no qual são abstraídas todas as formas concretas e propriedades úteis dos trabalhos efetivos. Sua própria natureza positiva se põe em destaque: ela se encontra na redução de todos os trabalhos efetivos à sua característica comum de trabalho humano, ao dispêndio de força humana de trabalho.

A forma de valor universal, que apresenta os produtos do trabalho como meras geleias de trabalho humano, mostra, por meio de sua própria estrutura, que ela é a expressão social do mundo das mercadorias. Desse modo, revela que, no interior desse mundo, o caráter humano universal do trabalho constitui seu caráter especificamente social.

2. A relação de desenvolvimento entre a forma de valor relativa e a forma de equivalente

Ao grau de desenvolvimento da forma de valor relativa corresponde o grau de desenvolvimento da forma de equivalente. Porém, deve-se ressaltar que o desenvolvimento da forma de equivalente é apenas expressão e resultado do desenvolvimento da forma de valor relativa.

A forma de valor relativa simples ou isolada de uma

mercadoria transforma outra mercadoria em equivalente individual. A forma desdobrada do valor relativo, essa expressão do valor de uma mercadoria em todas as outras mercadorias, imprime nestas últimas a forma de equivalentes particulares de diferentes tipos. Por fim, um tipo particular de mercadoria recebe a forma de equivalente universal porque todas as outras mercadorias fazem dela o material de sua forma de valor unitária, universal.

Mas, na mesma medida em que se desenvolve a forma de valor em geral, desenvolve-se também a oposição entre seus dois polos: a forma de valor relativa e a forma de equivalente.

A primeira forma — "20 braças de linho = 1 casaco" — já contém essa oposição, porém não explicitada. Conforme a mesma equação seja lida numa direção ou noutra, cada um dos dois extremos de mercadorias, como linho e casaco, encontra-se, na mesma medida, ora na forma de valor relativa, ora na forma de equivalente. Compreender a oposição entre os dois polos demanda-nos ainda certo esforço.

Na forma II, cada tipo de mercadoria só pode desdobrar totalmente seu valor relativo, ou só possui ela mesma a forma de valor relativa desdobrada, porque e na medida em que todas as outras mercadorias se confrontam com ela na forma de equivalente. Não se pode mais, aqui, inverter os dois lados da equação de valor — como "20 braças de linho = 1 casaco", ou "= 10 libras de chá", ou "= 1 *quarter* de trigo" etc. — sem alterar seu caráter global e transformá-la de forma de valor total em forma de valor universal.

Por fim, a última forma, a forma III, dá ao mundo das mercadorias a forma de valor relativa e sociouniversal porque e na medida em que todas as mercadorias que a ela pertencem são, com uma única exceção, excluídas da forma de equivalente universal. Uma mercadoria, o linho, encontra-se, portanto, na forma da permutabilidade direta por todas as outras mercadorias, ou na forma imediatamente social, porque e na medida em que todas as demais mercadorias não se encontram nessa forma.[41]

Inversamente, a mercadoria que figura como equivalente universal está excluída da forma de valor relativa unitária e, portanto, universal do mundo das mercadorias. Para que o linho, isto é, uma mercadoria qualquer que se encontre na forma de equivalente universal, pudesse tomar parte ao mesmo tempo na forma de valor relativa universal, ele teria de servir de equivalente a si mesmo. Teríamos, então, "20 braças de linho = 20 braças de linho", uma tautologia em que não se expressa valor nem grandeza de valor. Para expressar o valor relativo do equivalente universal, temos, antes, de inverter a forma III. Ele não possui qualquer forma de valor relativa em comum com outras mercadorias, mas seu valor é expresso relativamente na série infinita de todos os outros corpos de mercadorias. Assim, a forma de valor relativa e desdobrada, ou forma II, aparece agora como a forma de valor relativa específica da mercadoria equivalente.

3. *Transição da forma de valor universal para a forma-dinheiro* [*Geldform*]

A forma de equivalente universal é uma forma do valor em geral e pode, portanto, expressar-se em qualquer mercadoria. Por outro lado, uma mercadoria encontra-se na forma de equivalente universal (forma III) apenas porque, e na medida em que, ela é excluída por todas as demais mercadorias na qualidade de equivalente. E é somente no momento em que essa exclusão se limita definitivamente a um tipo específico de mercadoria que a forma de valor relativa unitária do mundo das mercadorias ganha solidez objetiva e validade social universal.

Agora, o tipo específico de mercadoria em cuja forma natural a forma de equivalente se funde socialmente torna-

-se mercadoria-dinheiro [*Geldware*] ou funciona como dinheiro. Desempenhar o papel do equivalente universal no mundo das mercadorias torna-se sua função especificamente social e, assim, seu monopólio social. Entre as mercadorias que, na forma II, figuram como equivalentes particulares do linho e que, na forma III, expressam conjuntamente no linho seu valor relativo, uma mercadoria determinada conquistou historicamente esse lugar privilegiado: o ouro. Assim, se na forma III substituirmos a mercadoria linho pela mercadoria ouro, obteremos:

A *forma-dinheiro*

20 braças de linho =
1 casaco =
10 libras de chá =
40 libras de café =   2 onças de ouro
1 *quarter* de trigo =
½ tonelada de ferro =
x mercadoria A =

Alterações essenciais ocorrem na transição da forma I para a forma II, e da forma II para a forma III. Em contrapartida, a forma IV não se diferencia em nada da forma III, a não ser pelo fato de que agora, em vez do linho, é o ouro que possui a forma de equivalente universal. O ouro se torna, na forma IV, aquilo que o linho era na forma III: equivalente universal. O progresso consiste apenas em que agora, por meio do hábito social, a forma da permutabilidade direta e geral ou a forma de equivalente universal amalgamou-se definitivamente à forma natural específica da mercadoria ouro.

O ouro só se confronta com outras mercadorias como

dinheiro porque já se confrontava com elas anteriormente, como mercadoria. Igual a todas as outras mercadorias, ele também funcionou como equivalente, seja como equivalente individual em atos isolados de troca, seja como equivalente particular ao lado de outros equivalentes-mercadorias [*Warenäquivalenten*]. Com o tempo, ele passou a funcionar, em círculos mais estreitos ou mais amplos, como equivalente universal. Tão logo conquistou o monopólio dessa posição na expressão de valor do mundo das mercadorias, ele se tornou mercadoria-dinheiro, e é apenas a partir do momento em que ele já se tornou mercadoria-dinheiro que as formas IV e III passam a se diferenciar uma da outra, ou que a forma de valor universal se torna forma-dinheiro.

A expressão de valor relativa simples de uma mercadoria — por exemplo, do linho — na mercadoria que funciona como mercadoria-dinheiro — por exemplo, o ouro — é a forma-preço [*Preisform*]. A "forma-preço" do linho é, portanto:

$$20 \text{ braças de linho} = 2 \text{ onças de ouro}$$

ou, se duas libras for a denominação monetária de duas onças de ouro:

$$20 \text{ braças de linho} = £2$$

A dificuldade no conceito da forma-dinheiro se restringe à apreensão conceitual da forma de equivalente universal, portanto, da forma de valor universal como tal, a forma III. Esta se decompõe, em sentido contrário, na forma II, a forma de valor desdobrada, e seu elemento constitutivo é a forma I: "20 braças de linho = 1 casaco", ou "x mercadoria $A = y$ mercadoria B". A forma-mercadoria simples é, desse modo, o germe da forma-dinheiro.

O CARÁTER FETICHISTA DA MERCADORIA
E SEU SEGREDO

Uma mercadoria aparenta ser, à primeira vista, uma coisa óbvia, trivial. O resultado de sua análise indica que se trata de algo muito intrincado, pleno de sutilezas metafísicas e melindres teológicos. Quando é valor de uso, nela não há nada de misterioso, quer eu a considere do ponto de vista de que satisfaz necessidades humanas por meio de suas propriedades, quer do ponto de vista de que ela só recebe essas propriedades como produto do trabalho humano. É evidente que o homem, por meio de sua atividade, altera as formas das matérias naturais de um modo que lhe é útil. Por exemplo, a forma da madeira é alterada quando dela se faz uma mesa. No entanto, a mesa continua sendo madeira, uma coisa sensível e banal. Mas, tão logo aparece como mercadoria, ela se transforma numa coisa sensível-suprassensível.[42] Ela não só se mantém com os pés no chão como também se põe de cabeça para baixo diante de todas as outras mercadorias, e em sua cabeça de madeira nascem minhocas que nos assombram muito mais do que se ela começasse a dançar por vontade própria.[43]

O caráter místico da mercadoria não resulta, portanto, de seu valor de uso. Tampouco resulta do conteúdo das determinações de valor, pois, em primeiro lugar, por mais distintos que possam ser os trabalhos úteis ou as atividades produtivas, é uma verdade fisiológica que eles constituem funções do organismo humano e que cada uma dessas funções, sejam quais forem seu conteúdo e sua forma, é essencialmente dispêndio de cérebro, nervos, músculos e órgãos sensoriais humanos etc. Em segundo lugar, no que diz respeito àquilo que se encontra na base da determinação da grandeza de valor — a duração desse dispêndio ou a quantidade do trabalho —, a quantidade é claramente diferenciável da qualidade do trabalho. Sob quaisquer condições sociais, o tempo de trabalho requerido para a produção dos meios de subsistência havia de interessar aos homens, embora não na mesma medida em diferentes estágios de desenvolvimento.[44] Por fim, tão logo os homens trabalham uns para os outros de algum modo, seu trabalho também assume uma forma social.

De onde surge, portanto, o caráter enigmático do produto do trabalho, assim que ele assume a forma-mercadoria? Evidentemente, ele surge dessa própria forma. A igualdade dos trabalhos humanos assume a forma material da igual objetividade de valor dos produtos do trabalho; a medida do dispêndio de força humana de trabalho por meio de sua duração assume a forma da grandeza de valor dos produtos do trabalho; finalmente, as relações entre os produtores, nas quais se efetivam aquelas determinações sociais de seu trabalho, assumem a forma de uma relação social entre os produtos do trabalho.

O caráter misterioso da forma-mercadoria consiste, portanto, simplesmente no fato de que ela reflete aos homens os caracteres sociais de seu próprio trabalho como caracteres objetivos dos próprios produtos do trabalho, como propriedades sociais que são naturais a essas coisas e, por isso, reflete também a relação social dos produtores com o trabalho total como uma relação social entre os objetos, existente à margem dos produtores. É por meio desse quiproquó que os produtos do trabalho se tornam mercadorias, coisas sensíveis-suprassensíveis ou sociais. A impressão luminosa de uma coisa sobre o nervo óptico não se apresenta, pois, como um estímulo subjetivo do próprio nervo óptico, mas como forma objetiva de uma coisa que está fora do olho. No ato de ver, porém, a luz de uma coisa, de um objeto externo, é efetivamente lançada sobre outra coisa, o olho. Trata-se de uma relação física entre coisas físicas. Já a forma-mercadoria e a relação de valor dos produtos do trabalho em que ela se representa não têm, ao contrário, absolutamente nada a ver com sua natureza física e com as relações materiais [*dinglichen*] que dela resultam. É apenas uma relação social determinada entre os próprios homens que aqui assume, para eles, a forma fantasmagórica de uma relação entre coisas. Desse modo, para encontrarmos uma analogia, temos de nos refugiar na região nebulosa do mundo religioso. Aqui, os produtos do cérebro humano parecem dotados de vida própria, como figuras independentes que travam relação umas com as outras e com os homens. Assim se apresentam, no mundo das mercadorias, os produtos da mão humana. A isso eu chamo de fetichismo, que se cola aos produtos do trabalho tão logo eles são produzidos como mercadorias e que, por isso, é inseparável da produção de mercadorias.

Esse caráter fetichista do mundo das mercadorias surge, como a análise anterior já mostrou, do caráter social peculiar do trabalho que produz mercadorias.

Os objetos de uso só se tornam mercadorias porque são produtos de trabalhos privados realizados independentemente uns dos outros. O conjunto desses trabalhos privados constitui o trabalho social total. Como os produtores só travam contato social mediante a troca de seus produtos do trabalho, os caracteres especificamente sociais de seus trabalhos privados aparecem apenas no âmbito dessa troca. Ou, dito de outro modo, os trabalhos privados só atuam efetivamente como elos do trabalho social total por meio das relações que a troca estabelece entre os produtos do trabalho e, por meio destes, também entre os produtores. A estes últimos, as relações sociais entre seus trabalhos privados aparecem como aquilo que elas são, isto é, não como relações diretamente sociais entre pessoas em seus próprios trabalhos, mas como relações reificadas[45] entre pessoas e relações sociais entre coisas.

Somente no interior de sua troca os produtos do trabalho adquirem uma objetividade de valor socialmente igual, separada de sua objetividade de uso, sensivelmente distinta. Essa cisão do produto do trabalho em coisa útil e coisa de valor só se realiza na prática quando a troca já conquistou um alcance e uma importância suficientes para que se produzam coisas úteis destinadas à troca e, portanto, o caráter de valor das coisas passou a ser considerado no próprio ato de sua produção. A partir desse momento, os trabalhos privados dos produtores assumem, de fato, um duplo caráter social. Por um lado, como trabalhos úteis determinados, eles têm de satisfazer uma determinada necessidade social e, desse modo, conservar a si mesmos como elos do trabalho total, do sistema natural-espontâneo[46] da divisão social do trabalho. Por outro lado, eles só satisfazem as múltiplas necessidades de seus próprios produtores na medida em que cada trabalho privado e útil particular é permutável por qualquer outro tipo útil de trabalho privado, portanto, na medida em que lhe é equivalente. A igualdade *toto coelo* [plena] dos diferentes trabalhos só pode consistir numa abstração de sua desigualdade real, na redução desses trabalhos a seu caráter comum como dispêndio de força humana de trabalho, como trabalho humano abstrato. O cérebro dos produtores privados reflete esse duplo caráter social de seus trabalhos privados apenas nas formas em que se manifestam no intercâmbio prático, na troca dos produtos: o caráter socialmente útil de seus trabalhos privados na forma que o produto do trabalho tem de ser útil, e precisamente para outrem; o caráter social da igualdade dos trabalhos de diferentes tipos na forma do caráter de valor comum a essas coisas materialmente distintas, os produtos do trabalho.

Portanto, os homens não relacionam entre si seus produtos do trabalho como valores por considerarem essas coisas meros invólucros materiais de trabalho humano de mesmo tipo. Ao contrário: porque equiparam entre si seus produtos de diferentes tipos na troca, como valores, eles equiparam entre si seus diferentes trabalhos como trabalho humano. Eles não sabem disso, mas o fazem.[47] Por isso, na testa do valor não está escrito o que ele é.[48] O valor converte, antes, todo produto do trabalho num hieróglifo social. Mais tarde, os homens tentam decifrar o sentido desse hieróglifo, desvelar o segredo de seu próprio produto social, pois a determinação dos objetos de uso como valores é seu produto social tanto quanto a linguagem. A descoberta científica tardia de que os produtos do trabalho, como valores, são meras expressões materiais do trabalho humano despendido em sua produção fez época na história do desenvolvimento da humanidade, mas de modo algum elimina a aparência objetiva do caráter social do trabalho. O que é válido apenas para essa forma particular de produção, a produção de mercadorias — isto é, o fato de que o caráter especificamente social dos trabalhos privados, independentes entre si, consiste em sua igualdade como trabalho humano e assume a forma do caráter de valor dos produtos do trabalho —, continua a aparecer, para aqueles que se encontram no interior das relações de produção das mercadorias, como algo definitivo, mesmo depois daquela descoberta, do mesmo modo como a decomposição científica do ar em seus elementos deixou intacta a forma do ar como forma física corpórea.

O que, na prática, interessa imediatamente aos agentes da troca de produtos é a questão de quantos produtos alheios eles obtêm em troca por seu próprio produto, ou seja, em que proporções os produtos são trocados. Assim que essas proporções alcançam certa solidez habitual, elas aparentam derivar da natureza dos produtos do trabalho, como se, por exemplo, uma tonelada de ferro e duas onças de ouro tivessem o mesmo valor do mesmo modo como uma libra de ouro e uma libra de ferro têm o mesmo peso, apesar de suas diferentes propriedades físicas e químicas. Na verdade, o caráter de valor dos produtos do trabalho se fixa apenas por meio de sua atuação como grandezas de valor. Estas variam de maneira constante, independentemente da vontade, da previsão e da ação daqueles que realizam a troca. Seu próprio movimento social possui, para eles, a forma de um movimento de coisas, sob cujo controle se encontram, em vez de eles as controlarem. É preciso que a produção de mercadorias esteja plenamente desenvolvida antes que da própria experiência emerja a noção científica de que os trabalhos privados, executados independentemente uns dos outros, porém universalmente interdependentes como elos naturais-espontâneos da divisão social do trabalho, são constantemente reduzidos à sua medida socialmente proporcional, porque, nas relações de troca contingentes e sempre oscilantes de seus produtos, o tempo de trabalho socialmente necessário à sua produção se impõe com a força de uma lei natural reguladora, assim como a lei da gravidade se impõe quando uma casa desaba sobre a cabeça de alguém.[49] A determinação da grandeza de valor por meio do tempo de trabalho é, portanto, um segredo que se esconde sob os movimentos manifestos dos valores relativos das mercadorias. Sua descoberta elimina dos produtos do trabalho a aparência da determinação meramente contingente das grandezas de valor, mas não elimina em absoluto sua forma reificada [*sachlich*].

A reflexão sobre as formas da vida humana, e, assim, também sua análise científica, percorre um caminho contrário ao do desenvolvimento real. Ela começa *post festum* [muito tarde, após a festa] e, por conseguinte, com os resultados prontos do processo de desenvolvimento. As formas que rotulam os produtos do trabalho como mercadorias e, portanto, são pressupostas à circulação das mercadorias, já possuem a solidez de formas naturais da vida social antes que os homens procurem esclarecer-se não sobre o caráter histórico dessas formas

— que eles, antes, já consideram imutáveis —, mas sobre seu conteúdo. Assim, somente a análise dos preços das mercadorias conduziu à determinação da grandeza do valor, e somente a expressão monetária comum das mercadorias conduziu à fixação de seu caráter de valor. Porém, é justamente essa forma acabada — a forma-dinheiro — do mundo das mercadorias que vela materialmente [sachlich], em vez de revelar, o caráter social dos trabalhos privados e, com isso, as relações sociais entre os trabalhadores privados. Quando digo que o casaco, a bota etc. se relacionam com o linho sob a forma da incorporação geral de trabalho humano abstrato, salta aos olhos a sandice dessa expressão. Mas, quando os produtores de casaco, bota etc. relacionam essas mercadorias com o linho — ou com o ouro e a prata, o que não altera em nada a questão — como equivalente universal, a relação de seus trabalhos privados com seu trabalho social total lhes aparece exatamente nessa forma insana.

Ora, são justamente essas formas que constituem as categorias da economia burguesa. Trata-se de formas de pensamento socialmente válidas e, portanto, dotadas de objetividade para as relações de produção desse modo social de produção historicamente determinado, a produção de mercadorias. Por isso, todo o misticismo do mundo das mercadorias, toda a mágica e a assombração que anuviam os produtos do trabalho na base da produção de mercadorias desaparecem imediatamente, tão logo nos refugiemos em outras formas de produção.

Como a economia política ama robinsonadas,[50] lancemos um olhar sobre Robinson em sua ilha. Apesar de seu caráter modesto, ele tem diferentes necessidades a satisfazer e, por isso, tem de realizar trabalhos úteis de diferentes tipos, fazer ferramentas, fabricar móveis, domesticar lhamas, pescar, caçar etc. Não mencionamos orar e outras coisas do tipo, pois nosso Robinson encontra grande prazer nessas atividades e as considera uma recreação. Apesar da variedade de suas funções produtivas, ele tem consciência de que elas são apenas diferentes formas de atividade do mesmo Robinson e, portanto, apenas diferentes formas de trabalho humano. A própria necessidade o obriga a distribuir seu tempo com exatidão entre suas diferentes funções. Se uma ocupa mais espaço e outra menos em sua atividade total depende da maior ou menor dificuldade que se tem de superar para a obtenção do efeito útil visado. A experiência lhe ensina isso, e eis que nosso Robinson, que entre os destroços do navio salvou relógio, livro comercial, tinta e pena, põe-se logo, como bom inglês, a fazer a contabilidade de si mesmo. Seu inventário contém uma relação dos objetos de uso que ele possui, das diversas operações requeridas para sua produção e, por fim, do tempo de trabalho que lhe custa, em média, a obtenção de determinadas quantidades desses diferentes produtos. Aqui, todas as relações entre Robinson e as coisas que formam sua riqueza, por ele mesmo criada, são tão simples que até mesmo o sr. M. Wirth[51] poderia compreendê-las sem maior esforço intelectual. E, no entanto, nelas já estão contidas todas as determinações essenciais do valor.

Saltemos, então, da iluminada ilha de Robinson para a sombria Idade Média europeia.[52] Em vez do homem independente, aqui só encontramos homens dependentes — servos e senhores feudais, vassalos e suseranos, leigos e clérigos. A dependência pessoal caracteriza tanto as relações sociais da produção material quanto as esferas da vida erguidas sobre elas. Mas é justamente porque as relações pessoais de dependência constituem a base social dada que os trabalhos e seus produtos não precisam assumir uma forma fantástica distinta de sua realidade. Eles entram na engrenagem social como serviços e prestações *in natura*. A forma natural do trabalho, sua particularidade — e não, como na base da produção de mercadorias, sua universalidade —, é aqui sua forma imediatamente social.

A corveia é medida pelo tempo tanto quanto o é o trabalho que produz mercadorias, mas cada servo sabe que o que ele despende a serviço de seu senhor é uma quantidade determinada de sua força pessoal de trabalho. O dízimo a ser pago ao padre é mais claro do que a bênção do padre. Julguem-se como se queira as máscaras[53] atrás das quais os homens aqui se confrontam, o fato é que as relações sociais das pessoas em seus trabalhos aparecem como suas próprias relações pessoais e não se encontram travestidas em relações sociais entre coisas, entre produtos de trabalho.

Para a consideração do trabalho coletivo, isto é, imediatamente socializado, não precisamos remontar à sua forma natural-espontânea, que encontramos no limiar histórico de todos os povos civilizados.[54] Um exemplo mais próximo é o da indústria rural e patriarcal de uma família camponesa que, para seu próprio sustento, produz cereais, gado, fio, linho, peças de roupa etc. Essas coisas diversas se defrontam com a família como diferentes produtos de seu trabalho familiar, mas não umas com as outras como mercadorias. Os diferentes trabalhos que criam esses produtos, a lavoura, a pecuária, a fiação, a tecelagem, a alfaiataria etc. são, em sua forma natural, funções sociais, por serem funções da família, que, do mesmo modo como a produção de mercadorias, possui sua própria divisão natural--espontânea do trabalho. As diferenças de sexo e idade, assim como das condições naturais do trabalho, variáveis de acordo com as estações do ano, regulam a distribuição do trabalho na família e do tempo de trabalho entre seus membros individuais. Aqui, no entanto, o dispêndio das forças individuais de trabalho, medido por sua duração, aparece desde o início como determinação social dos próprios trabalhos, uma vez que as forças de trabalho individuais atuam, desde o início, apenas como órgãos da força comum de trabalho da família.

Por fim, imaginemos uma associação de homens livres, que trabalham com meios de produção coletivos e que conscientemente despendem suas forças de trabalho individuais como uma única força social de trabalho. Todas as determinações do trabalho de Robinson reaparecem aqui, mas agora social, e não individualmente. Todos os produtos de Robinson eram seus produtos pessoais exclusivos e, por isso, imediatamente objetos de uso para ele. O produto total da associação é um produto social, e parte desse produto serve, por sua vez, como meio de produção. Ela permanece social, mas outra parte é consumida como meios de subsistência pelos membros da associação, o que faz com que tenha de ser distribuída entre eles. O modo dessa distribuição será diferente de acordo com o tipo peculiar do próprio organismo social de produção e o correspondente grau histórico de desenvolvimento dos produtores. Apenas para traçar um paralelo com a produção de mercadoria, suponha que a cota de cada produtor nos meios de subsistência seja determinada por seu tempo de trabalho, o qual desempenharia, portanto, um duplo papel. Sua distribuição socialmente planejada regula a correta proporção das diversas funções de trabalho de acordo com as diferentes necessidades. Por outro lado, o tempo de trabalho serve simultaneamente de medida da cota individual dos produtores no trabalho comum e, desse modo, também na parte a ser individualmente consumida do produto coletivo. As relações sociais dos homens com seus trabalhos e seus produtos de trabalho permanecem aqui transparentemente simples, tanto na produção quanto na distribuição.

Para uma sociedade de produtores de mercadorias, cuja relação social geral de produção consiste em se relacionar com seus produtos como mercadorias, ou seja, como valores, e, nessa forma reificada [*sachlich*], confrontar mutuamente seus trabalhos privados como trabalho humano igual, o cristianismo, com seu culto do homem abstrato, é a forma de religião mais apropriada, especialmente em seu desenvolvimento burguês, como protestantismo, deísmo etc. Nos modos de produção asiáticos, antigos etc. a transformação do produto em mercadoria, e, com isso, a existência dos homens como produtores de mercadorias, desempenha um papel subordinado, que, no entanto, se torna progressivamente mais significativo à medida que as comunidades avançam em seu processo de declínio. Povos propriamente comerciantes existem apenas nos intermúndios do mundo antigo, como os deuses de Epicuro,[55] ou nos poros da sociedade polonesa, como os judeus. Esses antigos organismos sociais de produção são extraordinariamente mais simples e transparentes do que o organismo burguês, mas baseiam-se ou na imaturidade do homem individual, que ainda não rompeu o cordão umbilical que o prende a outrem por um vínculo natural de gênero [*Gattungszusammenhangs*], ou em relações diretas de dominação e servidão. Eles são condicionados por um baixo grau de desenvolvimento das forças produtivas do trabalho e pelas relações correspondentemente limitadas dos homens no interior de seu processo material de produção da vida, ou seja, pelas relações limitadas dos homens entre si e com a natureza.

Essa limitação real se reflete idealmente nas antigas religiões naturais e populares. O reflexo religioso do mundo real só pode desaparecer quando as relações cotidianas da vida prática se apresentam diariamente para os próprios homens como relações transparentes e racionais que eles estabelecem entre si e com a natureza. A figura do processo social de vida, isto é, do processo material de produção, só se livra de seu místico véu de névoa quando, como produto de homens livremente socializados, encontra-se sob seu controle consciente e planejado. Para isso, requer-se uma base material da sociedade ou uma série de condições materiais de existência que, por sua vez, são elas próprias o produto natural-espontâneo de uma longa e excruciante história de desenvolvimento.

É verdade que a economia política analisou, mesmo que incompletamente,[56] o valor e a grandeza de valor e revelou o conteúdo que se esconde nessas formas. Mas ela jamais sequer colocou a seguinte questão: por que esse conteúdo assume aquela forma, e por que, portanto, o trabalho se representa no valor, e a medida do trabalho, por meio de sua duração temporal, na grandeza de valor do produto do trabalho?[57] Tais formas, em cuja testa está escrito que elas pertencem a uma formação social em que o processo de produção domina os homens, e não os homens o processo de produção, são consideradas por sua consciência burguesa como uma necessidade natural tão evidente quanto o próprio trabalho produtivo. Por essa razão, as formas pré-burguesas do organismo social de produção são tratadas por ela mais ou menos do modo como as religiões pré-cristãs foram tratadas pelos Padres da Igreja.[58, 59]

O quanto uma parte dos economistas é enganada pelo fetichismo que se cola ao mundo das mercadorias ou pela aparência objetiva das determinações sociais do trabalho é demonstrado, entre outros, pela fastidiosa e absurda disputa sobre o papel da natureza na formação do valor de troca. Como este último é uma maneira social determinada de expressar o trabalho realizado numa coisa, ele não pode conter mais matéria natural do que, por exemplo, a taxa de câmbio.

Como a forma-mercadoria é a forma mais geral e menos desenvolvida da produção burguesa, razão pela qual ela já aparece desde cedo, ainda que não com a predominância que lhe é característica em nossos dias, seu caráter fetichista parece ser relativamente fácil de analisar. Em formas mais concretas, desaparece até mesmo essa aparência de simplicidade. De onde vêm as ilusões do sistema monetário? Para ele, o ouro e a prata, ao servir como dinheiro, não expressam uma relação social de produção, mas atuam na forma de coisas naturais dotadas de estranhas propriedades sociais. E quanto à teoria econômica moderna, que arrogantemente desdenha do sistema monetário, não se torna palpável seu fetichismo quando ela trata do capital? Há quanto tempo desapareceu a ilusão fisiocrata de que a renda fundiária nasce da terra, e não da sociedade?

Para não nos anteciparmos, basta que apresentemos aqui apenas mais um exemplo relativo à própria forma-mercadoria. Se as mercadorias pudessem falar, diriam: é possível que nosso valor de uso tenha algum interesse para os homens. A nós, como coisas, ele não nos diz respeito. O que nos diz respeito materialmente [*dinglich*] é nosso valor. Nossa própria circulação como coisas-mercadorias [*Warendinge*] é a prova disso. Relacionamo-nos umas com as outras apenas como valores de troca. Escutemos, então, como o economista fala expressando a alma das mercadorias:

> Valor [valor de troca] é qualidade das coisas, riqueza [valor de uso] [é qualidade] do homem. Valor, nesse sentido, implica necessariamente troca, riqueza não.[60]
>
> Riqueza [valor de uso] é um atributo do homem; valor, um atributo das mercadorias. Um homem, ou uma comunidade, é rico; uma pérola, ou um diamante, é valiosa [...]. Uma pérola ou um diamante tem valor como pérola ou diamante.[61]

Até hoje nenhum químico descobriu o valor de troca na pérola ou no diamante. Mas os descobridores econômicos dessa substância química, que se jactam de grande profundidade crítica, creem que o valor de uso das coisas existe independentemente de suas propriedades materiais [*sachlichen*], ao contrário de seu valor, que lhes seria inerente como coisas.[62] Para eles, a confirmação disso está na insólita circunstância de que o valor de uso das coisas se realiza para os homens sem a troca, ou seja, na relação imediata entre a coisa e o homem, ao passo que seu valor, ao contrário, só se realiza na troca, isto é, num processo social. Quem não se lembra aqui do bom e velho Dogberry, a doutrinar o vigia noturno Seacoal: "Uma boa aparência é dádiva da sorte; mas saber ler e escrever é dom da natureza."[63, 64]

ÉMILE DURKHEIM

O que é um fato social?[*]

Antes de procurar qual método convém ao estudo dos fatos sociais, importa saber quais fatos chamamos assim.

A questão é ainda mais necessária porque se utiliza essa qualificação sem muita precisão. Ela é empregada correntemente para designar mais ou menos todos os fenômenos que se dão no interior da sociedade, por menos que apresentem, com certa generalidade, algum interesse social. Mas, dessa maneira, não há, por assim dizer, acontecimentos humanos que não possam ser chamados sociais. Todo indivíduo come, bebe, dorme, raciocina, e

[*] Émile Durkheim, "O que é um fato social?". In: *As regras do método sociológico*, 3. ed. Trad. de Paulo Neves. São Paulo: Martins Fontes, 2007. [Sobre esta edição: a presente tradução foi baseada na primeira edição, de 1895, considerada o texto de referência para *As regras do método sociológico*. Essa primeira edição, no entanto, difere em alguns pontos da versão inicial publicada na *Revue Philosophique*. As modificações que constituem acréscimos ou implicam reformulações do texto estão em itálico, de modo a indicar e delimitar o texto corrigido, fornecendo-se em nota no final do volume a redação inicial. As duas notas acrescentadas à edição de 1901, a segunda publicada ainda em vida de Durkheim, foram também assinaladas. O trabalho do professor Jean-Michel Berthelot, da Universidade de Toulouse II (Flammarion, 1988), serviu de base para o estabelecimento do texto.] (N. E.)

a sociedade tem todo o interesse em que essas funções se exerçam regularmente. Portanto, se esses fatos fossem sociais, a sociologia não teria objeto próprio, e seu domínio se confundiria com o da biologia e o da psicologia.

Mas, na realidade, há em toda sociedade um grupo determinado de fenômenos que se distinguem por caracteres definidos daqueles que as outras ciências da natureza estudam.

Quando desempenho minha tarefa de irmão, de marido ou de cidadão, quando executo os compromissos que assumi, eu cumpro deveres que estão definidos, fora de mim e de meus atos, no direito e nos costumes. Ainda que eles estejam de acordo com meus sentimentos próprios e que eu sinta interiormente a realidade deles, esta não deixa de ser objetiva; pois não fui eu que os fiz, mas os recebi pela educação. Aliás, quantas vezes não nos ocorre ignorar o detalhe das obrigações de que nos incumbem e precisar, para conhecê-las, consultar o Código e seus intérpretes autorizados! Do mesmo modo, as crenças e as práticas de sua vida religiosa, o fiel as encontrou inteiramente prontas ao nascer; se elas existiam antes dele, é que existem fora dele. O sistema de signos de que me sirvo para exprimir meu pensamento, o sistema de moedas que emprego para pagar minhas dívidas, os instrumentos de crédito que utilizo em minhas relações comerciais, as práticas observadas em minha profissão etc. funcionam independentemente do uso que faço deles. Que se tomem um a um todos os membros de que é composta a sociedade; o que precede poderá ser repetido a propósito de cada um deles. Eis aí, portanto, maneiras de agir, de pensar e de sentir que apresentam essa notável propriedade de existir fora das consciências individuais.

Esses tipos de conduta ou de pensamento não apenas são exteriores ao indivíduo como também são dotados de uma força imperativa e coercitiva em virtude da qual se impõem a ele, quer ele queira, quer não. Certamente, quando me conformo voluntariamente a ela, essa coerção não se faz ou pouco se faz sentir, sendo inútil. Nem por isso ela deixa de ser um caráter intrínseco desses fatos, e a prova disso é que ela se afirma tão logo tento resistir. Se tento violar as regras do direito, elas reagem contra mim para impedir meu ato, se estiver em tempo, ou para anulá-lo e restabelecê-lo em sua forma normal, se tiver sido efetuado e for reparável, ou para fazer com que eu o expie, se não puder ser reparado de outro modo. Em se tratando de máximas puramente morais, a consciência pública reprime todo ato que as ofenda através da vigilância que exerce sobre a conduta dos cidadãos e das penas especiais de que dispõe. Em outros casos, a coerção é menos violenta, mas não deixa de existir. Se não me submeto às convenções do mundo, se, ao vestir-me, não levo em conta os costumes observados em meu país e em minha classe, o riso que provoco, o afastamento em relação a mim produzem, embora de maneira mais atenuada, os mesmos efeitos que uma pena propriamente dita. Ademais, a coerção, mesmo sendo apenas indireta, continua sendo eficaz. Não sou obrigado a falar francês com meus compatriotas, nem a empregar as moedas legais; mas é impossível agir de outro modo. Se eu quisesse escapar a essa necessidade, minha tentativa fracassaria miseravelmente. Industrial, nada me proíbe de trabalhar com procedimentos e métodos do século passado; mas, se o fizer, é certo que me arruinarei. Ainda que, de fato, eu possa libertar me dessas regras e violá-las com sucesso, isso jamais ocorre sem que eu seja obrigado a lutar contra elas. E ainda que elas sejam finalmente vencidas, demonstram suficientemente sua força coercitiva pela resistência que opõem. Não há inovador, mesmo afortunado, cujos empreendimentos não venham a deparar com oposições desse tipo.

Eis portanto uma ordem de fatos que apresentam características muito especiais: consistem em maneiras de agir, de pensar e de sentir exteriores ao indivíduo, e que são dotadas de um poder de coerção em virtude do qual esses fatos se impõem a ele. Por conseguinte, eles não poderiam se confundir com os fenômenos orgânicos, já que consistem em representações e em ações; nem com os fenômenos psíquicos, os quais só têm existência na consciência individual e através dela. Esses fatos constituem portanto uma espécie nova, e é a eles que deve ser dada e reservada a qualificação de *sociais*. Essa qualificação lhes convém; pois é claro que, não tendo o indivíduo por substrato, eles não podem ter outro senão a sociedade, seja a sociedade política em seu conjunto, seja um dos grupos parciais que ela encerra: confissões religiosas, escolas políticas, literárias, corporações profissionais etc. Por outro lado, é apenas a eles que ela convém; pois a palavra social só tem sentido definido com a condição de designar unicamente fenômenos que não se incluem em nenhuma das categorias de fatos já constituídos e denominados. Eles são portanto o domínio próprio da sociologia. É verdade que a palavra coerção, pela qual os definimos, pode vir a assustar os zelosos defensores de um individualismo absoluto. Como estes professam que o indivíduo é perfeitamente autônomo, julgam que o diminuímos sempre que mostramos que ele não depende apenas de si mesmo. Sendo hoje incontestável, porém, que a maior parte de nossas ideias e de nossas tendências não é elaborada por nós, mas nos vem de fora, elas só podem penetrar em nós impondo-se; eis tudo o que significa nossa definição. Sabe-se, aliás, que nem toda coerção social exclui necessariamente a personalidade individual.[1]

Entretanto, como os exemplos que acabamos de citar (regras jurídicas, morais, dogmas religiosos, sistemas financeiros etc.) consistem todos em crenças e em práticas constituídas, poder-se-ia supor, com base no que precede, que só há fato social onde há organização definida. Mas existem outros fatos que, sem apresentar essas formas cristalizadas, têm a mesma objetividade e a mesma ascendência sobre o indivíduo. É o que chamamos de correntes sociais. Assim, numa assembleia, os grandes movimentos de entusiasmo ou de devoção que se produzem não têm por lugar de origem nenhuma consciência particular. Eles nos vêm, a cada um de nós, de fora e são capazes de nos arrebatar contra a nossa vontade. Certamente pode ocorrer que, entregando-me a eles sem reserva, eu não sinta a pressão que exercem sobre mim. Mas ela se acusa tão logo procuro lutar contra eles. Que um indivíduo tente se opor a uma dessas manifestações coletivas: os sentimentos que ele nega se voltarão contra ele. Ora, se essa força de coerção externa se afirma com tal nitidez nos casos de resistência é porque ela existe, ainda que inconsciente, nos casos contrários. Somos então vítimas de uma ilusão que nos faz crer que elaboramos, nós mesmos, o que se impôs a nós de fora. Mas, se a complacência com que nos entregamos a essa força encobre a pressão sofrida, ela não a suprime. Assim, também o ar não deixa de ser pesado, embora não sintamos mais seu peso. Mesmo que, de nossa parte, tenhamos colaborado espontaneamente para a emoção comum, a impressão que sentimos é muito diferente da que teríamos sentido se estivéssemos sozinhos. Assim, a partir do momento em que a assembleia se dissolve, em que essas influências cessam de agir sobre nós e nos vemos de novo a sós, os sentimentos vividos nos dão a impressão de algo estranho no qual não mais nos reconhecemos. Então nos damos conta de que sofremos esses sentimentos bem mais do que os produzimos. Pode acontecer até que nos causem horror, tanto eram contrários à nossa natureza. É assim que indivíduos perfeitamente inofensivos na maior parte do tempo podem ser levados a atos de atrocidade quando reunidos em multidão. Ora, o que dizemos dessas explosões passageiras aplica-se identicamente aos movimentos de opinião, mais duráveis, que se produzem a todo instante a nosso redor, seja em toda a extensão da sociedade, seja em círculos mais restritos, sobre assuntos religiosos, políticos, literários, artísticos etc.

Aliás, pode-se confirmar por uma experiência característica essa definição do fato social: basta observar a maneira como são educadas as crianças. Quando se observam os fatos tais como são e tais como sempre foram, salta aos olhos que toda educação consiste num esforço contínuo para impor à criança maneiras de ver, de sentir e de agir às quais ela não teria chegado espontaneamente. Desde os primeiros momentos de sua vida, forçamo-las a comer, a beber, a dormir em horários regulares, forçamo-las à limpeza, à calma, à obediência; mais tarde, forçamo-las para que aprendam a levar em conta outrem, a respeitar os costumes, as conveniências, forçamo-las ao trabalho etc. etc. Se, com o tempo, essa coerção cessa de ser sentida, é que pouco a pouco ela dá origem a hábitos, a tendências internas que a tornam inútil, mas que só a substituem pelo fato de derivarem dela. É verdade que, segundo Spencer, uma educação racional deveria reprovar tais procedimentos e deixar a criança proceder com toda a liberdade; mas como essa teoria pedagógica jamais foi praticada por qualquer povo conhecido, ela constitui apenas um *desideratum* pessoal, não um fato que se possa opor aos fatos que precedem. Ora, o que torna estes últimos particularmente instrutivos é que a educação tem justamente por objeto produzir o ser social; pode-se portanto ver nela, como que resumidamente, de que maneira esse ser se constitui na história. Essa pressão de todos os instantes que sofre a criança é a pressão mesma do meio social que tende a modelá-la à sua imagem e do qual os pais e os mestres não são senão os representantes e os intermediários.

Assim, não é sua generalidade que pode servir para caracterizar os fenômenos sociológicos. Um pensamento que se encontra em todas as consciências particulares, um movimento que todos os indivíduos repetem nem por isso são fatos sociais. *Se se contentaram com esse caráter para defini-los, é que os confundiram, erradamente, com o que se poderia chamar de suas encarnações individuais. O que os constitui são as crenças, as tendências e as práticas do grupo tomado coletivamente; quanto às formas que assumem os estados coletivos ao se refratarem nos indivíduos, são coisas de outra espécie.*[2] O que demonstra categoricamente essa dualidade de natureza é que essas duas ordens de fatos apresentam-se geralmente dissociadas. Com efeito, algumas dessas maneiras de agir ou de pensar adquirem, por causa da repetição, uma espécie de consistência que as precipita, por assim dizer, e as isola dos acontecimentos particulares *que as refletem.*[3] Elas assumem assim um corpo, uma forma sensível que lhes é própria, e constituem uma realidade sui generis, muito distinta dos fatos individuais que a manifestam. O hábito coletivo não existe apenas em estado de imanência nos atos sucessivos que ele determina, mas se exprime de uma vez por todas, por um privilégio cujo exemplo não encontramos no reino biológico, numa fórmula que se repete de boca em boca, que se transmite pela educação, que se fixa através da escrita. Tais são a origem e a natureza das regras jurídicas, morais, dos aforismos e dos ditos populares, dos artigos de fé em que as seitas religiosas ou políticas condensam suas crenças, dos códigos de gosto que as escolas literárias estabelecem etc. *Nenhuma dessas maneiras de agir ou de pensar se acha por inteiro nas aplicações que os particulares fazem delas, já que elas podem inclusive existir sem ser atualmente aplicadas.*[4]

Claro que essa dissociação nem sempre se apresenta com a mesma nitidez. Mas basta que ela exista de maneira incontestável nos casos importantes e numerosos que acabamos de mencionar para provar que o fato social é distinto de suas repercussões individuais. Aliás, mesmo que ela não seja imediatamente dada à observação, pode-se com frequência realizá-la com o auxílio de certos artifícios de método; *é inclusive indispensável proceder a essa operação se quisermos separar o fato social de toda mistura para observá-lo no estado de pureza.*[5] Assim, há certas correntes de opinião que nos impelem, com desigual intensidade, conforme os tempos e os lugares, uma ao casamento, por exemplo, outra ao suicídio ou a uma natalidade mais ou menos acentuada etc. *Trata-se, evidentemente, de fatos sociais.*[6] À primeira vista, eles parecem inseparáveis das formas que assumem nos casos particulares. Mas a estatística nos fornece o meio de isolá-los. Com efeito, eles são representados, não sem exatidão, pelas taxas de natalidade, de nupcialidade, de suicídios, ou seja, pelo número que se obtém ao dividir a média anual total dos nascimentos, dos casamentos e das mortes voluntárias pelo total de homens em idade de se casar, de procriar, de se suicidar.[7] Pois, como cada uma dessas cifras compreende todos os casos particulares sem distinção, as circunstâncias individuais que podem ter alguma participação na produção do fenômeno neutralizam-se mutuamente e, portanto, não contribuem para determiná-lo. *O que esse fato exprime é um certo estado da alma coletiva.*

Eis o que são os fenômenos sociais, desembaraçados de todo elemento estranho.[8] Quanto às suas manifestações privadas, elas têm claramente algo de social, já que reproduzem em parte um modelo coletivo; mas cada uma delas depende também, e em larga medida, da constituição orgânico-psíquica do indivíduo, das circunstâncias particulares nas quais ele está situado. Portanto elas não são fenômenos propriamente sociológicos. Pertencem simultaneamente a dois reinos; poderíamos chamá-las sociopsíquicas. Essas manifestações interessam ao sociólogo sem constituir a matéria imediata da sociologia. No interior do organismo encontram-se igualmente fenômenos de natureza mista que ciências mistas, como a química biológica, estudam.

Mas, dirão, um fenômeno só pode ser coletivo se for comum a todos os membros da sociedade ou, pelo menos, à maior parte deles; portanto, se for geral. Certamente, mas, se ele é geral, é porque é coletivo (isto é, mais ou menos obrigatório), o que é bem diferente de ser coletivo por ser geral. Esse fenômeno é um estado do grupo, que se repete nos indivíduos porque se impõe a eles. Ele está em cada parte porque está no todo, o que é diferente de estar no todo por estar nas partes. Isso é sobretudo evidente nas crenças e práticas que nos são transmitidas inteiramente prontas pelas gerações anteriores; recebemo-las e adotamo-las porque, sendo ao mesmo tempo uma obra coletiva e uma obra secular, elas estão investidas de uma particular autoridade que a educação nos ensinou a reconhecer e a respeitar. Ora, cumpre assinalar que a imensa maioria dos fenômenos sociais nos chega dessa forma. Mas, ainda que se deva, em parte, à nossa colaboração direta, o fato social é da mesma natureza. Um sentimento coletivo que irrompe numa assembleia não exprime simplesmente o que havia de comum entre todos os sentimentos individuais. Ele é algo completamente distinto, conforme mostramos. É uma resultante da vida comum, das ações e reações que se estabelecem entre as consciências individuais; e, se repercute em cada uma delas, é em virtude da energia social, que ele deve precisamente à sua origem coletiva. Se todos os corações vibram em uníssono não é por causa de uma concordância espontânea e preestabelecida; é que uma mesma força os move no mesmo sentido. Cada um é arrastado por todos.

Podemos assim representar-nos, de maneira precisa, o domínio da sociologia. Ele compreende apenas um grupo determinado de fenômenos. Um fato social se reconhece pelo poder de coerção externa que exerce ou é capaz de exercer sobre os indivíduos; e a presença desse poder se reconhece, por sua vez, seja pela existência de alguma sanção determinada, seja pela resistência que o fato opõe a toda tentativa individual de fazer-lhe violência. *Contudo, pode-se defini-lo também pela difusão que apresenta no interior do grupo, contanto que, conforme as observações precedentes, tenha-se o cuidado de acrescentar como segunda e essencial característica que ele existe independentemente das formas individuais que assume ao difundir-se.*[9] Este último critério, em certos casos, é inclusive mais fácil de aplicar que o precedente. De fato, a coerção é fácil de constatar quando se traduz exteriormente por alguma reação direta da sociedade, como é o caso em relação ao direito, à moral, às crenças, aos costumes, inclusive às modas. Mas, quando é apenas indireta, como a que exerce uma organização econômica, ela nem sempre se deixa perceber tão bem. A generalidade combinada com a objetividade pode então ser mais fácil de estabelecer. Aliás, essa segunda definição não é senão outra forma da primeira; pois, se uma maneira de se conduzir, que existe exteriormente às consciências individuais, se generaliza, ela só pode fazê-lo impondo-se.[10]

Entretanto, poder-se-ia perguntar se essa definição é completa. Com efeito, os fatos que nos forneceram sua base são, todos eles, *maneiras de fazer;* são de ordem fisiológica. Ora, há também *maneiras de ser* coletivas, isto é, fatos sociais de ordem anatômica ou morfológica. A sociologia não pode desinteressar-se do que diz respeito ao substrato da vida coletiva. No entanto, o número e a natureza das partes elementares de que se compõe a sociedade, a maneira como elas estão dispostas, o grau de coalescência a que chegaram, a distribuição da população pela superfície do território, o número e a natureza das vias de comunicação, a forma das habitações etc. não parecem capazes, num primeiro exame, de se reduzir a modos de agir, de sentir ou de pensar.

Mas, em primeiro lugar, esses diversos fenômenos apresentam a mesma característica que nos ajudou a definir os outros. Essas maneiras de ser se impõem ao indivíduo tanto quanto as maneiras de fazer de que falamos. De fato, quando se quer conhecer a forma como uma sociedade se divide politicamente, como essas divisões se compõem, a fusão mais ou menos completa que existe entre elas, não é por meio de uma inspeção material e por observações geográficas que se pode chegar a isso; pois essas divisões são morais, ainda que tenham alguma base na natureza física. É somente através do direito público que se pode estudar essa organização, pois é esse direito que a determina, assim como determina nossas relações domésticas e cívicas. Portanto, ela não é menos obrigatória. Se a população se amontoa nas cidades em vez de se dispersar nos campos, é que há uma corrente de opinião, um movimento coletivo que impõe aos indivíduos essa concentração. Não podemos escolher a forma de nossas casas, como tampouco a de nossas roupas; pelo menos, uma é obrigatória na mesma medida que a outra. As vias de comunicação determinam de maneira imperiosa o sentido no qual se fazem as migrações interiores e as trocas, e mesmo a intensidade dessas trocas e dessas migrações etc. etc. Em consequência, seria, quando muito, o caso de acrescentar à lista dos fenômenos que enumeramos como possuidores do sinal distintivo do fato social uma categoria a mais; e, como essa enumeração não tinha nada de rigorosamente exaustivo, a adição não seria indispensável.

Ela, porém, não seria nem sequer proveitosa; pois essas maneiras de ser não são senão maneiras de fazer consolidadas. A estrutura política de uma sociedade não é senão a maneira como os diferentes segmentos que a compõem se habituaram a viver uns com os outros. Se suas relações são tradicionalmente próximas, os segmentos tendem a se confundir; caso contrário, tendem a se distinguir. O tipo de habitação que se impõe a nós não é senão a maneira como todos ao nosso redor e, em parte, as gerações anteriores se acostumaram a construir suas casas. As vias de comunicação não são senão o leito escavado pela própria corrente regular das trocas e das migrações, correndo sempre no mesmo sentido etc. Certamente, se os fenômenos de ordem morfológica fossem os únicos a apresentar essa fixidez, poderíamos pensar que eles constituem uma espécie à parte. Mas uma regra jurídica é um arranjo não menos permanente que um modelo arquitetônico, e no entanto é um fato fisiológico. Uma simples máxima moral é, seguramente, mais maleável; porém ela possui formas bem mais rígidas que um simples costume profissional ou que uma moda. Há assim toda uma gama de nuances que, sem solução de continuidade, liga os fatos estruturais mais caracterizados às correntes livres da vida social ainda não submetidas a nenhum molde definido. É que entre os primeiros e as segundas apenas há diferenças no grau de consolidação que apresentam. Uns e outras são apenas vida mais ou menos cristalizada. Claro que pode haver interesse em reservar o nome de morfológicos aos fatos sociais que concernem ao substrato social, mas com a condição de não perder de vista que eles são da mesma natureza que os outros. Nossa definição compreenderá portanto todo o definido se dissermos: *É fato social toda maneira de fazer, fixada ou não, suscetível de exercer sobre o indivíduo uma coerção exterior;* ou, ainda, toda maneira de fazer *que é geral na extensão de uma sociedade dada e, ao mesmo tempo, possui uma existência própria, independente de suas manifestações individuais.*[11]

Regras relativas à observação dos fatos sociais[*]

A primeira regra e a mais fundamental é *considerar os fatos sociais como coisas*.

I

No momento em que uma nova ordem de fenômenos se torna objeto de ciência, eles já se acham representados no espírito, não apenas por imagens sensíveis, mas por espécies de conceitos grosseiramente formados. Antes dos primeiros rudimentos da física e da química, os homens já possuíam sobre os fenômenos físico-químicos noções que ultrapassavam a pura percepção, como aquelas, por exemplo, que encontramos mescladas a todas as religiões. É que, de fato, a reflexão é anterior à ciência, que apenas se serve dela com mais método. O homem não pode viver em meio às coisas sem formar a respeito delas ideias, de acordo com as quais regula sua conduta. Acontece que, como essas noções estão mais próximas de nós e mais ao nosso alcance do que as realidades a

---

[*] Texto publicado originalmente em Émile Durkheim, "Regras relativas à observação dos fatos sociais". In: *As regras do método sociológico*, 3. ed. Trad. de Paulo Neves. São Paulo: Martins Fontes, 2007. (N. E.)

que correspondem, tendemos naturalmente a substituir estas últimas por elas e a fazer delas a matéria mesma de nossas especulações. Em vez de observar as coisas, de descrevê-las, de compará-las, contentamo-nos então em tomar consciência de nossas ideias, em analisá-las, em combiná-las. Em vez de uma ciência de realidades, não fazemos mais do que uma análise ideológica. Por certo, essa análise não exclui necessariamente toda observação. Pode-se recorrer aos fatos para confirmar as noções ou as conclusões que se tiram. Mas os fatos só intervêm então secundariamente, a título de exemplos ou de provas confirmatórias; eles não são o objeto da ciência. Esta vai das ideias às coisas, não das coisas às ideias.

É claro que esse método não poderia dar resultados objetivos. Com efeito, essas noções, ou conceitos, não importa o nome que se queira dar-lhes, não são os substitutos legítimos das coisas. Produtos da experiência vulgar, eles têm por objeto, antes de tudo, colocar nossas ações em harmonia com o mundo que nos cerca; são formados pela prática e para ela. Ora, uma representação pode ser capaz de desempenhar utilmente esse papel mesmo sendo teoricamente falsa. Copérnico[1] há muitos séculos dissipou as ilusões de nossos sentidos referentes aos movimentos dos astros; no entanto, é ainda com base nessas ilusões que regulamos correntemente a distribuição de nosso tempo. Para que uma ideia suscite exatamente os movimentos que a natureza de uma coisa reclama, não é necessário que ela exprima fielmente essa natureza; basta que nos faça perceber o que a coisa tem de útil ou de desvantajoso, de que modo pode nos servir, de que modo nos contrariar. Mas as noções assim formadas só apresentam essa justeza prática de uma maneira aproximada e somente na generalidade dos casos. Quantas vezes elas são tão perigosas como inadequadas! Não é portanto elaborando-as, pouco importa de que maneira o façamos, que chegaremos a descobrir as leis da realidade. Tais noções, ao contrário, são como um véu que se interpõe entre as coisas e nós, e que as encobre tanto mais quanto mais transparente julgamos esse véu.

Tal ciência não é apenas truncada; falta-lhe também matéria de que se alimentar. Mal ela existe, desaparece, por assim dizer, transformando-se em arte. De fato, supõe-se que essas noções contenham tudo o que há de essencial no real, já que são confundidas com o próprio real. Com isso, parecem ter tudo o que é preciso para que sejamos capazes não só de compreender o que é, mas de prescrever o que deve ser e os meios de executá-lo. Pois é bom o que está de acordo com a natureza das coisas; o que é contrário a elas é mau, e os meios para alcançar um e evitar o outro derivam dessa mesma natureza. Portanto, se a dominamos de saída, o estudo da realidade presente não tem mais interesse prático, e, como esse interesse é a razão de ser de tal estudo, este se vê desde então sem finalidade. A reflexão é, assim, incitada a afastar-se do que é o objeto mesmo da ciência, a saber, o presente e o passado, para lançar-se num único salto em direção ao futuro. Em vez de buscar compreender os fatos adquiridos e realizados, ela empreende imediatamente realizar novos, mais conformes aos fins perseguidos pelos homens. Quando se crê saber em que consiste a essência da matéria, parte-se logo em busca da pedra filosofal. Essa intromissão da arte na ciência, que impede que esta se desenvolva, é aliás facilitada pelas circunstâncias mesmas que determinam o despertar da reflexão científica. Pois, como esta só surge para satisfazer necessidades vitais, é natural que se oriente para a prática. As necessidades que ela é chamada a socorrer são sempre prementes; portanto, a pressionam para obter resultados; elas reclamam não explicações, mas remédios.

Essa maneira de proceder é tão conforme à tendência natural de nosso espírito que a encontramos inclusive na origem das ciências físicas. É ela que diferencia a alquimia da química, bem como a astrologia da astronomia.

É por ela que Bacon caracteriza o método que os sábios de seu tempo seguiam e que ele combate. As noções que acabamos de mencionar são aquelas *notiones vulgares* ou *praenotiones*[2] que ele assinala na base de todas as ciências,[3] nas quais elas tomam o lugar dos fatos.[4] São os *idola*, fantasmas que nos desfiguram o verdadeiro aspecto das coisas e que, no entanto, tomamos como as coisas mesmas. E, pelo fato de esse meio imaginário não oferecer ao espírito nenhuma resistência, este, não se sentindo contido por nada, entrega-se a ambições sem limite e julga possível construir, ou melhor, reconstruir o mundo com suas forças apenas e ao sabor de seus desejos.

Se foi assim com as ciências naturais, com mais forte razão tinha de ser com a sociologia. Os homens não esperaram o advento da ciência social para formar ideias sobre o direito, a moral, a família, o Estado, a própria sociedade; pois não podiam privar-se delas para viver. Ora, é sobretudo em sociologia que essas prenoções, para retomar a expressão de Bacon, estão em situação de dominar os espíritos e de tomar o lugar das coisas. Com efeito, as coisas sociais só se realizam através dos homens; elas são um produto da atividade humana. Portanto, parecem não ser outra coisa senão a realização de ideias, inatas ou não, que trazemos em nós, senão a aplicação dessas ideias às diversas circunstâncias que acompanham as relações dos homens entre si. A organização da família, do contrato, da repressão, do Estado, da sociedade, é vista assim como um simples desenvolvimento das ideias que temos sobre a sociedade, o Estado, a justiça etc. Em consequência, esses fatos e outros análogos só parecem ter realidade nas e pelas ideias que são seu germe e que se tornam, com isso, a matéria própria da sociologia.

O que reforça essa maneira de ver é que, como os detalhes da vida social excedem por todos os lados a consciência, esta não tem uma percepção suficientemente forte desses detalhes para sentir sua realidade. Não tendo em nós ligações bastante sólidas nem bastante próximas, tudo isso nos dá facilmente a impressão de não se prender a nada e de flutuar no vazio, matéria em parte irreal e indefinidamente plástica. Eis por que tantos pensadores não viram nos arranjos sociais senão combinações artificiais e mais ou menos arbitrárias. Mas, se os detalhes, se as formas concretas e particulares nos escapam, pelo menos nos representamos os aspectos mais gerais da existência coletiva de maneira genérica e aproximada, e são precisamente essas representações esquemáticas e sumárias que constituem as prenoções de que nos servimos para as práticas correntes da vida. Não podemos portanto pensar em pôr em dúvida a existência delas, uma vez que as percebemos ao mesmo tempo que a nossa. Elas não apenas estão em nós como também, sendo um produto de experiências repetidas, obtêm da repetição — e do hábito resultante — uma espécie de ascendência e de autoridade. Sentimos sua resistência quando buscamos libertar-nos delas. Ora, não podemos deixar de considerar como real o que se opõe a nós. Tudo contribui, portanto, para que vejamos nelas a verdadeira realidade social.

E, de fato, até o presente, a sociologia tratou mais ou menos exclusivamente não de coisas, mas de conceitos. Comte, é verdade, proclamou que os fenômenos sociais são fatos naturais, submissos a leis naturais. Desse modo, ele implicitamente reconheceu seu caráter de coisas, pois na natureza só existem coisas. Mas quando, saindo dessas generalidades filosóficas, ele tenta aplicar seu princípio e extrair a ciência nele contida, são ideias que ele toma por objeto de estudo. Com efeito, o que faz a matéria principal de sua sociologia é o progresso da humanidade no tempo. Ele parte da ideia de que há uma evolução contínua do gênero humano que consiste numa realização sempre mais completa da natureza humana, e o problema de que ele trata é descobrir a ordem dessa evolução. Ora, supondo que essa evolução exista, sua realidade só pode ser estabelecida uma vez feita a ciência; portanto, só se pode fazer dessa evolução o objeto mesmo da pesquisa se ela for colocada como uma concepção do espírito, não como uma coisa. E, de fato, é tão claro que se trata de uma representação inteiramente subjetiva que, na prática, esse progresso da humanidade não existe. O que existe, a única coisa dada à observação, são sociedades particulares que nascem, se desenvolvem e morrem independentemente umas das outras. Se pelo menos as mais recentes continuassem as que as precederam, cada tipo superior poderia ser considerado a simples repetição do tipo imediatamente inferior, com alguma coisa a mais; poder-se--ia, pois, alinhá-las umas depois das outras, por assim dizer, confundindo as que se encontram no mesmo grau de desenvolvimento, e a série assim formada poderia ser vista como representativa da humanidade. Mas os fatos não se apresentam com essa extrema simplicidade. Um povo que substitui outro não é simplesmente um prolongamento deste último com algumas características novas; ele é outro, tem algumas propriedades a mais, outras a menos; constitui uma individualidade nova, e todas essas individualidades distintas, sendo heterogêneas, não podem se fundir numa mesma série contínua, nem, sobretudo, numa série única. Pois a sequência das sociedades não poderia ser figurada por uma linha geométrica; ela assemelha-se antes a uma árvore cujos ramos se orientam em sentidos divergentes. Em suma, Comte tomou por desenvolvimento histórico a noção que dele possuía e que não difere muito da que faz o vulgo. Vista de longe, de fato, a história adquire bastante claramente esse aspecto serial e simples. Percebem-se apenas indivíduos que se sucedem uns aos outros e marcham todos numa mesma direção, porque têm uma mesma natureza. Aliás, como não se concebe que a evolução social possa ser outra coisa que não o desenvolvimento de uma ideia humana, parece natural defini-la pela ideia que dela fazem os homens. Ora, procedendo assim, não apenas se permanece na ideologia, mas se dá como objeto à sociologia um conceito que nada tem de propriamente sociológico.

Esse conceito, Spencer o descarta, mas para substituí-lo por outro que não é formado de outro modo. Ele faz das sociedades, e não da humanidade, o objeto da ciência; só que dá em seguida, das primeiras, uma definição que faz desaparecer a coisa de que fala para colocar no lugar a prenoção que possui dela. Com efeito, Spencer estabelece como uma proposição evidente que "uma sociedade só existe quando à justaposição acrescenta-se a cooperação", sendo somente então que a união dos indivíduos se torna uma sociedade propriamente dita.[5] Depois, partindo do princípio de que a cooperação é a essência da vida social, ele distingue as sociedades em duas classes, conforme a natureza da cooperação que nelas predomina. "Há uma cooperação espontânea que se efetua sem premeditação durante a perseguição de fins de caráter privado; há também uma cooperação conscientemente instituída que supõe fins de interesse público claramente reconhecidos", diz ele.[6] Às primeiras, dá o nome de sociedades industriais; às segundas, de militares, e pode-se dizer dessa distinção que ela é a ideia-mãe de sua sociologia.

Mas essa definição inicial enuncia como coisa o que é tão somente uma noção do espírito. Com efeito, ela se apresenta como a expressão de um fato imediatamente visível e que basta à observação constatar, já que é formulada desde o início da ciência como axioma. No entanto, é impossível saber, por uma simples inspeção, se realmente a cooperação é a essência da vida social. Tal afirmação só é cientificamente legítima se primeiramente passarmos em revista as manifestações da existência coletiva e se mostrarmos que todas são formas diversas da cooperação. Portanto, é ainda certa maneira de conceber a realidade social que substitui essa realidade.[7] O que é assim definido não é a sociedade, mas a ideia que dela faz o sr. Spencer. E, se ele não tem o menor escrúpulo em proceder desse modo, é que, também para ele, a sociedade não é e não pode ser senão a realização de uma ideia, isto é, dessa ideia mesma de cooperação pela qual a define.[8] Seria fácil mostrar que, em cada um dos problemas particulares que aborda, seu método permanece o mesmo. Assim, embora dê a impressão de proceder empiricamente, como os fatos acumulados em sua sociologia são empregados para ilustrar análises de noções e não para descrever e explicar coisas, eles parecem estar ali apenas para figurar como argumentos. Em realidade, tudo o que há de essencial na doutrina de Spencer pode ser imediatamente deduzido de sua definição da sociedade e das diferentes formas de cooperação. Pois, se só pudermos optar entre uma cooperação tiranicamente imposta e uma cooperação livre e espontânea, evidentemente esta última é que será o ideal para o qual a humanidade tende e deve tender.

Não é somente na base da ciência que se encontram essas noções vulgares; vemo-las a todo instante na trama dos raciocínios. No estado atual de nossos conhecimentos, não sabemos com certeza o que é o Estado, a soberania, a liberdade política, a democracia, o socialismo, o comunismo etc.; o método aconselharia, portanto, a que nos proibíssemos todo uso desses conceitos enquanto eles não estivessem cientificamente constituídos. Entretanto, as palavras que os exprimem retornam a todo momento nas discussões dos sociólogos. Elas são empregadas correntemente e com segurança como se correspondessem a coisas bem conhecidas e definidas, quando apenas despertam em nós noções confusas, misturas indistintas de impressões vagas, de preconceitos e de paixões. Zombamos hoje dos singulares raciocínios que os médicos da Idade Média construíam com as noções de calor, de frio, de úmido, de seco etc. e não nos apercebemos de que continuamos a aplicar esse mesmo método à ordem de fenômenos que o comporta menos que qualquer outro, por causa de sua extrema complexidade.

Nos ramos especiais da sociologia esse caráter ideológico é ainda mais pronunciado.

É o caso sobretudo da moral. De fato, pode-se dizer que não há um único sistema em que ela não seja representada como o simples desenvolvimento de uma ideia inicial que a conteria por inteiro em potência. Essa ideia, uns creem que o homem a encontra inteiramente pronta dentro dele desde seu nascimento; outros, ao contrário, que ela se forma mais ou menos lentamente ao longo da história. Mas, tanto para uns como para outros, tanto para os empiristas como para os racionalistas, ela é tudo o que há de verdadeiramente real em moral. No que concerne ao detalhe das regras jurídicas e morais, elas não teriam, por assim dizer, existência por si mesmas, mas seriam apenas essa noção fundamental aplicada às circunstâncias particulares da vida e diversificada conforme os casos. Portanto, o objeto da moral não poderia ser esse sistema de preceitos sem realidade, mas a ideia da qual decorrem e da qual não são mais que aplicações variadas. Assim, todas as questões que a ética se coloca ordinariamente se referem não a coisas, mas a ideias; trata-se de saber em que consiste a ideia do direito, a ideia da moral, e não qual a natureza da moral e do direito considerados em si mesmos. Os moralistas ainda não chegaram à concepção muito simples de que, assim como nossa representação das coisas sensíveis provém dessas coisas mesmas e as exprime mais ou menos exatamente, nossa representação da moral provém do próprio espetáculo das regras que funcionam sob nossos olhos e as figura de modo esquemático; de que, consequentemente, são essas regras, e não a noção sumária que temos delas, que formam a matéria da ciência, da mesma forma que a física tem como objeto os corpos tais como existem, e não a ideia que deles faz o vulgo. Disso resulta que se toma como base da moral o que não é senão o topo, a saber, a maneira como ela se prolonga nas consciências individuais e nelas repercute. E não é apenas nos problemas mais gerais da ciência que esse método é seguido: ele permanece o mesmo nas questões especiais. Das ideias essenciais que estuda no início, o moralista passa às ideias secundárias de família, de pátria, de responsabilidade, de caridade, de justiça; mas é sempre a ideias que se aplica sua reflexão.

Não é diferente com a economia política. Ela tem por objeto, diz Stuart Mill, os fatos sociais que se produzem principalmente ou exclusivamente em vista da aquisição de riquezas.[9] Mas, para que os fatos assim definidos pudessem ser designados, como coisas, à observação do cientista, seria preciso pelo menos que se pudesse indicar por qual sinal é possível reconhecer aqueles que satisfazem essa condição. Ora, no início da ciência não se tem sequer o direito de afirmar que existe algum; muito menos se pode saber quais são. Em toda ordem de pesquisas, com efeito, é somente quando a explicação dos fatos está suficientemente avançada que é possível estabelecer que eles têm um objetivo e qual é esse objetivo. Não há problema mais complexo nem menos suscetível de ser resolvido de saída. Portanto, nada nos garante de antemão que haja uma esfera da atividade social em que o desejo de riqueza desempenhe realmente esse papel preponderante. Em consequência, a matéria da economia política, assim compreendida, é feita não de realidades que podem ser indicadas, mas de simples possíveis, de puras concepções do espírito; a saber, fatos que o economista *concebe* como relacionados ao fim considerado, e tais como ele os concebe. Digamos, por exemplo, que ele queira estudar o que chama "produção". De saída, acredita poder enumerar os principais agentes com o auxílio dos quais ela ocorre e passá-los em revista. Portanto, ele não reconheceu a existência desses agentes observando de quais condições dependia a coisa que ele estuda; pois então teria começado por expor as experiências de que tirou essa conclusão. Se desde o início da pesquisa, e em poucas palavras, ele procede a essa classificação, é que a obteve por uma simples análise lógica. Parte da ideia da produção; decompondo-a, descobre que ela implica logicamente as ideias de forças naturais, de trabalho, de instrumento ou de capital, e trata a seguir da mesma maneira essas ideias derivadas.[10]

A mais fundamental de todas as teorias econômicas, a do valor, é manifestamente construída segundo o mesmo método. Se o valor fosse estudado como uma realidade deve sê-lo, veríamos primeiro o economista indicar em que se pode reconhecer a coisa chamada com esse nome, depois classificar suas espécies, buscar por induções metódicas as causas em função das quais elas variam, comparar enfim os diversos resultados para obter uma fórmula geral. A teoria portanto só poderia surgir quando a ciência tivesse avançado bastante. Em vez disso, encontramo-la desde o início. E que, para fazê-la, o economista contenta-se em recolher, em tomar consciência da ideia que ele tem do valor, ou seja, de um objeto suscetível de ser trocado; descobre que ela implica a ideia do útil, do raro etc. e é com esses produtos de sua análise que constrói sua definição. Certamente ele a confirma por alguns exemplos. Mas, quando se pensa nos inumeráveis fatos que semelhante teoria deve explicar, como atribuir o menor valor demonstrativo aos fatos, necessariamente muito raros, que são assim citados ao acaso da sugestão?

Por isso, tanto em economia política como em moral, a parte da investigação científica é muito restrita; a da arte, preponderante. Em moral, a parte teórica se reduz a algumas discussões sobre a ideia do dever, do bem e do direito. Mesmo essas especulações abstratas não constituem uma ciência, para falar exatamente, já que têm por objeto determinar não o que é, de fato, a regra suprema da moralidade, mas o que ela deve ser. Do mesmo modo, o que mais preocupa os economistas é a questão de saber, por exemplo, se a sociedade *deve ser* organizada segundo as concepções dos individualistas ou segundo as dos socialistas; *se é melhor* o Estado intervir nas relações industriais e comerciais ou abandoná-las inteiramente à iniciativa privada; se o sistema monetário *deve ser* o monometalismo ou o bimetalismo etc. etc. As leis propriamente ditas são pouco numerosas nessas pesquisas; mesmo as que nos habituamos a chamar assim geralmente não merecem essa qualificação, não passando de máximas de ação, preceitos práticos disfarçados. Eis, por exemplo, a famosa lei da oferta e da procura. Ela jamais foi estabelecida indutivamente, como expressão da realidade econômica. Jamais uma experiência, uma comparação metódica foi instituída para estabelecer, *de fato*, que é segundo essa lei que procedem as relações econômicas. Tudo o que se pôde fazer e tudo o que se fez foi demonstrar dialeticamente que os indivíduos devem proceder assim, caso entendam bem seus interesses; é que qualquer outra maneira de proceder lhes seria prejudicial e implicaria, da parte dos que se entregassem a isso, uma verdadeira aberração lógica. É lógico que as indústrias mais produtivas sejam as mais procuradas; que os detentores dos produtos de maior demanda e mais raros os vendam ao mais alto preço. Mas essa necessidade inteiramente lógica em nada se assemelha àquela que apresentam as verdadeiras leis da natureza. Estas exprimem as relações segundo as quais os fatos se encadeiam realmente, e não a maneira como é bom que eles se encadeiem.

O que dizemos dessa lei pode ser dito de todas as que a escola econômica ortodoxa qualifica de naturais e que, por sinal, não são muito mais do que casos particulares da precedente. Elas são naturais, se quiserem, no sentido de que enunciam os meios que é ou que pode parecer natural empregar para atingir determinado fim suposto; mas elas não devem ser chamadas por esse nome se, por lei natural, se entender toda maneira de ser da natureza, indutivamente constatada. Elas não passam, em suma, de conselhos de sabedoria prática, e, se foi possível, mais ou menos especiosamente, apresentá-las como a expressão mesma da realidade, é que, com ou sem razão, acreditou-se poder supor que tais conselhos eram efetivamente seguidos pela generalidade dos homens e na generalidade dos casos.

No entanto, os fenômenos sociais são coisas e devem ser tratados como coisas. Para demonstrar essa proposição, não é necessário filosofar sobre sua natureza, discutir as analogias que apresentam com os fenômenos dos reinos inferiores. Basta constatar que eles são o único *datum* oferecido ao sociólogo. É coisa, com efeito, tudo o que é dado, tudo o que se oferece ou, melhor, se impõe à observação. Tratar fenômenos como coisas é tratá-los na qualidade de *data* que constituem o ponto de partida da ciência. Os fenômenos sociais apresentam incontestavelmente esse caráter. O que nos é dado não é a ideia que os homens fazem do valor, pois ela é inacessível; são os valores que se trocam realmente no curso de relações econômicas. Não é esta ou aquela concepção da ideia moral; é o conjunto das regras que determinam efetivamente a conduta. Não é a ideia do útil ou da riqueza; é toda a particularidade da organização econômica. É possível que a vida social não seja senão o desenvolvimento de certas noções; mas, supondo que seja assim, essas noções não são dadas imediatamente. Não se pode portanto atingi-las diretamente, mas apenas através da realidade fenomênica que as exprime. Não sabemos a priori que ideias estão na origem das diversas correntes entre as quais se divide a vida social, nem se existe alguma; é somente depois de tê-las remontado até suas origens que saberemos de onde elas provêm.

É preciso portanto considerar os fenômenos sociais em si mesmos, separados dos sujeitos conscientes que os concebem; é preciso estudá-los de fora, como coisas exteriores, pois é nessa qualidade que eles se apresentam a nós. Se essa exterioridade for apenas aparente, a ilusão se dissipará à medida que a ciência avançar e veremos, por assim dizer, o de fora entrar no de dentro. Mas a solução não pode ser preconcebida e, mesmo que eles não tivessem afinal todos os caracteres intrínsecos da coisa, deve-se primeiro tratá-los como se os tivessem. Essa regra aplica-se portanto à realidade social inteira, sem que haja motivos para exceção. Mesmo os fenômenos que mais parecem consistir em arranjos artificiais devem ser considerados desse ponto de vista. *O caráter convencional de uma prática ou de uma instituição jamais deve ser presumido.* Aliás, se nos for permitido invocar nossa experiência pessoal, acreditamos poder assegurar que, procedendo dessa maneira, com frequência se terá a satisfação de ver os fatos aparentemente mais arbitrários apresentarem, após uma observação mais atenta dos caracteres de constância e de regularidade, sintomas de sua objetividade.

De resto, e de maneira geral, o que foi dito anteriormente sobre os caracteres distintivos do fato social é suficiente para nos certificar sobre a natureza dessa objetividade e para provar que ela não é ilusória. Com efeito, reconhece-se principalmente uma coisa pelo sinal de que não pode ser modificada por um simples decreto da vontade. Não que ela seja refratária a alguma modificação. Mas, para produzir uma mudança nela, não basta querer, é preciso além disso um esforço mais ou menos laborioso, devido à resistência que ela nos opõe e que nem sempre, aliás, pode ser vencida. Ora, vimos que os fatos sociais têm essa propriedade. Longe de serem produto de nossa vontade, eles a determinam de fora; são como moldes nos quais somos obrigados a vazar nossas ações. Com frequência até, essa necessidade é tal que não podemos escapar a ela. Mas, ainda que consigamos superá-la, a oposição que encontramos é suficiente para nos advertir de que estamos em presença de algo que não depende de nós. Portanto, considerando os fenômenos sociais como coisas, apenas nos conformaremos à sua natureza.

Em suma, a reforma que se trata de introduzir em sociologia é em todos os pontos idêntica à que transformou a psicologia nos últimos trinta anos. Do mesmo modo que Comte e Spencer declaram que os fatos sociais são fatos de natureza, sem no entanto tratá-los como coisas, as diferentes escolas empíricas havia muito tinham reconhecido o caráter natural dos fenômenos psicológicos, embora continuassem a aplicar-lhes um método puramente ideológico.[11] Com efeito, os empiristas, não menos que seus adversários, procediam exclusivamente por introspecção.[12] Ora, os fatos que só observamos em nós mesmos são demasiado raros, demasiado fugazes, demasiado maleáveis para poder se impor às noções correspondentes que o hábito fixou em nós e estabelecer-lhes a lei. Quando estas últimas não são submetidas a outro controle, nada lhes faz contrapeso; por conseguinte, elas tomam o lugar dos fatos[13] e constituem a matéria da ciência. Assim, nem Locke, nem Condillac consideraram os fenômenos psíquicos objetivamente. Não é a sensação que eles estudam, mas uma certa ideia da sensação. Por isso, ainda que sob certos aspectos eles tenham preparado o advento da psicologia científica, esta só surgiu realmente bem mais tarde, quando se chegou finalmente à concepção de que os estados de consciência podem e devem ser considerados de fora, e não do ponto de vista da consciência que os experimenta. Tal foi a grande revolução que se efetuou nesse tipo de estudos. Todos os procedimentos particulares, todos os métodos novos que enriqueceram essa ciência não são mais que meios diversos de realizar mais completamente essa ideia fundamental. É o mesmo progresso que resta fazer em sociologia. É preciso que ela passe do estágio subjetivo, raramente ultrapassado até agora, à fase objetiva.

Essa passagem, aliás, é menos difícil de efetuar do que em psicologia. Com efeito, os fatos psíquicos são naturalmente dados como estados do sujeito, do qual eles não parecem nem sequer separáveis. Interiores por definição, parece que só se pode tratá-los como exteriores violentando sua natureza. É preciso não apenas um esforço de abstração, mas todo um conjunto de procedimentos e de artifícios para chegar a considerá-los desse viés. Ao contrário, os fatos sociais têm mais naturalmente e mais imediatamente todas as características da coisa. O direito existe nos códigos, os movimentos da vida cotidiana se inscrevem nos dados estatísticos, nos monumentos da história, as modas nas roupas, os gostos nas obras de arte. Em virtude de sua natureza mesma eles tendem a se constituir fora das consciências individuais, visto que as dominam. Para vê-los sob seu aspecto de coisas, não é preciso, portanto, torturá-los com engenhosidade. Desse ponto de vista, a sociologia tem sobre a psicologia uma séria vantagem que não foi percebida até agora e que deve apressar seu desenvolvimento. Os fatos talvez sejam mais difíceis de interpretar por serem mais complexos, mas são mais fáceis de atinar. A psicologia, ao contrário, não apenas tem dificuldade de elaborá-los, como também de percebê-los. Em consequência, é lícito imaginar que, no dia em que esse princípio do método sociológico for unanimemente reconhecido e praticado, veremos a sociologia progredir com uma rapidez que a lentidão atual de seu desenvolvimento não faria supor, e inclusive reconquistar a dianteira que a psicologia deve unicamente à sua anterioridade histórica.[14]

II

Mas a experiência de nossos predecessores nos mostrou que, para assegurar a realização prática da verdade que acaba de ser estabelecida, não basta oferecer uma demonstração teórica nem mesmo compenetrar-se dela. O espírito tende tão naturalmente a desconhecê-la que recairemos inevitavelmente nos antigos erros se não nos submetermos a uma disciplina rigorosa, cujas regras principais, corolários da precedente, iremos formular.

1) O primeiro desses corolários é que: *É preciso descartar sistematicamente todas as prenoções.* Uma demonstração especial dessa regra não é necessária; ela resulta de tudo o que dissemos anteriormente. Aliás, ela é a base de todo método científico. A dúvida metódica de Descartes, no fundo, não é senão uma aplicação disso. Se, no momento em que vai fundar a ciência, Descartes impõe-se como lei pôr em dúvida todas as ideias que recebeu anteriormente, é que ele quer empregar apenas conceitos cientificamente elaborados, isto é, construídos de acordo com o método que ele institui; todos os que ele obtém de outra origem devem ser, portanto, rejeitados, ao menos provisoriamente. Já vimos que a teoria dos ídolos, em Bacon, não tem outro sentido. As duas grandes doutrinas, que frequentemente foram opostas uma à outra, concordam nesse ponto essencial. É preciso, portanto, que o sociólogo, tanto no momento em que determina o objeto de suas pesquisas como no curso de suas demonstrações, se proíba resolutamente o emprego daqueles conceitos que se formaram fora da ciência e por necessidades que nada têm de científicas. É preciso que ele se liberte dessas falsas evidências que dominam o

espírito do vulgo, que se livre, de uma vez por todas, do jugo dessas categorias empíricas que um longo costume acaba geralmente por tornar tirânicas. Se a necessidade o obriga às vezes a recorrer a elas, pelo menos que o faça tendo consciência de seu pouco valor, a fim de não as chamar a desempenhar na doutrina um papel de que não são dignas.

O que torna essa libertação particularmente difícil em sociologia é que o sentimento com frequência se intromete. Apaixonamo-nos, com efeito, por nossas crenças políticas e religiosas, por nossas práticas morais, muito mais do que pelas coisas do mundo físico; em consequência, esse caráter passional transmite-se à maneira como concebemos e como nos explicamos as primeiras. As ideias que fazemos a seu respeito nos são muito caras, assim como seus objetos, e adquirem tamanha autoridade que não suportam a contradição. Toda opinião que as perturba é tratada como inimiga. Por exemplo, uma proposição não está de acordo com a ideia que se faz do patriotismo, ou da dignidade individual? Então ela é negada, não importam as provas sobre as quais repousa. Não se pode admitir que seja verdadeira; ela é rejeitada categoricamente, e a paixão, para justificar-se, não tem dificuldade de sugerir razões que são consideradas facilmente decisivas. Essas noções podem mesmo ter tal prestígio que não toleram sequer um exame científico. O simples fato de submetê-las, assim como os fenômenos que elas exprimem, a uma análise fria e seca revolta certos espíritos. Quem decide estudar a moral a partir de fora e como uma realidade exterior é visto por esses delicados como desprovido de senso moral, da mesma forma que o vivissecionista parece ao vulgo desprovido da sensibilidade comum. Em vez de admitir que esses sentimentos são do domínio[15] da ciência, é a eles que se julga dever apelar para fazer a ciência das coisas às quais se referem. "Infeliz o sábio", escreve um eloquente historiador das religiões, "que aborda as coisas de Deus sem ter no fundo de sua consciência, no fundo indestrutível de seu ser, lá onde dorme a alma dos antepassados, um santuário desconhecido do qual se eleva por instantes um perfume de incenso, uma linha de salmo, um grito doloroso ou triunfal que, criança, lançou ao céu junto com seus irmãos e que o repõe em súbita comunhão com os profetas de outrora!"[16]

Nunca nos ergueremos com demasiada força contra essa doutrina mística que — como todo misticismo, aliás — não é, no fundo, senão um empirismo disfarçado, negador de toda ciência. Os sentimentos que têm como objetos as coisas sociais não têm privilégio sobre os demais, pois não é outra sua origem. Também eles são formados historicamente; são um produto da experiência humana, mas de uma experiência confusa e inorganizada. Eles não se devem a não sei que antecipação transcendental da realidade, mas são a resultante de todo tipo de impressões e de emoções acumuladas sem ordem, ao acaso das circunstâncias, sem interpretação metódica. Longe de nos proporcionarem luzes superiores às luzes racionais, eles são feitos exclusivamente de estados fortes, é verdade, mas confusos. Atribuir-lhes tal preponderância é conceder às faculdades inferiores da inteligência a supremacia sobre as mais elevadas, é condenar-se a uma logomaquia mais ou menos oratória. Uma ciência feita assim só pode satisfazer os espíritos que gostam de pensar com sua sensibilidade e não com seu entendimento, que preferem as sínteses imediatas e confusas da sensação às análises pacientes e luminosas da razão. O sentimento é objeto de ciência, não critério da verdade científica. De resto, não há ciência que, em seus começos, não tenha encontrado resistências análogas. Houve um tempo em que os sentimentos relativos às coisas do mundo físico, tendo eles próprios um caráter religioso ou moral, opunham-se com não menos força ao estabelecimento das ciências físicas. Pode-se portanto supor que, expulso de ciência em ciência, esse preconceito acabará por desaparecer da própria sociologia, seu último refúgio, para deixar o terreno livre ao cientista.

2) Mas a regra precedente é inteiramente negativa. Ela ensina o sociólogo a escapar ao domínio das noções vulgares para dirigir sua atenção aos fatos; mas não diz como deve se apoderar destes últimos para empreender um estudo objetivo deles.

Toda investigação científica tem por objeto um grupo determinado de fenômenos que correspondem a uma mesma definição. O primeiro procedimento do sociólogo deve ser, portanto, definir as coisas de que ele trata, a fim de que se saiba e de que ele saiba bem o que está em questão. Essa é a primeira e a mais indispensável condição de toda prova e de toda verificação; uma teoria, com efeito, só pode ser controlada caso se saiba reconhecer os fatos que ela deve explicar. Além do mais, visto ser por essa definição que é constituído[17] o objeto mesmo da ciência, este será uma coisa, ou não, conforme a maneira como essa definição for feita.

Para que ela seja objetiva, é preciso evidentemente que exprima os fenômenos, não em função de uma ideia do espírito, mas de propriedades que lhe são inerentes. É preciso que ela os caracterize por um elemento integrante da natureza deles, não pela conformidade deles a uma noção mais ou menos ideal. Ora, no momento em que a pesquisa vai apenas começar, quando os fatos não estão ainda submetidos a nenhuma elaboração, os únicos desses caracteres que podem ser atingidos são os que se mostram suficientemente exteriores para ser imediatamente visíveis. Os que estão situados mais profundamente são, por certo, mais essenciais; seu valor explicativo é maior, mas nessa fase da ciência eles são desconhecidos e só podem ser antecipados se substituirmos a realidade por alguma concepção do espírito. Assim, é entre os primeiros que deve ser buscada a matéria dessa definição fundamental. Por outro lado, é claro que essa definição deverá compreender, sem exceção nem distinção, todos os fenômenos que apresentam igualmente esses mesmos caracteres; pois não temos nenhuma razão e nenhum meio de escolher entre eles. Essas propriedades são, então, tudo o que sabemos do real; em consequência, elas devem determinar soberanamente a maneira como os fatos devem ser agrupados. Não possuímos nenhum outro critério que possa, mesmo parcialmente, suspender *os* efeitos do precedente. Donde a regra seguinte: *Jamais tomar por objeto de pesquisas senão um grupo de fenômenos previamente definidos por certos caracteres exteriores que lhes são comuns, e compreender na mesma pesquisa todos os que correspondem a essa definição.* Por exemplo, constatamos a existência de certo número de atos que apresentam, todos, o caráter exterior de, uma vez efetuados, determinarem de parte da sociedade essa reação particular que é chamada "pena". Fazemos deles um grupo sui generis, ao qual impomos uma rubrica comum; chamamos crime todo ato punido e fazemos do crime assim definido o objeto de uma ciência especial, a criminologia. Do mesmo modo, observamos, no interior de todas as sociedades conhecidas, a existência de uma sociedade parcial, reconhecível pelo sinal exterior de ser formada de indivíduos consanguíneos uns dos outros, em sua maior parte, e que estão unidos entre si por laços jurídicos. Fazemos dos fatos que se relacionam a ela um grupo particular; são os fenômenos da vida doméstica. Chamamos família todo agregado desse tipo e fazemos da família assim definida o objeto de uma investigação especial que ainda não recebeu denominação determinada na terminologia sociológica. Quando, mais tarde, passarmos da família em geral aos diferentes tipos familiares, aplicaremos a mesma regra. Quando abordarmos, por exemplo, o estudo do clã, ou da família matriarcal, ou da família patriarcal, começaremos por defini-los, e de acordo com o mesmo método. O objeto de cada problema, geral como particular, deve ser constituído segundo o mesmo princípio.

Ao proceder dessa maneira, o sociólogo, desde seu primeiro passo, toma imediatamente contato com a realidade. Com efeito, o modo como os fatos são assim classificados não depende dele, da propensão particular de seu espírito, mas da natureza das coisas. O sinal que possibilita sua colocação nesta ou naquela categoria pode ser mostrado a todo o mundo, reconhecido por todo o mundo, e as afirmações de um observador podem ser controladas pelos outros. É verdade que a noção assim constituída nem sempre se ajusta, ou, até mesmo, em geral não se ajusta, à noção comum. Por exemplo, é evidente que, para o senso comum, os casos de livre pensamento ou as faltas à etiqueta, tão regularmente e tão severamente punidos numa série de sociedades, não são vistos como crimes, inclusive em relação a essas sociedades. Assim também, um clã não é uma família, no sentido usual da palavra. Mas não importa, pois não se trata simplesmente de descobrir um meio que nos permita verificar com suficiente certeza os fatos a que se aplicam as palavras da língua corrente e as ideias que estas traduzem. O que é preciso é constituir inteiramente conceitos novos, apropriados às necessidades da ciência e expressos com o auxílio de uma terminologia especial. Não, certamente, que o conceito vulgar seja inútil ao cientista; ele serve de indicador. Por ele, somos informados de que existe em alguma parte um conjunto de fenômenos reunidos sob uma mesma denominação e que, portanto, devem provavelmente ter características comuns; inclusive, como o conceito vulgar jamais deixa de ter algum contato com os fenômenos, ele nos indica às vezes, mas de maneira geral, em que direção estes devem ser buscados. Mas, como ele é grosseiramente formado, é natural que não coincida exatamente com o conceito científico, instituído em seu lugar.[18]

Por mais evidente e importante que seja essa regra, ela não é muito observada em sociologia. Precisamente por esta tratar de coisas das quais estamos sempre falando, como a família, a propriedade, o crime etc., na maioria das vezes parece inútil ao sociólogo dar-lhes uma definição preliminar e rigorosa. Estamos tão habituados a nos servir dessas palavras, que voltam a todo instante no curso das conversações, que parece inútil precisar o sentido no qual as empregamos. As pessoas se referem simplesmente à noção comum. Ora, esta é muito frequentemente ambígua. Essa ambiguidade faz que se reúnam sob um mesmo nome e numa mesma explicação coisas, em realidade, muito diferentes. Daí provêm inextricáveis confusões. Assim, existem duas espécies de uniões monogâmicas: umas o são de fato, outras de direito. Nas primeiras, o marido só tem uma mulher, embora, juridicamente, possa ter várias; nas segundas ele é legalmente proibido de ser polígamo. A monogamia de fato verifica-se em várias espécies animais e em certas sociedades inferiores, não de forma esporádica, mas com a mesma generalidade como se fosse imposta por lei. Quando a população está dispersa numa vasta superfície, a trama social é mais frouxa; portanto os indivíduos vivem isolados uns dos outros. Por isso, cada homem busca naturalmente obter uma mulher e uma só, porque, nesse estado de isolamento, lhe é difícil ter várias. A monogamia obrigatória, ao contrário, só se observa nas sociedades mais elevadas. Essas duas espécies de sociedades conjugais têm portanto uma significação muito diferente, no entanto a mesma palavra serve para designá-las; pois é comum dizer de certos animais que são monógamos, embora nada exista entre eles que se assemelhe a uma obrigação jurídica. Ora, o sr. Spencer, abordando o estudo do casamento, emprega a palavra monogamia, sem defini-la, com seu sentido usual e equívoco. Disso resulta que a evolução do casamento lhe parece apresentar uma incompreensível anomalia, já que ele crê observar a forma superior da união sexual já nas primeiras fases do desenvolvimento histórico, ao passo que ela parece desaparecer no período intermediário para retornar a seguir. Ele conclui daí que não há relação regular entre o progresso social em geral e o avanço progressivo em direção a um tipo perfeito de vida familiar. Uma definição oportuna teria evitado esse erro.[19]

Em outros casos, toma-se o cuidado de definir o objeto sobre o qual incidirá a pesquisa; mas, em vez de abranger a definição e de agrupar sob a mesma rubrica todos os fenômenos que têm as mesmas propriedades exteriores, faz-se uma triagem entre eles. Escolhem-se alguns, espécie de elite, que são vistos como os únicos com o direito a ter esses caracteres. Quanto aos demais, são considerados como tendo usurpado esses sinais distintivos e não são levados em conta. Mas é fácil prever que dessa maneira só se pode obter uma noção subjetiva e truncada. Essa eliminação, com efeito, só pode ser feita com base numa ideia preconcebida, uma vez que, no começo da ciência, nenhuma pesquisa pôde ainda estabelecer a realidade dessa usurpação, supondo-se que ela seja possível. Os fenômenos escolhidos só o podem ter sido porque estavam, mais do que os outros, de acordo com a concepção ideal que se fazia desse tipo de realidade. Por exemplo, o sr. Garofalo, no começo de sua *Criminologie*, demonstra muito bem que o ponto de partida dessa ciência deve ser "a noção sociológica do crime".[20] Só que, para constituir essa noção, ele não compara indistintamente todos os atos que, nos diferentes tipos sociais, foram reprimidos por penas regulares, mas apenas alguns dentre eles, a saber, os que ofendem a parte média e imutável do senso moral. Quanto aos sentimentos morais que desapareceram durante a evolução, eles não lhe parecem fundados na natureza das coisas, por não terem conseguido se manter; por conseguinte, os atos que foram considerados criminosos porque os violavam, lhe parecem dever essa denominação apenas a circunstâncias acidentais e mais ou menos patológicas. Mas é em virtude de uma concepção inteiramente pessoal da moralidade que ele procede a essa eliminação. Ele parte da ideia de que a evolução moral, tomada em sua fonte mesma ou nos arredores, arrasta todo tipo de escórias e de impurezas, que ela elimina a seguir progressivamente, e de que somente hoje ela conseguiu desembaraçar-se de todos os elementos adventícios que, primitivamente, perturbavam-lhe o curso. Mas esse princípio não é nem um axioma evidente nem uma verdade demonstrada; é apenas uma hipótese, que nada inclusive justifica. As partes variáveis do senso moral não são menos fundadas na natureza das coisas do que as partes imutáveis; as variações pelas quais as primeiras passaram testemunham apenas que as próprias coisas variaram. Em zoologia, as formas específicas às espécies inferiores não são vistas como menos naturais do que as que se repetem em todos os graus da escala animal. Do mesmo modo, os atos tachados de crimes pelas sociedades primitivas, e que perderam essa qualificação, são realmente criminosos para essas sociedades, tanto quanto os que continuamos a reprimir hoje em dia. Os primeiros correspondem às condições mutáveis da vida social, os segundos às condições constantes; mas uns não são mais artificiais que os outros.

E tem mais ainda que esses atos tivessem adquirido indevidamente o caráter criminológico, nem por isso deveriam ser separados radicalmente dos outros; pois a natureza das formas mórbidas de um fenômeno não é diferente da natureza das formas normais e, por consequência, é necessário observar tanto as primeiras quanto as segundas para determinar essa natureza. A doença não se opõe à saúde; trata-se de duas variedades do mesmo gênero e que se esclarecem mutuamente. Essa é uma regra há muito reconhecida e praticada, tanto em biologia como em psicologia, e que o sociólogo não é menos obrigado a respeitar. A menos que se admita que um mesmo fenômeno possa ser devido ora a uma causa, ora a outra, isto é, a menos que se negue o princípio de causalidade, as causas que imprimem num ato, mas de maneira anormal, o sinal distintivo do crime não poderiam diferir em espécie das que produzem normalmente o mesmo efeito; elas distinguem-se apenas em grau ou porque não agem no mesmo conjunto de circunstâncias. O crime anormal ainda é, portanto, um crime e deve, por conseguinte, entrar na definição do crime. Assim, o que ocorre? O sr. Garofalo toma por gênero o que não é senão a espécie ou mesmo uma simples variedade. Os fatos aos quais se aplica sua fórmula da criminalidade não representam senão uma ínfima minoria entre os que ela deveria compreender; pois não convém nem aos crimes religiosos, nem aos crimes contra a etiqueta, o cerimonial, a tradição etc., que, se desapareceram de nossos códigos modernos, preenchem, ao contrário, quase todo o direito penal das sociedades anteriores.

É a mesma falta de método que faz certos observadores recusarem aos selvagens toda espécie de moralidade.[21] Eles partem da ideia de que nossa moral é a moral; ora, é evidente que ela é desconhecida dos povos primitivos ou que só existe neles em estado rudimentar. Mas essa definição é arbitrária. Apliquemos nossa regra e tudo se modifica. Para decidir se um preceito é moral ou não, devemos examinar se ele apresenta ou não o sinal exterior da moralidade; esse sinal consiste numa sanção repressiva difusa, ou seja, numa reprovação da opinião pública que vinga toda violação do preceito. Sempre que estivermos em presença de um fato que apresenta esse caráter, não temos o direito de negar-lhe a qualificação de moral; pois essa é a prova de que ele é da mesma natureza que os outros fatos morais. Ora, regras desse gênero não só se verificam nas sociedades inferiores, como são mais numerosas aí do que entre os civilizados. Uma quantidade de atos atualmente entregues à livre apreciação dos indivíduos é, então, imposta obrigatoriamente. Percebe-se a que erros somos levados quando não definimos [os fenômenos], ou quando os definimos mal.

Mas, dirão, definir os fenômenos por seus caracteres aparentes não será atribuir às propriedades superficiais uma espécie de preponderância sobre os atributos fundamentais? Não será, por uma verdadeira inversão da ordem lógica, fazer repousar as coisas sobre seu topo, e não sobre sua base? É assim que, quando se define o crime pela pena, corre-se quase inevitavelmente o risco de ser acusado de querer derivar o crime da pena ou, conforme uma citação bem conhecida, de ver no patíbulo a fonte da vergonha, não no ato expiado. Mas a objeção repousa sobre uma confusão. Como a definição cuja regra acabamos de dar está situada no começo da ciência, ela não poderia ter por objeto exprimir a essência da realidade; deve apenas nos pôr em condições de chegar a isso ulteriormente. Ela tem por única função fazer-nos entrar em contato com as coisas e, como estas não podem ser atingidas pelo espírito a não ser de fora, é por seus exteriores que as exprime. Mas isso não quer dizer que as explique; ela apenas fornece o primeiro ponto de apoio necessário às nossas explicações. Claro, não é a pena que faz o crime, mas é por ela que ele se revela exteriormente a nós, e é dela portanto que devemos partir se quisermos chegar a compreendê-lo.

A objeção só seria fundada se esses caracteres exteriores fossem ao mesmo tempo acidentais, isto é, se não estivessem ligados às propriedades fundamentais. De fato, nessas condições, a ciência, após tê-los assinalado, não teria meio algum de ir mais adiante; não poderia aprofundar-se mais na realidade, já que não haveria nenhuma relação entre a superfície e o fundo. Mas, a menos que o princípio de causalidade seja uma palavra vã, quando caracteres determinados se encontram identicamente e sem nenhuma exceção em todos os fenômenos de certa ordem, pode-se estar certo de que eles se ligam intimamente à natureza destes últimos e que são solidários com eles. Se um grupo dado de atos apresenta igualmente a particularidade de estar associado a uma sanção penal, é que existe uma ligação íntima entre a pena e os atributos constitutivos desses atos. Em consequência, por mais superficiais que sejam essas propriedades, contanto que tenham sido metodicamente observadas, mostram com clareza ao cientista o caminho que ele deve seguir para penetrar mais fundo nas coisas; elas são o primeiro e indispensável elo da cadeia que a ciência irá desenrolar no curso de suas explicações.

Visto ser pela sensação que o exterior das coisas nos é dado, pode-se portanto dizer, em resumo: a ciência, para ser objetiva, deve partir não de conceitos que se formaram sem ela, mas da sensação. É dos dados sensíveis que ela deve tomar diretamente emprestados os elementos de suas definições iniciais. E, de fato, basta pensar em que consiste a obra da ciência para compreender que ela não pode proceder de outro modo, que tem necessidade de conceitos que exprimam adequadamente as coisas tais como são, não tais como é útil à prática concebê-las. Ora, aqueles conceitos que se constituíram fora de sua ação não preenchem essa condição. É preciso, pois, que a ciência crie novos conceitos e que, para tanto, afastando as noções comuns e as palavras que as exprimem, volte à sensação, matéria-prima necessária de todos os conceitos. É da sensação que emanam todas as ideias gerais, verdadeiras ou falsas, científicas ou não. Portanto, o ponto de partida da ciência ou conhecimento especulativo não poderia ser outro senão o do conhecimento vulgar ou prático. É somente além dele, na maneira como essa matéria comum é elaborada, que as divergências começam.

3) Mas a sensação é facilmente subjetiva. Assim é de regra, nas ciências naturais, afastar os dados sensíveis que correm o risco de ser demasiado pessoais ao observador, para reter exclusivamente os que apresentam um suficiente grau de objetividade. Eis o que leva o físico a substituir as vagas impressões que a temperatura ou a eletricidade produzem pela representação visual das oscilações do termômetro ou do eletrômetro. O sociólogo deve tomar as mesmas precauções. Os caracteres exteriores em função dos quais ele define o objeto de suas pesquisas devem ser tão objetivos quanto possível.

Pode-se estabelecer como princípio que os fatos sociais são tanto mais suscetíveis de ser objetivamente representados quanto mais completamente separados dos fatos individuais que os manifestam.[22]

De fato, uma sensação é tanto mais objetiva quanto maior a fixidez do objeto ao qual ela se relaciona; pois a condição de toda objetividade é a existência de um ponto de referência, constante e idêntico, ao qual a representação pode ser relacionada e que permite eliminar tudo o que ela tem de variável — portanto, de subjetivo. Se os únicos pontos de referência dados forem eles próprios variáveis, se forem perpetuamente diversos em relação a si mesmos, faltará uma medida comum e não teremos meio algum de distinguir em nossas impressões o que depende de fora e o que lhes vem de nós. Ora, a vida social, enquanto não chegou a isolar-se dos acontecimentos particulares que a encarnam para constituir-se à parte, tem justamente essa propriedade, pois, como esses acontecimentos não têm a mesma fisionomia de uma vez a outra, de um instante a outro, e como ela é inseparável deles, estes transmitem-lhe sua mobilidade. Ela consiste então em livres correntes[23] que estão perpetuamente em via de transformação e que o olhar do observador não consegue fixar. Vale dizer que não é por esse lado que o cientista pode abordar o estudo da realidade social. Mas sabemos que esta apresenta a particularidade de, sem deixar de ser ela mesma, ser capaz de cristalizar-se. Fora dos atos individuais que suscitam, os hábitos coletivos exprimem-se sob formas definidas, regras jurídicas, morais, ditos populares, fatos de estrutura social etc. Como essas formas existem de maneira permanente, como não mudam com as diversas aplicações que delas são feitas,[24] constituem um objeto fixo, um padrão constante que está sempre ao alcance do observador e que não dá margem às impressões subjetivas e às observações pessoais. Uma regra de direito é o que ela é, e não há duas maneiras de percebê--la. Por outro lado, visto que essas práticas nada mais são que vida social consolidada, é legítimo, salvo indicações contrárias,[25] estudar esta através daquelas.

Quando, portanto, o sociólogo empreende a exploração de uma ordem qualquer de fatos sociais, ele deve esforçar-se em considerá-los por um lado em que estes se apresentem isolados de suas manifestações individuais.[26] É em virtude desse princípio que estudamos a solidariedade social, suas formas diversas e sua evolução através do sistema das regras jurídicas que as exprimem.[27] Do mesmo modo, caso se tente distinguir e classificar os diferentes tipos familiares com base nas descrições literárias que deles nos oferecem os viajantes e, às vezes, os historiadores, corre-se o risco de confundir as espécies mais diferentes, de aproximar os tipos mais afastados. Se, ao contrário, se tomar por base dessa classificação a constituição jurídica da família e, mais especificamente, o direito sucessório, ter-se-á um critério objetivo que, sem ser infalível, evitará no entanto muitos erros.[28] Queremos classificar os diferentes tipos de crimes? Então nos esforçaremos por reconstituir as maneiras de viver, os costumes profissionais praticados nos diferentes mundos do crime, e reconheceremos tantos tipos criminológicos quantas forem as formas diferentes que essa organização apresenta. Para identificar os costumes, as crenças populares, recorreremos aos provérbios, aos ditados que os exprimem. Certamente, ao proceder assim, deixamos provisoriamente fora da ciência a matéria concreta da vida coletiva, e no entanto, por mais mutável que esta seja, não temos o direito de postular a priori sua ininteligibilidade. Mas, se quisermos seguir uma via metódica, precisaremos estabelecer os primeiros alicerces da ciência sobre um terreno firme e não sobre areia movediça. É preciso abordar o reino social pelos lados em que ele mais se abre à investigação científica. Somente a seguir será possível levar mais adiante a pesquisa e, por trabalhos de aproximação progressivos, cingir pouco a pouco essa realidade fugidia, da qual o espírito humano talvez jamais possa se apoderar completamente.

Algumas formas primitivas
de classificação*

CONTRIBUIÇÃO PARA O ESTUDO DAS
REPRESENTAÇÕES COLETIVAS (1903)

As descobertas da psicologia contemporânea evidenciaram a tão frequente ilusão que nos faz tomar por simples e elementares certas operações mentais, na realidade bastante complexas. Hoje, sabemos como é ampla a multiplicidade de elementos que formaram o mecanismo em virtude do qual construímos, projetamos para fora, localizamos no espaço nossas representações do mundo sensível. Mas esse trabalho de dissociação ainda não foi aplicado, a não ser muito raramente, às operações propriamente lógicas. As faculdades de definir, de deduzir, de induzir, são geralmente consideradas como imediatamente dadas na constituição do entendimento individual. Sem dúvida, sabe-se há muito tempo que, ao longo da história, os homens aprenderam a servir-se cada vez melhor dessas diversas funções. Mas só teria havido mudan-

---

* Émile Durkheim e Marcel Mauss. *L'Année Sociologique*, 6, (1901-2). Rubrica "Mémoires originaux". Paris: Les Presses Universitaires de France. Nova edição corrigida em 25 de setembro de 2002 com a colaboração preciosa de Jean Lassègue, do Laboratoire LattiCe-CNRS, Montrouge, França. Trad. de Joana Angélica D'Ávila Melo. (N.E.)

ças importantes na maneira de empregá-las; em seus traços essenciais, elas teriam sido constituídas assim que passou a existir uma humanidade. Nem sequer se imaginava que tivessem podido formar-se por uma penosa junção de elementos extraídos das mais diferentes fontes, as mais estranhas à lógica, e laboriosamente organizados. E tal concepção não tinha nada de surpreendente na medida em que o devir das faculdades lógicas supostamente dizia respeito somente à psicologia individual, na medida em que ainda não se tivera a ideia de ver nos métodos do pensamento científico verdadeiras instituições sociais cuja gênese somente a sociologia pode reconstituir e explicar.

As observações acima se aplicam particularmente àquilo que poderíamos chamar de função classificadora. Os lógicos e mesmo os psicólogos costumam tomar como simples, como inato ou, no mínimo, como instituído unicamente pelas forças do indivíduo o processo que consiste em classificar os seres, os eventos, os fatos do mundo em gêneros e em espécies, em subsumir uns nos outros, em determinar suas relações de inclusão ou de exclusão. Os lógicos consideram a hierarquia dos conceitos como dada nas coisas e imediatamente exprimível pela corrente infinita dos silogismos. Os psicólogos pensam que o simples jogo da associação de ideias, das leis de contiguidade e de similaridade entre os estados mentais bastam para explicar a aglutinação das imagens, a organização delas em conceitos, e em conceitos classificados uns em relação aos outros. Sem dúvida, nestes últimos tempos, veio à luz uma teoria menos simples do devir psicológico. Emitiu-se a hipótese de que as ideias se agrupavam não só de acordo com suas afinidades mútuas, mas também segundo as relações que mantêm com os movimentos.[1] Contudo, qualquer que seja a superioridade dessa explicação, ela não deixa de apresentar a classificação como um produto da atividade individual.

Há, porém, um fato que, por si só, poderia bastar para indicar que essa operação tem outras origens: é que a maneira como nós a entendemos e a praticamos é relativamente recente. Para nós, efetivamente, classificar as coisas é arrumá-las em grupos distintos uns dos outros, separados por linhas de demarcação nitidamente determinadas. O evolucionismo moderno nega que haja entre eles um abismo intransponível, mas disso não resulta que os confunda a ponto de reclamar o direito de deduzi-los uns dos outros. Existe, no fundo de nossa concepção da classe, a ideia de uma circunscrição de contornos fixos e definidos. Pois bem, quase se poderia dizer que essa concepção da classificação não remonta além de Aristóteles. Aristóteles foi o primeiro a proclamar a existência e a realidade das diferenças específicas, a demonstrar que o meio era causa e que não havia passagem direta de um gênero a outro. Platão tinha um sentimento bem menor dessa distinção e dessa organização hierárquica, visto que, para ele, os gêneros eram, em um sentido, homogêneos, e podiam reduzir-se uns aos outros pela dialética.

Não somente nossa noção atual da classificação tem uma história, como também essa história supõe ela mesma uma pré-história considerável. De fato, nunca será exagero afirmar o estado de indistinção do qual partiu o espírito humano. Mesmo hoje, toda uma parte de nossa literatura popular, de nossos mitos, de nossas religiões, está baseada sobre uma confusão fundamental de todas as imagens, de todas as ideias. Não existe nenhuma delas, por assim dizer, que seja separada das outras com alguma nitidez. As metamorfoses, as transmissões de qualidades, as substituições de pessoas, de almas e de corpos, as crenças relativas à materialização dos espíritos, à espiritualização de objetos materiais, são elementos do pensamento religioso ou do folclore. Ora, a própria ideia de semelhantes transmutações não poderia nascer se as coisas fossem representadas dentro de conceitos delimitados e classificados. O dogma cristão da transubstanciação é uma consequência desse estado de espírito e pode servir para provar sua generalidade.

Contudo, essa mentalidade já não subsiste hoje nas sociedades europeias a não ser em estado de sobrevivência, e, mesmo sob essa forma, já não se encontra senão em certas funções, nitidamente localizadas, do pensamento coletivo. Mas existem incontáveis sociedades nas quais é no conto etiológico que reside toda a história natural; nas metamorfoses, toda a especulação sobre as espécies vegetais e animais; nos ciclos divinatórios, nos círculos e quadrados mágicos, toda a previsão científica. Na China, em todo o Extremo Oriente, em toda a Índia moderna, como na Grécia e na Roma antigas, as noções relativas às ações simpáticas, às correspondências simbólicas, às influências astrais, não só eram ou são muito difundidas como também esgotavam ou ainda esgotam a ciência coletiva. Ora, o que elas supõem é a crença na transformação possível das coisas mais heterogêneas umas nas outras e, por conseguinte, a ausência mais ou menos completa de conceitos definidos.

Se descermos até as sociedades menos evoluídas que conhecemos, aquelas que os alemães denominam pelo termo um tanto vago de *Naturvölker*, encontraremos uma confusão mental ainda mais absoluta.[2] Aqui, o próprio indivíduo perde sua personalidade. Entre ele e sua alma exterior, entre ele e seu totem, a indistinção é completa. Sua personalidade e a de seu *fellow-animal* formam uma só.[3] A identificação é tal que o homem assume os caracteres da coisa ou do animal de que é assim aproximado. Por exemplo, em Mabuiag, os indivíduos do clã do crocodilo passam por ter o temperamento do crocodilo: são altivos, cruéis, sempre dispostos à batalha.[4] Entre certos Sioux, há uma seção da tribo que é dita vermelha e que compreende os clãs do leão das montanhas, do búfalo, do alce, animais que se caracterizam por seus instintos violentos; os membros desses clãs são, de nascença, gente de guerra, ao passo que os agricultores, gente naturalmente plácida, pertencem a clãs cujos totens são animais essencialmente pacíficos.[5] Se é assim quanto aos homens, com mais forte razão dá-se o mesmo quanto às coisas. Não somente há uma indiferenciação completa entre o signo e o objeto, o nome e a pessoa, os lugares e os habitantes, como também, segundo uma justíssima observação feita por Karl von den Steinen a respeito dos Bakairi[6] e dos Bororo, o "princípio da *generatio æquivoca* está provado para o primitivo".[7] É de boa-fé que o Bororo imagina ser pessoalmente uma arara; ao menos, embora só depois de morto deva assumir-lhe a forma característica, nesta vida ele é para o animal o que a lagarta é para a borboleta. É de boa-fé que os Trumai são tidos por bichos aquáticos. "Falta ao indígena nossa determinação dos gêneros uns em relação aos outros, na medida em que um não se mistura com o outro."[8] Os animais, os homens, os objetos inanimados foram quase sempre concebidos na origem como se mantivessem vínculos da mais perfeita identidade uns com os outros. As relações entre a vaca preta e a chuva, o cavalo branco ou vermelho e o Sol, são traços característicos da tradição indo-europeia;[9] e poderíamos multiplicar ao infinito os exemplos.

Aliás, esse estado mental não difere muito sensivelmente daquele que ainda hoje, a cada geração, serve de ponto de partida para o desenvolvimento individual. A consciência não passa então de um fluxo contínuo de representações que se perdem umas nas outras, e as distinções, quando começam a aparecer, são todas fragmentárias. Isto está à direita e isto à esquerda, isto é do passado e isto do presente, isto se parece com aquilo, isto acompanhou aquilo, eis mais ou menos tudo o que a mente, até mesmo a do adulto, poderia produzir se a educação não viesse inculcar-lhe maneiras de pensar que ele jamais poderia instaurar contando apenas com suas forças, e que são fruto de todo o desenvolvimento histórico. Vê-se toda a distância que há entre essas distinções e esses agrupamentos rudimentares, e o que constitui verdadeiramente uma classificação.

Bem longe, portanto, de o homem classificar espontaneamente e por uma espécie de necessidade natural, no início faltam à humanidade as condições mais indispensáveis da função classificadora. Basta, aliás, analisar a própria ideia de classificação para compreender que o homem não podia encontrar em si mesmo os elementos essenciais dela. Uma classe é um grupo de coisas; ora, as coisas não se apresentam à observação, por elas mesmas, assim agrupadas. Claro, podemos perceber mais ou menos vagamente as suas semelhanças. Mas o simples fato [da existência] dessas similitudes não basta para explicar como somos levados a juntar assim os seres que se assemelham, a reuni-los numa espécie de meio ideal, encerrado em limites determinados e que nós denominamos gênero, espécie etc. Nada nos autoriza a supor que nossa mente, ao nascer, traga pronto o protótipo desse quadro elementar de toda classificação. Sem dúvida, a palavra pode ajudar-nos a dar mais unidade e consistência à junção assim formada; mas, embora seja um meio de melhor realizar esse agrupamento, uma vez que se concebeu sua possibilidade, a palavra não poderia por si mesma sugerir-nos tal ideia. Por outro lado, classificar não é somente constituir grupos: é dispor esses grupos segundo relações muito especiais. Nós os representamos para nós mesmos como coordenados ou subordinados uns aos outros, dizemos que estes (as espécies) estão incluídos naqueles (os gêneros), que os segundos subsumem os primeiros. Há os que dominam, outros que são dominados, outros que são independentes entre si. Toda classificação implica uma ordem hierárquica cujo modelo não nos é oferecido nem pelo mundo sensível nem pela nossa consciência. Portanto, é plausível perguntar onde fomos buscá-lo. As próprias expressões das quais nos servimos para caracterizá-lo autorizam a presumir que todas essas noções lógicas são de origem extralógica. Dizemos que as espécies de um mesmo gênero mantêm vínculos de parentesco; chamamos certas classes de "famílias"; o próprio termo "gênero" não designava primitivamente um grupo familiar (γένος)? Tais fatos tendem a fazer conjecturar que o esquema da classificação não é um produto espontâneo do entendimento abstrato, mas sim resulta de uma elaboração na qual entraram todos os tipos de elementos estranhos.

Claro, essas observações preliminares não têm absolutamente, por objeto, resolver o problema, nem mesmo o de prejulgar a solução dele, mas somente o de mostrar que existe aí um problema que deve ser colocado. Totalmente desprovidos de fundamento para admitir, como evidência, que os homens classificam naturalmente, por uma espécie de necessidade interna de seu entendimento individual, devemos, ao contrário, perguntar o que pode tê-los levado a dispor suas ideias sob essa forma e onde podem ter encontrado o plano dessa notável disposição. Não podemos nem sequer imaginar tratar aqui dessa questão em toda a sua amplitude. Mas, depois de tê-la colocado, gostaríamos de reunir certo número de informações que, segundo cremos, ajudam a esclarecê-la. De fato, a única maneira de responder a ela é buscar as classificações mais rudimentares que os homens fizeram, a fim de ver com quais elementos foram construídas. Então, exporemos a seguir certo número de classificações que são certamente muito primitivas e cuja significação geral não parece duvidosa.

Tal questão ainda não foi apresentada nos termos que acabamos de descrever. Mas, entre os fatos de que nos serviremos ao longo deste trabalho, alguns já foram assinalados e estudados por certos autores. Bastian se ocupou, em várias ocasiões, das noções cosmológicas em seu conjunto, e com bastante frequência tentou sistematizá-las de algum modo.[10] Mas dedicou-se sobretudo às cosmologias dos povos orientais e às da Idade Média, preferencialmente enumerando os fatos em vez de procurar explicá-los. No que se refere às classificações mais rudimentares, primeiro Howitt[11] e em seguida Frazer[12] já deram vários exemplos. Mas nenhum dos dois sentiu-lhes a importância do ponto de vista da história da lógica. Veremos, inclusive, que a interpretação dada por Frazer a esses fatos é exatamente contrária àquela que proporemos.

I

Os sistemas de classificação mais humildes que conhecemos são os observados nas tribos australianas.

Sabe-se qual é o tipo de organização mais difundido nesses tipos de sociedades. Cada tribo é dividida em duas grandes seções fundamentais, que chamamos "fratrias".[13] Cada fratria, por sua vez, compreende um número de clãs, isto é, grupos de indivíduos portadores de um mesmo totem. Em princípio, os totens de uma fratria não aparecem na outra. Além dessa divisão em clãs, cada fratria é dividida em duas classes que denominaremos "matrimoniais". Damos-lhes tal nome porque essa organização tem por objeto, antes de mais nada, regular os casamentos: determinada classe de uma fratria só pode contrair matrimônio com determinada classe da outra fratria. Assim, a organização geral da tribo assume a forma seguinte:[14]

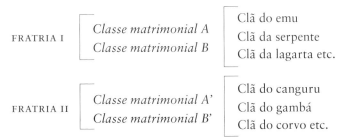

As classes designadas pela mesma letra (A, A' e B, B') são as que têm entre si o conúbio.

Todos os membros da tribo se veem, assim, classificados em quadros definidos e que se encaixam uns nos outros. *Pois bem, a classificação das coisas reproduz essa classificação dos homens.*

Cameron já havia observado que, entre os Ta-ta-This,[15] "todas as coisas do Universo são divididas entre os diversos membros da tribo". "Uns", diz ele, "atribuem-se as árvores, alguns outros as planícies, outros o céu, o vento, a chuva e assim por diante." Infelizmente, essa informação é imprecisa. Não nos é dito a quais grupos de indivíduos os diversos grupos de coisas são assim vinculados.[16] Mas dispomos de fatos de bem maior evidência, de documentos totalmente significativos.

As tribos do rio Bellinger são divididas, cada uma, em duas fratrias; ora, segundo Palmer, essa divisão aplica-se igualmente à natureza. "Toda a natureza", diz ele, "é dividida segundo os nomes das fratrias.[17] As coisas são ditas machos ou fêmeas. O Sol, a Lua e as estrelas são homens e mulheres e pertencem a esta ou àquela fratria, assim como os próprios negros".[18] Essa tribo é bastante próxima de outra tribo, a de Port-Mackay, em Queensland, onde encontramos o mesmo sistema de classificação. Segundo a resposta dada por Bridgmann aos questionários de Curr, de Br. Smyth e de Lorimer Fison, essa tribo e as tribos vizinhas compreendem duas fratrias, uma denominada Yungaroo e a outra Wutaroo.[19] Também existem classes matrimoniais; mas estas não parecem ter afetado as noções cosmológicas. Ao contrário, a divisão das fratrias é considerada "uma lei universal da natureza". "Todas as coisas, animadas e inanimadas", diz Curr, segundo Bridgmann, "são divididas por essas tribos em duas classes chamadas Yungaroo e Wootaroo".[20] "Eles dividem as coisas entre si", relata a mesma testemunha (Br. Smyth). "Dizem que os aligátores são Yungaroo e que os cangurus são Wootaroo. O Sol é Yungaroo, a Lua, Wootaroo, e assim por diante quanto às constelações, às árvores, às plantas etc."[21] E Fison: "Tudo na natureza se distribui segundo eles entre duas fratrias. O vento pertence a uma, a chuva à outra... Se os interrogarmos sobre uma estrela em particular, dirão a qual divisão (fratria) ela pertence."[22]

Uma tal classificação é de extrema simplicidade, pois é apenas bipartida. Todas as coisas são alinhadas em duas categorias que correspondem às duas fratrias. O sistema se torna mais complexo quando já não se trata somente da divisão em fratrias, mas também da divisão em quatro classes matrimoniais, que serve de moldura à distribuição dos seres. É esse o caso entre os Wakelbùra, de Queensland-Norte-Central. O sr. Muirhead, colono que habitou por muito tempo a região e observador perspicaz, várias vezes enviou a Curr e a Howitt informações sobre a organização desses povos e sobre a cosmologia deles, e tais informações, que realmente parecem estender-se a várias tribos,[23] foram corroboradas por outra testemunha, Ch. Lowe.[24] Os Wakelbùra são repartidos em duas fratrias, Mallera e Wùtarù; cada uma, além disso, é dividida em duas classes matrimoniais. As classes da fratria Mallera trazem os nomes de Kurgila e Banhe: as da fratria Wùtarù são chamadas Wungo e Obù. Pois bem, essas duas fratrias e essas duas classes matrimoniais "dividem todo o universo em grupos". "As duas fratrias", diz Howitt, "são Mallera ou Wutheru (equivalente de Wùtarù); por conseguinte, todos os objetos são uma ou outra."[25] E Curr: "O alimento comido pelos Banbey e pelos Kargilla é chamado Mallera, e o dos Wongoo ou Oboo (Obù) é chamado Wothera (Wùtarù).[26] Mas além disso nós encontramos uma repartição por classes matrimoniais".

Certas classes são as únicas autorizadas a comer certas espécies de alimento. Assim, os Banbey são limitados ao gambá, ao canguru, ao cão, ao mel da pequena abelha etc. Aos Wongoo são atribuídos o emu, o *bandicoot*, o pato negro, a serpente negra, a serpente marrom. Os Oboo se nutrem do píton-tapete, do mel das abelhas de ferrão etc. Os Kargilla vivem de porcos-espinho, de perus das planícies etc. Além disso, a eles pertencem a água, a chuva, o fogo e o trovão. Existem incontáveis tipos de alimento, peixes, mamíferos e aves de caça, em cuja distribuição Muirhead não entra.[27]

É verdade que parece haver alguma incerteza nas informações recolhidas sobre essa tribo. Segundo o que diz Howitt, poderíamos crer que a divisão se faz por fratrias e não por classes matrimoniais. De fato, as coisas atribuídas aos Banbey e aos Kargilla seriam todas Mallera.[28] Mas a divergência é apenas aparente, e até instrutiva. Efetivamente, a fratria é o gênero, a classe matrimonial é a espécie; ora, o nome do gênero convém à espécie, o que não significa que a espécie não tenha o seu próprio nome. Assim como o gato se inclui na classe quadrúpede e pode ser designado por esse nome, as coisas da espécie Kargilla pertencem ao gênero superior Mallera (fratria) e, por conseguinte, podem também ser ditas Mallera. É a prova de que já não estamos lidando com uma simples dicotomia das coisas em dois gêneros opostos, mas, em cada um desses gêneros, com uma verdadeira inclusão de conceitos hierarquizados.

A importância dessa classificação é tal que se estende a todos os fatos da vida; reencontramos sua marca em todos os ritos principais. Assim, um feiticeiro que é da fratria Mallera só pode servir-se, para sua arte, das coisas que são igualmente Mallera.[29] Por ocasião do enterro, a armação sobre a qual o corpo é exposto (sempre na hipótese de tratar-se de um Mallera), "deve ser feita com madeira de alguma árvore pertencente à fratria Mallera".[30] O mesmo se dá com as ramagens que recobrem o cadáver.

Caso se trate de um Banbey, deve-se empregar a árvore de grandes folhas; pois essa árvore é banbe[31] e serão homens da mesma fratria que procederão ao cumprimento do rito. A mesma organização de ideias serve de base às previsões; é tomando-a como premissa que se interpretam os sonhos,[32] que se determinam as causas, que se definem as responsabilidades. Sabe-se que, em todos esses tipos de sociedade, a morte nunca é considerada um evento natural, resultante de causas puramente físicas; quase sempre é atribuída à influência mágica de algum feiticeiro, e a determinação do culpado faz parte dos ritos funerários. Ora, entre os Wakelbùra, é a classificação das coisas por fratrias e por classes matrimoniais que fornece o meio de descobrir a classe à qual pertence o sujeito responsável, e talvez até esse mesmo sujeito.[33] Sob a armação onde repousa o corpo e ao redor, os guerreiros aplanam cuidadosamente a terra, de tal modo que a mais leve marca sobre ela seja visível. No dia seguinte, examina-se atentamente o terreno sob o cadáver. Se um animal tiver passado por ali, descobrem-se facilmente seus rastros; os negros inferem destes a classe da pessoa que causou a morte de seu parente.[34] Por exemplo, se forem encontrados rastros de cão selvagem, eles saberão que o assassino é Mallera e Banbey; pois é a essa fratria e a essa classe que pertence esse animal.[35]

Há mais. Essa ordem lógica é tão rígida, e o poder constrangedor dessas categorias sobre a mente do australiano é tão forte que, em certos casos, vemos dispor-se segundo tais princípios todo um conjunto de atos, de signos, de coisas. Quando uma cerimônia de iniciação deve realizar-se, o grupo local que toma a iniciativa de convocar os outros grupos locais pertencentes ao mesmo clã totêmico adverte-os enviando-lhes "um bastão de mensagem" que deve pertencer à mesma fratria do remetente e do portador.[36] Essa concordância obrigatória talvez pareça não ter nada de muito extraordinário, visto que, em quase toda a Austrália, o convite para uma sessão iniciatória é feito por um mensageiro portador de "diabos" (ou *bull-roarer, turndun, churinga*) que são, evidentemente, propriedade de todo o clã e, por conseguinte, tanto do grupo que convida como daqueles que são convidados.[37] Mas a mesma regra se aplica às mensagens destinadas a marcar um encontro de caça, e, aqui, o expedidor, o destinatário, o mensageiro, a madeira da mensagem, o animal a ser caçado, a cor com que o bastão é pintado, tudo combina rigorosamente, segundo o princípio estabelecido pela classificação.[38] Assim, num exemplo que Howitt nos dá,[39] o bastão era enviado por um Obù. Consequentemente, a madeira do bastão era de *gydea*, espécie de acácia que é da fratria Wùtarù, da qual fazem parte os Obù. Os animais de caça representados no bastão eram o *emu* e o *wallaby*, que são dessa mesma fratria. A cor do bastão era azul, provavelmente pela mesma razão. Assim, tudo se segue, aqui, à maneira de um teorema: o remetente, o destinatário, o objeto e o desenho da mensagem, a madeira empregada, são todos aparentados. Ao primitivo, todas essas noções parecem comandar-se e implicar-se com uma necessidade lógica.[40]

Outro sistema de classificação, mais completo e talvez mais característico, é aquele no qual as coisas são repartidas já não por fratrias e por classes matrimoniais, mas por fratrias e por clãs ou totens. "Os totens australianos", diz Fison, "têm cada um seu valor próprio. Alguns repartem não somente a humanidade, mas todo o universo, naquilo que podemos chamar de divisões gentilícias."[41] Para isso, há uma razão bem simples, a saber: se o totemismo é, sob certo aspecto, o agrupamento dos homens em clãs segundo os objetos naturais (espécies totêmicas associadas), ele é também, inversamente, um agrupamento dos objetos naturais segundo os agrupamentos sociais. Mais adiante Frison observa:

O selvagem sul-australiano considera o universo como a grande tribo, a uma de cujas divisões ele pertence, e todas as coisas, animadas ou inanimadas, que são de seu grupo são partes do corpo (*body corporate*) do qual ele mesmo é parte. Elas são absolutamente partes dele mesmo, como observa habilmente Stewart.[42]

O exemplo mais conhecido desses fatos é aquele sobre o qual Fison, Br. Smyth, Curr, Andrew Lang e Frazer chamaram sucessivamente a atenção.

Refere-se à tribo do monte Gambier. As informações se devem ao sr. Stewart, que conheceu intimamente essa tribo. Ela é dividida em duas fratrias, uma chamada Kumite e outra Kroki: esses dois nomes, aliás, são bastante difundidos em todo o sul da Austrália, onde são empregados no mesmo sentido. Cada uma dessas fratrias é por sua vez dividida em cinco clãs totêmicos de filiação uterina.[43] É entre esses clãs que as coisas são repartidas. Cada um dos clãs não pode consumir nenhum dos objetos que lhe sejam assim atribuídos. "Um homem não mata nem come nenhum dos animais que pertencem à mesma subdivisão que ele mesmo."[44] Mas, afora essas espécies animais e mesmo vegetais[45] proibidas, a cada classe vincula-se uma multidão indefinida de coisas de todos os tipos.

As fratrias Kimite e Kroke (Kroki) são divididas cada uma em cinco subclasses (entenda-se clãs totêmicos), sob as quais (sic) são alinhados certos objetos que eles denominam *tooman* (que significa *carne*) ou *wingo* (que significa *amigos*). Todas as coisas da natureza pertencem a um ou a outro desses dez clãs.[46]

Curr nos indica, mas só a título de exemplos,[47] algumas das coisas que são assim classificadas.

O primeiro[48] dos totens Kumite é o do Mùla[49] ou falcão-pescador; a ele pertencem, ou, como dizem Fison e Howitt, nele são incluídos a fumaça, a madressilva, árvores etc.[50]

O segundo é o do Parangal ou pelicano, ao qual são vinculados a árvore de madeira negra, os cães, o fogo, o gelo etc.

O terceiro é o do Wa ou corvo, ao qual estão subsumidos a chuva, o trovão, o relâmpago, o granizo, as nuvens etc.

O quarto totem é o do Wila ou cacatua negra, ao qual se remetem a Lua, as estrelas etc.

Por fim, ao totem do Karato (serpente inofensiva) pertencem o peixe, a árvore de filamentos [*l'arbre à filaments*], o salmão, a foca etc.

Sobre os totens da fratria Kroki, temos menos informações. Só conhecemos três. Ao totem *werio* (árvore do chá) vinculam-se os patos, os *wallabies*, as galinhas, o lagostim etc.; ao do *mùrna* (espécie de raiz comestível),[51] o busardo, o *dolvich* (espécie de pequeno canguru), as codornizes etc.; ao do *karaal* (cacatua branca, sem crista),[52] o canguru, o falso carvalho, o verão, o Sol, o outono (gênero feminino), o vento (mesmo gênero).

Aqui, portanto, estamos diante de um sistema ainda mais complexo e mais extenso do que os precedentes. Não se trata apenas de uma classificação em dois gêneros fundamentais (fratrias), cada um com duas espécies (as duas classes matrimoniais). Sem dúvida, o número dos gêneros fundamentais é, ainda aqui, o mesmo, mas o das espécies de cada gênero é bem mais considerável, pois os clãs podem ser muito numerosos. Porém, ao mesmo tempo, sobre essa organização mais diferenciada, o estado de confusão inicial do qual partiu o espírito humano continua sensível. Se os grupos distintos se multiplicaram, dentro de cada grupo elementar reina a mesma indistinção. As coisas atribuídas a uma fratria são nitidamente separadas daquelas que são atribuídas à outra; aquelas atribuídas aos diferentes clãs de uma mesma fratria não são menos distintas. Mas todas as que estão compreendidas num só e mesmo clã são, em larga medida, indiferenciadas. São da mesma natureza; não existem entre elas linhas nítidas de demarcação, como existem entre as variedades últimas de nossas classificações. Os indivíduos do clã, os seres da espécie totêmica, os das espécies a eles vinculadas não passam, todos, de aspectos diversos de uma só e mesma realidade. As divisões sociais aplicadas à massa primitiva das representações até podem ter recortado nela certo número de quadros delimitados, mas o interior desses quadros permaneceu num estado relativamente amorfo que evidencia a lentidão e a dificuldade com a qual se estabeleceu a função classificadora.

Em certos casos, talvez não seja impossível perceber alguns dos princípios segundo os quais esses agrupamentos se constituíram. Assim, nessa tribo do monte Gambier, à cacatua branca estão ligados o Sol, o verão, o vento; à cacatua preta, a Lua, as estrelas, os astros noturnos. Parece que a cor forneceu a linha segundo a qual se dispuseram, de maneira antitética, essas diversas representações. De igual modo, o corvo compreende naturalmente, em virtude de sua cor, a chuva, e por conseguinte o inverno, as nuvens e, através delas, o relâmpago e o trovão. Tendo perguntado a um indígena a qual divisão pertencia o touro, Stewart recebeu dele, após um momento de reflexão, a seguinte resposta: "O touro come capim, portanto é *boortwerio*, isto é, do clã da árvore do chá, que certamente compreende todas as pastagens e os herbívoros".[53] Mas, muito provavelmente, essas são explicações tardias às quais o negro recorre para justificar perante ele mesmo sua classificação e remetê-la a regras gerais segundo as quais se comporta. Com muita frequência, aliás, tais questões o pegam de surpresa e ele se limita, durante toda a resposta, a invocar a tradição. "As razões que fizeram estabelecer o quadro foram esquecidas, mas o quadro subsiste e é aplicado, bem ou mal, até às noções novas como a do boi, que foi introduzido muito recentemente."[54] Com mais forte razão, não é de espantar que muitas dessas associações nos desorientem. Elas não são o resultado de uma lógica idêntica à nossa. São norteadas por leis das quais nem fazemos ideia.

Um caso análogo nos é fornecido pelos Wotjoballuk, tribo da Nova Gales do Sul, uma das mais evoluídas das tribos australianas. Devemos as informações ao próprio Howitt, cuja competência é conhecida.[55] A tribo é dividida em duas fratrias, Krokitch e Gamutch,[56] as quais, diz ele, na verdade parecem compartilhar todos os objetos naturais. Segundo a expressão dos indígenas, "as coisas pertencem às fratrias". Além disso, cada fratria compreende um certo número de clãs. A título de exemplo, Howitt cita, na fratria Krokitch, os clãs do vento quente, da cacatua branca sem crista, das coisas do Sol, e, na fratria Gamutch, os da víbora surda [*la vipère sourde*], da cacatua preta, do pelicano.[57] Mas esses são apenas exemplos: "Forneci", diz ele, "três totens de cada fratria como exemplos, mas há mais; oito para os Krokitch e, para os Gamutch, pelo menos quatro".[58] Ora, as coisas classificadas em cada fratria são repartidas entre os diferentes clãs que ela compreende. Do mesmo modo como a divisão primária (ou fratria) é partilhada em certo número de divisões totêmicas, todos os objetos atribuídos à fratria são divididos entre esses totens. Assim, cada totem possui certo número de objetos naturais que não são todos animais, pois entre eles há uma estrela, o fogo, o vento etc.[59] As coisas assim classificadas sob cada totem são chamadas por Howitt de subtotens ou pseudototens. A cacatua branca, por exemplo, tem quinze deles e o vento quente, cinco.[60] Enfim, a classificação é levada a tal grau de complexidade que, às vezes, a esses totens secundários, subordinam-se totens terciários. Assim, a classe *krokitch* (fratria) compreende como divisão o pelicano (totem): o pelicano compreende outras subdivisões (subtotens, espécies de coisas classificadas sob o totem) entre as quais se encontra o fogo, e o próprio fogo compreende, como uma subdivisão do terceiro grau, os sinais (feitos provavelmente por meio do fogo).[61]

Essa curiosa organização de ideias, paralela à da sociedade, é perfeitamente análoga, exceto por sua complicação, àquela que encontramos entre as tribos do monte Gambier; e é igualmente análoga à divisão segundo as classes matrimoniais que observamos em Queensland e à divisão dicotômica segundo as fratrias que encontramos quase por toda parte.[62] Mas, após descrevermos as diferentes variedades desse sistema de maneira objetiva, tais como funcionam nessas sociedades, seria interessante saber de que maneira o australiano as representa para si; qual noção ele faz das relações mantidas uns com os outros pelos grupos de coisas assim classificadas. Desse modo, poderíamos perceber melhor o que são as noções lógicas do primitivo e a maneira como elas se formaram. Pois bem, quanto aos Wotjobolluk, dispomos de documentos que permitem precisar certos pontos dessa questão.

Como seria de esperar, essa representação se mostra sob aspectos diferentes.

De saída, essas relações lógicas são concebidas sob a forma de relações de parentesco mais ou menos próximo do indivíduo. Quando a classificação se faz simplesmente por fratrias, sem outra subdivisão, cada um se conta parente do outro e igualmente parente dos seres atribuídos à fratria da qual é membro; todos são, ao mesmo título, sua carne, seus amigos, ao passo que cada um tem sentimentos bem diversos pelos seres da outra fratria. Mas quando, a essa divisão fundamental, se superpôs a divisão em classes ou em clãs totêmicos, tais relações de parentesco se diferenciaram. Assim, um Kumite do monte Gambier sente que todas as coisas *kumites* são suas; mas interessam-lhe mais de perto as que são do seu totem. O parentesco, neste último caso, é mais próximo. "O nome de fratria é geral", diz Howitt, a respeito dos Wotjoballuk; "o nome totêmico é, em certo sentido, individual, pois está mais perto do indivíduo do que o nome da metade da comunidade (entenda-se fratria) à qual ele pertence".[63] Assim, as coisas são concebidas como dispostas numa série de círculos concêntricos ao indivíduo; os mais afastados, aqueles que correspondem aos gêneros mais gerais, são os que compreendem as coisas que o tocam menos; elas se lhe tornam menos indiferentes à medida que se aproximam dele. De igual modo, quando são comestíveis, apenas as mais próximas lhe são proibidas.[64]

Em outros casos, é sob a forma de vínculos entre possuidores e possuídos que são pensadas tais relações. A diferença entre os totens e os subtotens é, segundo Howitt, a seguinte:

> Uns e outros são denominados *mirû* (plural de *mir*, que significa totem). Mas enquanto um dos meus informantes, um Krokitch, *toma emprestado* seu nome, *ngaui*, do Sol (totem propriamente dito), ele *possui* Bungil, uma das estrelas fixas (que é um subtotem)... O verdadeiro totem o possui, mas ele mesmo possui o subtotem.[65]

De igual modo, um membro do clã Wartwut (vento quente) reclamava como "pertencendo-lhe mais especialmente" um dos cinco subtotens, *moiwuk* (o píton--tapete).[66] Mais exatamente, não é o indivíduo que possui por si mesmo o subtotem: é ao totem principal que pertencem aqueles que lhe são subordinados. Nisso, o indivíduo não é senão um intermediário. É por ter em si o totem (o qual se encontra igualmente em todos os membros do clã) que ele tem uma espécie de direito de propriedade sobre as coisas atribuídas a esse totem. Aliás, sob as expressões que acabamos de relatar, sente-se também algo da concepção que nos esforçávamos por analisar em primeiro lugar. Pois uma coisa "que pertence especialmente a um indivíduo" é também mais vizinha dele e o toca mais particularmente.[67]

É verdade que, em certos casos, o australiano parece representar-se a hierarquia das coisas numa ordem exatamente inversa. As mais afastadas é que são consideradas por ele como as mais importantes. Um dos indígenas dos quais já falamos, que tinha por totem o Sol (*ngaui*) e por subtotem uma estrela (*bungil*), dizia "que era *ngaui*, e não *bungil*".[68] Outro que também mencionamos, cujo totem era *wartwut* (vento quente) e cujo subtotem era *moiwuk* (píton-tapete), era, na opinião de um de seus próprios companheiros, *wartwut*, "mas também *parcialmente moiwuk*".[69] Somente uma parte dele era píton-tapete. É o que significa igualmente outra expressão que Howitt nos relata. Com frequência, um Wotjoballuk tem dois nomes; um é seu totem e o outro, seu subtotem. O primeiro é verdadeiramente seu nome, o outro "vem um pouco atrás";[70] é de categoria secundária. É que, de fato, as coisas mais essenciais ao indivíduo não são as mais vizinhas dele, as que se ligam mais estreitamente à sua personalidade individual. A essência do homem é a humanidade. A essência do australiano está em seu totem, mais do que em seu subtotem, e até, melhor ainda, no conjunto de coisas que caracterizam sua fratria. Portanto, não há nesses textos nada que contradiga os precedentes. Neles, a classificação é sempre concebida da mesma maneira, só que as relações que a constituem são consideradas de outro ponto de vista.

II

Após termos estabelecido esse tipo de classificação, devemos buscar determinar, tanto quanto possível, sua generalidade.

Os fatos não nos autorizam a afirmar que ele se encontra em toda a Austrália, tampouco que tem a mesma extensão que a organização tribal em fratrias, classes matrimoniais e clãs totêmicos. Sem dúvida, estamos convencidos de que, se procurássemos bem, nós o encontraríamos, completo ou alterado, em muitas sociedades australianas nas quais ele permaneceu despercebido até o momento; mas não podemos prejulgar o resultado de observações que não foram feitas. Contudo, os documentos de que dispomos desde já nos permitem assegurar que ele é ou certamente foi muito difundido.

De saída, mesmo em vários casos nos quais não foi diretamente observada nossa forma de classificação, encontraram-se e assinalaram-se totens secundários que, como vimos, a supõem. Isso é especialmente verdadeiro no caso das ilhas do estreito de Torres, vizinhas da Nova Guiné Britânica. Em Kiwai, quase todos os clãs têm por totem (*miramara*) espécies vegetais; um deles, a palmeira (*nipa*), tem por totem secundário o caranguejo, que habita a árvore do mesmo nome.[71] Em Mabuiag (ilha situada a oeste do estreito de Torres)[72] encontramos uma organização dos clãs em duas fratrias: a do pequeno *augùd* (*augùd* significa totem) e a do grande *augùd*. Uma é a fratria da terra, a outra é a fratria da água; uma se instala contra o vento, a outra a favor do vento; uma fica a leste, a outra a oeste. A da água tem por totens o *dugong* e um animal aquático que Haddon denomina *shovel-nose skate*; os totens da outra, à exceção do crocodilo, que é um anfíbio, são todos animais terrestres: o crocodilo, a serpente, o casuar.[73] Evidentemente, esses são traços importantes de classificação. Além disso, porém, Haddon menciona expressamente "totens secundários ou subsidiários propriamente ditos": o tubarão-martelo, o tubarão, a tartaruga, a raia-prego (*sting ray*), são vinculados, a esse título, à fratria da água;

o cão, à fratria da terra. Ademais, outros dois totens são atribuídos a esta última: ornamentos feitos de conchas em forma de meia-lua.[74] Se considerarmos que, nessas ilhas, por toda parte o totemismo está em plena decadência, parecerá tanto mais legítimo ver nesses fatos os restos de um sistema mais completo de classificação. É bem possível que exista uma organização análoga em outros locais do estreito de Torres e no interior da Nova Guiné. O princípio fundamental, a divisão por fratrias e clãs agrupados três a três, foi constatado formalmente em Saibai (ilha do estreito) e em Daudai.[75]

Seríamos tentados a descobrir traços dessa mesma classificação nas ilhas Murray, Mer, Waier e Dauar.[76] Sem entrarmos nos detalhes dessa organização social, tal como Hunt a descreveu, queremos chamar a atenção sobre o seguinte fato. Entre esses povos existe certo número de totens. Ora, cada um deles confere, aos indivíduos que o carregam, poderes variados sobre diferentes espécies de coisas. Assim, aqueles cujo totem é o tambor têm os seguintes poderes: é a eles que cabe fazer a cerimônia que consiste em imitar os cães e bater os tambores; são eles que fornecem os feiticeiros encarregados de fazer se multiplicarem as tartarugas, de assegurar a colheita das bananas, de adivinhar quem são os assassinos pelos movimentos do lagarto; são eles, enfim, que impõem o tabu da serpente. Portanto, pode-se dizer, com bastante verossimilhança, que do clã do tambor dependem, sob certos aspectos, além do próprio tambor, a serpente, as bananas, os cães, as tartarugas, os lagartos. Todas essas coisas cabem, ao menos parcialmente, a um mesmo grupo social e, por conseguinte — já que no fundo as duas expressões são sinônimas —, a uma mesma classe de seres.[77]

A mitologia astronômica dos australianos traz a marca desse mesmo sistema mental. Efetivamente, essa mitologia é, por assim dizer, moldada sobre a organização totêmica. Quase por toda parte os negros dizem que tal astro é determinado ancestral.[78] É altamente provável que se devesse mencionar para esse astro, assim como para o indivíduo com quem ele se confunde, a qual fratria, a qual classe, a qual clã ele pertence. Por isso mesmo, ele se via classificado em um dado grupo; um parentesco, um lugar determinado eram-lhe atribuídos na sociedade. O certo é que essas concepções mitológicas são observadas nas sociedades australianas onde encontramos, com todos os seus traços característicos, a classificação das coisas em fratrias e em clãs; nas tribos do monte Gambier, entre os Wotjoballuk, nas tribos do norte de Victoria. "O Sol", diz Howitt, "é uma mulher Krokitch do clã do Sol, que todos os dias vai procurar seu filhinho perdido."[79] Bungil (a estrela Fomalhaut) foi, antes de subir ao céu, uma possante cacatua branca, da fratria Krokitch. Essa cacatua tinha duas mulheres, que, naturalmente, em virtude da regra exogâmica, pertenciam à fratria oposta, Gamutch. Elas eram cisnes (provavelmente, dois subtotens do pelicano). Mas são também estrelas.[80] Os Woivonung, vizinhos dos Wotjoballuk,[81] acreditam que Bungil (nome da fratria) subiu ao céu num turbilhão com seus filhos,[82] que são todos seres totêmicos (homens e animais ao mesmo tempo); ele é Fomalhaut, como entre os Wotjoballuk, e cada um de seus filhos é uma estrela;[83] duas são o α e o δ do Cruzeiro do Sul. Bem longe dali, os Mycooloon do sul de Queensland[84] classificam as nuvens do Cruzeiro do Sul sob o totem do emu; o Cinturão de Órion é para eles do clã Marbaringal; cada meteoro, do clã Jinbabora. Quando uma dessas estrelas cai, vem atingir uma árvore *gydea* e transforma-se numa árvore do mesmo nome. Isso indica que essa árvore também estava em relação com esse mesmo clã. A Lua é um antigo guerreiro de quem não se diz nem o nome nem a classe. O céu é povoado por ancestrais dos tempos imaginários.

As mesmas classificações astronômicas são usadas entre os Arunta, que examinaremos daqui a pouco de outro ponto de vista. Para eles, o Sol é uma mulher da classe matrimonial Panunga, e a fratria Panunga-Bulthara é preposta à cerimônia religiosa que lhe concerne.[85] Ela deixou sobre a terra descendentes que continuam a reencarnar[86] e que formam um clã especial. Mas este último detalhe da tradição mítica deve ser de formação tardia. Pois, na cerimônia sagrada do Sol, o papel preponderante é desempenhado por indivíduos que pertencem aos grupos totêmicos do *bandicoot* e do grande lagarto. Portanto, o Sol devia ser outrora um Panunga, do clã do *Bandicoot*, habitante do terreno do grande lagarto. Sabemos, aliás, que o mesmo se dá com suas irmãs. Ora, estas se confundem com ele. O Sol é "seu filhinho", "seu Sol"; em suma, elas não passam de um desdobramento da estrela. A Lua, em dois mitos diferentes, é vinculada ao clã do *Opossum*. Num deles, é um homem desse clã;[87] no outro, é ela mesma, mas foi roubada a um homem do clã,[88] e este último lhe atribuiu sua rota. Não nos é dito, é verdade, de qual fratria era ela. Mas o clã implica a fratria, ou pelo menos a implicava no princípio, entre os Arunta. — Da estrela da manhã, sabemos que era da classe Kumara; todas as noites ela vai se refugiar dentro de uma pedra que está no território dos "grandes lagartos", com os quais parece ser estreitamente aparentada.[89] O fogo, de igual modo, é intimamente vinculado ao totem do *our*.[90] Foi um homem desse clã que o descobriu no animal do mesmo nome.[91]

Enfim, em vários casos nos quais essas classificações já não são imediatamente aparentes, não deixamos de encontrá-las, mas sob uma forma diferente daquela que acabamos de descrever. Na estrutura social sobrevieram mudanças que alteraram a economia desses sistemas, porém não a ponto de torná-la completamente irreconhecível. Aliás, tais mudanças se devem em parte a essas mesmas classificações e poderiam bastar para revelá-las.

O que caracteriza estas últimas é que, nelas, as ideias são organizadas sobre um modelo fornecido pela sociedade. Mas essa organização da mentalidade coletiva, uma vez que existe, é suscetível de reagir sobre sua causa e de contribuir para modificá-la. Vimos como as espécies de coisas, classificadas num clã, servem dentro dele como totens secundários ou subtotens; isso significa que, no interior do clã, este ou aquele grupo particular de indivíduos, sob a influência de causas que ignoramos, acaba por sentir-se mais especialmente relacionado com estas ou aquelas coisas que são atribuídas, de maneira geral, ao clã inteiro. Se agora esse grupo, tornado volumoso demais, tender a se segmentar, tal segmentação se fará segundo as linhas marcadas pela classificação. De fato, convém evitar crer que essas secessões sejam necessariamente o produto de movimentos revolucionários e tumultuosos. Na maioria das vezes, parece mesmo que elas ocorreram segundo um processo perfeitamente lógico. Em grande número de casos, foi assim que as fratrias se constituíram e se dividiram em clãs. Em várias sociedades australianas, elas se opõem uma à outra como os dois termos de uma antítese, como o branco e o preto,[92] e, nas tribos do estreito de Torres, como a terra e a água;[93] além disso, os clãs que se formaram no interior de cada uma mantêm relações de parentesco lógico uns com os outros. Assim, é raro na Austrália que o clã do corvo seja de outra fratria que não a do trovão, das nuvens e da água.[94] De igual modo, dentro de um clã, quando uma segmentação se torna necessária, são os indivíduos agrupados em torno de uma das coisas classificadas no clã que se destacam do resto, para formar um clã independente, e o subtotem se torna um totem. Aliás, uma vez iniciado, o movimento pode continuar, e sempre de acordo com o mesmo processo. De fato, o subclã que assim se emancipou carrega consigo, em seu domínio ideal, além da coisa que lhe serve de totem, algumas outras consideradas solidárias da primeira. Tais coisas, no novo clã, exercem o papel de subtotens, e podem, se for o caso, tornar-se outros tantos centros em torno dos quais se produzirão, mais tarde, novas segmentações.

Os Wotjoballuk nos permitem apreender esse fenômeno com precisão, ao vivo, por assim dizer, em suas relações com a classificação.[95] Segundo Howitt, um certo número de subtotens são totens em vias de formação.[96] "Eles conquistaram uma espécie de independência."[97] Assim, para certos indivíduos, o pelicano branco é um totem e o Sol um subtotem, ao passo que outros os classificam em ordem inversa. É que, verossimilmente, essas duas denominações deviam servir de subtotens a duas seções de um clã antigo, cujo velho nome teria "caído",[98] e que compreendia, entre as coisas que lhe eram atribuídas, tanto o pelicano quanto o Sol. Com o tempo, as duas seções se destacaram de seu tronco comum: uma tomou o pelicano como totem principal, deixando o Sol em segundo plano, enquanto a outra fazia o contrário. Em outros casos, nos quais não se pode observar tão diretamente a maneira como se faz essa segmentação, ela é tornada sensível pelas relações lógicas que unem entre si os subclãs oriundos de um mesmo clã. Vê-se claramente que eles correspondem às espécies de um mesmo gênero. É o que mostraremos adiante, a propósito de certas sociedades americanas.[99]

Pois bem, é fácil ver quais mudanças essa segmentação deve introduzir nas classificações. Enquanto conservam a lembrança de sua origem comum, os subclãs, vindos de um mesmo clã original, sentem que são parentes, associados, que são apenas as partes de um mesmo todo; por conseguinte, seus totens e as coisas classificadas sob esses totens ficam subordinadas, em alguma medida, ao totem comum do clã total. Mas, com o tempo, esse sentimento se apaga. A independência de cada seção aumenta e acaba por tornar-se uma autonomia completa. Os vínculos que uniam todos esses clãs e subclãs em uma mesma fratria se afrouxam ainda mais facilmente, e toda a sociedade acaba por diluir-se numa poeira de pequenos grupos autônomos, uns iguais aos outros, sem nenhuma subordinação. Naturalmente, a classificação se modifica em consequência disso. As espécies de coisas atribuídas a cada uma dessas subdivisões constituem outros tantos gêneros separados, situados no mesmo plano. Toda hierarquia desapareceu. É até concebível que ainda restem alguns traços dela no interior de cada um desses pequenos clãs. Os seres, ligados ao subtotem, agora tornado totem, continuam a ser subsumidos a este último. Mas, para começar, eles já não podem ser muito numerosos, considerando-se o caráter fracionário desses pequenos grupos. Além disso, por menos que o movimento prossiga, cada subtotem acabará por ser elevado à dignidade de totem; cada espécie, cada variedade subordinada terá se tornado um gênero principal. Então, a antiga classificação terá cedido lugar a uma simples divisão sem nenhuma organização interna, a uma repartição das coisas por cabeças e não mais por troncos. Mas, ao mesmo tempo, como é feita entre um número considerável de grupos, ela acabará por compreender quase o universo inteiro.

É nesse estado que se encontra a sociedade dos Arunta. Entre eles não há classificação completa, sistema constituído. Mas, segundo as próprias expressões empregadas por Spencer e Gillen, "na verdade, no território ocupado pelos indígenas, não existe um objeto, animado ou inanimado, que não dê seu nome a algum grupo totêmico de indivíduos".[100] Na obra desses observadores encontram-se mencionadas 54 espécies de coisas que servem de totens a outros tantos grupos totêmicos; por outro lado, como eles não se preocuparam em estabelecer uma lista completa desses totens, aquela que pudemos elaborar, reunindo as indicações esparsas em seu livro, certamente não é exaustiva.[101] A tribo dos Arunta é uma daquelas nas quais o processo de segmentação prosseguiu quase até seu mais extremo limite; porque, em consequência das mudanças ocorridas na estrutura dessa sociedade, todos os obstáculos suscetíveis de contê-lo desapareceram. Sob a influência de causas que foram expostas aqui,[102] os grupos totêmicos dos Arunta foram levados bem cedo a sair do quadro natural que os mantinha primitivamente fechados e que, de alguma forma, lhes servia de ossatura; a saber, o quadro da fratria. Em vez de permanecer estritamente localizado numa determinada metade da tribo, cada um deles espalhou-se livremente por toda a extensão da sociedade. Tornados assim estranhos à organização social regular, decaídos quase à categoria de associações privadas, eles puderam multiplicar-se, esfacelar-se quase ao infinito.

Tal esfacelamento ainda perdura. De fato, existem espécies de coisas cujo nível na hierarquia totêmica ainda é incerto, segundo os próprios Spencer e Gillen: não se sabe se elas são totens principais ou subtotens.[103] Portanto, esses grupos ainda se encontram em estado movediço, como os clãs dos Wotjoballuk. Por outro lado, entre certos totens atualmente atribuídos a clãs independentes, às vezes existem vínculos comprovadores de que primitivamente eles devem ter sido classificados em um mesmo clã. É o caso da flor *hakea* e do gato selvagem. Assim, as marcas gravadas nos *churingas* dos homens do gato selvagem representam unicamente árvores de flores *hakea*.[104] Segundo os mitos, nos tempos fabulosos, era da flor *hakea* que se alimentavam os gatos selvagens; ora, geralmente se considera que os grupos totêmicos originais se alimentavam de seus totens.[105] Portanto, esses dois tipos de coisas nem sempre foram estranhos um ao outro e só se tornaram assim quando o clã único que os compreendia se segmentou. O clã da ameixeira também parece ser um derivado desse mesmo clã complexo: flor *hakea*-gato selvagem.[106] Do totem do lagarto[107] destacaram-se diferentes espécies animais e outros totens, em particular o do pequeno rato.[108] Pode-se, portanto, ter certeza de que a organização primitiva foi submetida a um vasto trabalho de dissociação e de fracionamento que ainda não terminou.

Por conseguinte, se já não encontramos entre os Arunta um sistema completo de classificação, não é que ele jamais tenha existido: é que se decompôs à medida que os clãs se fragmentavam. O estado em que se encontra não faz senão refletir o estado atual da organização totêmica nessa mesma tribo: nova prova da relação estreita que une essas duas ordens de fatos. Aliás, tal sistema não desapareceu sem deixar rastros visíveis de sua existência anterior. Já assinalamos sobrevivências disso na mitologia dos Arunta. Mas encontram-se outras, ainda mais demonstrativas, na maneira como os seres são repartidos entre os clãs. Com muita frequência vinculam-se ao totem outras espécies de coisas, como nas classificações completas que examinamos. É um último vestígio de subsunção. Assim, ao clã das rãs é especialmente associada a árvore-da-borracha;[109] à água é vinculada a galinha-d'água.[110] Já vimos que existem estreitas relações entre o totem da água e o fogo; por outro lado, ao fogo se ligam os ramos do eucalipto, as folhas vermelhas da eremófila,[111] o som da trombeta, o calor e o amor.[112] Aos totens do rato Jerboa liga-se a barba;[113] ao totem das moscas cabem as doenças dos olhos.[114] O caso mais frequente é aquele no qual o ser assim relacionado com o totem é uma ave.[115] Das formigas do mel dependem um passarinho negro, *alatirpa*, que tanto quanto elas frequenta as touceiras de *mulga*,[116] além de outro passarinho, *alpirtaka*, que procura os mesmos habitantes.[117] Uma espécie de ave chamada *thippa-thippa* é aliada do lagarto.[118] A planta chamada *irriakura* tem por anexo o papagaio de pescoço vermelho.[119] Os membros do clã da lagarta *witchetty* não comem certos pássaros considerados seus comensais (*quathari*, que Spencer e Gillen traduzem como *inmates*).[120] O totem do canguru tem sob sua dependência duas espécies de aves,[121] e o mesmo se dá com o *euro*.[122] A demonstração cabal de que essas conexões são de fato restos de uma antiga classificação é que os seres assim associados a outros eram antigamente do mesmo totem a que pertencem estes últimos. Os pássaros *kartwungawunga* eram outrora, segundo a lenda, homens-cangurus, e comiam canguru. As duas espécies vinculadas ao totem da formiga do mel eram antigamente formigas do mel. Os *unchurunqa*, passarinhos de uma bela cor vermelha, eram primitivamente do clã do *euro*. As quatro espécies de lagartos se remetem a duas duplas, nas quais cada um é ao mesmo tempo o associado e a transformação do outro.[123]

Enfim, uma última prova de que entre os Arunta estamos de fato lidando com uma forma alterada das antigas classificações é que se pode reencontrar a série dos estados intermediários pelos quais essa organização se conecta, quase sem solução de continuidade, ao tipo clássico do monte Gambier. Entre os vizinhos setentrionais dos Arunta, entre os Chingalee,[124] que habitam o território norte da Austrália meridional (golfo de Carpentária), encontramos, como entre os próprios Arunta, uma extrema dispersão das coisas entre clãs muito numerosos, isto é, muito fragmentados; notam-se ali 59 totens diferentes. Também como entre os Arunta, os grupos totêmicos deixaram de ser classificados sob as fratrias; cada um deles se sobrepõe às duas fratrias que compartilham a tribo. Mas a difusão não é igualmente completa. Em vez de serem espalhados, ao acaso e sem regra, por toda a extensão da sociedade, eles são repartidos segundo princípios fixos e localizados em grupos determinados, embora diferentes da fratria. Cada fratria é dividida, efetivamente, em oito classes matrimoniais;[125] e cada indivíduo de uma dada classe só pode casar-se com uma classe determinada da outra fratria, que compreende ou pode compreender os mesmos totens da primeira. Reunidas, essas duas classes correspondentes contêm portanto um grupo definido de totens e de coisas que não se encontram alhures. Por exemplo, às duas classes Chongora-Chabalye pertencem os pombos de todo tipo, as formigas, as vespas, os mosquitos, as centopeias, a abelha indígena, a grama, o gafanhoto, diversas serpentes etc.; ao grupo formado pelas classes Chowan e Chowarding são atribuídos certas estrelas, o Sol, as nuvens, a chuva, a galinha-d'água, o íbis, o trovão, a águia-falcão e o falcão marrom, o pato preto etc.; ao grupo Chambeen-Changalla, o vento, o relâmpago, a Lua, a rã etc.; ao grupo Chagarra-Chooarroo, as conchas, o rato *bilbi*, o corvo, o porco-espinho, o canguru etc. Assim, em um sentido, as coisas ainda são arrumadas em quadros determinados, mas estes já têm algo de mais artificial e menos consistente, visto que cada um deles é formado de duas seções que remetem a duas fratrias diferentes.

Com outra tribo da mesma região daremos um passo à frente no caminho da organização e da sistematização. Entre os Moorawaria, do rio Culgoa,[126] a segmentação dos clãs é levada ainda mais longe do que entre os Arunta; de fato, conhecem-se ali 152 espécies de objetos que servem de totens a outros tantos clãs diferentes. Mas essa multidão inumerável de coisas é regularmente enquadrada nas duas fratrias Ippai-Kumbo e Kubi--Murri.[127] Aqui, portanto, estamos bem perto do tipo clássico, exceto pelo esfacelamento dos clãs. Basta que a sociedade, em vez de dispersar-se a esse ponto, se concentre; que os clãs, assim separados, se aproximem segundo suas afinidades naturais para formar grupos mais volumosos; que, em consequência, o número dos totens principais diminua (e as outras coisas, que servem atualmente de totens, assumam em relação às precedentes um lugar subordinado), e reencontraremos exatamente os sistemas do monte Gambier.

Em resumo, embora não tenhamos fundamentos para afirmar que essa maneira de classificar as coisas está necessariamente implicada no totemismo, é certo, em todo caso, que ela se encontra com muita frequência nas sociedades organizadas sobre uma base totêmica. Existe, portanto, um vínculo estreito, e não uma relação acidental, entre esse sistema social e esse sistema lógico. Veremos agora como a essa forma primitiva da classificação podem ligar-se outras que apresentam um grau mais alto de complexidade.

III

Um dos exemplos mais notáveis nos é oferecido pelo povo Zuñi.[128]

Os Zuñi, diz Powell,[129] "representam um desenvolvimento inusitado das concepções primitivas concernentes às relações entre as coisas". Entre eles, a noção que a sociedade tem de si mesma e a representação do mundo que ela elaborou para si são tão entrelaçadas e confundidas que foi possível qualificar muito justamente sua organização de "mito-sociológica".[130] Portanto, Cushing não exagera quando, ao falar de suas pesquisas sobre esse povo, diz:

> Estou convencido de que elas têm importância para a história da humanidade [...] pois os Zuñi, com seus costumes e suas instituições tão estranhamente locais, com as tradições que concernem a esses costumes, representam uma fase de civilização.

E se regozija porque o contato com eles "ampliou" sua "compreensão das mais antigas condições da humanidade, como nada mais poderia fazer".[131]

Entre os Zuñi encontramos uma verdadeira arrumação do universo.[132] Todos os seres e todos os fatos da natureza, "o Sol, a Lua, as estrelas, o céu, a terra e o mar com todos os seus fenômenos e todos os seus elementos, os seres inanimados e as plantas, os animais e os homens" são classificados, etiquetados, atribuídos a um lugar determinado em "um sistema" único e solidário, e cujas partes são todas coordenadas e subordinadas umas às outras segundo "graus de parentesco".[133]

Tal como se nos apresenta atualmente, esse sistema tem por princípio uma divisão do espaço em sete regiões: as do Norte, do Sul; do Oeste, do Leste, do Zênite, do Nadir, e por fim a do Meio [Centro]. Todas as coisas do universo são repartidas entre essas sete regiões. Para falarmos apenas das estações e dos elementos, ao Norte são atribuídos o vento, o sopro ou o ar, e, como estação, o inverno; ao Oeste, a água, a primavera, as brisas úmidas da primavera; ao Sul, o fogo e o verão; ao Leste, a terra, as sementes da terra, as geadas que amadurecem as sementes e concluem o ano.[133a] O pelicano, o grou, o galo da floresta, o tetraz-cauda-de-faisão, a azinheira etc. são coisas do Norte; o urso, o coiote, a grama de primavera são coisas do Oeste. No Leste são classificados o gamo, o antílope, o peru etc. Não somente as coisas, mas também as funções sociais são repartidas dessa maneira. O Norte é a região da força e da destruição; a guerra e a destruição lhe pertencem; ao Oeste, a paz (traduzimos assim o termo inglês *warcure*, que não compreendemos bem) e a caça; ao Sul, região do calor, a agricultura e a medicina; ao Leste, região do Sol, a magia e a religião; ao mundo superior e ao mundo inferior são conferidas diversas combinações dessas funções.[134]

A cada região é atribuída uma determinada cor que

a caracteriza. O Norte é amarelo porque, diz-se,[135] ali, a luz é amarela quando o sol nasce e se põe; o Oeste é azul por causa da luz azul que se vê ali no ocaso.[136] O Sul é vermelho porque essa é a região do verão e do fogo, que é vermelho. O Leste é branco porque essa é a cor do dia. As regiões superiores são variegadas como os jogos da luz nas nuvens; as regiões inferiores são negras como as profundezas da Terra. Por sua vez, o "Meio", umbigo do mundo, representante de todas as regiões, tem ao mesmo tempo todas as cores delas.

Até o momento parece-nos estar diante de uma classificação totalmente diferente daquelas que estudamos em primeiro lugar. Mas o que permite pressentir desde já a existência de um vínculo estreito entre esses dois sistemas *é que essa repartição dos mundos é exatamente a mesma dos clãs dentro do* pueblo.

> Este é também dividido de maneira nem sempre muito visível, mas que os indígenas acham muito clara, em sete partes. Tais partes correspondem, talvez não do ponto de vista dos arranjos topográficos, mas do da ordem deles, às sete zonas do mundo. Assim, uma divisão se relaciona supostamente com o Norte [...]; outra representa o Oeste, outra o Sul etc.[137]

A relação é tão estreita que cada uma dessas zonas do *pueblo* tem sua cor característica, tal como as regiões; e essa cor é a da região correspondente.

Pois bem, cada uma dessas divisões corresponde a um grupo de três clãs, exceto aquela que se situa no centro e que só compreende um, e "todos esses clãs", diz Cushing, "são totêmicos como todos os dos outros índios".[138] Damos a seguir o quadro completo, pois nos referiremos a ele a fim de compreender as observações que se seguirão.[139]

No Norte, os clãs do grou — ou do pelicano.

do galo da floresta — ou tetraz-cauda-
[-de-faisão.

da madeira amarela — ou azinheira
[(clã quase extinto).

No Oeste, os clãs do *urso*.

do *coiote* (cão das pradarias).

da grama de primavera.

No Sul, os clãs do tabaco.

do milho.

do *texugo*.

No Leste, os clãs do gamo.

do antílope.

do *peru*.

No Zênite, os clãs do Sol (extintos).

da *águia*.

do céu.

No Nadir, os clãs da rã — ou do sapo.

da *cascavel*.

da água.

No Centro, o clã do papagaio *macaw*, que forma o clã do perfeito meio.

A relação entre a repartição dos clãs e a repartição dos seres segundo as regiões ficará ainda mais evidente se lembrarmos que, de maneira geral, sempre que se encontram diferentes clãs agrupados juntos, a fim de formar um todo de certa unidade moral, pode-se ter mais ou menos certeza de que eles derivam de um mesmo clã inicial, por intermédio da segmentação. Portanto, se aplicarmos essa regra ao caso dos Zuñi, concluiremos que deve ter havido, na história desse povo, um momento em que cada um dos seis grupos de três clãs constituía um clã único, no qual, por conseguinte, a tribo era dividida em sete clãs,[140] correspondentes às sete regiões. Aliás, tal hipótese, já muito verossímil por essa razão geral, é expressamente confirmada por um documento oral cuja antiguidade é, sem dúvida, considerável.[141] Nele encontramos uma lista dos seis grandes sacerdotes que, na importante confraria religiosa dita "do cutelo", representam os seis grupos de clãs. Pois bem, o sacerdote, senhor do Norte, é chamado nessa lista de *primeiro na raça dos ursos*; o do Oeste, *primeiro na raça do coiote*; o do Sul, *primeiro na raça do texugo*; o do Leste, *primeiro na raça do peru*. O de cima, *primeiro na raça da águia*; o de baixo, *primeiro na raça da serpente*.[142] Se nos reportarmos ao quadro dos clãs, veremos que os seis grandes sacerdotes servem de totens a seis clãs, e que esses seis clãs são exatamente orientados como os animais correspondentes, com a única exceção do urso, que, nas classificações mais recentes, é incluído entre os seres do Oeste.[143] Portanto, eles pertencem (sempre sob essa única reserva) a outros tantos grupos diferentes. Por isso, cada clã se vê investido de uma verdadeira primazia no interior de seu grupo; evidentemente, é considerado o representante e o chefe deste, pois é dele que provém o personagem efetivamente encarregado dessa representação. Isso significa que ele é o clã primário, do qual os outros clãs do mesmo grupo são derivados por segmentação. Entre os Pueblos (e mesmo alhures), é um fato geral o de que o primeiro clã de uma fratria seja também seu clã original.[144]

Há mais. Não somente a divisão das coisas por regiões e a divisão da sociedade por clãs se correspondem exatamente, como também são inextricavelmente entrelaçadas e confundidas. Pode-se dizer tanto que as coisas são classificadas no Norte, no Sul etc., quanto nos clãs do Norte, do Sul etc., o que é particularmente evidente no caso dos animais totêmicos; eles são manifestamente classificados em seus clãs e, ao mesmo tempo, em uma região determinada.[145] Isso ocorre com todas as coisas e até mesmo com as funções sociais. Vimos como estas últimas são repartidas entre os orientes;[146] ora, na realidade essa repartição se reduz a uma divisão entre os clãs. De fato, tais funções são exercidas atualmente por confrarias religiosas que, em tudo o que concerne a esses diferentes ofícios, substituíram os clãs. Ora, essas confrarias são recrutadas, se não unicamente, ao menos principalmente nos clãs atribuídos às mesmas regiões das funções correspondentes.[147] Assim, as sociedades do cutelo, do bastão de gelo e do cacto, que são as confrarias de guerra, estão agrupadas "não de maneira absolutamente rigorosa, mas, em princípio", nos clãs do Norte; nos clãs do Oeste incluem-se os homens do sacerdócio, do arco e da caça; nos do Leste, "os sacerdotes de sacerdócio", os da penugem de algodoeiro e do pássaro-monstro, que formam a confraria da grande dança dramática (magia e religião); nos do Sul, as sociedades da fogueira ou da brasa, cujas funções não nos são expressamente indicadas, mas certamente devem referir-se à agricultura e à medicina.[148] Numa palavra, para falar exatamente, não se pode afirmar que os seres são classificados por clãs nem por orientes, mas por clãs orientados.

Portanto, esse sistema está longe de ser separado, por um abismo, do sistema australiano. Por mais diferentes que sejam, em princípio, uma classificação por clãs e uma classificação por orientes, como entre os Zuñi, elas se superpõem uma à outra e se recobrem com exatidão. Podemos até mesmo ir mais longe. Vários fatos demonstram que a classificação por clãs é a mais antiga, e constituiu como que o modelo sobre o qual a outra se formou.

1. A divisão do mundo por orientes nem sempre foi a que é de certo tempo para cá. Ela tem uma história cujas

principais fases podem ser reconstituídas. Antes da divisão por sete, houve certamente uma divisão por seis, cujos vestígios ainda encontramos.[149] E, antes da divisão por seis, houve outra, por quatro, correspondente aos quatro pontos cardeais. Sem dúvida é essa a explicação para que os Zuñi só tenham distinguido quatro elementos, situados em quatro regiões.[150]

Pois bem, é no mínimo notável que a essas variações da classificação por orientes correspondam outras, exatamente paralelas, na classificação por clãs. Trata-se muitas vezes de uma divisão em seis clãs que foi, evidentemente, anterior à divisão por sete: assim é que os clãs entre os quais são escolhidos os grandes sacerdotes que representam a tribo na confraria do cutelo são em número de seis. Enfim, a própria divisão por seis foi precedida de uma divisão em dois clãs primários ou fratrias que esgotavam a totalidade da tribo; o fato será ulteriormente estabelecido.[151] Ora, a divisão de uma tribo em duas fratrias corresponde a um quadro dos orientes dividido em quatro partes. Uma fratria ocupa o Norte, outra o Sul, e entre elas existe, para separá-las, a linha que vai de Leste a Oeste. Observaremos distintamente, entre os Sioux, a relação que une essa organização social a essa distinção dos quatro pontos cardeais.

2. Um fato bem demonstrativo de que a classificação dos orientes se superpôs mais ou menos tardiamente à classificação por clãs é que ela só chegou a se adaptar a esta penosamente e com a ajuda de um arranjo. Se nos ativermos ao princípio sobre o qual repousa o primeiro sistema, cada espécie de seres deveria ser inteiramente classificada numa região determinada e só uma; por exemplo, todas as águias deveriam pertencer à região superior. Mas, na verdade, o Zuñi sabia que existiam águias em todas as regiões. Admite-se então que cada espécie tinha de fato um hábitat de predileção; que ali, e só ali, ela existe sob sua forma eminente e perfeita. Mas, ao

mesmo tempo, supôs-se que, nas outras regiões, essa mesma espécie tinha representantes, só que menores, menos excelentes, e que se distinguem uns dos outros pelo fato de cada um ter a cor característica da região à qual é atribuído: assim, além da águia localizada no Zênite, existem águias-fetiches para todas as regiões; existem a águia amarela, a águia azul, a águia branca, a águia negra.[152] Cada uma delas possui, em sua região, todas as virtudes atribuídas à águia em geral. Não é impossível reconstituir a marcha que o pensamento dos Zuñi realizou para chegar a essa concepção complexa. As coisas começaram por ser classificadas por clãs; cada espécie animal foi, por conseguinte, inteiramente atribuída a um clã determinado. Essa atribuição total não apresentava nenhuma dificuldade, porque não havia nenhuma contradição ao fato de que toda uma espécie fosse concebida como tendo uma relação de parentesco com este ou aquele grupo humano. Mas, quando a classificação por orientes se estabeleceu, e principalmente quando se sobrepôs à outra, surgiu uma verdadeira impossibilidade: os fatos se opunham com demasiada evidência a uma localização estritamente exclusiva. Portanto, era absolutamente necessário que a espécie, mesmo permanecendo concentrada eminentemente num ponto único, tal como no antigo sistema, se diversificasse de tal modo que pudesse se dispersar, sob formas secundárias e aspectos variados, em todas as direções.

3. Em vários casos constata-se que as coisas são ou foram, em dado momento do passado, diretamente classificadas sob os clãs, e só se ligam aos seus respectivos orientes por intermédio destes últimos.

No começo, quando cada um dos seis clãs iniciais ainda era indiviso, as coisas, mais tarde feitas totens dos novos clãs que se formaram, deviam evidentemente pertencer ao clã inicial na qualidade de subtotens e ser subordinadas ao totem desse clã. Eram espécies deles.

Encontra-se até hoje a mesma subordinação imediata

para uma categoria determinada de seres, ou seja, para os animais de caça. Todas as espécies de caça são repartidas em seis classes, e cada uma dessas classes é considerada como situada sob a dependência de um determinado predador. Os animais aos quais é atribuída essa prerrogativa habitam, cada um, uma região. São eles: no Norte, o leão das montanhas, que é amarelo; no Oeste, o urso, que é escuro; no Sul, o texugo, que é branco e preto;[153] no Leste, o lobo branco; no Zênite, a águia; no Nadir, a toupeira predadora, negra como as profundezas da Terra. A alma deles reside em pequenas concreções de pedras, consideradas suas formas e revestidas, oportunamente, com suas cores características.[154] Por exemplo, do urso dependem o coiote, a ovelha das montanhas etc.[155] Por conseguinte, quer-se garantir uma caça abundante de coiotes ou manter a potência específica da espécie? Então, o fetiche empregado, segundo ritos determinados, é o do urso.[156] Ora, é muito notável que, em seis animais, três ainda sirvam de totens a clãs existentes e sejam orientados como esses mesmos clãs; são eles o urso, o texugo e a águia. Por outro lado, o leão das montanhas não é senão o substituto do coiote, que outrora era o totem de um dos clãs do Norte.[157] Quando passou ao Oeste, o coiote deixou, para substituí-lo no Norte, uma das espécies que lhe eram aparentadas. Houve, portanto, um momento em que quatro desses animais privilegiados eram totêmicos. No que se refere à toupeira predadora e ao lobo branco, convém observar que nenhum dos seres que servem de totens aos clãs das duas regiões correspondentes (Leste e Nadir) é um animal predador.[158] Então, foi preciso encontrar substitutos para eles.

Assim, os diferentes tipos de caça são concebidos como subordinados diretamente aos totens ou a sucedâneos dos totens. É somente através destes últimos que eles se vinculam aos seus respectivos orientes. Ou seja, a classificação das coisas sob os totens, isto é, por clãs, precedeu a outra.

Ainda de outro ponto de vista, os mesmos mitos denotam essa anterioridade de origem. Os seis animais predadores não são apenas prepostos à caça, mas também às seis regiões; a cada um deles é destinada uma das seis partes do mundo, e é ele o responsável pela guarda desta.[159] É por seu intermédio que os seres instalados em sua região se comunicam com o deus criador dos homens. Portanto, a região e tudo o que a ela se refere se veem concebidos como numa certa relação de dependência perante os animais totens. O que jamais poderia ter se produzido se a classificação por orientes tivesse sido a primitiva.

Assim, sob a classificação por regiões, que, numa primeira análise, era só aparente, encontramos outra que, de todos os pontos de vista, era idêntica àquelas que já observamos na Austrália. Tal identidade é até mais completa do que parece, à luz do que dissemos antes. Não somente as coisas foram, em dado momento, diretamente classificadas por clãs; esses mesmos clãs também foram classificados em duas fratrias, assim como nas sociedades australianas. É o que se depreende com evidência a partir de um mito relatado por Cushing.[160] O primeiro grande sacerdote e mágico, narram os Zuñi, trouxe aos homens recém-vindos à luz dois pares de ovos; um era azul-escuro, maravilhoso como o azul do céu; o outro, vermelho-escuro, como a terra-mãe. [O sacerdote] disse que em um deles estava o verão e, no outro, o inverno, e convidou os homens a escolher. Os primeiros a fazer a escolha decidiram-se pelos azuis; e se regozijaram enquanto os filhotes não tinham penas. Mas estas, quando brotaram, tornaram-se negras; eram corvos cujos descendentes, verdadeiros flagelos, partiram para o Norte. Os que escolheram os ovos vermelhos viram nascer o brilhante papagaio *macaw*; e compartilharam as sementes, o calor e a paz. "Assim é que nossa nação", prossegue o mito, "foi dividida entre a gente do inverno e a gente do verão... Uns tornaram-se papagaios *macaw*, aparentados com o periquito *macaw* ou *mula-kwe*, e os outros tornaram-se corvos ou *kâ-ka-kwe*."[161] Desse modo, portanto, a sociedade começou por ser dividida em duas fratrias, situadas uma no Norte, outra no Sul; uma delas tinha como totem o corvo, que desapareceu, e outra o papagaio *macaw*, que ainda subsiste.[162] A mitologia conservou até a lembrança da subdivisão de cada fratria em clãs.[163] Segundo sua natureza, seus gostos e suas aptidões, as pessoas do Norte ou do corvo tornaram-se, diz o mito, gente do urso, do coiote, do gamo, do grou etc., e o mesmo aconteceu com as pessoas do Sul em relação ao papagaio *macaw*. Uma vez constituídos, os clãs partilharam a essência das coisas: por exemplo, aos alces pertenceram as sementes do granizo, da neve; aos clãs do sapo, as sementes da água etc. Nova prova de que as coisas começaram a ser classificadas por clãs e por totens.

Portanto é lícito acreditar, segundo o que acabamos de dizer, que o sistema dos Zuñi[164] é na realidade um desenvolvimento e uma complicação do sistema australiano. Mas o que demonstra conclusivamente a realidade desse relato é que é possível encontrar os estados intermediários que ligam dois estados extremos e, assim, perceber como o segundo se desprendeu do primeiro.

A tribo Sioux dos Omaha, tal como nos foi descrita por Dorsey,[165] encontra-se precisamente nessa situação mista: nela, a classificação das coisas por clãs ainda é — e sobretudo foi — muito nítida, mas a noção sistemática das regiões está apenas em vias de formação.

A tribo é dividida em duas fratrias que contêm cinco clãs cada uma. Esses clãs são recrutados por via de descendência exclusivamente masculina; isso significa que, neles, a organização propriamente totêmica, o culto do totem, está em decadência.[166] Cada um se divide por sua vez em subclãs que, às vezes, também se subdividem. Dorsey não nos diz que esses diferentes grupos repartem entre si todas as coisas deste mundo. Mas, embora neles a classificação não seja, e talvez jamais tenha sido, realmente exaustiva, certamente deve ter sido, ao menos no passado, muito abrangente. É o que fica demonstrado pelo estudo do único clã[167] completo que nos foi conservado: o clã dos Chatada, que faz parte da primeira fratria. Deixaremos de lado os outros, que são provavelmente simplificados e que nos apresentariam, aliás, os mesmos fenômenos, mas em grau menor de complicação.

O significado do termo que serve para designar esse clã é incerto; mas temos uma lista bastante completa das coisas a ele relacionadas. O clã compreende quatro subclãs, por sua vez seccionados.[168]

O primeiro subclã é o do urso-negro. Compreende o urso-negro, o guaxinim, o urso *grizzly*, o porco-espinho, que parecem ser totens de seções.

O segundo é o das "pessoas que não comem pequenas aves". Dele dependem: a) os falcões; b) as aves negras, que por sua vez se dividem em aves de cabeça branca, de cabeça vermelha, de cabeça amarela, de asas vermelhas; c) as aves negro-cinzentas ou "gente do trovão", que por sua vez se subdividem em cotovias dos prados e galinhas das pradarias; d) as corujas, elas mesmas divididas em grandes, pequenas e médias.

O terceiro subclã é o da águia, que compreende três espécies de águias; uma quarta seção, que não parece relacionar-se a uma ordem determinada de coisas, é intitulada "os trabalhadores".

Por fim, o quarto subclã é o da tartaruga. Ele se relaciona com o nevoeiro que seus membros têm o poder de deter. Sob o gênero tartaruga estão subsumidas quatro espécies particulares do mesmo animal.[169]

Como temos fundamento para crer que esse caso não foi único, e que vários outros clãs devem ter apresentado semelhantes divisões e subdivisões, podemos supor sem temeridade que o sistema de classificação ainda observável entre os Omaha teve outrora uma complexidade maior do que a de hoje. Pois bem, ao lado dessa repartição de coisas, análoga àquela que constatamos na Austrália, vemos aparecer, mas sob uma forma rudimentar, as noções de orientação.

Quando a tribo acampa, o acampamento exibe uma forma circular; no interior desse círculo, cada grupo particular tem uma localização determinada. As duas fratrias ficam respectivamente à direita e à esquerda do caminho seguido pela tribo, tendo como referência o ponto de partida. No interior do semicírculo ocupado por cada fratria, os clãs, por sua vez, são nitidamente localizados uns em relação aos outros, e o mesmo se dá com os subclãs. Os lugares que lhes são atribuídos dependem menos do parentesco entre eles do que de suas funções sociais, e, por conseguinte, da natureza das coisas situadas sob sua dependência e sobre as quais espera-se que se exerça sua atividade. Assim, em cada fratria há um clã que mantém relações especiais com o trovão e com a guerra; um é o clã do alce, o segundo é o dos *ictasanda*. Colocados um diante do outro, na entrada do acampamento, eles são responsáveis pela guarda deste, mais ritual do que real;[170] e é em relação a eles que os outros clãs são dispostos, sempre segundo o mesmo princípio. As coisas então se situam, no interior do acampamento, junto com os grupos sociais aos quais são atribuídas. O espaço é partilhado entre os clãs e entre os seres, eventos etc. que remetem a esses clãs. Mas constata-se que aquilo que é assim repartido não é o espaço geral, e sim apenas o espaço ocupado pela tribo. Clãs e coisas são orientados em relação ao centro do acampamento, não ainda segundo os pontos cardeais. As divisões não correspondem aos orientes propriamente ditos, mas ao adiante e ao atrás, à direita e à esquerda, a partir desse ponto central.[171] Além disso, tais divisões especiais são atribuídas aos clãs, bem longe de que os clãs lhes sejam atribuídos, como era o caso entre os Zuñi.

Em outras tribos Sioux, a noção de orientação é mais distinta. Como ocorre com os Omaha, os Osage são divididos em duas fratrias, situadas uma à direita e outra à esquerda;[172] mas entre os primeiros as funções das duas fratrias se confundiam sob certos aspectos (vimos que ambas tinham um clã da guerra e do trovão), ao passo que em relação aos segundos elas são nitidamente diferenciadas. Metade da tribo é preposta à guerra, e a outra à paz. Disso resulta necessariamente uma localização mais exata das coisas. Entre os Kansas encontramos a mesma organização. Além disso, cada clã e subclã mantêm uma relação definida com os quatro pontos cardeais.[173] Por fim, entre os Ponka[174] temos mais um progresso. Como acontece com os precedentes, o círculo formado pela tribo é dividido em duas metades iguais, que correspondem às duas fratrias. Por outro lado, cada fratria compreende quatro clãs, reduzidos de modo natural a dois pares porque o mesmo elemento característico é atribuído, simultaneamente, a dois clãs. Disso resulta a seguinte disposição das pessoas e das coisas. O círculo é dividido em quatro partes. Na primeira, à esquerda da entrada, ficam dois clãs do fogo (ou do trovão); na parte situada atrás, dois clãs do vento; na primeira à direita, dois clãs da água; atrás, dois clãs da terra. Cada um dos quatro elementos, portanto, está localizado exatamente num dos quatro setores da circunferência total. Por conseguinte, bastará que o eixo dessa circunferência coincida com um dos dois eixos da rosa dos ventos para que os clãs e as coisas sejam orientados em relação aos pontos cardeais. Ora, sabe-se que, nessas tribos, a entrada do acampamento é geralmente voltada para o oeste.[175]

Mas essa orientação (aliás, parcialmente hipotética) ainda permanece indireta. Os grupos secundários da tribo, com tudo o que depende deles, situam-se nos setores do acampamento que são mais ou menos nitidamente orientados; em nenhum desses casos, porém, é dito que tal clã mantém uma relação definida com determinada porção do espaço em geral. Trata-se unicamente, ainda, do espaço tribal; portanto, continuamos bem longe dos Zuñi.[176] Para nos aproximarmos mais deles, teremos de deixar a América e retornar à Austrália. É numa tribo australiana que encontraremos parte daquilo que falta aos Sioux, nova e particularmente decisiva prova de que as diferenças entre o que até aqui denominamos o sistema americano e o sistema australiano não se prendem unicamente a causas locais e não têm nada de irredutível.

Essa tribo é a dos Wotjoballuk, que já estudamos. Sem dúvida, Howitt, a quem devemos essas informações, não nos diz que os pontos cardeais exerceram algum papel na classificação das coisas; e não temos nenhuma razão para suspeitar da exatidão de suas observações sobre esse ponto. Mas, no que se refere aos clãs, não há dúvida alguma: cada um deles está relacionado a um espaço determinado, que é verdadeiramente seu. E dessa vez já não se trata de um setor do acampamento, mas de uma porção delimitada do horizonte em geral. Assim, cada clã pode ser situado na rosa dos ventos. A relação entre o clã e seu espaço é tão íntima que seus membros devem ser enterrados na direção assim determinada.[177] "Por exemplo, um Wartwut, vento quente,[178] é enterrado com a cabeça dirigida um pouco para o Oeste do Norte, isto é, na direção de onde o vento quente sopra na terra deles." A gente do Sol é enterrada na direção do nascer do sol, e assim por diante quanto aos demais.[179]

Tal divisão dos espaços é tão estreitamente ligada àquilo que há de mais essencial na organização social dessa tribo que Howitt pôde ver nisso "um método mecânico empregado pelos Wotjoballuk para conservar e expor o quadro de suas fratrias, de seus totens e de suas relações com esses diferentes grupos e uns com os outros".[180] Dois clãs não podem ser parentes sem, por isso mesmo, ser relacionados a duas regiões vizinhas no espaço. É o que mostra a figura a seguir,[181] que Howitt construiu a partir das indicações de um indígena, aliás bastante inteligente. Este, para descrever a organização da tribo, começou por colocar um bastão dirigido para o leste, pois *ngaui*, o Sol, é o principal totem, e é em relação a ele que todos os outros são determinados. Em outras palavras, foram o clã do Sol e a orientação leste-oeste que devem ter dado a orientação geral das duas fratrias Krokitch e Gamutch, situando-se a primeira acima da linha leste-oeste e a outra, abaixo. Na verdade, pode-se ver na figura que a fratria Gamutch está toda no Sul e a Krokitch, quase toda no Norte. Somente um clã Krokitch, o clã 9, ultrapassa a linha leste-oeste, e é bem justificável pensar que essa anomalia se deve ou a um erro de observação ou a uma alteração mais ou menos tardia do sistema primitivo.[182] Teríamos assim uma fratria do Norte e uma fratria do Sul totalmente análogas àquelas que constatamos em outras sociedades. A linha norte-sul é determinada muito exatamente na parte Norte pelo clã do pelicano da fratria Krokitch, e, na parte Sul, pelo clã da fratria Gamutch que tem o mesmo nome. Temos, assim, quatro setores nos quais se localizam os outros clãs. Como entre os Omaha, a ordem segundo a qual eles estão dispostos exprime as relações de parentesco que existem entre seus totens. Os espaços que separam os clãs aparentados trazem o nome do clã primário, do qual os outros são segmentos. Desse modo, os clãs 1 e 2 são chamados, assim como o espaço intermediário, como "pertencentes ao Sol"; os clãs 3 e 4, assim como a região intercalada, são "completamente da cacatua branca". Sendo a cacatua branca um sinônimo de Sol, como já mostramos, pode-se dizer que todo o setor que vai do Leste ao Norte é do Sol. De igual modo, os clãs que vão de 4 a 9, isto é, que vão do Norte para o Oeste, são todos segmentos do pelicano da primeira fratria. Torna-se visível a regularidade com que as coisas são orientadas.

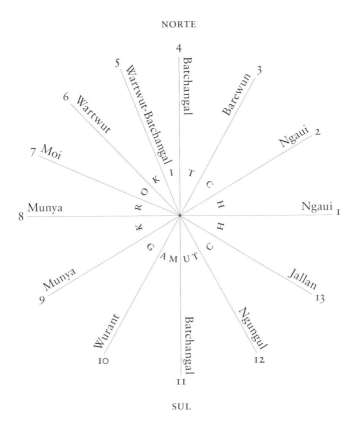

Em resumo, não somente onde os dois tipos de classificação coexistem, como é o caso entre os Zuñi, temos razões para pensar que a classificação por clãs e por totens é a mais antiga; também pudemos acompanhar, através das diferentes sociedades que acabamos de passar em revista, a maneira como o segundo sistema saiu do primeiro e se acrescentou a ele.

Nas sociedades em que a organização tem um caráter totêmico, é regra geral que os grupos secundários da tribo, fratrias, clãs, subclãs, se disponham no espaço segundo suas relações de parentesco e as semelhanças ou as diferenças apresentadas por suas funções sociais. Uma vez que têm personalidades distintas, uma vez que cada uma tem um papel diferente na vida da tribo, as duas fratrias se opõem espacialmente; uma se estabelece de um lado, outra do outro; uma é orientada num sentido, a outra no sentido oposto. Dentro de cada fratria, os clãs são tanto mais vizinhos ou, ao contrário, tanto mais afastados uns dos outros quanto as coisas de sua competência são mais aparentadas ou mais estranhas umas às outras. A existência dessa regra era muito aparente nas sociedades das quais falamos. De fato, vimos como, entre os Zuñi, no interior do *pueblo*, cada clã era orientado no sentido da região que lhe era atribuída; e como, entre os Sioux, as duas fratrias, encarregadas de funções tão contrárias quanto possível, eram situadas uma à esquerda, outra à direita, uma a Leste, outra a Oeste. Mas fatos idênticos ou análogos se verificam em várias outras tribos. Assinala-se igualmente essa dupla oposição das fratrias, quanto à função e quanto à localização, entre os Iroqueses,[183] os Wyandots,[184] os Seminoles, tribo degenerada da Flórida,[185] entre os Thlinkits, entre os índios Loucheux ou Déné Dindjé, os mais setentrionais, os mais abastardados, mas também os mais primitivos dos índios.[186] Na Melanésia, a localização respectiva das fratrias e dos clãs não é menos rigorosamente determinada. Aliás, basta lembrar o já citado fato de essas tribos se dividirem em fratria da água e fratria da terra, uma acampando contra o vento e outra a favor do vento.[187] Em muitas sociedades melanésias tal divisão bipartida é, inclusive, tudo o que resta da antiga organização.[188] Na Austrália constataram-se muitas vezes os mesmos fenômenos de localização. Mesmo quando os membros de cada fratria estão dispersos numa multidão de grupos locais, dentro de cada um desses grupos elas se opõem no acampamento.[189] Mas é sobretudo nas reuniões da tribo inteira que essas disposições são aparentes, assim como a orientação daí resultante. É particularmente esse o caso entre os Arunta. Aliás, entre eles encontramos a noção de uma orientação especial, de uma direção mítica atribuída a cada clã. O clã da água pertence a uma região que é supostamente a da água.[190] O morto é orientado na direção do acampamento mítico onde supostamente habitaram os ancestrais fabulosos, os Alcheringas. A direção do acampamento dos antepassados míticos da mãe é levada em conta por ocasião de certas cerimônias religiosas (a perfuração do nariz, a extração de um dos incisivos superiores).[191] Entre os Kulin, e em todo o grupo de tribos que habitam a costa de Nova Gales do Sul, os clãs são colocados na assembleia tribal segundo o ponto do horizonte de onde provêm.[192]

Dito isto, compreende-se facilmente como a classificação por orientes se estabeleceu. De início, as coisas foram classificadas por clãs e por totens. Mas essa estreita localização dos clãs, da qual acabamos de falar, acarretou forçosamente uma localização correspondente das coisas atribuídas aos clãs. Uma vez que a gente do lobo, por exemplo, concerne a um determinado setor do acampamento, dá-se necessariamente o mesmo com as coisas de todos os tipos classificadas sob esse mesmo totem. Por conseguinte, se o acampamento se orienta de maneira definida, todas as suas partes encontram-se orientadas do mesmo modo, com tudo o que compreendem, coisas e pessoas. Em outras palavras, doravante todos os seres da natureza serão concebidos como tendo relações determinadas com porções igualmente determinadas do espaço. Sem dúvida, somente o espaço tribal é dividido e repartido desse modo. Mas, assim como a tribo constitui para o primitivo toda a humanidade, assim como o ancestral fundador da tribo é o pai e o criador dos homens, de igual modo a ideia do acampamento se confunde com a ideia do mundo.[193] O acampamento é o centro do universo e todo o universo está condensado ali. O espaço mundial e o espaço tribal só se distinguem muito imperfeitamente, e o espírito passa de um a outro sem dificuldade, quase sem ter consciência disso. E assim as coisas se veem remetidas a estes ou àqueles orientes em geral. Contudo, enquanto a organização em fratrias e em clãs permaneceu forte, a classificação por clãs permaneceu preponderante; foi por intermédio dos totens que as coisas se vincularam às regiões. Vimos que ainda era esse o caso entre os Zuñi, ao menos para certos seres. Mas basta que os agrupamentos totêmicos, tão curiosamente hierarquizados, desapareçam e sejam substituídos por agrupamentos locais, simplesmente justapostos uns aos outros, e a classificação por orientes passará a ser, na mesma medida, a única possível.[194]

Assim, os dois tipos de classificação que acabamos de estudar não fazem senão exprimir, sob aspectos diferentes, as próprias sociedades em cujo seio foram elaborados; o primeiro era modelado segundo a organização jurídica e religiosa da tribo, e o segundo sobre a organização morfológica. Quando se tratou de estabelecer vínculos de parentesco entre as coisas, de constituir famílias cada vez mais vastas de seres e de fenômenos, procedeu-se com a ajuda das noções fornecidas pela família, pelo clã, pela fratria, e partiu-se dos mitos totêmicos. Quando se tratou de estabelecer relações entre os espaços, foram as relações espaciais que os homens mantêm no interior da sociedade que serviram de ponto de referência. Aqui, o quadro foi fornecido pelo próprio clã; lá, pela marca material que o clã deixou no solo. Mas ambos os quadros são de origem social.

IV

Agora resta-nos descrever, ao menos em seus princípios, um último tipo de classificação, que apresenta todos os caracteres essenciais dos precedentes mas que, tal como o conhecemos, é independente de toda organização social. O melhor caso do gênero, o mais notável e mais instrutivo nos é oferecido pelo sistema divinatório astronômico, astrológico, geomântico e horoscópico dos chineses. Tal sistema traz consigo uma história que remonta aos tempos mais longínquos, pois é certamente anterior aos primeiros documentos autênticos e datados que a China conservou.[195] Esse sistema já estava em pleno desenvolvimento nos primeiros séculos de nossa era. Por outro lado, se vamos estudá-lo de preferência na China, não é porque ele seja exclusivo desse país; podemos encontrá-lo em todo o Extremo Oriente.[196] Os siameses, os cambojanos, os tibetanos, os mongóis o conhecem e o empregam. Para todos esses povos, ele exprime o *tao*, isto é, a natureza. Ele está na base de toda a filosofia e de todo o culto vulgarmente chamado "taoismo".[197] Em suma, ele rege todos os detalhes da vida no mais imenso agrupamento de população que a humanidade já conheceu.

A própria importância desse sistema não nos permite traçar dele mais do que as grandes linhas. Nós nos limitaremos a descrevê-lo na medida estritamente necessária para mostrar quanto ele concorda, em seus princípios gerais, com aqueles que descrevemos até aqui.

Ele mesmo se constitui de vários sistemas entremeados.

Um dos princípios mais essenciais sobre os quais repousa é uma divisão do espaço segundo os quatro pontos cardeais. Um animal preside e dá seu nome a cada uma dessas quatro regiões. Mais propriamente falando, o animal se confunde com sua região: o dragão azul é o Leste, o pássaro vermelho é o Sul, o tigre branco é o Oeste, a tartaruga negra, o Norte. Cada região tem a cor de seu animal e, segundo diversas condições que não poderemos descrever aqui, ela é favorável ou desfavorável. Os seres simbólicos que são assim prepostos no espaço governam, aliás, tanto a terra quanto o céu. Assim, uma colina ou uma configuração geográfica que parece assemelhar-se a um tigre é do tigre e do Oeste; se ela lembrar um dragão, é do dragão e do Leste. Por conseguinte, uma localização será considerada favorável se as coisas que a rodeiam tiverem um aspecto conforme à orientação delas; por exemplo, se aquelas que estão no Oeste forem do tigre e as que estão no Leste forem do dragão.[198]

Mas o espaço compreendido entre os pontos cardeais é ele mesmo dividido em duas partes: disso resulta um total de oito divisões[199] que correspondem aos oito ventos. Esses oito ventos, por sua vez, relacionam-se estreitamente com oito poderes, representados por oito trigramas que ocupam o centro da bússola divinatória. Esses oito poderes são, de saída, nas duas extremidades (o 1º e o 8º), as duas substâncias opostas da terra e do céu; entre eles situam-se os outros seis poderes, a saber: 1º os vapores, as nuvens, as emanações etc.; 2º o fogo, o calor, o Sol, a luz, o relâmpago; 3º o trovão; 4º o vento e a madeira; 5º as águas, os rios, lagos e o mar; 6º as montanhas.

Aí temos, portanto, certo número de elementos fundamentais classificados nos diferentes pontos da rosa dos ventos. A cada um deles é relacionado todo um conjunto de coisas: *Khien*, o céu, princípio puro da luz, do macho etc., é situado no Sul.[200] "Significa" a imobilidade e a força, a cabeça, a esfera celeste, um pai, um príncipe, a redondez, o jade, o metal, o gelo, o vermelho, um bom cavalo, um velho cavalo, um grande cavalo, um cavalo capenga, o fruto das árvores etc. Em outras palavras, o céu conota esses diferentes tipos de coisas, assim como, entre nós, o gênero conota as espécies que ele compreende em si. *Kicun*, princípio fêmea, princípio da terra, da escuridão, está no Norte; a ele cabem a docilidade, o gado, o ventre, a terra-mãe, as roupas, os caldeirões, a multidão, o negro, os grandes carretos etc. "Sol" quer dizer penetração; a ele estão subsumidos o vento, a madeira, o comprimento, a altura, as aves domésticas, as coxas, a filha mais velha, os movimentos para a frente e para trás, todo ganho de 3% etc. Limitamo-nos a esses poucos exemplos. A lista das espécies de seres, de eventos, de atributos, de substâncias, de acidentes classificados sob a rubrica dos oito poderes é verdadeiramente infinita. Ela esgota, à maneira de uma gnose ou de uma cabala, o conjunto do mundo. Sobre esse tema, os clássicos e seus imitadores entregam-se a especulações sem fim, com uma verve inesgotável.

Ao lado dessa classificação em oito poderes encontra-se outra, que reparte as coisas sob cinco elementos: a terra, a água, a madeira, o metal, o fogo. Observou-se, aliás, que a primeira não era irredutível à segunda; de fato, se eliminarmos as montanhas e, por outro lado, confundirmos os vapores com a água e o trovão com o fogo, as duas divisões coincidem exatamente.

Independentemente da questão de saber se essas duas classificações derivam uma da outra ou se elas se sobrepuseram uma à outra, os elementos exercem o mesmo papel dos poderes. Não somente lhes são atribuídas todas as coisas, segundo as substâncias que os compõem ou segundo suas formas, mas também os eventos históricos, os acidentes do solo etc.[201] Os próprios planetas lhes são atribuídos: Vênus é a estrela do metal, Marte a estrela do fogo etc. Por outro lado, tal classificação se liga ao conjunto do sistema pelo fato de que cada um dos elementos está localizado numa divisão fundamental. Bastou situar, como aliás era cabível, a Terra no centro do mundo, para poder reparti-la entre as quatro regiões do espaço. Por conseguinte, os elementos são também, como as regiões, bons ou maus, fortes ou fracos, geradores ou gerados.

Não seguiremos o pensamento chinês em seus milhares e milhares de meandros tradicionais. Para poder adaptar aos fatos os princípios sobre os quais repousa esse sistema, ele multiplicou e complicou incansavelmente as divisões e subdivisões dos espaços e das coisas. Nem sequer temeu as contradições mais evidentes. Por exemplo, pudemos ver que a Terra é alternativamente situada no Norte, no Nordeste e no Centro. É que, na verdade, tal classificação tinha por objeto principal o de regular a conduta dos homens; e alcançava esse fim, mesmo evitando os desmentidos da experiência, justamente graças a essa complexidade.

Resta-nos, contudo, explicar uma última complicação do sistema chinês: assim como os espaços, como as coisas e os eventos, fazem parte dele os próprios períodos de tempo. Às quatro regiões correspondem as quatro estações. Além disso, cada região é subdividida em seis partes, e dessas 24 subdivisões resultam naturalmente as 24 estações do ano chinês.[202] Tal concordância não tem nada que deva nos surpreender. Em todos os sistemas de pensamento dos quais acabamos de falar, a consideração dos tempos é paralela à dos espaços.[203] Uma vez que há orientação, as estações são relacionadas necessariamente aos pontos cardeais: o inverno ao Norte, o verão ao Sul etc. Mas a distinção das estações é apenas um primeiro passo no cômputo do tempo. Este, para ser completo, supõe ademais uma divisão em ciclos, anos, dias, horas, que permite medir todas as extensões temporais, grandes ou pequenas. Os chineses chegaram a esse resultado pelo seguinte processo. Eles constituíram dois ciclos, um de doze divisões e outro de dez; cada divisão tem nome e caráter próprios, e assim cada momento do tempo é representado por um binômio de caracteres, tomados dos dois ciclos diferentes.[204] Esses dois ciclos são empregados, de maneira convergente, tanto para os anos quanto para os dias, os meses e as horas, e assim se chega a uma mensuração bastante exata. A combinação entre eles forma, por conseguinte, um ciclo sexagesimal,[205] já que, após cinco revoluções do ciclo de doze, e seis revoluções do ciclo de dez, o mesmo binômio de caracteres volta a qualificar exatamente o mesmo tempo. Tal como as estações, esses dois ciclos, com suas divisões, estão ligados à rosa dos ventos,[206] e, por intermédio dos quatro pontos cardeais, aos cinco elementos; e assim foi que os chineses chegaram a essa noção, extraordinária do ponto de vista de nossas ideias correntes, de um tempo não homogêneo, simbolizado pelos elementos, pelos pontos cardeais, pelas cores, pelas coisas de toda espécie que lhes são subsumidas, e em cujas diferentes partes predominam as mais variadas influências.[207]

E isso não é tudo. Os doze anos do ciclo sexagenário são, por outro lado, relacionados a doze animais alinhados na seguinte ordem: o rato, a vaca, o tigre, a lebre, o dragão, a serpente, o cavalo, a cabra, o macaco, a galinha, o cão e o porco.[208] Esses doze animais são repartidos três a três entre os quatro pontos cardeais; nesse aspecto, a divisão dos tempos[209] está ligada ao sistema geral. Assim, dizem textos datados do início de nossa era, "um ano *tzé* tem por animal o rato, e pertence ao Norte e à água; um ano *wa* pertence ao fogo, isto é, ao Sul, e seu animal é o cavalo" etc. Subsumidos aos elementos,[210] os anos também o são às regiões, elas mesmas representadas por animais. Evidentemente, estamos diante de uma multidão de classificações entrelaçadas e que, apesar de suas contradições, abrangem a realidade de perto o suficiente para poder guiar com bastante utilidade a ação.[211]

Essa classificação dos espaços, dos tempos, das coisas, das espécies animais, domina toda a vida chinesa. Ela é o princípio mesmo da famosa doutrina do *feng shui*, e a partir daí determina a orientação dos edifícios, a fundação das cidades e das casas, o estabelecimento dos túmulos e dos cemitérios; se aqui se realizam tais obras, e ali tais outras, se se empreendem certos negócios nesta ou naquela época, é por razões baseadas nessa sistemática tradicional. E essas razões não são tiradas unicamente da geomancia; são também derivadas das considerações relativas às horas, aos dias, aos meses, aos anos; tal direção, que é favorável em dado momento, torna-se desfavorável em outro. As forças são convergentes ou discordantes, segundo os tempos. Assim, não só no tempo, como também no espaço, tudo é heterogêneo, mas as partes heterogêneas das quais são feitos esses dois meios se correspondem, se opõem e se dispõem dentro de um sistema único. E todos esses elementos, em número infinito, combinam-se para determinar o gênero, a espécie das coisas naturais, o sentido das forças em movimento, os atos que devem ser executados, dando assim a impressão de uma filosofia ao mesmo tempo sutil e ingênua, rudimentar e refinada. É que estamos diante de um caso, particularmente típico, no qual o pensamento coletivo trabalhou, de maneira refletida e sábia, sobre temas evidentemente primitivos.

De fato, embora não tenhamos como estabelecer uma ligação histórica entre o sistema chinês e os tipos de classificação que estudamos antes, é impossível não notar que ele repousa sobre os mesmos princípios destes últimos. A classificação das coisas sob oito chefes, os oito poderes, proporciona uma verdadeira divisão do mundo em oito famílias, comparável às classificações australianas, exceto pelo fato de estar ausente a noção do clã. Por outro lado, como entre os Zuñi, encontramos na base do sistema uma divisão totalmente análoga do espaço em regiões fundamentais. A essas regiões são igualmente remetidos os elementos, os ventos e as estações. Ainda como entre os Zuñi, cada região tem sua cor própria e está situada sob a influência preponderante de um animal determinado, que simboliza, ao mesmo tempo, os elementos, os poderes e os momentos da duração. É verdade que não temos nenhum meio de provar peremptoriamente que esses animais foram totens algum dia. Seja qual for a importância que os clãs tenham conservado na China, e por mais que ainda apresentem o caráter distintivo dos clãs mais propriamente totêmicos, a saber, a exogamia,[212] mesmo assim não parece que tenham antigamente adotado os nomes usados na denominação das regiões ou das horas. Mas é no mínimo curioso que no Sião, segundo um autor contemporâneo,[213] existisse proibição de casamento entre pessoas de um mesmo ano e um mesmo animal, ainda que esse ano fosse de duas duodécadas diferentes; ou seja, a relação mantida pelos indivíduos com o animal ao qual pertencem age sobre as relações conjugais exatamente como a relação que eles mantêm, em outras sociedades, com seus totens. Por outro lado, sabemos que na China o horóscopo, a consideração dos oito caracteres, exerce um papel considerável na consulta aos adivinhos, prévia a toda entrevista matrimonial.[214] É verdade que nenhum dos autores que consultamos menciona como legalmente proibido um casamento entre dois indivíduos de um mesmo ano ou de dois anos do mesmo nome. Contudo, é provável que tal casamento seja visto como particularmente não auspicioso. Em todo caso, embora não tenhamos na China essa espécie de exogamia entre pessoas nascidas sob um mesmo animal, não deixa de existir entre elas, de outro ponto de vista, uma relação quase de família. De fato, Doolittle nos informa que cada indivíduo é tido como pertencente a um animal determinado,[215] e todos os que pertencem a um mesmo animal não podem assistir ao enterro uns dos outros.[216]

Aliás, a China não é o único país civilizado onde encontramos pelo menos vestígios de classificação que lembram as classificações observadas nas sociedades inferiores.

Para começar, acabamos de ver que a classificação chinesa era essencialmente um instrumento de divinação. Pois bem, os métodos divinatórios da Grécia apresentam notáveis semelhanças com os chineses, que denotam procedimentos da mesma natureza na maneira como são classificadas as ideias fundamentais.[217] A atribuição dos elementos e dos metais aos planetas é um fato grego, talvez caldeu, tanto quanto chinês. Marte é o fogo, Saturno, a água etc.[218] A relação entre certos tipos de eventos e certos planetas, a consideração simultânea dos espaços e dos tempos, a correspondência particular de tal região com tal momento do ano, com tal espécie de empreendimento, encontram-se igualmente nessas diferentes sociedades.[219] Uma coincidência ainda mais curiosa é aquela que permite aproximar a astrologia e a fisiognomonia dos chineses daquelas dos gregos e, talvez, dos egípcios. A teoria grega da melotesia zodiacal e planetária — que é, acredita-se, de origem egípcia —,[220] tem por objeto estabelecer estreitas correspondências entre certas partes do corpo, de um lado, e, de outro, certas posições dos astros, certas orientações, certos eventos. Pois bem, existe igualmente na China uma doutrina famosa que repousa sobre o mesmo princípio. Cada elemento é relacionado a um ponto cardeal, a uma constelação, a uma cor determinada, e esses diversos grupos de coisas, por sua vez, são encarados como correspondentes a diversas espécies de órgãos, residência das diversas almas, às paixões e às diferentes partes cuja reunião forma "o caráter natural". Assim, o *yang*, princípio masculino da luz e do céu, tem por víscera o fígado, por *mansão* a bexiga, por abertura os ouvidos e os esfíncteres.[221] Ora, essa teoria, cuja generalidade é visível, não tem interesse apenas como curiosidade; implica certa maneira de conceber as coisas. Nela, de fato, o mundo é relacionado aos indivíduos; e os seres, de alguma maneira, são expressos em função do organismo vivo; trata-se propriamente da teoria do microcosmo.

Aliás, nada é mais natural do que a relação assim constatada entre a divinação e as classificações das coisas. Todo rito divinatório, por mais simples que seja, repousa sobre uma simpatia prévia entre certos seres, sobre um parentesco tradicionalmente admitido entre tal signo e tal evento futuro. Além disso, em geral um rito divinatório não está sozinho; faz parte de um todo organizado. A ciência dos adivinhos não constitui, portanto, grupos isolados de coisas, mas sim liga esses grupos uns aos outros.

Desse modo, na base de um sistema de divinação existe, pelo menos implícito, um sistema de classificação.

Mas é sobretudo através das mitologias que vemos, de maneira quase ostensiva, métodos de classificação inteiramente análogos aos dos australianos ou aos dos índios da América do Norte. No fundo, cada mitologia é uma classificação, mas que extrai seus princípios de crenças religiosas e não de noções científicas. Os panteões bem organizados partilham entre si a natureza, tal como, alhures, os clãs partilham o universo. Assim, a Índia distribui as coisas, e os deuses que lhes correspondem, entre os três mundos do céu, da atmosfera e da terra, do mesmo modo como os chineses classificam todos os seres segundo os dois princípios fundamentais do *yang* e do *yin*. Atribuir estas ou aquelas coisas naturais a um deus corresponde a agrupá-las sob uma mesma rubrica genérica, a alinhá-las numa mesma classe; e as genealogias, as identificações admitidas entre as divindades, implicam relações de coordenação ou de subordinação entre as classes de coisas que essas divindades representam. Quando Zeus, pai dos homens e dos deuses, é apresentado como tendo dado nascimento a Atena, a guerreira, a deusa da inteligência, a senhora da coruja etc., são propriamente dois grupos de imagens que se veem ligados e classificados um em relação ao outro. Cada deus tem seus duplos, que são outras formas dele mesmo, embora com funções diferentes; a partir daí, poderes diversos, e as coisas sobre as quais se exercem esses poderes, ficam vinculados a uma noção central ou preponderante, como a espécie ao gênero ou uma variedade secundária à espécie principal. Assim é que a Posêidon,[222] deus das águas, ligam-se outras personalidades mais apagadas, deuses agrários (Afareu, Aloeu, o lavrador, o batedor), deuses dos cavalos (Actor, Élato, Hipocoonte etc.), um deus da vegetação (Putalmios).

Tais classificações são elementos tão essenciais das mitologias desenvolvidas que exerceram um papel importante na evolução do pensamento religioso; facilitaram a redução da multiplicidade de deuses à unidade e, com isso, prepararam o monoteísmo. O "henoteísmo"[223] que caracteriza a mitologia bramânica, ao menos depois que ela atingiu certo desenvolvimento, consiste, na realidade, numa tendência a reduzir cada vez mais os deuses uns aos outros, de tal modo que cada um acabou por possuir os atributos de todos os outros e até os nomes deles. Uma classificação instável, na qual o gênero se torna facilmente a espécie e vice-versa, mas que manifesta uma tendência crescente à unidade: é nisso que consiste, de certo ponto de vista, o panteísmo da Índia pré-búdica; e o mesmo ocorre com o shivaísmo e com o vishnuísmo clássico.[224] Usener também mostrou,[225] na sistematização progressiva dos politeísmos gregos e romanos, uma condição essencial do advento do politeísmo ocidental. Os pequenos deuses locais, especiais, alinham-se pouco a pouco sob chefes mais gerais, os grandes deuses da natureza, e tendem a absorver-se neles. Durante algum tempo, a noção daquilo que os primeiros têm de especial se mantém; o nome do antigo deus coexiste com o do grande deus, mas só como atributo deste último; em seguida, sua existência torna-se cada vez mais fantasmática, até o dia em que os grandes deuses subsistem sozinhos, se não no culto, ao menos na mitologia. Quase se poderia dizer que as classificações mitológicas, quando são completas e sistemáticas, quando abrangem o universo, anunciam o fim das mitologias propriamente ditas. Pã, Brahma, Prajâpati, gêneros supremos, seres absolutos e puros, são figuras míticas quase tão pobres de imagens quanto o Deus transcendental dos cristãos.

E, nesse caminho, parece que nos aproximamos insensivelmente dos tipos abstratos e relativamente racionais que estão no topo das primeiras classificações filosóficas. Já é certo que a filosofia chinesa, quando propriamente taoista, repousa essencialmente sobre o sistema de classificação que descrevemos. Na Grécia, embora sem querer afirmar nada quanto à origem histórica das doutrinas, não podemos impedir-nos de notar que os dois princípios do jonismo heraclitiano, a guerra e a paz, os de Empédocles, o amor e o ódio, dividem as coisas como fazem o *yin* e o *yang* na classificação chinesa. As relações estabelecidas pelos pitagóricos entre os números, os elementos, os sexos e certo número de outras coisas não deixam de lembrar as correspondências de origem mágico-religiosa de que tivemos oportunidade de falar. Aliás, mesmo no tempo de Platão, o mundo ainda era concebido como um vasto sistema de simpatias classificadas e hierarquizadas.[226]

V

As classificações primitivas não constituem, portanto, singularidades excepcionais, sem analogia com as que estão em uso entre os povos mais cultos; ao contrário, parecem ligar-se sem solução de continuidade às primeiras classificações científicas. É que de fato, por mais profundamente que difiram destas últimas sob certos aspectos, não deixam de ter todos os caracteres essenciais delas. Para começar, tal como as classificações dos eruditos, são sistemas de noções hierarquizadas. Nelas, as coisas não são simplesmente dispostas sob a forma de grupos isolados uns dos outros; ao contrário, esses grupos mantêm uns com os outros relações definidas, e seu conjunto forma um só e mesmo todo. Além disso, esses sistemas, tal como os da ciência, têm uma finalidade totalmente especulativa. Seu objetivo não é facilitar a ação, mas fazer compreender, tornar inteligíveis as relações que existem entre os seres. Dados certos conceitos considerados fundamentais, o espírito sente a necessidade de vincular-lhes as noções que ele faz das outras coisas. Tais classificações, portanto, destinam-se sobretudo a ligar as ideias entre si, a unificar o conhecimento; a esse título, pode-se afirmar sem inexatidão que elas são obra de ciência e constituem uma primeira filosofia da natureza.[227] Não é para regular sua conduta, nem mesmo para justificar sua prática, que o australiano distribui o mundo entre os totens de sua tribo; é que, sendo-lhe fundamental a noção de totem, ele precisa situar em relação a ela todos os seus outros conhecimentos. Pode-se, portanto, pensar que as condições das quais dependem essas classificações antiquíssimas não deixaram de exercer um papel importante na gênese da função classificatória em geral.

Pois bem, de todo este estudo depreende-se que tais condições são de natureza social. Muito longe de as relações lógicas entre as coisas servirem de base às relações sociais entre os homens, como parece admitir Frazer, na realidade foram estas que serviram de protótipo àquelas. Segundo ele, os homens teriam se distribuído em clãs de acordo com uma classificação prévia das coisas; muito ao contrário, porém, eles classificaram as coisas porque eram distribuídos em clãs.

De fato, vimos como tais classificações foram modeladas sobre a organização social mais próxima e mais fundamental. Essa expressão é até insuficiente. A sociedade não foi simplesmente um modelo a partir do qual o pensamento classificatório teria trabalhado; suas próprias estruturas serviram como estruturação do sistema. As primeiras categorias lógicas foram categorias sociais; as primeiras classes de coisas foram classes de homens nas quais essas coisas foram integradas. Foi porque estavam agrupados e se pensavam sob a forma de grupos que os homens agruparam idealmente os outros seres, e os dois modos de agrupamento passaram a confundir-se a ponto de se tornarem indistintos. As fratrias foram os primeiros gêneros; os clãs, as primeiras espécies. As coisas eram encaradas como parte integrante da sociedade, e seu lugar na sociedade determinava seu lugar na natureza. Podemos até perguntar se a maneira esquemática como os gêneros são ordinariamente concebidos não dependeria, em parte, das mesmas influências. É um fato de observação corrente o de que as coisas que eles compreendem são geralmente imaginadas como situadas numa espécie de meio ideal, de circunscrição espacial mais ou menos nitidamente limitada. Sem dúvida não foi sem motivo que, com tanta frequência, os conceitos e suas relações foram figurados por círculos concêntricos, excêntricos, interiores, exteriores uns aos outros etc. Essa tendência a representar grupamentos puramente lógicos sob um modo que contrasta a tal ponto com sua verdadeira natureza não resultaria de terem eles começado a ser concebidos sob a forma de grupos sociais, ocupando, por conseguinte, uma posição determinada no espaço? E, de fato, por acaso não observamos essa localização espacial dos gêneros e das espécies em um número bastante grande de sociedades muito diferentes?

Não somente a forma exterior das classes, mas também as relações que as unem entre si são de origem social. É porque os grupos humanos se encaixam uns dentro dos outros, o subclã dentro do clã, o clã dentro da fratria, a fratria dentro da tribo, que os grupos de coisas se dispõem segundo a mesma ordem. Sua extensão regularmente decrescente, à medida que se passa do gênero à espécie, da espécie à variedade etc., vem da extensão igualmente decrescente que as divisões sociais apresentam à medida que nos afastamos das mais amplas e das mais antigas para nos aproximarmos das mais recentes e das mais derivadas. E se a totalidade das coisas é concebida como um sistema uno, é porque a própria sociedade é concebida da mesma maneira. Ela é um todo, ou melhor, ela é *o todo* único ao qual tudo é remetido. Assim, a hierarquia lógica não é senão outro aspecto da hierarquia social, e a unidade do conhecimento não é mais do que a própria unidade da coletividade, estendida ao universo.

E há mais: os próprios vínculos que unem ora os seres de um mesmo grupo, ora os diferentes grupos entre si, são concebidos como vínculos sociais. No início, lembrávamos que as expressões pelas quais designamos ainda hoje essas relações têm um significado moral; mas, embora já não sejam para nós muito mais do que metáforas, primitivamente tinham sentido. As coisas de uma mesma classe eram realmente consideradas parentes dos indivíduos do mesmo grupo social e, por conseguinte, parentes entre si. São da "mesma carne", da mesma família. As relações lógicas são portanto, em certo sentido, relações domésticas. Às vezes também, como vimos, são comparáveis, por todos os aspectos, àquelas que existem entre o dono e a coisa possuída, entre o chefe e seus subordinados. Poderíamos até perguntar se a noção, tão estranha ao ponto de vista positivo, da preeminência do gênero sobre a espécie não tem aqui sua forma rudimentar. Assim como, para o realista, a ideia geral domina o indivíduo, de igual modo o totem do clã domina o dos subclãs e, mais ainda, o totem pessoal dos indivíduos; e a fratria, nos casos em que manteve sua consistência primeira, tem sobre as divisões que compreende e os seres particulares aí compreendidos uma espécie de primazia. Embora seja essencialmente *wartwut* e particularmente *moiviluk*, o Wotjoballuk de Howitt é, antes de tudo, um Krokitch ou um Gamutch. Entre os Zuñi, os animais que simbolizam os seis clãs fundamentais são prepostos soberanamente aos seus respectivos subclãs e aos seres de todos os tipos que estão agrupados nestes.

Mas se o que foi dito permite compreender como pôde se constituir a noção de classes, ligadas entre si num só e mesmo sistema, ainda ignoramos quais são as forças que induziram os homens a repartir as coisas entre essas classes segundo o método que adotaram. Do fato de o quadro exterior da classificação ter sido fornecido pela sociedade não se segue necessariamente que o modo como esse quadro foi empregado depende de razões da mesma origem. É bem possível, a priori, que móveis de ordem totalmente diversa tenham determinado a maneira como os seres foram aproximados, confundidos, ou então, ao contrário, distinguidos e opostos.

A tão particular concepção que fazemos dos vínculos lógicos permite afastar essa hipótese. De fato, acabamos de ver que eles são representados sob a forma de vínculos familiares, ou como relações de subordinação econômica ou política; portanto, os mesmos sentimentos que estão na base da organização doméstica, social etc. presidiram também a essa repartição lógica das coisas. Estas se atraem ou se opõem da mesma maneira como os homens são ligados pelo parentesco ou opostos pela vendeta. Elas se confundem tal como os membros de uma mesma família se confundem dentro de um pensamento comum. O que faz com que umas se subordinem às outras é algo análogo, em todos os sentidos, àquilo que faz com que o objeto possuído apareça como inferior ao seu proprietário e o súdito ao seu senhor. Foram, portanto, estados coletivos de espírito que originaram esses agrupamentos, e, ademais, esses estados são manifestamente afetivos. Existem afinidades sentimentais entre as coisas tanto quanto entre os indivíduos, e é a partir dessas afinidades que elas são classificadas.

Chegamos então a esta conclusão: a de que é possível classificar outra coisa além de conceitos, e de outro modo que não segundo as leis do puro entendimento. Pois, para que noções possam dispor-se assim sistematicamente por razões de sentimento, é preciso que não sejam ideias puras, mas obra de sentimento. E de fato, para aqueles que chamamos "primitivos", uma espécie de coisas não é um simples objeto de conhecimento, mas corresponde, antes de tudo, a certa atitude sentimental. Todo tipo de elemento afetivo concorre para a representação que o indivíduo faz dessa coisa. As emoções religiosas, especialmente, não só comunicam a ela um colorido especial, mas também lhe atribuem as propriedades mais essenciais que a constituem. As coisas são antes de tudo sagradas ou profanas, puras ou impuras, amigas ou inimigas, favoráveis ou desfavoráveis;[228] isto é, seus caracteres mais fundamentais não fazem senão expressar a maneira como elas afetam a sensibilidade social. As diferenças e as semelhanças que determinam o modo como elas se agrupam são mais afetivas do que intelectuais. Isso mostra por que as coisas mudam de natureza, de certa forma, segundo as sociedades; é porque afetam de maneira diferente os sentimentos dos grupos. O que é concebido aqui como perfeitamente homogêneo é representado alhures como essencialmente heterogêneo. Para nós, o espaço é formado de partes semelhantes entre si, substituíveis umas por outras. No entanto, vimos que, para muitos povos, ele é profundamente diferenciado segundo as regiões. É que cada região tem seu valor afetivo próprio. Sob a influência de sentimentos diversos, ela é relacionada a um princípio religioso especial e, por conseguinte, dotada de virtudes sui generis que a distinguem de qualquer outra. E é esse valor emocional das noções que exerce o papel preponderante na maneira como as ideias se aproximam ou se separam. É ele que serve de caráter dominador na classificação.

Muitas vezes se afirmou que o homem começou por representar as coisas remetendo-as a si mesmo. As considerações feitas até aqui permitem esclarecer melhor em que consiste esse antropocentrismo, que seria preferível denominar *sociocentrismo*. O centro dos primeiros sistemas da natureza não é o indivíduo, mas a sociedade.[229] É ela que se objetiva, e não mais o homem. Nada é mais demonstrativo quanto a isso do que a maneira como os índios Sioux fazem o mundo inteiro caber, de algum modo, nos limites do espaço tribal; e vimos como o próprio espaço universal não é outra coisa senão o local ocupado pela tribo, mas indefinidamente estendido para além de seus limites reais. Foi em virtude da mesma disposição mental que tantos povos situaram o centro do mundo, "o umbigo da terra", em sua capital política ou religiosa,[230] isto é, o lugar onde se encontra o centro de sua vida moral. Ainda do mesmo modo, mas em outra ordem de ideias, a força criadora do universo e de tudo o que nele se encontra foi inicialmente concebida como o ancestral mítico, gerador da sociedade.

Eis como aconteceu que a noção de uma classificação lógica tivesse tido tanta dificuldade de formar-se, como mostrávamos no início deste trabalho. É que uma classificação lógica é uma classificação de conceitos. Ora, o conceito é a noção de um grupo de seres nitidamente determinado; seus limites podem ser marcados com precisão. A emoção, ao contrário, é coisa essencialmente fluida e inconsistente. Sua influência contagiosa se irradia bem além de seu ponto de origem, estende-se a tudo o que a rodeia, sem que se possa dizer onde se detém seu poder de propagação. Os estados de natureza emocional participam necessariamente do mesmo caráter. Não se pode dizer nem onde começam nem onde acabam; eles se perdem uns nos outros, misturam suas propriedades de tal modo que não é possível categorizá-los com rigor. Por outro lado, para poder marcar os limites de uma classe é preciso ter analisado os caracteres nos quais se reconhecem os seres reunidos nessa classe e que os distinguem. Ora, a emoção é naturalmente refratária à análise ou, pelo menos, presta-se dificilmente a isso, porque é muito complexa. Sobretudo quando é de origem coletiva, ela desafia o exame crítico e racional. A pressão exercida pelo grupo social sobre cada um de seus membros não permite que os indivíduos julguem livremente as noções que a própria sociedade elaborou e nas quais incluiu algo de sua personalidade. Semelhantes construções são sagradas para os particulares. Também a história da classificação científica é, em última análise, a própria história das etapas ao longo das quais esse elemento de afetividade social se enfraqueceu progressivamente, deixando cada vez mais o lugar livre para o pensamento reflexivo dos indivíduos. Mas não se pense que essas influências longínquas que acabamos de estudar tenham parado de se fazer sentir hoje. Elas deixaram atrás de si um efeito que lhes sobreviveu e que continua presente: é a própria estrutura de toda classificação, é todo esse conjunto de hábitos mentais em virtude dos quais nós representamos os seres e os fatos sob a forma de grupos coordenados e subordinados uns aos outros.

Por esse exemplo, pode-se ver com qual luz a sociologia ilumina a gênese e, por conseguinte, o funcionamento das operações lógicas. O que tentamos fazer para a classificação poderia ser igualmente tentado para outras funções ou noções fundamentais do entendimento. Já tivemos oportunidade de indicar, de passagem, como até mesmo ideias tão abstratas quanto as de tempo e de espaço estão, a cada momento de sua história, em relação estreita com a organização social correspondente. O mesmo método poderia ajudar também a compreender a maneira como se formaram as ideias de causa, de substância, as diferentes formas do raciocínio etc. Todas essas questões, com as quais metafísicos e psicólogos se debatem há tanto tempo, serão finalmente libertadas das inócuas repetições em que se retardam a partir do dia em que forem colocadas em termos sociológicos. Temos aí pelo menos um caminho novo, que merece ser tentado.

O dualismo da natureza humana
e suas condições sociais[*]

A sociologia, embora se defina como a ciência das sociedades, na realidade não pode tratar dos grupos humanos, que são o objeto imediato de sua pesquisa, sem chegar finalmente ao indivíduo, elemento último do qual esses grupos são compostos. Pois a sociedade só pode constituir-se sob a condição de penetrar as consciências individuais e de moldá-las "à sua imagem e semelhança"; sem querer dogmatizar excessivamente, pode-se portanto afirmar com segurança que muitos dos nossos estados mentais, e dos mais essenciais, têm origem social. Aqui, é o todo que, em ampla medida, constitui a parte; por conseguinte, é impossível tentar explicar o todo sem explicar a parte, ao menos indiretamente. O produto por excelência da atividade coletiva é esse conjunto de bens intelectuais e morais que denominamos civilização; por isso Auguste Comte fazia da sociologia a ciência da civilização. Mas, por outro lado, foi a civilização que fez do homem o que ele é; é ela que o distingue do animal. O homem só é um homem porque é civilizado. Buscar as causas e as condições das quais a civilização depen-

---

[*] Émile Durkheim, "Le dualisme de la nature humaine et ses conditions sociales". In: *La Science sociale et l'action*. Intr. e apres. Jean-Claude Filloux. Paris: Quadrige/PUF, 2010. Trad. de Joana Angélica D'Ávila Melo. (N. E.)

de é, portanto, buscar também as causas e as condições daquilo que existe, no homem, de mais especificamente humano. Assim é que a sociologia, embora apoiando-se na psicologia, da qual não poderia abrir mão, traz-lhe, por um justo retorno, uma contribuição que iguala e ultrapassa em importância os serviços que recebe dela. Somente pela análise histórica pode-se saber de que o homem é formado; pois foi somente no decorrer da história que ele se formou.

A obra que publicamos recentemente, *Les Formes élémentaires de la vie religieuse*, permite ilustrar com um exemplo essa verdade geral. Procurando estudar sociologicamente os fenômenos religiosos, fomos levados a vislumbrar um modo de explicar cientificamente uma das particularidades mais características de nossa natureza. Mas como, para nossa grande surpresa, o princípio sobre o qual repousa essa explicação não parece ter sido percebido pelos críticos que, até agora, falaram desse livro, pareceu-nos que poderia haver algum interesse em expô-lo sumariamente aos leitores de *Scientia*.

I

Essa particularidade é a dualidade constitucional da natureza humana.

Em todos os tempos, o próprio homem teve o vivo sentimento dessa dualidade. De fato, por toda parte ele se concebeu como formado de dois seres radicalmente heterogêneos: o corpo, de um lado, e a alma, de outro. Ainda que a alma seja representada sob forma material, a matéria de que ela é feita passa por não ser da mesma natureza que a do corpo. Diz-se que ela é mais etérea, mais sutil, mais plástica, que não afeta os sentidos como os objetos propriamente sensíveis, que não está submetida às mesmas leis etc. Não somente esses dois seres são substancialmente diferentes como também, em ampla medida, são independentes um do outro, com frequência entrando até em conflito. Durante séculos acreditou-se que a alma podia, já nesta vida, escapar do corpo e levar ao longe uma existência autônoma. Mas foi sobretudo com a morte que essa independência se afirmou mais nitidamente. Enquanto o corpo se dissolve e se aniquila, a alma lhe sobrevive e, em condições novas, prossegue, durante um tempo mais ou menos longo, o curso de seu destino. Pode-se até dizer que, mesmo sendo estreitamente associados, a alma e o corpo não pertencem ao mesmo mundo. O corpo faz parte integrante do universo material, tal como a experiência sensível nos faz conhecê-lo; a pátria da alma é outro lugar, ao qual ela tende incessantemente a voltar. Essa pátria é o mundo das coisas sagradas. Assim, a alma é investida de uma dignidade que sempre foi recusada ao corpo; enquanto este é considerado essencialmente profano, ela inspira algo daqueles sentimentos que por toda parte estão reservados ao que é divino. É feita da mesma substância que os seres sagrados: só difere deles em graus.

Uma crença tão universal e tão permanente não poderia ser puramente ilusória. Para que, em todas as civilizações conhecidas, o homem tenha se sentido duplo, é preciso que exista nele alguma coisa que deu origem a esse sentimento. E, de fato, a análise psicológica vem confirmar isso: no próprio seio de nossa vida interior ela encontra a mesma dualidade.

Nossa inteligência e nossa atividade apresentam duas formas muito diferentes: existem as sensações[1] e as tendências sensíveis de um lado e, de outro, o pensamento conceitual e a atividade moral. Cada uma dessas duas partes de nós mesmos gravita em torno de um polo que lhe é próprio, e esses dois polos não são apenas distintos: são opostos. Nossos apetites sensíveis são necessariamente egoístas; têm por objeto nossa individualidade e só ela. Quando satisfazemos nossa fome, nossa sede etc., sem que nenhuma outra tendência esteja em jogo, é a nós mesmos, e só a nós, que satisfazemos.[2] A atividade moral, ao contrário, é reconhecível no fato de que as regras de conduta às quais se submete são suscetíveis de universalização; portanto, por definição, persegue fins impessoais. A moralidade só começa com o desinteresse, com o apego a outra coisa que não nós mesmos.[3] Na ordem intelectual encontra-se o mesmo contraste. Uma sensação de cor ou de som liga-se estreitamente ao meu organismo individual e eu não posso destacá-la dele. É impossível fazê-la passar de minha consciência à consciência de outrem. Posso até convidar o outro a colocar-se diante do mesmo objeto e a sofrer-lhe a ação, mas a percepção que ele terá daquilo será obra sua e unicamente sua, assim como a minha me é própria. Os conceitos, ao contrário, são sempre comuns a uma pluralidade de homens. Eles se constituem graças às palavras; ora, o vocabulário e a gramática de uma língua não são obra nem coisa de ninguém em particular; são o produto de uma elaboração coletiva e exprimem a coletividade anônima que os emprega. A noção de homem ou de animal não me é pessoal; ela me é, em ampla medida, comum com todos os homens que pertencem ao mesmo grupo social que eu. Assim, por serem comuns, os conceitos são o instrumento por excelência de todo comércio intelectual. É através deles que os espíritos comungam. Sem dúvida, cada um de nós individualiza, pensando-os, os conceitos que recebe da comunidade, distingue-os com sua marca pessoal; mas não existe coisa pessoal que não seja suscetível de uma individualização desse gênero.[4]

Esses dois aspectos de nossa vida psíquica se opõem portanto um ao outro, como o pessoal ao impessoal. Existe, em nós, um ser que se representa tudo em relação a si mesmo, de seu ponto de vista próprio, e que, naquilo que faz, não tem outro objeto além dele mesmo.

Mas existe também um outro que conhece as coisas *sub specie æternitatis*, como se participasse de outro pensamento que não o nosso, e que, ao mesmo tempo, em seus atos, tende a realizar fins que o ultrapassam. A velha frase *Homo duplex* é portanto verificada pelos fatos. Bem longe de sermos simples, nossa vida interior tem como que um duplo centro de gravidade. De um lado, há nossa individualidade e, mais especialmente, nosso corpo que a fundamenta;[5] de outro, tudo aquilo que, em nós, exprime outra coisa que não nós mesmos.

Esses dois grupos de estados de consciência não são diferentes apenas por suas origens e suas propriedades; há entre eles um verdadeiro antagonismo. Eles se contradizem e se negam mutuamente. Não podemos nos entregar aos fins morais sem nos desprendermos de nós mesmos, sem contrariar os instintos e as inclinações que estão mais profundamente enraizados em nosso corpo. Não existe ato moral que não implique um sacrifício, pois, como mostrou Kant, a lei do dever não pode fazer-se obedecer sem humilhar nossa sensibilidade individual ou, como ele dizia, "empírica". Claro que podemos aceitar esse sacrifício sem resistência e até com entusiasmo. Mas, ainda que seja realizado num impulso alegre, ele não deixa de ser real; a dor que o asceta busca espontaneamente não deixa de ser dor. E essa antinomia é tão profunda e tão radical que, em última análise, nunca pode ser resolvida. Como poderíamos ser inteiramente para nós mesmos e inteiramente para os outros, ou vice-versa? O eu não pode ser totalmente outra coisa senão ele mesmo, pois nesse caso se desvaneceria. É o que acontece no êxtase. Para pensar é preciso ser, é preciso ter uma individualidade. Mas, por outro lado, o eu não pode ser inteira e exclusivamente ele mesmo, pois nesse caso se esvaziaria de todo conteúdo. Se, para pensar, é preciso ser, também é preciso ter coisas em que pensar. Ora, a que se reduziria a consciência se só exprimisse o corpo e seus estados? Não podemos viver sem representar o mundo que nos rodeia, os objetos de todo tipo que o preenchem. Mas, pelo simples fato de os representarmos para nós, eles nos penetram, tornando-se assim parte de nós mesmos; por conseguinte, nos importam, ligamo-nos a eles assim como a nós mesmos. Então, há em nós outra coisa além de nós mesmos a solicitar nossa atividade. É um erro acreditar que nos é fácil viver egoisticamente. O egoísmo absoluto e o altruísmo absoluto são limites ideais que nunca podem ser alcançados na realidade. São estados dos quais podemos nos aproximar indefinidamente, mas sem nunca realizá-los de maneira adequada.

Dá-se o mesmo na ordem de nossos conhecimentos. Nós só compreendemos se pensarmos por conceitos. Mas a realidade sensível não é feita para entrar por si mesma e espontaneamente na moldura dos nossos conceitos. Ela resiste e, para dobrá-la, temos de violentá-la em alguma medida, de submetê-la a todos os tipos de operações laboriosas que a alterem, a fim de torná-la assimilável ao espírito, e jamais conseguimos triunfar completamente sobre suas resistências. Jamais nossos conceitos conseguem dominar nossas sensações e traduzi-las inteiramente em termos inteligíveis. Elas só assumem uma forma conceitual se perderem aquilo que possuem de mais concreto, aquilo que faz com que falem ao nosso ser sensível e arrastem à ação; tornam-se então algo morto e imóvel. Portanto, não podemos compreender as coisas sem renunciar, em parte, a sentir-lhes a vida, e não podemos senti-la sem renunciar a compreendê-la. Sem dúvida, às vezes sonhamos com uma ciência que expresse de modo adequado todo o real. Mas esse é um ideal do qual até podemos nos aproximar indefinidamente, mas que nos é impossível alcançar.

Essa contradição interna é uma das características de nossa natureza. Segundo a frase de Pascal, o homem é ao mesmo tempo "anjo e bicho", sem ser exclusivamente nem um nem outro. Disso resulta que nunca estamos completamente de acordo conosco, pois não podemos seguir uma de nossas duas naturezas sem que a outra sofra. Nossas alegrias nunca podem ser puras; a elas sempre se mistura alguma dor, visto que não poderíamos satisfazer simultaneamente os dois seres que estão em nós. É esse desacordo, essa perpétua divisão contra nós mesmos, que constitui, ao mesmo tempo, nossa grandeza e nossa miséria: nossa miséria, pois estamos assim condenados a viver no sofrimento; e também nossa grandeza, pois é por aí que nos singularizamos entre todos os seres. O animal busca seu prazer por um movimento unilateral e exclusivo: somente o homem é obrigado a abrir normalmente um espaço para o sofrimento em sua vida.

Assim, a antítese tradicional entre o corpo e a alma não é uma vã concepção mitológica, sem fundamento na realidade. De fato é verdade que somos duplos, que realizamos uma antinomia. Mas, então, apresenta-se uma questão que a filosofia e mesmo a psicologia positiva não podem evitar: de onde vêm essa dualidade e essa antinomia? De onde vem, para retomar outra expressão de Pascal, que sejamos esse "monstro de contradições" que nunca pode satisfazer completamente a si mesmo? Se esse estado singular é um dos traços distintivos da humanidade, a ciência do homem deve procurar explicá-lo.

II

Contudo, as soluções propostas para esse problema não são nem numerosas nem variadas.

Duas doutrinas, que ocuparam grande espaço na história do pensamento, acreditam resolver a dificuldade negando-a, isto é, fazendo da dualidade do homem uma simples aparência; trata-se do monismo, tanto o empirista quanto o idealista.

Segundo o primeiro, os conceitos não passam de sensações mais ou menos elaboradas: eles consistiriam inteiramente em grupos de imagens similares, às quais uma mesma palavra daria uma espécie de individualidade; mas não teriam realidade fora dessas imagens e das sensações das quais estas últimas são o prolongamento. De igual modo, a atividade moral não seria mais do que outro aspecto da atividade interessada: o homem que obedece ao dever estaria apenas obedecendo ao seu interesse bem compreendido. Em tais condições, o problema desaparece: o homem é uno, e, se graves combates se produzem em seu interior, é porque ele não age nem pensa conforme sua natureza. O conceito, bem interpretado, não poderia opor-se à sensação da qual extrai sua existência, e o ato moral não poderia entrar em conflito com o ato egoísta, já que este, no fundo, procede de móveis utilitários, ao menos se não houver erro quanto à verdadeira natureza da moralidade. Infelizmente, os fatos que apresentam a questão subsistem inteiramente. É inegável que o homem, em todos os tempos, foi um inquieto e um descontente; sempre se sentiu balançado, dividido contra ele mesmo, e as crenças e as práticas às quais deu mais valor, em todas as sociedades, sob todas as civilizações, tinham e ainda têm por objeto não a supressão dessas divisões inevitáveis, mas a atenuação de suas consequências, dar-lhes um sentido e um objetivo, torná-las mais suportáveis, pelo menos consolá-lo. É inadmissível que esse estado de inquietação universal e crônico tenha sido o produto de uma simples aberração, que o homem tenha sido o artífice de seu próprio sofrimento e que tenha se obstinado nisso tão estupidamente, se realmente sua natureza o predispunha a viver de maneira harmônica; pois a experiência, com o tempo, deveria ter dissipado um erro tão deplorável. Pelo menos seria preciso explicar de onde pode provir essa cegueira inconcebível. Sabe-se, aliás, quão graves objeções a hipótese empirista levanta. Ela jamais conseguiu explicar como o inferior podia tornar-se o superior, como a sensação individual, obscura, confusa, podia tornar-se o conceito impessoal, claro e distinto, como o interesse podia transformar-se em desinteresse.

Com o idealista absoluto não é diferente. Também para ele a realidade é una: é feita unicamente de conceitos, assim como, para o empirista, é feita exclusivamente de sensações. A uma inteligência absoluta, que veria as coisas tais como são, o mundo apareceria como um sistema de noções definidas, ligadas umas às outras por relações igualmente definidas. Quanto às sensações, não são nada por elas mesmas; não passam de conceitos embaralhados e confundidos uns nos outros. O aspecto sob o qual elas se revelam a nós na experiência provém unicamente do fato de não sabermos distinguir seus elementos. Em tais condições, portanto, não haveria nenhuma oposição fundamental, nem entre o mundo e nós, nem entre as diferentes partes de nós mesmos. Aquela que acreditamos perceber seria devida a um simples erro de perspectiva, que bastaria corrigir. Mas, então, deveríamos constatar que ela se atenua progressivamente à medida que o domínio do pensamento conceitual se estende, à medida que aprendemos a pensar menos por sensação e mais por conceitos, isto é, à medida que a ciência se desenvolve e se torna um fator mais importante de nossa vida mental. Infelizmente, a história está longe de confirmar essas esperanças otimistas. A inquietação humana, ao contrário, parece ir crescendo. As religiões que mais insistem nas contradições entre as quais nos debatemos, que mais se empenham em pintar o homem como um ser atormentado e dolorido, são as grandes religiões dos povos modernos, ao passo que os cultos grosseiros das sociedades inferiores respiram e inspiram uma feliz confiança.[6] Ora, o que as religiões exprimem é a experiência vivida pela humanidade: seria muito surpreendente que nossa natureza se unificasse e se harmonizasse se sentimos que nossas discordâncias são crescentes. Aliás, supondo que essas discordâncias fossem apenas superficiais e aparentes, ainda seria preciso explicar essa aparência. Se as sensações não são mais do que conceitos, ainda seria preciso dizer de onde vem o fato de estes não nos aparecerem tais como são, mas sim se mostrarem embaralhados e confundidos. O que pode ter-lhes imposto uma indistinção manifestamente contrária à sua natureza? O idealismo se vê, aqui, diante de dificuldades inversas àquelas que tão frequente e legitimamente foram objetadas ao empirismo. Se jamais se explicou como o inferior pôde tornar-se o superior, como a sensação, embora permanecendo ela mesma, pôde ser elevada à dignidade de conceito, é igualmente difícil compreender como o superior pôde tornar-se o inferior, como o conceito pôde alterar-se e degenerar de si mesmo a ponto de se tornar a sensação. Essa queda não pode ter sido espontânea. Ela só pode ter sido determinada por algum princípio contrário. Mas não há lugar para um princípio desse gênero numa doutrina essencialmente monista.

Se afastarmos essas teorias que suprimem o problema em vez de resolvê-lo, as únicas que têm curso e merecem exame limitam-se a afirmar o fato que se trata de explicar, mas sem esgotá-lo.

Existe, de saída, a explicação ontológica formulada por Platão. O homem seria duplo porque nele se encontram dois mundos: o da matéria ininteligente e amoral, de um lado, e o das Ideias, do Espírito, do Bem, de outro. Como são naturalmente contrários, esses dois mundos lutam dentro de nós e, como participamos de um e do outro, entramos necessariamente em conflito conosco. Mas essa resposta, totalmente metafísica, embora tenha o mérito de afirmar, sem buscar enfraquecê-lo, o fato que se quer interpretar, limita-se a hipostasiar os dois aspectos da natureza humana sem dar conta deles. Dizer que somos duplos porque em nós existem duas forças contrárias é repetir o problema em termos diferentes, não é resolvê-

-lo. Ainda precisaríamos dizer de onde vêm essas duas forças e qual é o porquê de sua oposição. Sem dúvida, pode-se admitir que o mundo das Ideias e do Bem tenha em si mesmo a razão de sua existência por causa da excelência que lhe é atribuída. Mas como é possível que ele tenha fora de si um princípio de mal, de obscuridade, de não ser? Qual pode ser a função útil deste?

O que se compreende ainda menos é como esses dois mundos opostos em tudo — e que, por conseguinte, deveriam repelir e excluir um ao outro — tendam a unir-se e a penetrar-se a ponto de originar os seres mistos e contraditórios que nós somos. Seu antagonismo, ao que parece, deveria mantê-los afastados um do outro e impossibilitar seu casamento. Para usarmos a linguagem platônica, a Ideia, que é perfeita por definição, possui a plenitude do ser; portanto, basta a si mesma; só precisa dela mesma para existir. Por que então se rebaixaria até a matéria, cujo contato só pode desnaturá-la e fazê-la decair? Por outro lado, por que a matéria aspiraria ao princípio contrário, que ela mesma nega, e se deixaria penetrar por ele? Por último, a luta que descrevemos tem como teatro, por excelência, o homem; ela não se verifica nos outros seres. No entanto, o homem não é o único lugar onde, segundo a hipótese, os dois mundos devem reencontrar-se.

Menos explicativa ainda é a teoria com a qual as pessoas se contentam mais correntemente: fundamenta-se o dualismo humano já não sobre dois princípios metafísicos que estariam na base de toda a realidade, mas sobre a existência, em nós, de duas faculdades antitéticas. Nós possuímos ao mesmo tempo uma faculdade de pensar sob a perspectiva do individual, a sensibilidade, e uma faculdade de pensar sob a perspectiva do universal e do impessoal, a razão. Por sua vez, nossa atividade apresenta caracteres inteiramente opostos, segundo esteja situada sob a dependência de móveis sensíveis ou de móveis racionais. Kant, mais do que ninguém, insistiu no contraste entre a razão e a sensibilidade, entre a atividade racional e a atividade sensível. Mas essa classificação dos fatos, ainda que seja perfeitamente legítima, não traz ao problema que nos ocupa nenhuma solução. Considerando que possuímos ao mesmo tempo aptidão para uma vida pessoal e uma vida impessoal, o que se trata de saber não é qual nome convém dar a essas duas aptidões contrárias, mas de que modo elas coexistem num só e mesmo ser, a despeito de sua oposição. De onde vem que possamos participar conjuntamente dessas duas existências? Como somos feitos de duas metades que parecem pertencer a dois seres diferentes? Dando-se um nome diferente a uma e à outra, não se fez a questão avançar um só passo.

Se essa resposta puramente verbal foi satisfatória com tanta frequência é porque, de maneira muito geral, a natureza mental do homem é considerada uma espécie de dado último que não é preciso explicar. Acredita-se, portanto, que tudo está dito quando se vincula este ou aquele fato, cujas causas se buscam, a uma faculdade humana. Mas por que o espírito humano, que em suma não é senão um sistema de fenômenos inteiramente comparáveis aos outros fenômenos observáveis, ficaria fora e acima da explicação? Sabemos hoje que nosso organismo é produto de uma gênese; por que seria diferente quanto à nossa constituição psíquica? E se existe em nós algo que pede explicação urgente, é justamente a estranha antítese que vemos realizar-se.

III

Por outro lado, o que dissemos até agora quanto à forma religiosa sob a qual sempre se expressou o dualismo humano basta para fazer vislumbrar que a resposta à questão apresentada deve ser procurada numa direção inteiramente diferente. Por toda parte, dizíamos, a alma foi considerada uma coisa sagrada; vê-se nela uma parcela da divindade que só tem durante algum tempo uma vida terrestre e que tende, como que por si mesma, a retornar ao seu lugar de origem. Desse ponto de vista, opõe-se ao corpo, que é encarado como profano; e tudo o que tem a ver diretamente com o corpo em nossa vida mental, as sensações, os apetites sensíveis, participa do mesmo caráter. Assim, classificam-se tais sensações como formas inferiores de nossa atividade, ao passo que à razão e à atividade moral atribui-se uma dignidade mais alta: são as faculdades pelas quais, dizem-nos, nós nos comunicamos com Deus. Até mesmo o homem mais distante de toda crença confessional representa essa oposição sob uma forma, se não idêntica, ao menos comparável. Atribui-se às nossas diferentes funções psíquicas um valor desigual: elas são hierarquizadas entre si, e as que ficam abaixo, na hierarquia, são aquelas mais ligadas ao corpo. Aliás, já mostramos[7] que não existe moral que não seja impregnada de religiosidade; mesmo para o espírito laico, o Dever, o imperativo moral, é uma coisa augusta e sagrada, e a razão, esse auxiliar indispensável da atividade moral, naturalmente inspira sentimentos análogos. Também a ela atribuímos uma espécie de excelência e de valor incomparável. A dualidade de nossa natureza, portanto, não é senão um caso particular dessa divisão das coisas em sagradas e profanas que encontramos na base de todas as religiões, e deve ser explicada segundo os mesmos princípios.

Pois bem, foi precisamente essa explicação que tentamos na obra citada, *Les Formes élémentaires de la vie religieuse*. Empenhamo-nos em mostrar que as coisas sagradas são simplesmente ideais coletivos que se fixaram sobre objetos materiais.[8] As ideias e os sentimentos elaborados por uma coletividade, qualquer que seja ela, são investidos, em razão de sua origem, de uma ascendência, de uma autoridade, que levam os sujeitos específicos que as pensam e acreditam nelas a encará-las sob a forma de forças morais que os dominam e que os sustentam. Quando esses ideais movem nossa vontade, nós nos sentimos conduzidos, dirigidos, arrastados por energias singulares, que, manifestamente, não vêm de nós, mas sim se impõem a nós, e pelas quais temos sentimentos de respeito, de temor reverencial, mas também de reconhecimento por causa do conforto que nos transmitem; pois elas não podem comunicar-se a nós sem elevar nosso tom vital. E essas virtudes sui generis não se devem a nenhuma ação misteriosa; são simplesmente efeitos dessa operação psíquica, cientificamente analisável, mas singularmente criadora e fecunda, que se chama fusão, comunhão de uma pluralidade de consciências individuais numa consciência comum. Mas, por outro lado, representações coletivas só podem constituir-se encarnando-se em objetos materiais, coisas, seres de todo tipo, figuras, movimentos, sons, palavras etc., que os figuram externamente e os simbolizam; pois é somente expressando seus sentimentos, traduzindo-os por um signo, simbolizando-os exteriormente, que as consciências individuais, naturalmente fechadas umas às outras, podem sentir que comungam e estão em uníssono.[9] As coisas que exercem esse papel participam necessariamente dos mesmos sentimentos dos estados mentais que elas representam e materializam, por assim dizer. São também respeitadas, temidas ou buscadas como poderes benéficos. Não estão, portanto, situadas no mesmo plano que as coisas vulgares que só interessam à nossa individualidade física; são colocadas à parte destas últimas; nós lhes atribuímos um lugar inteiramente distinto no conjunto do real; nós as separamos: é nessa separação radical que consiste essencialmente o caráter sagrado.[10] E esse sistema de concepções não é puramente imaginário e alucinatório; pois as forças morais que essas coisas despertam em nós são bem reais, assim como são reais as ideias que as palavras nos lembram, após ter servido para formá-las. Daí vem a influência dinamogênica que, em todos os tempos, as religiões exerceram sobre os homens.

Mas esses ideais, produto da vida em grupo, não podem constituir-se, nem principalmente subsistir, sem penetrar nas consciências individuais e sem se organizar nelas de maneira durável. Essas grandes concepções religiosas, morais, intelectuais, que as sociedades extraem de seu seio durante os períodos de efervescência criativa, os indivíduos as carregam em si uma vez que o grupo se dissolveu, que a comunhão social fez sua obra. Sem dúvida a efervescência, depois que cai, e que cada um, retomando sua existência privada, se afasta da fonte de onde lhe vieram esse calor e essa vida, não se mantém no mesmo grau de intensidade. No entanto, não se extingue, porque a ação do grupo não se detém por completo, mas sim vem perpetuamente devolver a esses grandes ideais um pouco da força que as paixões egoístas e as preocupações pessoais de cada dia tendem a lhes subtrair: é para isso que servem as festas públicas, as cerimônias, os ritos de todo tipo. Só que, ao virem mesclar-se assim à nossa vida individual, esses diversos ideais se individualizam igualmente; em estreita relação com nossas outras representações, harmonizam-se com elas, com nosso temperamento, nosso caráter, nossos hábitos etc. Cada um de nós coloca sobre eles sua própria marca; assim é que cada um tem seu modo pessoal de pensar as crenças de sua Igreja, as regras da moral comum, as noções fundamentais que servem de moldura ao pensamento conceitual. Mas, embora particularizando-se e tornando-se assim elementos de nossa personalidade, os ideais coletivos não deixam de conservar sua propriedade característica, a saber, o prestígio de que são revestidos. Mesmo sendo nossos, falam dentro de nós em tom inteiramente diverso e com ênfase diferente daquela do resto de nossos estados de consciência: comandam-nos, impõem-nos respeito, nós não nos sentimos no mesmo nível deles. Percebemos que representam em nós algo de superior a nós. Portanto, não é sem razão que o homem se sente duplo: ele é realmente duplo. Realmente existem nele dois grupos de estados de consciência que contrastam entre si por suas origens, sua natureza, pelos fins aos quais tendem. Uns exprimem apenas nosso organismo e os objetos com os quais este se relaciona mais diretamente. Estritamente individuais, só nos vinculam a nós mesmos, e não podemos destacá-los de nós tanto quanto não podemos destacar-nos de nosso corpo. Os outros, ao contrário, nos vêm da sociedade; traduzem-na em nós e nos vinculam a algo que nos ultrapassa. Sendo coletivos, são impessoais; dirigem-nos para fins que nos são comuns com os outros homens; é por eles e só por eles que podemos comungar com outrem. Portanto, é de fato verdade que somos formados de duas partes e como que de dois seres que, mesmo estando associados, são feitos de elementos muito diferentes e nos orientam em sentidos opostos.

Tal dualidade corresponde, em suma, à dupla existência que levamos simultaneamente: uma puramente individual, que tem suas raízes em nosso organismo, e outra social, que não é mais do que o prolongamento da sociedade. A própria natureza dos elementos entre os quais existe o antagonismo que descrevemos comprova que tal é sua origem. De fato, é entre as sensações e os apetites sensíveis, de um lado, e, de outro, a vida intelectual e moral, que ocorrem os conflitos dos quais demos exemplos. Ora, é evidente que paixões e tendências egoístas derivam de nossa constituição individual, ao passo que nossa atividade racional, tanto teórica quanto prática, depende estreitamente de causas sociais. Com muita frequência tivemos oportunidade de estabelecer que as regras da moral são normas elaboradas pela sociedade;[11] o caráter obrigatório que as marca não é senão a própria autoridade da sociedade comunicando-se a tudo o que vem dela. Por outro lado, no livro que é o motivo do presente estudo e ao qual podemos apenas remeter, esforçamo-nos por mostrar que os conceitos, matéria de todo pensamento lógico, eram, na origem, representações coletivas: a impessoalidade que os caracteriza é a prova de que eles são o produto de uma ação anônima e igualmente impessoal.[12] Até encontramos razões para conjecturar que esses conceitos fundamentais e eminentes que denominamos categorias foram formados com base no modelo de coisas sociais.[13]

O caráter doloroso desse dualismo se explica dentro dessa hipótese. Sem dúvida, se a sociedade fosse apenas o desenvolvimento natural e espontâneo do indivíduo, essas duas partes de nós mesmos se harmonizariam e se ajustariam uma à outra sem choque e sem atrito: a primeira, não sendo mais do que o prolongamento e como que o acabamento da segunda, não encontraria nesta última nenhuma resistência. Mas, na verdade, a sociedade tem uma natureza própria e, por conseguinte, exigências totalmente diferentes daquelas que estão implicadas em nossa natureza de indivíduos. Os interesses do todo não são necessariamente os da parte; por isso é que a sociedade não pode formar-se nem manter-se sem reclamar de nós perpétuos sacrifícios que nos são custosos. Pelo simples fato de que nos ultrapassa, ela obriga que ultrapassemos a nós mesmos; e ultrapassar-se a si mesmo é, para um ser, sair em certa medida de sua natureza, o que não acontece sem uma tensão mais ou menos penosa. A atenção voluntária é, como se sabe, uma faculdade que só desperta em nós sob a ação da sociedade. Ora, a atenção supõe o esforço; para estarmos atentos, devemos suspender o curso espontâneo de nossas representações, impedir a consciência de se deixar levar pelo movimento de dispersão que a arrasta naturalmente; em suma, violentar algumas de nossas inclinações mais imperiosas. E, como a parte do ser social no ser completo que nós somos torna-se cada vez mais considerável à medida que se avança na história, ela é contrária a todas as verossimilhanças de que um dia vá chegar uma era em que o homem será menos dispensado de resistir a si mesmo e poderá viver uma vida menos tensa e mais fácil. Tudo faz prever, ao contrário, que o lugar do esforço crescerá sempre mais com a civilização.

GEORG SIMMEL

As grandes cidades
e a vida do espírito (1903)[*]

Os problemas mais profundos da vida moderna brotam da pretensão do indivíduo de preservar a autonomia e a peculiaridade de sua existência diante das superioridades da sociedade, da herança histórica, da cultura exterior e da técnica da vida — a última reconfiguração da luta com a natureza que o homem primitivo levou a cabo em favor de sua existência *corporal*. Se o século XVIII pôde clamar pela libertação de todos os vínculos que resultaram historicamente no Estado e na religião, na moral e na economia, para que com isso a natureza originalmente boa, e que é a mesma em todos os homens, pudesse se desenvolver sem empecilhos; se o século XIX reivindicou, ao lado da mera liberdade, a particularidade humana e de suas realizações, dadas pela divisão do trabalho, que torna o singular incomparável e o mais indispensável possível, mas com isso o atrela tanto mais estreitamente à complementação por todos os outros; se a condição para o pleno desenvolvimento dos indivíduos é vista por Nietzsche na luta mais bru-

---

[*] Georg Simmel, "Die Großstädte und das Geistesleben". In: *Gesamtausgabe*. Frankfurt am Main: M. Suhrkamp, 1995, v. 7., pp. 116-31. Trad. de Leopoldo Waizbort, publicada em *Mana*, v. 11, n. 2, pp. 577-91, 2005, e completamente revista para esta edição. (N.E.)

tal dos singulares, ou pelo socialismo precisamente na manutenção do nível mais baixo de toda concorrência — em tudo isso atua o mesmo motivo fundamental: a resistência do sujeito a ser nivelado e consumido em um mecanismo social-técnico. Onde os produtos da vida especificamente moderna são questionados acerca de sua interioridade; onde por assim dizer o corpo da cultura é questionado sobre sua alma — como me parece ser atualmente o caso no que diz respeito às nossas grandes cidades —, a resposta precisa ser buscada na equalização promovida por tais formações entre os conteúdos individuais e supraindividuais da vida, nas adaptações mediante as quais a personalidade se conforma com as potências que lhe são exteriores.

O fundamento psicológico sobre o qual se eleva o tipo das individualidades da cidade grande é a *intensificação da vida nervosa*, que resulta da mudança rápida e ininterrupta de impressões interiores e exteriores. O homem é um ser que faz distinções, isto é, sua consciência é estimulada mediante a distinção da impressão atual em relação à que lhe precede. As impressões persistentes, a insignificância de suas diferenças, a regularidade habitual de seu transcurso e de suas oposições exigem por assim dizer menos consciência do que a rápida concentração de imagens em mudança, o intervalo ríspido no interior daquilo que se compreende com um olhar, o caráter inesperado das impressões que se impõem. Na medida em que a cidade grande cria precisamente essas condições psicológicas — a cada saída à rua, com a velocidade e as variedades da vida econômica, profissional e social —, ela propicia, já nos fundamentos sensíveis da vida anímica, no *quantum* da consciência que ela nos exige em virtude de nossa organização como seres que operam distinções, uma oposição profunda com relação à cidade pequena e à vida no campo, com o ritmo mais lento e mais habitual, que corre de maneira mais uniforme, de sua imagem sensível-espiritual de vida. Com isso se compreende sobretudo o caráter intelectualista da vida anímica da cidade grande em comparação ao da cidade pequena, que é antes baseado no ânimo e nas relações pautadas pelo sentimento. Pois estas lançam raízes nas camadas mais inconscientes da alma e crescem mais facilmente na calma uniformidade dos hábitos ininterruptos. Em contraposição, o lugar do entendimento são as camadas superiores, conscientes e transparentes de nossa alma; ele é, de nossas forças interiores, a mais capaz de adaptação. Não necessita, para acomodar-se à mudança e à oposição dos fenômenos, das comoções e do revolver interior sem os quais o *ânimo* mais conservador não saberia se conformar ao ritmo dos fenômenos. Assim, o habitante da cidade grande — que naturalmente é envolto em milhares de modificações individuais — cria um órgão protetor contra o desenraizamento com o qual correntes e discrepâncias de seu meio exterior o ameaçam: ele reage não com o ânimo, mas sobretudo com o entendimento, para o qual a intensificação da consciência, criada pela mesma causa, propicia a prerrogativa anímica. Com isso, a reação àqueles fenômenos é deslocada para o órgão psíquico menos sensível, que está o mais distante possível das profundezas da personalidade. Essa atuação do entendimento, reconhecida portanto como preservativo da vida subjetiva diante das violentações da cidade grande, ramifica-se em, e com, múltiplos fenômenos singulares. As grandes cidades sempre foram o lugar da economia monetária porque a multiplicidade e a concentração da troca econômica dão ao meio de troca uma importância que não existiria na rarefação da circulação da troca no campo. Mas a economia monetária e o domínio do entendimento estão conectados profundamente. É-lhes comum a pura objetividade no tratamento de homens e coisas, na qual uma justiça formal frequentemente se liga a uma dureza brutal. O homem pautado puramente pelo entendimento é indiferente a tudo que é propriamente individual, pois do individual resultam relações e reações que não se esgotam com o entendimento lógico — precisamente como no princípio monetário a individualidade dos fenômenos não tem lugar. Pois o dinheiro indaga apenas por aquilo que é comum a todos, o valor de troca, que nivela toda a qualidade e a peculiaridade ao mero "quanto". Todas as relações de ânimo entre as pessoas fundamentam-se nas suas individualidades, enquanto as relações de entendimento contam os homens como números, como elementos em si indiferentes, que só possuem interesse de acordo com suas capacidades passíveis de consideração objetiva — assim como o habitante da cidade grande conta com seus fornecedores e fregueses, seus criados e mesmo frequentemente com as pessoas de seu círculo de dever social, em contraposição ao caráter do círculo menor, onde o conhecimento inevitável das individualidades cria também, de modo inevitável, uma coloração do comportamento plena de ânimo, um estar para além da mera consideração de capacidades e compensações. Aqui, o essencial no terreno da psicologia econômica é que nas relações mais primitivas produz-se para o cliente que encomenda a mercadoria, de modo que produtor e freguês se conhecem mutuamente. A cidade grande moderna, contudo, alimenta-se quase que por completo da produção para o mercado, isto é, para fregueses totalmente desconhecidos, que nunca se encontrarão cara a cara com os verdadeiros produtores. Com isso, o interesse das duas partes ganha uma objetividade impiedosa; seus egoísmos econômicos, que calculam com o entendimento, não têm a temer nenhum desvio causado pelos imponderáveis das relações pessoais. E isso está, evidentemente, em uma interação tão estreita com a economia monetária — que domina nas grandes cidades e desaloja os últimos restos da produção própria e da troca imediata de mercadorias e que reduz dia a dia o trabalho para o cliente — que ninguém saberia dizer se é inicialmente aquela constituição intelectualista, anímica, que impulsiona rumo à economia monetária, ou se é esta o fator determinante daquela. Seguro é apenas que a forma da vida na cidade grande é o solo mais frutífero para essa interação, o que gostaria ainda de comprovar com a palavra do mais importante dos historiadores ingleses da constituição: no decurso de toda a história inglesa, Londres jamais foi considerada o coração da Inglaterra, mas sim, frequentemente, o seu entendimento, e sempre a sua bolsa!

Em um traço aparentemente insignificante da superfície da vida unificam-se, de modo não menos característico, as mesmas correntes anímicas. O espírito moderno tornou-se mais e mais um espírito contábil. Ao ideal da ciência natural de transformar o mundo em um exemplo de cálculo e de fixar cada uma de suas partes em fórmulas matemáticas corresponde a exatidão contábil da vida prática, trazida pela economia monetária. Somente a economia monetária preencheu o dia de tantos seres humanos com comparações, cálculos, determinações numéricas e redução de valores qualitativos a valores quantitativos. Mediante a essência contábil do dinheiro chegou-se, na relação dos elementos da vida, a uma precisão, a uma segurança na determinação de igualdades e desigualdades, a uma univocidade nos acordos e combinações — tal como, externamente, foi propiciado pela difusão geral dos relógios de bolso. Contudo, são as condições da cidade grande que são tanto as causas como os efeitos desse traço essencial. As relações e oportunidades do habitante típico da cidade grande costumam ser tão variadas e complicadas, sobretudo mediante a acumulação de tantos seres humanos com interesses tão diferenciados, e suas relações e atividades engrenam um organismo tão complexo que, sem a mais exata pontualidade nas promessas e realizações, o todo se esfacelaria em um caos inextricável. Se repentinamente todos os relógios de Berlim descompassassem, mesmo que apenas no intervalo de uma hora, toda a sua vida e tráfego econômicos, e não só, seriam perturbados por longo tempo. A isso se acresce, de modo aparentemente ainda mais exterior, a grandeza das distâncias, que torna toda espera e viagem perdida uma perda de tempo insuportável. Assim, a técnica da vida na cidade grande não é concebível sem que todas as atividades e relações mútuas sejam ordenadas em um esquema temporal fixo e suprassubjetivo. Mas aqui também se evidencia o que, no final das contas, pode ser a verdadeira tarefa dessas considerações: que de qualquer ponto na superfície da existência, por mais que ele pareça brotar apenas nessa superfície e a partir dela, pode-se enviar uma sonda até a profundidade da alma; que todas as exterioridades, mesmo as mais banais, estão ligadas por fim, mediante diretrizes, com as decisões últimas sobre o sentido e o estilo da vida. A pontualidade, a contabilidade, a exatidão, que coagem a complicações e extensões da vida na cidade grande, estão não somente no nexo mais íntimo com seu caráter intelectualístico e econômico-monetário, mas também precisam tingir os conteúdos da vida e facilitar a exclusão daqueles impulsos e características irracionais, instintivos e soberanos, que pretendem determinar a partir de si o modo de vida, em vez de recebê-lo de fora como uma forma universal, definida esquematicamente. Embora tais existências autocráticas e caracterizadas não sejam absoluta e completamente impossíveis na cidade, são contudo opostas ao seu tipo, donde se explica o ódio apaixonado de naturezas como Ruskin e Nietzsche pela cidade grande — naturezas que encontram o valor da vida no que é peculiar e não esquemático, e não naquilo que é igualmente atribuível a todos; e nas quais, portanto, brotam da mesma fonte daquele ódio também o ódio da economia monetária e do intelectualismo da existência.

GEORG SIMMEL

Os mesmos fatores que, assim, confluem na exatidão e na precisão de minutos da forma de vida rumo a uma formação da mais alta impessoalidade, atuam por outro lado de modo altamente pessoal. Talvez não haja nenhum fenômeno anímico reservado de modo tão incondicional à cidade grande como o caráter blasé. Ele é inicialmente a consequência daqueles estímulos nervosos — que se alteram rapidamente e que se condensam em seus antagonismos — a partir dos quais parece provir também a intensificação da intelectualidade na cidade grande. Justamente por isso homens tolos e espiritualmente sem vida não costumam ser blasés. Assim como uma vida desmedida de prazeres se torna blasée porque excita os nervos por tanto tempo, em suas reações mais fortes, até que eles não tenham mais reação alguma, também as impressões inofensivas, mediante a rapidez e o antagonismo de sua mudança, forçam os nervos a respostas tão violentas, irrompem de modo tão brutal de todos os lados, que extraem dos nervos suas últimas reservas de força e, como eles permanecem no mesmo meio, não têm tempo de acumular novas forças. A incapacidade, que assim se origina, de reagir aos novos estímulos com uma energia que lhes seja adequada é precisamente aquele caráter blasé, que na verdade já se vê em toda criança da cidade grande, em comparação com as crianças de meios mais tranquilos e com menos variações.

A essa fonte fisiológica do caráter blasé da cidade grande somam-se outras, que deságuam na economia monetária. A essência do caráter blasé é o embotamento em relação à distinção das coisas; não no sentido de que elas não sejam percebidas, como no caso dos parvos, mas sim de tal modo que o significado e o valor das distinções das coisas, e com isso das próprias coisas, são sentidos como nulos. Elas aparecem ao blasé em uma tonalidade acinzentada e baça, e não vale a pena preferir umas em relação às outras. Essa disposição anímica é o reflexo subjetivo fiel da economia monetária completamente difusa. À medida que o dinheiro compensa de modo igual toda a pluralidade das coisas, exprime todas as distinções qualitativas entre elas mediante distinções do "quanto"; à medida que o dinheiro, com sua ausência de cor e indiferença, se alça a denominador comum de todos os valores, torna-se o mais terrível nivelador, corrói irremediavelmente o núcleo das coisas, sua peculiaridade, seu valor específico, sua incomparabilidade. Todas elas nadam, com o mesmo peso específico, na corrente constante e movimentada do dinheiro; todas repousam no mesmo plano e distinguem-se entre si apenas pela grandeza das peças com as quais se deixam cobrir. Em casos singulares essa coloração, ou melhor, essa descoloração das coisas mediante sua equivalência com o dinheiro pode ser imperceptivelmente pequena; mas na relação do rico com os objetos que podem ser obtidos mediante dinheiro, talvez até mesmo no caráter total que o espírito público compartilha atualmente por toda parte com esses objetos, isso já se acumulou em uma grandeza bem perceptível. Eis por que as cidades grandes, os centros da circulação de dinheiro, e nas quais a venalidade das coisas se impõe em uma extensão completamente diferente do que nas situações mais restritas, são também os verdadeiros locais do caráter blasé. Nelas, de certo modo, culmina aquele resultado da compressão de homens e coisas que estimula o indivíduo a sua capacidade nervosa máxima. Mediante a mera intensificação quantitativa das mesmas condições, esse resultado se inverte em seu contrário, nesse fenômeno peculiar de adaptação do caráter blasé, em que os nervos descobrem a sua derradeira possibilidade de se acomodar aos conteúdos e à forma da vida na cidade grande, renunciando a reagir a ela — a autoconservação de certas naturezas, sob o preço de desvalorizar todo o mundo objetivo, o que, no final das contas, degrada irremediavelmente a própria personalidade em um sentimento de igual depreciação.

Enquanto o sujeito se ajusta totalmente por conta própria a essa forma de existência, sua autoconservação na cidade grande exige-lhe um comportamento de natureza social não menos negativo. A atitude espiritual dos habitantes da cidade grande uns com os outros poderia ser denominada, do ponto de vista formal, como "reserva". Se o contato exterior constante com incontáveis seres humanos devesse ser respondido com tantas quantas reações interiores — assim como na cidade pequena, na qual se conhece quase toda pessoa que se encontra e se tem uma reação positiva com todos —, então os habitantes da cidade grande estariam completamente atomizados interiormente e cairiam em um estado anímico inimaginável. Em parte por causa dessa situação psicológica, em parte em virtude do direito à desconfiança que temos perante os elementos da vida na cidade grande, que passam por nós em um contato fugaz, somos coagidos àquela reserva em virtude da qual mal conhecemos os vizinhos que temos por muitos anos e que nos faz frequentemente parecer, ao habitante da cidade pequena, frios e sem ânimo. Decerto, se não me engano, o lado interior dessa reserva exterior não é apenas a indiferença, mas também, de modo mais frequente do que somos capazes de perceber, uma leve aversão, uma estranheza e uma repulsa mútuas que, no momento de um contato próximo, causado por um motivo qualquer, poderia imediatamente rebentar em ódio e luta. Toda a organização interior de uma vida de circulação de tal modo ampliada baseia-se em uma gradação extremamente multifacetada de simpatias, indiferenças e aversões, tanto das mais efêmeras como das mais duradouras. A esfera da indiferença não é assim tão grande como parece superficialmente; a atividade de nossa alma responde contudo a quase toda impressão vinda de outro ser humano com uma sensibilidade determinada de algum modo, cujas inconsciência, fugacidade e mudança parecem suprimi-la em uma indiferença. De fato, esta última ser-nos-ia tão pouco natural como a indistinção de sugestões recíprocas indiscriminadas nos seria insuportável. Diante desses dois perigos típicos da cidade grande, a antipatia nos protege; antagonismo latente e estágio prévio do antagonismo prático, ela realiza as distâncias e os afastamentos, sem o que esse tipo de vida não poderia se realizar: sua extensão e suas combinações, o ritmo de seu aparecimento e desaparecimento, as formas nas quais ela se satisfaz — isso forma, com os motivos unificadores em sentido estrito, um todo indissociável da configuração da vida na cidade grande: o que aparece aqui imediatamente como dissociação é na verdade apenas uma de suas formas elementares de socialização.

Essa reserva, com o seu harmônico da aversão oculta, aparece contudo novamente como forma ou roupagem de um ser espiritual da cidade grande muito mais geral. Ela garante ao indivíduo uma espécie e uma medida de liberdade pessoal, com relação à qual não há nenhuma analogia em outras situações: com isso ela remonta a uma das grandes tendências de desenvolvimento da vida social, a uma das poucas para a qual se pode encontrar uma fórmula aproximadamente geral. O estágio mais inicial das formações sociais, que se encontra tanto nas formações históricas como naquelas que se formam atualmente, é este: um círculo relativamente pequeno, com uma limitação excludente rigorosa perante círculos vizinhos, estranhos ou de algum modo antagônicos, e em contrapartida com uma delimitação includente estrita em si mesmo, que permite ao membro singular apenas uma margem restrita de jogo para o desdobramento de suas qualidades peculiares e para movimentos mais livres, de sua própria responsabilidade. Assim começam os grupos políticos e familiares, as formações de partidos, as confrarias religiosas; a autoconservação de associações muito jovens exige o estabelecimento rigoroso de limites e a unidade centrípeta;

não pode portanto conceder ao indivíduo nenhuma liberdade e particularidade de desenvolvimento interior e exterior. A partir desse estágio, a evolução social bifurca-se simultaneamente para dois lados diferentes, e no entanto correspondentes. À medida que o grupo cresce — numericamente, espacialmente, em significação e em conteúdos de vida —, afrouxa-se a sua unidade interior imediata; o rigor da delimitação originária diante dos outros se atenua mediante relações e conexões mútuas. Ao mesmo tempo, o indivíduo ganha liberdade de movimento muito além da delimitação inicial, invejosa, e ganha uma peculiaridade e uma particularidade para as quais a divisão do trabalho, no grupo que agora cresceu, dá oportunidade e necessidade. Segundo essa fórmula desenvolveram-se o Estado e o cristianismo, as guildas e os partidos políticos, assim como inumeráveis outros grupos, tanto mais naturalmente as condições e as forças particulares do singular modificam o esquema geral. Isso também me parece claramente perceptível no desenvolvimento da individualidade no interior da vida citadina. A vida na cidade pequena, tanto na Antiguidade como na Idade Média, impunha ao singular limites de movimento e de relações em direção ao exterior e de autonomia e diferenciação em direção ao interior, sob os quais o homem moderno não conseguiria respirar — ainda hoje o habitante da cidade grande sente um pouco dessa espécie de aperto ao se mudar para uma cidade pequena. Quanto menor é o círculo que forma o nosso meio, quanto mais limitadas as relações que dissolvem os limites perante os outros, com tanto mais inquietude ele vigia as realizações, a conduta de vida e a mentalidade do indivíduo, e tanto antes uma especificação quantitativa e qualitativa explodiria o quadro do todo. Nessa direção, a antiga pólis parece ter possuído inteiramente o caráter de cidade pequena. A ameaça constante de sua existência por inimigos próximos e distantes possibilitou aquela coesão rígida em termos políticos e militares, aquela fiscalização do cidadão pelo cidadão, aquele ciúme do todo diante do singular, cuja vida peculiar era mantida em um nível tão baixo que o máximo que ele podia ter como compensação era o despotismo em sua casa. A enorme mobilidade e a agitação, o colorido único da vida ateniense explica-se talvez pelo fato de que um povo de personalidade formada de modo incomparavelmente individual lutava contra a pressão interna e externa constante de uma cidade pequena e desindividualizadora. Isso resultou em uma atmosfera de tensão, em que os mais fracos foram submetidos e os mais fortes foram estimulados às mais apaixonadas provas de si mesmos. E justamente por isso ocorreu em Atenas aquele florescimento que é preciso designar, sem contudo poder circunscrevê-lo com exatidão, como o "universalmente humano" no desenvolvimento espiritual de nossa espécie. Pois esse é o nexo cuja validade, tanto objetiva como histórica, aqui se assevera: os conteúdos e as formas de vida mais amplos e universais estão intimamente ligados aos mais individuais; ambos têm seu estágio prévio comum, ou mesmo seu opositor comum, nas configurações e agrupamentos restritos, cuja autoconservação defendem tanto contra a amplitude e a universalidade que lhes é exterior como contra o que se move livremente e é individual em seu interior. Assim como na época feudal o homem "livre" era aquele sob o direito comum, isto é, sob o direito do maior círculo social, mas não era livre quem extraía seu direito apenas do círculo restrito de uma corporação feudal, com a exclusão daquele outro — assim ocorre hoje, em um sentido mais refinado e espiritualizado, com o habitante da cidade grande, que é "livre" em contraposição às miudezas e aos preconceitos que limitam o habitante da cidade pequena. Pois a reserva e a indiferença mútuas, as condições espirituais de vida de círculos maiores, nunca foram sentidas tão fortemente, no que diz respeito a seu resultado para a independência do indivíduo, do que na densa multidão da cidade grande, pois somente a estreiteza e a proximidade corporal tornam verdadeiramente explícita a distância espiritual. Decerto é apenas o reverso dessa liberdade se, sob certas circunstâncias, em nenhum lugar alguém se sente tão solitário e abandonado como precisamente na multidão da cidade grande; pois aqui, como sempre, não é de modo algum necessário que a liberdade do ser humano se reflita em sua vida sentimental como um sentir-se bem. Não é apenas a grandeza imediata do distrito e o número de pessoas que, em virtude da correlação histórico-universal entre a ampliação do círculo e a liberdade pessoal (interior e exterior), tornam a cidade grande o local dessa liberdade, mas sim o fato — ampliando a perspectiva — de que as cidades grandes são também o lugar do cosmopolitismo. De modo comparável ao modo do desenvolvimento dos bens — a partir de uma determinada grandeza a propriedade desenvolve-se em progressões cada vez mais rápidas e como que por si mesma —, o campo de visão, as relações econômicas, pessoais e espirituais da cidade, os seus arredores ideais, assim que ultrapassam determinado limiar, ampliam-se como em progressão geométrica. Toda expansão dinâmica realizada torna-se patamar para uma nova expansão, não igual, mas maior. Junto aos fios que são tecidos por ela crescem continuamente outros novos, como por si mesmos, exatamente do mesmo modo como no interior da cidade o *unearned increment* da renda da terra conduz o proprietário a ganhos que brotam de si mesmos, mediante o simples aumento da circulação. Nesse ponto a quantidade da vida converte-se de modo muito imediato em qualidade e caráter. A esfera de vida da cidade pequena é, no principal, fechada em si mesma e consigo mesma. Para a cidade grande, é decisivo o fato de que sua vida interior se espraie em ondas sobre um amplo território nacional ou internacional. Weimar não é um contraexemplo, pois sua significação estava ligada a personalidades singulares e morreu com elas, enquanto a cidade grande se caracteriza precisamente em virtude de sua independência essencial, mesmo com relação às personalidades singulares mais significativas — a contrapartida e o preço da independência que o singular desfruta em seu interior. A essência mais significativa da cidade grande repousa nessa grandeza funcional, além de seus limites físicos: e essa atuação volta sobre ela mesma e dá peso, consideração e responsabilidade a sua vida. Assim como um ser humano não se esgota nos limites de seu corpo ou do distrito que preenche com sua atividade imediata, mas somente na soma dos efeitos que se irradiam dele temporal e espacialmente, assim também uma cidade constitui-se da totalidade de seus efeitos, que ultrapassam o seu imediatismo. Só esse é o seu âmbito real, no qual se exprime o seu ser. Isso já indica que a liberdade individual, a complementação lógica e histórica dessa amplitude não deve ser compreendida apenas em sentido negativo, como mera liberdade de movimento e ausência de preconceitos e filisteísmos. Seu traço essencial é de fato que a particularidade e a incomparabilidade — que, no final das contas, toda natureza possui — se exprimem na configuração da vida. Que sigamos as leis da própria natureza — e isso é decerto liberdade — só nos é claro e convincente, assim como aos outros, quando as manifestações dessa natureza se distinguem também das dos outros; somente a sua não intercambialidade com as dos outros comprova que nosso modo de existência não nos é imposto pelos outros. Inicialmente, as cidades são o local da mais elevada divisão econômica do trabalho; elas criam assim fenômenos tão extremos como, em Paris, a lucrativa profissão de *quatorzième*: pessoas, que se dão a conhecer por letreiros em suas casas, que à hora do jantar estão prontas, com trajes adequados, para ser rapidamente convocadas a participar de jantares nos quais o número de pessoas à mesa seja treze. Precisamente na medida de sua expansão, a cidade oferece cada vez mais as condições decisivas da divisão do trabalho: um círculo que, mediante sua grandeza, é capaz de absorver uma variedade extremamente múltipla de realizações, ao mesmo tempo que a concentração dos indivíduos e sua luta pelo cliente coagem o singular a uma especialização das realizações, na qual ele não possa ser tão facilmente desalojado por um outro. O decisivo é que a vida citadina metamorfoseou a luta com a natureza por obtenção de alimento em uma luta entre os homens, de sorte que o ganho que se disputa não é concedido pela natureza, mas sim pelos homens. Pois nisso atua não somente a fonte mencionada da especialização, mas também outra, mais profunda: aquele que oferece precisa tra tar de criar necessidades sempre novas e específicas naqueles que corteja. A necessidade de especializar as realizações a fim de encontrar uma fonte de ganho ainda não esgotada, uma função que não seja facilmente substituível, estimula a diferenciação, o refinamento, o enriquecimento das necessidades do público, que acabam evidentemente por conduzir a variedades pessoais crescentes no interior desse público.

E isso desemboca em uma individualização espiritual (em sentido estrito) dos atributos anímicos, propiciada, em virtude de sua grandeza, pela cidade. Há uma série de causas evidentes. Inicialmente, a dificuldade de fazer valer a própria personalidade nas dimensões da vida na cidade grande. Onde o aumento quantitativo de significação e energia se aproxima de seus limites, o homem agarra-se à particularização qualitativa, a fim de, por meio do excitamento da sensibilidade de distinção, ganhar de algum modo para si a consciência do círculo social, o que conduz finalmente às mais tendenciosas esquisitices, às extravagâncias específicas da cidade grande, como o exclusivismo, os caprichos, o preciosismo, cujo sentido não está absolutamente no conteúdo de tais comportamentos, mas sim em sua forma de ser

diferente, de se destacar e, com isso, de se tornar nota-
do — para muitas naturezas, definitivamente, o único
meio de salvar para si, mediante o desvio pela consciência dos outros, alguma autoestima, e preencher um lugar
na consciência. No mesmo sentido atua um momento
inaparente, mas recorrente, em seus efeitos decerto perceptíveis: a brevidade e a raridade dos encontros que
cada singular concede aos outros — comparado com a
circulação na cidade pequena. Pois a tentação de se apresentar do modo mais característico, gracioso e concen-
trado fica muito mais intensa do que em lugares onde
encontros longos e frequentes propiciam aos outros uma
imagem inequívoca da personalidade.

Essa me parece ser a razão mais profunda pela qual
a cidade grande direciona a pulsão à mais individual
existência pessoal — pouco importa se sempre com razão e com sucesso. O desenvolvimento da cultura moderna caracteriza-se pela preponderância daquilo que se
pode denominar espírito objetivo sobre o espírito subjetivo, isto é, tanto na linguagem como no direito, tanto
na técnica de produção como na arte, tanto na ciência
como nos objetos do âmbito doméstico encarna-se uma
soma de espírito cujo crescimento diário é acompanha-
do a uma distância cada vez maior e de modo muito incompleto pelo desenvolvimento espiritual dos sujeitos.
Se considerarmos, por exemplo, a cultura monstruosa
encarnada, nos últimos cem anos, em coisas e conhecimentos, em instituições e bem-estar, e a compararmos
com o progresso da cultura dos indivíduos no mesmo
período — pelo menos nos estratos mais elevados —, vemos uma diferença de crescimento terrível entre as duas,
e mesmo, em muitos pontos, um retrocesso da cultura
dos indivíduos com relação à espiritualidade, à delica-
deza e ao idealismo. Essa discrepância é essencialmente
resultado da crescente divisão do trabalho; pois esta exige do singular uma realização cada vez mais unilateral,

cuja potencialização máxima frequentemente deixa atrofiar a sua personalidade como um todo. De todo modo, o indivíduo está cada vez mais incapacitado a se sobrepor à cultura objetiva. Ele foi rebaixado a uma *quantité négligeable*, a um grão de areia em uma organização monstruosa de coisas e potências, que gradualmente lhe subtraiu todos os progressos, as espiritualidades e os valores, e os transladou da forma da vida subjetiva à forma da vida puramente objetiva — talvez de modo menos consciente do que na prática e nos obscuros sentimentos que dela se originam. Basta notar que as grandes cidades são os verdadeiros cenários dessa cultura, que cresce além de tudo o que é pessoal. Nas construções e instituições de ensino, nos milagres e confortos da técnica que supera o espaço, nas formações da vida em comum e nas instituições visíveis do Estado revela-se uma multiplicidade de tal modo imponente de um espírito que se tornou cristalizado e impessoal que a personalidade, por assim dizer, não se pode contrapor a isso. Por um lado, a vida torna-se infinitamente mais fácil, na medida em que estímulos, interesses, preenchimentos do tempo e da consciência se lhe oferecem de todos os lados e a sugam em uma corrente na qual ela praticamente prescinde de todo movimento para nadar. Mas, por outro lado, a vida compõe-se cada vez mais desses conteúdos e programas impessoais, que pretendem recalcar as colorações verdadeiramente pessoais e o que é incomparável. E isso de tal modo que para salvar o que há de mais pessoal é preciso convocar o que há de extremo em peculiaridade e particularização, e é preciso exagerá-las para que se possa tornar audível, inclusive para si mesmo. A atrofia da cultura individual mediante a hipertrofia da cultura objetiva é uma razão do ódio irado que os defensores do individualismo extremo, Nietzsche à frente, nutrem contra as grandes cidades; mas é também uma razão pela qual eles são tão apaixonadamente queridos precisamente nas grandes cidades, pois surgem ao habitante destas últimas como arautos e redentores de sua mais insaciável nostalgia.

À medida que se pergunta pela posição histórica dessas duas formas de individualismo, que são providas pelas relações quantitativas da cidade grande — a independência individual e a formação do modo pessoal e específico —, esta ganha um valor completamente novo na história universal do espírito. O século XVIII encontrou o indivíduo em vínculos violentadores, que se tornaram sem sentido, de tipo político e agrário, corporativo e religioso — limitações que coagiam os homens como que a uma forma não natural e a desigualdades havia muito injustas. Nessa situação surgiu o clamor por liberdade e igualdade — a crença na plena liberdade de movimento do indivíduo em todas as relações sociais e espirituais, que permitiria evidenciar imediatamente em todos o seu núcleo nobre e comum, tal como a natureza o teria semeado em todos e a sociedade e a história o teriam apenas deformado. Ao lado desse ideal do liberalismo, cresceu, no século XIX — de um lado por intermédio de Goethe e do romantismo, do outro por meio da divisão econômica do trabalho —, o seguinte: os indivíduos, libertos dos vínculos históricos, querem também se distinguir uns dos outros. Agora o suporte de seu valor não é mais o "homem universal" em cada singular, mas precisamente a unicidade e a incomparabilidade qualitativas. Na luta e nas escaramuças mútuas dessas duas modalidades, a fim de determinar o papel dos sujeitos no interior da totalidade, transcorre a história interior e exterior de nossa época. A função das cidades grandes é fornecer o lugar para o conflito e para as tentativas de unificação de ambos, na medida em que as suas condições peculiares se nos revelam como oportunidades e estímulos para o desenvolvimento de ambas. Com isso as cidades grandes obtêm um lugar absolutamente único, prenhe de significações ilimitadas, no desenvolvimento da existência anímica; elas se mostram como uma daquelas grandes formações históricas em que as correntes opostas que circunscrevem a vida se juntam e se desdobram com os mesmos direitos. Mas com isso — sejam-nos simpáticos ou antipáticos seus fenômenos singulares — elas saem completamente da esfera perante a qual nos é adequada a atitude do juiz. Na medida em que tais potências penetraram na raiz e na coroa de toda a vida histórica, a que pertencemos na existência fugidia de uma célula, nossa tarefa não é acusar ou perdoar, mas somente compreender.[1]

O dinheiro na cultura moderna*

Se a sociologia quisesse trazer a uma fórmula a oposição da época moderna, especialmente em comparação com a Idade Média, poderia tentá-lo da seguinte maneira: na Idade Média, o homem encontrava-se em uma relação de afiliação com uma comunidade ou uma propriedade rural, com uma associação feudal ou uma corporação; sua personalidade estava imiscuída em círculos de interesses objetivos ou sociais, e o caráter destes últimos era formado pelas pessoas que os constituíam de maneira imediata. Essa uniformidade foi destruída pela época moderna. Por um lado, ela deixou a personalidade a cargo de si mesma e concedeu-lhe uma incomparável liberdade de movimento, interna e externa. Por outro lado, conferiu aos conteúdos práticos da vida uma objetividade igualmente incomparável. Na técnica, nas organizações de todo tipo, nos negócios e nas profissões, impõe-se cada vez mais o domínio das próprias leis das coisas e liberta-se das nuances de personalidades particulares — assim como a nossa imagem da natureza perde cada vez mais os traços humanos em favor de uma legalidade objetiva. Assim, a época

---

* Georg Simmel, "Das Geld in der modernen Cultur" (1896). In: *Aufsätze und Abhandlungen 1894 bis 1900*, B. 5. Hrgs. Heinz- -Jürgen Dahmen u. David P. Frisby, 1. Aufl., Frankfurt am Main: Suhrkamp, 1992. Trad. de Tamara Grigorowitschs. (N.E.)

moderna tornou sujeito e objeto mutuamente independentes, de modo que cada um pudesse realizar seu próprio desenvolvimento da maneira mais pura e completa. Como ambos os lados desse processo de diferenciação foram afetados pela economia monetária é o que desejamos apresentar aqui.

Até o auge da Idade Média, a relação entre a personalidade e suas propriedades emerge na história alemã em duas formas características. Nos tempos mais remotos a posse da terra apresenta-se como uma competência da personalidade como tal, que emana da afiliação individual pessoal para sua comunidade de mercado. Já no século X, essa forma pessoal de posse desaparece, e todo direito pessoal torna-se dependente da posse de terras. No entanto, em ambas as formas conserva-se uma estreita ligação local entre a pessoa e a propriedade. Por exemplo, na cooperativa daqueles que pertenciam a uma comunidade rural, que exigia o arrendamento de uma propriedade inteira para aceitar alguém como membro pleno, aquele que possuía um terreno fora da associação rural, *à qual pertencia com a sua pessoa*, era considerado desprovido de terra. Inversamente, aquele que possuía uma propriedade no interior da comunidade territorial, mas sem pertencer a ela pessoalmente (homens livres, cidadãos urbanos, corporações etc.), era constrangido a requisitar um representante, que prestava *pessoalmente* tributos ao proprietário da terra e assumia direitos e deveres de membro da propriedade rural. Essa conexão entre personalidade e relações coisais, característica das épocas de economia natural, foi dissolvida pela economia monetária. A cada instante esta última interpõe entre a pessoa e a coisa particularmente qualificada a instância completamente objetiva, sem qualidade inerente, do dinheiro e do valor monetário. Ela institui uma distância entre pessoa e posse, tornando a relação entre ambas mediada. Com isso, ela diferenciou a antiga estreita afinidade dos elementos pessoais e locais de tal modo que hoje posso receber em Berlim minhas rendas provenientes de ferrovias americanas, hipotecas norueguesas e minas de ouro africanas. Essa forma de posse a longa distância, que hoje admitimos como evidente, só se tornou possível quando o dinheiro se impôs entre posse e proprietário, separando-os e unindo-os.

Desse modo, o dinheiro confere, por um lado, uma impessoalidade, anteriormente desconhecida a todas as ações econômicas, e por outro lado uma crescente autonomia e independência da pessoa. A relação entre personalidade e comunidade também se desenvolveu de modo semelhante àquele da propriedade. A corporação medieval engloba o homem por inteiro; uma corporação de tecelões não era uma mera associação de indivíduos, restrita a tratar dos interesses da confecção de tecidos, mas uma *comunidade de vida*, no sentido profissional, social, religioso, político e muitos outros. Mesmo que a associação medieval tenha tido a intenção de agrupar interesses objetivos, ela existia diretamente em seus membros; estes eram absorvidos por ela e privados de direitos.

Contrariamente a essa forma de unidade, a economia monetária possibilitou inúmeras associações que demandavam de seus membros apenas colaborações em dinheiro, ou estavam direcionadas para um mero interesse monetário. Desse modo, por um lado, possibilita-se a objetividade pura nas atividades da associação, o seu caráter puramente *técnico*, o seu desembaraço de tendências pessoais; por outro lado, liberta o sujeito de laços restritivos, dado que agora ele está ligado ao todo não mais como pessoa por inteiro, mas principalmente por meio de doação e recebimento de dinheiro. Desde que o interesse do participante singular, direta ou indiretamente, possa ser expresso em dinheiro, ele se insere como uma camada isolante entre o todo objetivo da associação e o todo subjetivo da personalidade — assim como entre a propriedade e o proprietário —, concedendo a ambos uma nova autonomia recíproca e uma possibilidade de desdobramento. O auge desse desenvolvimento é apresentado pela sociedade de ações, cuja atividade se desenvolve de modo totalmente objetivo e sem sofrer influências do acionista individual; este, por seu turno, não faz parte da associação com sua pessoa, mas apenas com uma soma de dinheiro.

Aquele caráter impessoal e incolor próprio ao dinheiro, em relação a todos os outros valores específicos, tem de se expandir continuamente ao longo do desenvolvimento da cultura, na medida em que o dinheiro passa a equivaler cada vez mais a coisas mais variadas; por meio dessa ausência de caráter específico, realizou serviços imensuráveis. Dessa maneira possibilitou-se o estabelecimento de uma afinidade da ação de tais indivíduos e grupos que ressalta acentuadamente sua separação e distância mútuas em todos os outros pontos. Assim, configura-se uma linha totalmente nova à qual novos conteúdos da vida podem ser associados.

Gostaria de apresentar dois exemplos que parecem assinalar bem a sutileza da fronteira — possibilitada pelo dinheiro — entre a união de interesses, por um lado, e sua separação, por outro lado. Depois de 1848, formaram-se, na França, sindicatos de associações de trabalhadores de profissões do mesmo tipo, de modo que cada associação contribuía para um único fundo sindical, instituindo-se assim um caixa comum indivisível. Aquele fundo era dedicado sobretudo às compras em atacado, à concessão de créditos etc. Mas a finalidade desses sindicatos não residia na união de todas as associações em uma única associação, pois cada uma delas deveria conservar sua organização específica. Esse caso é muito significativo, dado que nessa época os trabalhadores estavam tomados de uma verdadeira paixão por formar associações. Assim, se eles rejeitaram expressamente uma fusão tão lógica, é porque devem ter tido motivos especialmente fortes para essa restrição mútua. Mas, ao mesmo tempo, encontraram uma oportunidade de utilizar a unidade de seus interesses, reforçando-os por meio da posse conjunta de dinheiro. E mais, o sucesso da associação Gustav-Adolph, aquela grande comunidade de apoio a comunidades protestantes oprimidas, teria sido impossível se o caráter objetivo das colaborações em dinheiro não tivesse obliterado as diferenças confessionais dos contribuintes. Na medida em que o dinheiro permitiu a realização dessa obra conjunta de luteranos, reformados e unitários — que não teriam se unido segundo nenhum outro motivo —, serviu como um cimento ideal, fortalecendo o sentimento de união entre todos. Pode-se enfim dizer que a associação de trabalhadores, com seu sucesso colossal — um tipo de organização praticamente desconhecido na Idade Média, que une, por assim dizer, os aspectos impessoais do indivíduo para a realização de uma ação —, tornou-se possível apenas em virtude do dinheiro. O dinheiro ofereceu-nos uma oportunidade única de união, que elimina todo o pessoal e específico — uma forma de união que, hoje em dia, nos é totalmente evidente, mas que apresenta uma das transformações e desenvolvimentos mais importantes da cultura.

Quem lamenta o efeito separador e alienador das transações monetárias não deve esquecer o seguinte: devido à necessidade da troca de dinheiro e, para isso, da delimitação de valores concretos e definitivos, o dinheiro estabelece uma ligação extremamente forte entre os membros de um mesmo círculo econômico. Precisamente pelo fato de o dinheiro não poder ser consumido de imediato, ele aponta para outros indivíduos, dos quais se pode obter o que se deseja consumir. Desse modo, o homem moderno depende de um número incomparavelmente maior de abastecedores e fornecedores, se comparado ao antigo homem livre germânico ou, posteriormente, ao servo; sua existência depende, a cada momento, de uma rede de ligações forjada por centenas de interesses monetários, sem os quais ele também não poderia continuar existindo, assim como um membro de um ser orgânico não pode existir se desligado da circulação de sua seiva vital.

Foi sobretudo nossa divisão do trabalho — que, no estágio de troca natural, evidentemente não pôde se desenvolver acima de suas modestas tentativas iniciais — que resultou no emaranhado e na unificação da vida moderna. Como medir os valores dos produtos individuais entre si se ainda não há um padrão de medida comum para coisas e qualidades mais distintas? Como realizar a troca de modo fácil e rápido se não há ainda um meio de troca que possa compensar todas as diferenças, que possa se converter em todo produto, e vice-versa? Na medida em que o dinheiro possibilita a divisão da produção, ele une os homens de maneira irresistível, pois agora um trabalha para o outro; somente o trabalho de todos estabelece a extensa unidade econômica que complementa o desempenho parcial do indivíduo.[1] Assim, o dinheiro é aquele que estabelece muito mais articulações entre os homens se comparado às das associações feudais ou da união arbitrária, louvadas pelos românticos da associação.

Por fim, o dinheiro criou um nível comum de interesses tão abrangente para todos os homens como nunca foi possível nas épocas da economia natural. O dinheiro proporcionou uma base de compreensão mútua imediata, uma igualdade de diretrizes, o que contribuiu de maneira decisiva para a representação do *universalmente humano*, que, desde o século passado, desempenhou um grande papel na história da cultura e na história social — de maneira similar ao que ocorreu quando a cultura do Império Romano se deixou impregnar pela economia monetária.

Assim como o dinheiro — e isso deriva do que foi dito anteriormente — estabeleceu uma proporção totalmente nova entre liberdade e vínculo, da mesma forma a enfatizada estreiteza e a inevitabilidade da integração por ele provocadas têm como consequências peculiares a ampla abertura de espaço para a individualidade e o sentimento de independência interior. O homem daquelas épocas econômicas anteriores encontrava-se em uma relação de pouca dependência com outros homens, mas esses poucos foram e permaneceram individualmente determinados. Enquanto hoje em dia certamente nos encontramos muito dependentes de fornecedores específicos, frequente e arbitrariamente permutamos os indivíduos com os quais interagimos. É exatamente uma relação como essa que engendra um forte individualismo, pois o que aliena os homens e faz com que se recolham em si mesmos não é seu isolamento diante dos outros; mas, pelo contrário, são a anonimidade dos outros, a indiferença diante de sua individualidade e a falta de interesse pelo que eles realmente são. Ao contrário das épocas em que toda relação exterior com outros carregava simultaneamente um caráter pessoal, conforme nossa caracterização da época moderna, a natureza do dinheiro permitiu uma clara distinção entre a ação econômica objetiva do homem e sua coloração individual, seu verdadeiro eu, que agora se afasta daquelas relações e, dessa forma, pode se retirar para suas camadas mais íntimas.

As correntes da cultura moderna deságuam em duas direções aparentemente contrárias: por um lado, na nivelação, na compensação, no estabelecimento de círculos sociais cada vez mais abrangentes, por meio da articulação com o mais remoto sob condições iguais; e, por outro lado, por meio da elaboração do mais individual, na independência da pessoa, na autonomia de sua formação. E ambas as direções são carregadas pela economia monetária, que possibilita, por um lado, um interesse geral uniforme e meios de conexão e comunicação eficazes por toda parte; por outro lado, proporciona à personalidade uma crescente reserva, individualização e liberdade.

Esta última consequência carece ainda de uma prova. A expressividade e a possibilidade de redenção das realizações por meio do dinheiro foram desde sempre percebidas como instrumento e suporte da liberdade pessoal. Assim, o direito romano clássico decidia se aquele que estava obrigado a um serviço específico poderia se recusar a fazê-lo por meio de seu cumprimento natural, e insistir, mesmo contra a vontade dos credores, em substituir esse serviço por pagamento em dinheiro. Daí resultou a garantia da possibilidade de desobrigação de todos os deveres pessoais por meio do dinheiro; tendo isso em vista, essa lei passou a ser denominada a *magna carta* da liberdade pessoal na área do direito privado. Da mesma maneira, realizou-se muitas vezes a libertação dos servos: os artesãos dependentes de uma casa senhorial medieval, por exemplo, conseguiram a liberdade percorrendo frequentemente um caminho que, primeiro, limitava seus serviços, para depois fixá-los e finalmente convertê-los em um tributo monetário. Isso representou um forte avanço à liberdade; os condados ingleses, a partir do século XIII, puderam substituir o dever de adquirir soldados e trabalhadores por meio de pagamentos em dinheiro. Da mesma maneira, encontrava-se entre os decretos mais importantes de Joseph II, dedicados à introdução da emancipação dos camponeses, um decreto que permitia, e até prescrevia, que seus deveres e tributos naturais fossem pagos em dinheiro. A substituição da realização pessoal pelo pagamento em dinheiro isenta imediatamente a personalidade das algemas específicas impostas pela obrigação de trabalho: o outro não pode mais reivindicar a atividade pessoal direta, mas apenas o resultado impessoal dessa atividade. No pagamento em dinheiro, a personalidade não se dá mais a si mesma, mas oferece algo totalmente desvinculado de qualquer relação interna com o indivíduo.

Mas exatamente por esses motivos a substituição de uma realização por dinheiro pode ter também um caráter degradante. A privação de direitos dos aliados de Atenas começou com a substituição dos tributos anteriores em navios e tripulação por pagamentos em dinheiro; essa aparente libertação de sua obrigação puramente pessoal envolveu, porém, a renúncia a uma atividade política própria e a importância que só pode ser reivindicada para a realização de um serviço específico, para o desenvolvimento de forças concretas. Isso é com muita frequência negligenciado em uma economia em ascensão: que nos deveres, dos quais nos livramos pela compra, há ainda direitos e significações menos perceptíveis, que também são abandonados. Assim como nesse caso, em que uma duplicidade de consequências resulta da doação em dinheiro, o mesmo também pode ser observado na recepção de dinheiro, na venda. Por um lado, sente-se a conversão de uma posse em dinheiro como uma libertação. Por meio do dinheiro pode-se conceder ao valor do objeto qualquer forma desejada, ao passo que, antes, este se encontrava preso a uma forma definida; com dinheiro no bolso, estamos livres, enquanto antes o objeto nos fazia dependentes das condições de sua conservação e frutificação. Mas quão frequentemente essa liberdade significa, ao mesmo tempo, uma ausência de conteúdo da vida e um afrouxamento de sua substância! Por isso, a mesma legislação do século precedente — aquela que permitia a substituição dos serviços de camponeses por dinheiro — proibiu então às camadas dominantes forçar os camponeses a essa substituição. Parecia, certamente, que não era cometida nenhuma injustiça contra o camponês se o senhor comprasse dele, por um preço justo, os seus direitos à terra (para afastá-lo do território da propriedade); a terra, no entanto, significava para o camponês muito mais do que seu mero valor de posse; era a possibilidade de uma atividade útil, um centro de interesses, uma orientação do conteúdo de vida, a qual ele perdia no momento em que trocava a terra por dinheiro. Os frequentes pagamentos dos camponeses no século precedente certamente lhes concedia uma liberdade momentânea, mas tirava-lhes o impagável, aquilo que dava à liberdade o seu valor: o objeto fundamental da atividade pessoal. Esse é, por sua vez, o elemento crítico de uma cultura orientada para o dinheiro, como aquelas de Atenas e de Roma tardias, ou do mundo moderno. Pelo fato de cada vez mais coisas poderem ser compradas com dinheiro, alcançadas por meio do dinheiro, apresentando-se este, em consequência, como polo imóvel na fugacidade das aparências, negligencia-se, muito frequentemente, que os objetos das transações econômicas têm ainda aspectos não exprimíveis em dinheiro; acredita-se, muito facilmente, que se possui no valor em dinheiro o equivalente exato e total do objeto. Aqui reside um motivo profundo para o caráter problemático, para a inquietação e o descontentamento de nosso tempo. O lado qualitativo dos objetos perde sua ênfase psicológica por causa da economia monetária; a contínua estimativa requerida segundo valores em dinheiro faz com que este pareça ser o único valor vigente. Cada vez mais depressa se passa desapercebidamente pelo significado específico e economicamente inexprimível das coisas; e este se vinga, agora, por meio daqueles sentimentos sufocadores muito modernos. Sente-se, cada vez mais, que o cerne e o sentido da vida deslizam por entre os dedos, que as satisfações definitivas se tornam sempre mais raras e, enfim, que todos os esforços e práticas de fato não valem a pena. Não quero afirmar que nossa época já se encontra inteiramente em tal constituição anímica, mas onde ela se aproxima disso há certamente uma conexão com um recobrir progressivo dos valores qualitativos por aqueles meramente quantitativos, pelo interesse em um mero *mais ou menos*; pois apenas os primeiros satisfazem nossas necessidades de maneira definitiva.

E, de fato, as coisas também são, elas mesmas, desvalorizadas em grande grau por sua equivalência com aquele meio de troca válido para tudo. O dinheiro é "vulgar" porque é o equivalente para tudo e para todos; somente o individual é distinto. O que corresponde a muitas coisas corresponde ao mais baixo entre elas e rebaixa, por isso, também o mais alto para o nível do mais baixo. Essa é a tragédia de toda nivelação, que conduz imediatamente às posições dos elementos *mais baixos*, pois o mais alto sempre pode decair, mas quase nunca o baixo pode ascender ao nível do mais alto. Assim, o valor mais específico das coisas sofre devido à convertibilidade do elemento mais heterogêneo no dinheiro; e, com razão, a língua caracteriza como "impagável" aquilo que é muito especial e distinto. O caráter blasé de nossas camadas mais abastadas é apenas o reflexo psicológico desse fato. Porque agora elas possuem um meio que permite, apesar de seu caráter sempre igual e incolor, comprar o mais diverso e o mais especial. Pelo fato de, com isso, a questão "isso vale?" deslocar-se de modo crescente para a indagação "quanto vale?", a sensibilidade refinada e os encantos específicos e mais individuais das coisas retrocedem cada vez mais. E esse é exatamente o caráter blasé: que não se reaja mais às gradações e particularidades dos objetos com suas correspondentes nuances de sensibilidade, mas que sejam sentidas de maneira nivelada e com uma coloração abafada, e sem variações significativas.

É precisamente por meio desse caráter assumido pelo dinheiro que, na proporção em que se torna medida de todas as coisas — em uma cultura ascendente —, ele perde seu significado anterior em certas relações elevadas: a multa, por exemplo, reduziu sua esfera de ação. O direito germânico antigo expiava os crimes mais graves, até mesmo assassinatos, por meio de dinheiro. A partir do século VII, a penitência da Igreja podia ser substituída por dinheiro, enquanto os direitos modernos limitaram as multas em dinheiro aos delitos relativamente leves. Isso não indica nada contra, mas sim a favor da importância crescente do dinheiro: exatamente por medir, agora, tantas coisas mais, sendo por isso mais incolor e descaracterizado, não pode mais servir para a compensação em relações muito específicas e excepcionais, nas quais o mais íntimo e o mais essencial da personalidade devem ser atingidos. E não é apesar do fato de se poder adquirir praticamente tudo por dinheiro, mas é exatamente por isso ser possível que o dinheiro não compensa, por exemplo, as exigências morais e religiosas sobre as quais repousava a sanção penal da Igreja. Nesse ponto encontram-se duas correntes importantes do desenvolvimento histórico. Quando era possível, na sociedade primitiva, compensar um assassinato com dinheiro, isso significava, por um lado, que o indivíduo como tal não se distinguia tanto em seu valor, que ainda não havia sido percebido como incomparável e insubstituível como nas épocas posteriores, nas quais se destacava do grupo de modo mais incisivo e individualizado. Por outro lado, isso significava que o dinheiro ainda não era assim tão indiferente, que não se posicionava tão além de toda significação qualitativa. A diferenciação progressiva do homem e a indiferenciação igualmente progressiva do dinheiro convergem para tornar impossível a expiação do assassinato por meio do dinheiro.

Uma segunda consequência extremamente importante do caráter predominante da economia monetária segue uma direção semelhante à do desgaste e da deterioração do dinheiro por meio do círculo crescente de seus equivalentes: percebe-se o dinheiro — um mero meio de aquisição de outros bens — como um bem independente, enquanto toda a sua significação reside apenas em seu caráter de transição, em sua atuação como um elemento em uma sequência, que conduz a uma finalidade e a um desfrute definitivos. Se essa linha é psicologicamente rompida nessa etapa, então nossa consciência dos fins passa a repousar sobre o dinheiro. Enquanto a maioria dos homens modernos precisa ter diante de si, na maior parte da vida, o ganho de dinheiro como meta mais próxima, forma-se a ideia de que toda felicidade e toda satisfação definitiva da vida estão intrinsecamente ligadas à posse de certa quantia de dinheiro: de mero meio e precondição ele se torna, internamente, fim último. Mas quando esse fim é finalmente alcançado surgem, inúmeras vezes, todo um aborrecimento e uma frustração mortais, que se mostram, de maneira mais acentuada, nos homens de negócios, quando se recolhem para gozar da aposentadoria após ter acumulado certa quantia de dinheiro. Quando deixam de existir as circunstâncias que concentram a consciência valorativa no dinheiro, este passa a revelar seu caráter verdadeiro como mero meio, que se torna inútil e desnecessário assim que a vida se concentra unicamente nele. O dinheiro é nada mais que a ponte para os valores definitivos, e não se pode morar sobre uma ponte.

Essa sobreposição dos fins pelos meios é um dos traços essenciais e um dos principais problemas de toda cultura elevada, pois tem sua essência no fato de que, em contraste com as relações primitivas, as intenções das pessoas não são mais simples, óbvias e alcançáveis por meio de ação imediata. Seus propósitos tornam-se gradualmente tão difíceis, complexos e remotos que carecem de uma construção composta e multiarticulada de meios e instrumentos, e de um desvio composto de múltiplos estágios de etapas preparatórias. É muito difícil, em relações mais elevadas, que a primeira etapa já alcance o seu alvo; e não basta apenas um meio, porque, com frequência, este também não é atingido de maneira imediata, mas trata-se de uma diversidade de meios que se sustentam reciprocamente, conduzindo a fins definitivos. Mas torna-se cada vez mais próximo o risco de perder a si mesmo nesse labirinto de meios e, com isso, esquecer o objetivo final. Assim, quanto mais entrelaçada, artificial e organizada se torna a técnica de todas as áreas da vida — isto é, o sistema de meros meios e ferramentas —, mais e mais isso é percebido como finalidade última de satisfação que não se coloca mais em questão. Dessa maneira, consolidou-se a estabilidade de todos os hábitos externos, que originalmente eram nada mais do que meios para fins sociais específicos, mas que continuam a existir como valores próprios, como exigências que se autofundamentam, ao passo que aqueles fins se tornaram há muito tempo ilusórios ou caíram no esquecimento. Na época moderna e especialmente, como parece, nas épocas mais recentes, há um sentimento de tensão, de expectativa, impulsos insolúveis — como se o mais importante, o definitivo, o sentido genuíno e ponto central da vida e das coisas ainda estivesse por vir. Esse é por certo o resultado emocional do aumento excessivo dos meios, da coação da nossa complicada técnica de vida, de construir meios sobre meios até alcançar seus fins originais, aos quais ela deve servir, e que se deslocam sempre adiante no horizonte da consciência, para finalmente afundar-se sob ela. Nenhum elemento teve uma participação mais vasta nesse processo que o dinheiro, jamais aconteceu de um objeto de valor meramente instrumental — com tal energia, amplitude e sucesso — assumir, para a condição geral da vida, o papel de um fim satisfatório por si mesmo, seja essa satisfação ilusória ou verdadeira.

A posição central assumida pelo dinheiro por meio do crescimento colossal do círculo de objetos alcançáveis por ele irradia sua influência em vários traços característicos da vida moderna. O dinheiro ofereceu para o homem singular a oportunidade de satisfação plena de seus desejos em uma medida muito mais palpável e tentadora. Existe a possibilidade de ganhar, com um único golpe, tudo o que parece desejável. Coloca-se entre o homem e seus desejos uma instância mediadora, um mecanismo facilitador. E porque, quando ele é alcançado, inúmeras outras coisas se tornam alcançáveis, estimula-se a ilusão de que todas essas outras coisas são mais fáceis de obter que outrora. Mas, com a proximidade à felicidade, aumenta o desejo por ela, pois não é o absolutamente remoto e rejeitado que inflama a grande nostalgia e paixão, mas o não possuído, cuja posse parece aproximar-se cada vez mais — como acontece por meio da organização monetária. A enorme demanda do homem moderno pela felicidade — que se pronuncia tanto em Kant como em Schopenhauer, na social-democracia não menos que no crescente americanismo da época atual — alimenta-se, evidentemente, desse poder e sucesso do dinheiro. A "avidez" especificamente moderna de classes e de indivíduos — seja para condená-la, seja para louvá-la como estímulo do desenvolvimento cultural — só pôde crescer porque agora há uma palavra-chave que condensa em si mesma tudo o que é desejável; um ponto central que só precisamos escolher, como se fosse uma chave mágica num conto de fadas, para que alcancemos todos os prazeres da vida.

Assim, o dinheiro torna-se — e isso é muito significativo — aquele objetivo absoluto, cuja aspiração é, em princípio, possível a qualquer momento, contrariamente aos objetivos constantes, que não podem ser desejados ou aspirados a qualquer hora. Desse modo, oferece-se ao homem moderno um estímulo contínuo para a realização de suas atividades. Agora ele tem um objetivo que se impõe como *pièce de résistance*, tão logo outros objetivos abram espaço; ele está potencialmente sempre lá. Daí a inquietação, o estado febril, a ausência de pausas da vida moderna, propulsionadas pelo motor desenfreado do dinheiro, que torna a máquina da vida um *perpetuum mobile*. Schleiermacher enfatiza que o cristianismo foi o primeiro a praticar a piedade, tornando o desejo por Deus uma disposição permanente da alma, enquanto formas de credo anteriores associaram a disposição religiosa a épocas e locais específicos. Assim também o desejo por dinheiro é o estado permanente da alma em uma economia monetária estabelecida. Por isso, o psicólogo não pode ignorar o lamento frequente que acusa o dinheiro de ser o Deus de nossa época. É claro que ele só pode constatar esse fato e descobrir relações significativas entre ambas as concepções porque é privilégio da psicologia não cometer blasfêmias. A ideia de Deus tem sua mais profunda essência na reunião de todas as variedades e contrastes do mundo ou, como bem exprimiu Nicolau de Cusa (aquele curioso espírito moderno do fim da Idade Média), na *coincidentia oppositorum*. Inclui-se aqui a ideia de que todo estranhamento e toda irreconciliabilidade do ser encontram nele sua unidade e sua harmonia, das quais provêm a paz, a certeza, a riqueza abrangente do sentimento, que são parte da ideia de Deus e da ideia de que nós o possuímos! No domínio dos sentimentos estimulados pelo dinheiro encontramos, sem dúvida, uma semelhança psicológica com relação a esse aspecto. À medida que o dinheiro se torna cada vez mais expressão absolutamente suficiente e equivalente de todos os valores, ele se eleva, a uma altura bastante abstrata, sobre toda a vasta diversidade dos objetos; torna-se o centro no qual as coisas mais distintas, mais estranhas, mais distantes, encontram seus aspectos comuns e se tocam. Com isso, o dinheiro nos concede aquela elevação acima do individual, aquela confiança em sua onipotência, como se fosse um princípio supremo capaz de nos proporcionar, a qualquer momento, aqueles elementos individuais e inferiores, como se pudesse se converter neles. Esse sentimento de certeza e tranquilidade que a posse de dinheiro proporciona, aquela convicção de encontrar nele o ponto de intersecção dos valores, compreendem, de forma psicologicamente pura, quer dizer, de modo formal, o ponto de equivalência que confere a mais profunda justificativa para aquela lamentação a respeito de o dinheiro ser o Deus de nossa época.

Da mesma fonte — mas direcionados de maneira diferente — brotam também traços de caráter mais remotos do homem moderno. A economia monetária exige operações matemáticas contínuas nas relações cotidianas: a vida de muitas pessoas passa a ser ocupada por determinações, balanços, cálculos, redução de valores qualitativos a valores quantitativos. Isso certamente contribui para o caráter racional e calculador da época moderna, em contraposição ao caráter mais impulsivo, dirigido para o todo e o emocional das épocas anteriores. Então, uma precisão e uma determinação de fronteiras muito maiores penetraram os conteúdos da vida por meio da estimativa em dinheiro, ensinando a definir e a especificar em suas diferenças mínimas até os centavos. Onde as coisas são pensadas em suas relações imediatas com as outras — isto é, não são reduzidas ao denominador comum do dinheiro — encontram-se muito mais um arredondamento e um paralelismo de unidades. A exatidão, a nitidez e a precisão nas relações econômicas da vida, que naturalmente repercutem também em outros conteúdos, progridem com a ampliação da economia monetária — mas, evidentemente, sem promover um grande estilo na conduta de vida. O emprego crescente de moedas pequenas atua no mesmo sentido, proclamando a ampliação da economia monetária. Até 1759 o Banco da Inglaterra não emitia notas abaixo de vinte libras esterlinas; desde então, esse valor foi reduzido a cinco libras esterlinas. E o que ainda é mais significativo: até 1844 suas notas circulavam em média 51 dias antes de serem novamente trocadas por notas menores; em 1871, porém, elas circulavam somente 37 dias — ou seja, em 27 anos a necessidade de ter moedas pequenas cresceu em quase um quarto de sua intensidade. O fato de que todos têm moedas pequenas no bolso, com as quais podem rapidamente comprar quaisquer ninharias segundo seus desejos momentâneos, precisa encorajar indústrias que vivem dessas possibilidades. Isto é, a divisibilidade do dinheiro em somas mínimas contribui, certamente, para o estilo mesquinho na disposição exterior, especialmente na formação estética da vida moderna, e para o número crescente de ninharias com as quais guarnecemos nossa vida. E aquelas pontualidade e exatidão que a ampliação da economia monetária — aproximadamente análoga à dos relógios de bolso — conferiu às relações externas dos homens não correspondem de modo algum a um equivalente aumento da conscientização interna na esfera ética. Pelo contrário, o dinheiro conduz — por seu caráter inteiramente objetivo e indiferente, do mesmo modo e sem relação interna não apenas com as ações mais nobres, mas também com as mais baixas — a uma certa lassidão e a uma irresponsabilidade no agir, que com frequência são inibidas em outros casos pela estrutura particular dos objetos e da relação individual do agente para com eles. Assim, pessoas que geralmente costumam ser honestas participaram das "fundações" mais obscuras; muitas agem de maneira mais inconsciente e ambígua quando se trata de assuntos meramente monetários, mas em outras situações agiriam segundo um comportamento eticamente orientado. O resultado finalmente obtido, o dinheiro, não pode ser observado em suas origens, ao passo que outras posses e situações, por causa de sua particularidade e de suas qualidades distintas, carregam suas origens em si mesmas, objetiva ou psicologicamente; elas são mais visíveis e fazem lembrar sua proveniência. Mas uma vez que uma ação tenha desembocado no grande oceano do dinheiro, não pode mais ser identificada, pois os escoamentos desse oceano não portam nada mais do caráter de sua fonte original.

Retornando dessas consequências particulares da transação monetária, finalizo com uma observação bastante geral a respeito de sua relação com os mais profundos traços e motivos de nossa cultura. Almejou-se arriscar resumir o caráter e a grandeza da vida moderna em uma fórmula que poderia ser apresentada deste modo: os conteúdos do conhecimento, da ação e da formação de ideais são transformados, de sua forma firme, substancial e estável, em um estado de desenvolvimento, movimento e instabilidade. Cada observação dos destinos desses conteúdos de vida que se desdobram diante de nossos olhos apresenta claramente esse traço de sua formação: estamos abdicando de verdades absolutas, que estejam contra todo desenvolvimento, e estamos abrindo mão, com prazer, de transformações, crescimento e críticas contínuos — pois isso é exatamente o que significa a ênfase sucessiva na empiria em todas as áreas. As espécies de organismos não são mais consideradas ideias eternas da criação, mas pontos transitórios de uma evolução ad infinitum. A mesma tendência estende-se do inanimado até as formações espirituais mais altas: a ciência natural moderna nos ensina a dissolver a rigidez da matéria em um turbilhão incansável de minúsculas partículas. Nós agora reconhecemos que os ideais uniformes de épocas anteriores — ideais considerados fundamentados acima de toda mudança ou contradição — são dependentes de condições históricas e se adaptam a suas transformações. No interior dos grupos sociais dissolvem-se cada vez mais as demarcações fixas. A rigidez de laços e tradições semelhantes às de castas e estratificações são rompidas — seja para o bem, seja para o mal —, e a personalidade pode circular por uma diversidade mutante de situações de vida, refletindo, por assim dizer, a fluidez das coisas. A esse grande e uniforme processo de vida, que diferencia radicalmente a cultura intelectual e social da época moderna das culturas da Antiguidade e da Idade Média, incorpora-se o domínio do dinheiro, sustentando esse processo e sendo sustentado por ele. À medida que encontram seu equivalente em um meio de troca completamente incolor, desprovido de caráter específico, as coisas se tornam polidas e aplanadas, ou seja, suas zonas de atrito diminuem em processos contínuos de equilíbrio/ajuste. Sua circulação, o dar e o receber, ocorrem em uma velocidade muito diferente da das épocas de economia natural; cada vez mais as coisas que parecem situar-se fora das trocas comerciais são arrastadas para seu fluxo infatigável. Gostaria de mencionar apenas um dos exemplos mais simples, que é o destino da posse da terra a partir da dominação do dinheiro. Desde o advento da economia monetária, a mesma transição da estabilidade para a instabilidade, que caracteriza a imagem do mundo moderno como um todo, apoderou-se também do cosmo econômico, cujos destinos, fazendo parte desse movimento geral, são simultaneamente um símbolo e um espelho do todo.

O que importa somente aqui é que um fenômeno como o da economia monetária — não importa quanto ele pareça obedecer a suas próprias leis internas — ainda assim está seguindo o mesmo ritmo que regula a totalidade dos movimentos culturais simultâneos, mesmo os mais remotos. À diferença do materialismo histórico, que coloca o processo cultural inteiramente na dependência de condições econômicas, a consideração do dinheiro pode nos ensinar que a formação da vida econômica influencia profundamente o estado psíquico e cultural de um período; mas, por outro lado, essa formação recebe o seu caráter das grandes correntes uniformes da vida histórica, cujas forças e motivos últimos permanecem um segredo divino. Mas se essas igualdades formais e essas conexões profundas mostram o caráter do dinheiro como um ramo da mesma raiz, que produz todas as outras flores da nossa cultura, pode-se então tirar daqui um consolo para as queixas sobre os estragos feitos pela economia monetária e sobre a *auri sacra fames*, proferidas especialmente pelos protetores dos valores espirituais e agradáveis. Pois quanto mais o conhecimento se aproxima daquela raiz, mais evidentes devem ser as relações da economia monetária, não apenas para as partes obscuras, mas também para o mais fino e elevado de nossa cultura, de modo que, assim como todas as grandes forças históricas, a economia monetária pode assemelhar-se à lança mítica, capaz de curar as feridas que infligiu a si mesma.

A escultura de Rodin
e a direção espiritual do presente[*]

A história da escultura termina com Michelangelo. O que vem depois dele é degeneração barroca ou, mesmo em suas manifestações mais nobres, obra de epígonos, sob sua dominação e a da Antiguidade. Apenas na arte do retrato, em que a individualidade da tarefa, por um lado, torna o esquematismo tradicional mais aflitivamente sensível e, por outro lado, estimula os espíritos fortes à contínua realização de novas sínteses de impressão da natureza e formação de estilo, distinguem-se, por sua originalidade, personalidades como Houdon e Hildebrand. Estes, no entanto, continuam constituindo fenômenos individuais; falta-lhes a abrangência da força formadora de estilo, pela qual as formações da Antiguidade e do gótico, de Donatello e de Michelangelo, puderam abarcar toda a extensão de um mundo. O gênio criativo de Meunier dotou a escultura de novos conteúdos, mas esta não adquiriu nenhum novo estilo. Meunier descobriu o valor da forma do trabalho, demonstrou a beleza e a estilização do homem trabalhador, ao passo

[*] Georg Simmel, "Rodins Plastik und die Geistesrichtung der Gegenwart" (1902). In: *Ästhetik und Soziologie um die Jahrhundertwende*: *Georg Simmel*. Org. de Hannes Böhringer e Karlfried Gründer. Frankfurt am Main: Vittorio Klostermann, 1976. Trad. de Tamara Grigorowitschs. (N. E.)

que até então se acreditava apenas na possibilidade de estilização do homem em situações pacíficas ou apaixonadas, lúdicas ou trágicas. Mas essa nova província é apenas um adendo dos antigos impérios, uma ampliação, mas não uma superação do estilo classicista.

Mas se a história de uma arte consiste no desenvolvimento de novas formas de estilo em vez de sua repetição, então a história da escultura, que havia terminado com Michelangelo, começa novamente com Rodin. Rodin realizou inicialmente a primeira mudança no esquema da Antiguidade na direção de um novo estilo. O naturalismo, menos experimentado na escultura do que em outras artes — e, na verdade, apenas nos países românicos —, esforçou-se por alcançar a mesma libertação. Mas foi uma liberdade como a do escravo que rompe a corrente, e não como aquela que ocorre em virtude de uma nova lei. Como Nietzsche demonstrou para amplos círculos, a nossa moral, que consideramos pura e simplesmente *a* moral, é apenas uma moral, ao lado da qual outras formas de moral ainda são possíveis. Assim, Rodin também demonstrou que o estilo classicista, que costuma ser tratado como *o* estilo da escultura, não é uma forma absoluta, mas sim uma forma histórica, ao lado da qual, e sob condições históricas diversas, outras formas também reclamam o direito de existir. Isso também se esquiva da descrição, que substituiu a visão, não apenas como toda obra de arte em geral, mas exatamente porque, na medida de sua novidade, exclui o apelo ao conhecido. A palavra só pode fixar, no desenvolvimento geral da cultura, a posição que corresponde ao lugar de tal fenômeno no desenvolvimento da arte.

Apenas em uma parte do conjunto da obra de Rodin predomina, inequivocamente, o novo estilo, engendrado por meio da fusão do espírito moderno com a sensibilidade artística de Michelangelo — aquele pensado como princípio feminino, este como masculino. Rodin atravessou vários estilos históricos, quase deixando a impressão de que poderia trabalhar simultaneamente como Donatello ou Verrocchio, como Michelangelo ou Bernini. Ao mostrar nessas formas de expressão o que pode, ele revela em tal abrangência a extensão do espírito moderno; em um fragmento de sua obra, no entanto, revela o que é, e com isso [revela também] a intensidade do espírito moderno. Tal ideia pode ser assim expressa: as dificuldades íntimas mais profundas do século XIX baseavam-se no conflito entre a individualidade e a conformidade com a lei. O indivíduo não quer abdicar de sua singularidade e peculiaridade fundamentadas sobre si mesmo, nem da íntima necessidade de seu ser e agir, que denominamos conformidade com a lei. Isso, por sua vez, parece incompatível, uma vez que nosso conceito de lei, formado nas ciências naturais e no direito, inclui sempre generalidade, indiferença diante do individual e subordinação do particular a uma norma válida para todos. Daí a validade, tanto nos âmbitos internos como nos externos, da nostalgia do que se poderia chamar "lei individual", nostalgia da unidade de uma modelação da vida puramente pessoal, livre de toda mera generalização e com a dignidade, a extensão e a assertividade da lei. Assim, a escultura moderna permaneceu, em geral, onde não foi naturalista, sob a influência da lei geral que a arte clássica lhe ofereceu. Nessas circunstâncias, uma vida singular realmente pessoal, dotada de fonte própria originalmente criativa, não se deixou manifestar nem na forma plástica, nem na alma que lhe está por trás. O naturalismo decerto fez isto: liberou sujeito e objeto da coação de uma regra geral e estranha à vida mais interior, mas com isso o entregou ao acaso, a uma formação momentânea anárquica e desprovida de ideias. Os princípios formais, que aqui repousam lado a lado irreconciliados, constituem a unidade da arte de Rodin.

Aqui temos a liberdade absoluta de cada figura exteriorizada pela alma criadora, tal como Rembrandt a possuiu; cada forma reproduz imediatamente a visada e a sensibilidade de um homem totalmente individual. Por isso, cada uma de suas figuras mostra a liberdade, que consiste na transigência sem ressalvas de cada feição externa diante do sentido e do impulso do eu. Mas essa liberdade, seja ela do criador ou de sua criação, tem todo o rigor, toda a coerência, toda a altivez de uma conformidade com a lei; sente-se nela a necessidade com a qual todas as partes se relacionam entre si, percebe-se um crescimento orgânico, e a certeza interior de suas metas exclui o acaso. Nunca irá referir-se a um tipo abstrato, que para outros seria como lei; mas o grande oposto do acaso, o grande não poder ser outra coisa, significam apenas que cada parte, e a unidade de todas elas, exprimem uma e mesma alma, que as conserva ininterruptamente intactas. O problema que nos aflige em todos os domínios é o seguinte: como uma existência puramente individual poderia estar em conformidade com a lei? De que forma se poderia recusar a exigência de manter em vigor normas gerais válidas — porque válidas para todos os outros — sem cair em anarquia e em arbitrariedade sem fundamentos? A arte de Rodin resolveu esse problema, assim como a arte resolve problemas espirituais: não em princípios, mas em concepções singulares.

Em função disso, essa arte permitiu-me perceber que duas tendências — o naturalismo e o convencionalismo —, que pareciam ter nascido para uma inimizade irreconciliável, na arte real, não obstante seu mútuo antagonismo, ligam-se de modo coeso. Ambas recebem de fora a norma de suas configurações: uma copia as impressões da natureza, a outra os modelos; diante do genuíno criador, para quem a natureza constitui apenas estímulo e matéria para configurar no mundo a forma que nele se movimenta, ambas são copistas. Naturalismo e convencionalismo são apenas os reflexos artísticos das duas violações do século XIX: natureza e história. Ambas ameaçavam sufocar a personalidade livre, pertencente a si mesma; uma porque seu mecanismo sujeitava a alma à mesma coação cega, como a pedra que cai e o caule que brota, a outra porque reduzia a alma à mera intersecção de fios sociais e dissolvia toda a sua produtividade em um gerenciamento da herança do gênero. Ao indivíduo, tão pressionado por avassaladoras massas de natureza e de história, não restaram nem particularidade nem autonomia verdadeira; tornou-se mero ponto de passagem de forças exteriores. E, na produção artística, isso apareceu novamente — por assim dizer, na outra extremidade — à medida que a falta de autonomia do naturalismo nos aprisionou ao mero estado das coisas, e a falta de autonomia do convencionalismo, por sua vez, acorrentou-nos ao historicamente dado e ao socialmente reconhecido.

De todos os campos da produção artística, talvez seja a escultura a que mais tenha sido entregue à convenção. Os gênios criadores, precursores de novas transformações, são nela mais raros do que em todas as outras artes. Por isso, Rodin levou a cabo na escultura um grande trabalho, superando a convenção sem cair no naturalismo. Por meio da dureza e da pouca margem de jogo de seu material, a escultura parece apresentar dificuldades muito particulares à expressão imediata do caráter anímico. Enquanto isso decerto lhe garante as virtudes negativas de certa tranquilidade e de liberdade em relação às oscilações mínimas da subjetividade, mantém, por outro lado, cada espírito menor nas formas de expressão outrora cunhadas, e deixa apenas as subjetividades mais peculiares e ao mesmo tempo mais poderosas conquistarem, do comedimento e da aridez de sua matéria, novas possibilidades expressivas. A animação da pedra implica, evidentemente, um esforço muito maior da alma em comparação com a matéria fluida, maleável do óleo ou da têmpera, das palavras ou dos sons. Por ter faltado à escultura, desde Michelangelo, esse encanto da alma

subjetiva, ela se tornou a específica arte não moderna. E
isso porque o esforço fundamental da época moderna é
fazer valer a soberania da alma pessoal diante de toda
a existência. Somente a partir do momento em que o
cristianismo rompeu a unidade ingênua de natureza e espírito e a física desespiritualizou o mundo, reduzindo-o
a mero mecanismo, a alma viu-se finalmente defronte da
plena grandeza e da gravidade de sua tarefa: não apenas
manter sua essência peculiar nessa engrenagem que lhe
é estranha, como também penetrá-la, espiritualizando-
-a e dela se apropriando. O sentido mais profundo da
vida moderna residiu, portanto, na magnífica sentença
de poder de Kant, que reconhecia o mundo, com todos
os seus conteúdos no espaço e no tempo, como mera representação na consciência humana. Mas, com isso, a
alma tomou posse do mundo apenas em princípio, quase como uma declaração política de soberania, sem que
fosse paulatinamente poupada de se apropriar de sua lei
e de sujeitar-se a ela.

A técnica moderna, por um lado, realiza isso: transforma o homem novamente em seu escravo, vincula-o a
interesses exteriores de tal modo que, por meio dela, a
alma fica muito mais absorvida no exterior do que o exterior na alma. A tentativa do socialismo, de submeter a
totalidade da vida a uma ordem de sentido conveniente,
e de excluir o acaso de destinos externos por meio de
uma organização planejada da sociedade, serve por fim
apenas àquela nostalgia profunda da alma de modelar
tudo aquilo que é dado segundo suas imagens. As frus-
trações e os contratempos que a alma inevitavelmente
enfrentou para alcançar aqueles objetivos no caminho
da técnica, da ciência, da organização social, aumenta-
ram a nostalgia da arte de maneira desmedida, a ponto
de a paixão impregnar todo o nosso ambiente externo
com arte. Pois apenas nela parece consumado o triunfo
do espírito sobre a matéria dada da existência; ou, antes,

aquilo que conhecemos como arte significa aquela atividade na qual o ser das coisas — dotado de leis próprias e que nos é incompreensível em seus motivos últimos — tornou totalmente maleáveis os movimentos internos da alma. Mas esse triunfo precisa ser novamente obtido em cada obra e a partir de dentro, e por isso escapa inteiramente a todo convencionalismo — que, a partir de fora, molda a matéria tendo como base um esquema tradicional — o sentido da arte. O que a escultura pôde conceder à ânsia da alma moderna, foi novamente Rodin o primeiro a realizar. Em suas obras percebemos pela primeira vez a plena animação da pedra e do bronze; a vida interna da pedra parece vibrar em sua superfície, tendo se formado sem resistência. Como se costuma dizer, a alma edifica seu corpo.

Mas a maleabilidade que a alma empresta à matéria ainda não é toda a arte. Antes, ela parece ser alcançada apenas com a modelagem da matéria, por meio da qual adquire um encanto puramente plástico, independente da manifestação da alma. Antes que a forma exprima alguma coisa, antes que expresse outro lado de seu sentimento vivo, precisa possuir beleza e particularidade, força e genuinidade que a tornem significativa e atrativa para os olhos. Somente esse estímulo independente impulsiona a manifestação subjetiva do sentimento acima de si mesmo, em direção a uma validade e a uma comunicabilidade supraindividuais. A maravilha genuína da arte modeladora é que as qualidades sensoriais-formais da configuração do espaço, do contorno e da cor, obedientes somente a suas próprias leis e atrações, revelam ao mesmo tempo uma vida anímica interna indistinta até seus fundamentos, de tal modo que o cumprimento pleno da exigência de um deles parece ligado à exigência do outro. Que essas duas funções da imagem — como imagem puramente sensorial e como símbolo e expressão da alma, que no mundo real se localizam em espaços bem distintos e que se encontram apenas ocasionalmente — formem na arte uma unidade, é talvez a mais profunda alegria que ela nos oferece; isso prova, em última instância, que os elementos da vida não são tão desconexos como a vida nos quer fazer crer.

Enquanto toda grande obra de arte realiza, como que naturalmente, a unidade desse dualismo — o sentido último de toda arte —, a obra de arte especificamente moderna caracteriza-se pelo fato de a plenitude de cada um desses elementos imprimir-se de modo agudo, específico e consciente. Pois esta é a fórmula de desenvolvimento do espírito da época moderna: ele separa os elementos da vida de sua unidade radical originalmente indiferenciada, os individualiza, torna-os conscientes de si para então, a partir dessa formação tão diferenciada, reuni-los em uma nova unidade. Onde esta fracassa, permanece então a cisão moderna característica, o caráter especializado dos conteúdos particulares da existência. A arte moderna, no que concerne a seus elementos de base indicados, não escapou disso. Por um lado, vislumbrou sua grande tarefa na expressão de um conteúdo anímico em pensamentos, disposições, caracteres, ideias, para cuja transmissão a forma plástica era, em si, ferramenta indiferente. Por outro lado, frequentemente sob a influência do Japão, ela foi seguida pela mera sedução da forma, da linha, da distribuição do espaço e da cor; cada esforço de diferenciação apartou a arte de conteúdo da arte formal. Na escultura de Rodin elas voltaram a se encontrar. Pode parecer que suas figuras e grupos tenham sido compostos simplesmente a partir do esboço; vistos do ângulo certo, os contornos, o jogo entre a gravidade das massas e sua supressão, o equilíbrio entre as partes que sobressaem e se retraem no relevo são tão bem-sucedidos que a obra não carece, para sua justificação, de nada mais de anímico por detrás de sua visão, e aparece como pura arte da forma. Mas essa forma é exatamente aquela do mais profundo conteúdo anímico; sua corrente derrama-se até o limite, não deixando nenhum vazio e nenhuma parte inundável. Os sentidos da animação da forma e da sedução independente de sua mera plasticidade são aqui, como que cada um por si, elevados ao extremo, para só então se enlaçarem. A essa arte pode por isso faltar a magia dos antigos mestres, para os quais a raiz da arte portava ainda a multiplicidade dos seus encantos em uma unidade inquebrantável. Mas posto que a diferenciação, como refinamento e como trágico, rompeu aquela situação anterior, a vida moderna só encontra seu auge na reunificação dos elementos, cuja vida separada não se pode mais revogar — o que eu não poderia evidenciar com nenhum outro exemplo tão impecável como aquele da impressão da escultura de Rodin.

E, finalmente, essa coincidência vale ainda com relação a um último ponto. As esculturas de Rodin são, nos mais variados graus, frequentemente inacabadas, até o ponto em que a figura se ergue do bloco apenas em partes isoladas, em contornos difíceis de reconhecer. Sob os traços de caráter do presente, uma coisa é evidente: para nós, perante um número sempre crescente de valores, estímulos e sugestões valem mais do que um preenchimento explícito, que nada mais deixa para a nossa fantasia completar. Queremos um mínimo de realidade objetiva, que desencadeie em nós um máximo de independência. Adoramos a discrição das coisas, que desenvolve em nós todo o potencial de interpretação, e sua parcimônia, que nos deixa sentir sua riqueza somente por meio da nossa. Ao tornar penetrante, mediante aparente inconclusão, a relação entre o material e a forma, Rodin consegue algumas vezes o extremo na exploração desse traço da alma moderna. A forma, que nesse momento parece tentar se libertar da pedra, eleva à máxima sensação a tensão entre a matéria bruta sem forma e a forma animada. Sem esse pesado resto de terra que lhe ficou de fundo, a figura acabada não proporcionaria as mesmas espiritualidade e liberdade. Por outro lado, por meio dessa falha da forma plena, a própria ação do espectador é provocada de modo mais vivo. Onde os novos intérpretes da arte estabelecem a essência do seu prazer, aqueles que dele usufruem repetem em si mesmos o processo de criação — isso não pode acontecer de modo mais enérgico do que pelo estímulo à fantasia para tornar completo o incompleto, para libertar da pedra a forma ainda escondida. À medida que nossa própria atividade entre a obra e seu efeito final se nos internaliza, a obra recua para a distância que a sensibilidade do homem moderno necessita entre si e as coisas — posto que é seu forte e seu fraco exigir das coisas não a sua totalidade acabada, mas apenas seu ponto de maior estímulo, seu extrato mais sublimado, mas somente "como que de longe". Nada é mais característico do que a prisão da figura na pedra — o que em Michelangelo se estabeleceu por meio de golpes ou obstáculos — ter se tornado, em Rodin, meio de realização artística consciente. Lá ela atua de maneira trágica, reforçando o peso do destino nas formas de Michelangelo, afundando-as em uma escuridão inominável. Em Rodin ela tem um efeito incontestavelmente refinado, e essa é a concessão que o homem moderno precisa tolerar se desenvolve seu mais íntimo potencial em obras que, apesar de carecerem da força e da unidade imediatas do clássico, exprimem precisamente o seu estilo de vida. Onde essa expressão ocorre tão perfeitamente como em Rodin, o valor ou o desprovido de valor não devem se misturar na nossa admiração, mesmo que esse estilo pareça merecê-lo.

MAX WEBER

Conceitos sociológicos fundamentais[*]

Observação preliminar. O método destas definições introdutórias de conceitos — não bem prescindíveis, mas inevitavelmente abstratas e causadoras de uma impressão de irrealismo — não reivindica, de modo algum, o caráter de novidade. Pelo contrário: ele deseja apenas, num modo de expressão que se espera mais conveniente e um pouco mais correto (talvez justamente por isso parecendo até pedante), formular o que toda a sociologia empírica de fato quer dizer quando fala das mesmas coisas — inclusive nos lugares em que forem empregadas expressões aparentemente inabituais ou novas. Confrontada com a de meu artigo no *Logos IV*,[1] a terminologia está — até onde isso foi exequível — simplificada e, com isso, também em muitos pontos alterada, no intuito de facilitar ao máximo possível a sua compreensão. A necessidade de uma popularização a qualquer preço nem sempre seria conciliável com a da maior precisão conceitual possível, e eventualmente precisará ser ignorada.

Sobre a noção da "compreensão", confrontem este trabalho com a *Psicopatologia geral* de K. Jaspers, bem

---

[*] Max Weber, "Soziologische Grundbegriffe". In: *Wirtschaft und Gesellschaft: Grundriß d. verstehenden Soziologie/* Max Weber. Org. por Johannes Winckelmann — 5., rev. Aufl., Studienausg. —, Tübingen: Mohr, 1980. Trad. de Marcelo Rondinelli. (N.E.)

como com algumas observações de Rickert[2] e em especial as formuladas por Simmel em *Os problemas da filosofia da história*. Quanto a questões metodológicas, indico também aqui, como já fiz em várias oportunidades, os processos descritos por F. Gottl no artigo "Die Herrschaft des Worts" [O domínio da palavra], com certeza escrito de maneira um pouco mais difícil de entender e provavelmente com uma reflexão que em muitos pontos não chega a ser formulada por completo. Quanto a questões da matéria específica, indico sobretudo a bela obra de F. Tönnies *Gemeinschaft und Gesellschaft* [Comunidade e sociedade]. Além disso, o fortemente ilusório livro de R. Stammler *Wirtschaft und Recht nach der materialistischen Geschichtsauffassung* [Economia e direito segundo a concepção materialista da história] e minha crítica a ele no *Archiv f. Sozialwissensch.*,[3] a qual já contém grande parte dos fundamentos do que será explanado a seguir. Em relação ao método de Simmel — na *Sociologia* e na *Philosophie des Geldes* [Filosofia do dinheiro] —, minha divergência se dá por meio de uma possível separação entre o "sentido" tencionado [*gemeint*] e o objetivamente válido, que Simmel não só não distingue como frequentemente faz, com toda a intenção, com que se diluam um no outro, difusos.

§ 1. Sociologia (na acepção do termo aqui empregada, com significados muito variados) quer dizer uma ciência que pretende compreender, ao interpretar, a ação social, e com isso explicá-la de forma causal em seu percurso e seus efeitos. "Ação", nesse contexto, quer dizer um comportamento humano (não importando se se trata de um fazer exterior ou interior, de um deixar de fazer ou de um tolerar), quando e na medida em que aquele ou aqueles que agem vinculem a ele um sentido subjetivo. Ação "social", porém, quer dizer uma ação para a qual o sentido tencionado por aquele ou aqueles que agem está relacionado ao comportamento de outros e tem seu percurso orientado por aquele comportamento.

I. FUNDAMENTOS METODOLÓGICOS

1. "Sentido" é entendido aqui como aquele subjetivamente tencionado, podendo ser: a) o sentido de fato α num caso historicamente dado por um sujeito que age ou ϐ tomado como média e em termos aproximativos num dado volume de casos dos sujeitos que agem; ou b) o sentido num tipo puro, resultado de um construto conceitual, daquele ou daqueles sujeitos que agem, pensados como tipo. Não deve ser entendido como, por exemplo, um sentido qualquer objetivamente "certo" ou um sentido metafisicamente fundamentado como "verdadeiro". É isso que diferencia as ciências empíricas da ação (a sociologia e a história) de todas as dogmáticas (direito, lógica, ética, estética), as quais pretendem investigar em seus objetos o sentido "certo", "válido".

2. A fronteira entre a ação dotada de sentido e um comportamento meramente (conforme queremos chamar aqui) reativo, não vinculado a um sentido subjetivamente tencionado, é totalmente fluida. Uma parte muito significativa de todo comportamento sociologicamente relevante, em particular a ação regida puramente pela tradição (cf. infra), encontra-se na fronteira de ambos. Uma ação dotada de sentido — isto é, compreensível — não se apresenta, em absoluto, em alguns casos de processos psicofísicos; em outros, só se apresenta para o especialista na matéria; processos místicos e, com isso, não comunicáveis de modo adequado por palavras, não são plenamente compreensíveis para aquele que não tenha acesso a tais experiências. Por outro lado, a capacidade de produzir, a partir da própria ação, uma ação análoga não é pressuposto de compreensibilidade: "Não

é preciso ser César para compreender César". A plena "capacidade de revivenciar" é importante para a evidência da compreensão, mas não representa uma condição absoluta da interpretação de sentido. Componentes compreensíveis e não compreensíveis de um processo muitas vezes estão misturados e ligados entre si.

3. Toda interpretação — como toda ciência, de resto — busca alcançar "evidência". A evidência da compreensão pode ser de caráter: a) racional (e, então, lógica ou matemática), ou b) empaticamente revivenciadora (emocional, artisticamente receptiva). Racionalmente evidente, no domínio da ação, é sobretudo aquilo que é compreendido intelectualmente de modo completo e transparente em seu tencionado complexo de sentidos. Empaticamente evidente na ação é aquilo que é plenamente revivenciado em seu complexo de sensações vividas. Racionalmente compreensíveis — isto é, portanto, apreensíveis de modo imediato e unívoco como intelectualmente dotados de sentido — são sobretudo e em grau máximo os complexos de sentidos que se encontram relacionados entre si por enunciados matemáticos ou lógicos. Compreendemos de maneira absolutamente clara e unívoca o que significa dotado de sentido quando alguém, num raciocínio ou numa argumentação, explora a sentença $2 \times 2 = 4$ ou o teorema de Pitágoras, ou quando essa pessoa realiza uma cadeia lógica de maneira "acertada" — segundo os hábitos de pensamento que cultivamos. O mesmo se dá quando essa pessoa, a partir de "fatos da experiência" para nós "reconhecidamente" válidos e de fins determinados, extrai de modo inequívoco em sua ação as consequências resultantes (segundo nossas experiências) para o tipo de "meios" empregados. Toda interpretação de uma ação referente a fins de tal modo racionalmente orientada possui — para a compreensão dos meios empregados — o grau máximo de evidência. Não com o mesmo, mas com suficiente nível de evidência para nossas necessidades de explica-

ção, compreendemos, no entanto, também aqueles "equívocos" (incluindo os "emaranhamentos de problemas") nos quais nós mesmos podemos incorrer, ou cujo surgimento nos é possível tornar empaticamente vivenciável. Em contrapartida, há vários "fins" e "valores" últimos pelos quais pode estar orientada empiricamente a ação de uma pessoa que nós muitas vezes não somos capazes de compreender com plena evidência, mas sob certas circunstâncias até conseguimos apreender intelectualmente — mas nesse processo, por outro lado, quanto mais radicalmente eles desviam de nossos próprios valores últimos, tanto mais difícil é para nós torná-los, por meio da fantasia empática, compreensíveis como revivescência. De acordo com as circunstâncias, temos de nos contentar em apenas interpretá-los intelectualmente, ou, em certos casos, se também isso falhar, tomá-los, por assim dizer, simplesmente como dados, e tornar compreensível para nós o desenrolar da ação por eles motivada, tanto quanto possível, como pontos de orientação. Incluem-se aí, por exemplo, muitas realizações religiosas e caritativas de virtuoses para aquele que é refratário a tais ações. O mesmo vale para fanatismos extremamente racionalistas ("direitos humanos") para aquele que, de sua parte, abomina radicalmente tais pontos de orientação. Quanto mais estejamos suscetíveis a estados emocionais de momento (medo, cólera, ambição, inveja, ciúme, amor, entusiasmo, orgulho, sede de vingança, piedade, devoção, ânsias de todo tipo) e às reações irracionais (do ponto de vista da ação racional referente a fins) deles decorrentes, tanto mais seremos capazes de revivenciá-los de maneira mais evidentemente emocional. De todo modo, porém, mesmo no caso de eles, por sua intensidade, superarem de modo absoluto nossas próprias possibilidades, somos capazes de compreendê-los empaticamente e como dotados de sentido e calcular intelectualmente seu efeito na direção e nos meios da ação.

Para a reflexão científica voltada à construção de tipos, no entanto, todos os complexos de sentido de comportamento irracionais, condicionados por estados emocionais, que influenciem a ação são investigados e representados da maneira mais amplamente observável na forma de "desvios" de um percurso dessa mesma ação construído de modo puramente racional referente a fins. Por exemplo: quando se explica uma situação de "pânico na bolsa de valores", primeiro é conveniente verificar como a ação teria transcorrido sem a influência de estados emocionais irracionais; então se registram tais componentes irracionais como "perturbações". O mesmo se dá quando, numa ação política ou militar, primeiro convenientemente se verifica o modo como a ação teria transcorrido mediante o conhecimento de todas as circunstâncias e intenções dos envolvidos e pela rigorosa escolha dos meios, orientada pela experiência que nos parece válida. Somente desse modo se torna possível a imputação causal dos desvios às irracionalidades que os condicionaram. Devido a sua evidente compreensibilidade e a sua univocidade — atrelada à racionalidade —, a construção de uma ação estritamente racional referente a fins serve para a sociologia, nesses casos, como *typus* ("tipo ideal"), para compreender a ação real, influenciada por irracionalidades de toda espécie (estados emocionais, equívocos) como "desvio" daquele desenrolar esperável no caso de um comportamento puramente racional.

Nesse sentido, e somente por essa razão de conveniência metodológica, o método da sociologia "compreensiva" é "racionalista". Evidentemente, esse procedimento não deve, porém, ser entendido como um preconceito racionalista da sociologia, e sim apenas como recurso metodológico; portanto, não deve ser reinterpretado como crença na efetiva preponderância do racional sobre a vida. Pois quanto a isso — a questão sobre em que medida, na realidade, ponderações racionais de fins determinam ou não a ação efetiva — esse modo de proceder não deve, afinal, dar a menor resposta. (Com isso, parece óbvio que não se deve negar, por exemplo, o risco de interpretações racionalistas em lugar indevido. Toda experiência infelizmente confirma a existência delas.)

4. Processos e objetos desprovidos de sentido — na forma de ensejo, resultado, estímulo ou entrave à ação humana — entram em questão para todas as ciências da ação. "Desprovido de sentido" não é exatamente o mesmo que "inanimado" ou "não humano". Qualquer artefato — uma "máquina", por exemplo — só é interpretável e compreensível com base no sentido que a ação humana (de possivelmente muito variadas propostas) conferiu (ou quis conferir) ao fabrico e ao emprego desse artefato; sem que se recorra a esse sentido, ele permanece totalmente incompreensível. O compreensível ali é, portanto, a referência da ação humana ao artefato, seja como "meio", seja como "fim", que se afigurou ao sujeito ou aos sujeitos da ação e pelo qual se orientou essa ação. Somente nessas categorias se dá uma compreensão de tais objetos. Por outro lado, permanecem desprovidos de sentido todos os processos ou estados condicionais — animados, inanimados, extra-humanos, humanos — sem conteúdo de sentido tencionado, na medida em que eles não entram em ação na relação do "meio" e do "fim", e sim representam apenas seu ensejo, seu estímulo ou entrave. A formação do golfo de Dollart no final do século XIII[4] tem (talvez!) importância "histórica" como desencadeadora de certos processos de reassentamento de considerável alcance histórico. A tábua de mortalidade e o próprio ciclo orgânico da vida — do desamparo da criança ao do ancião — têm alcance sociológico de primeira grandeza devido às diferentes modalidades pelas quais a ação humana se orientou e se orienta nessas circunstâncias. Constituem outra categoria, por sua vez, os enunciados da experiência não compreensíveis sobre o desenrolar de fenômenos psíqui-

cos ou psicofisiológicos (fadiga, exercício, memória etc., bem como euforias típicas verificadas em certas formas de mortificação, diferenças típicas nos modos de reação segundo velocidade, modo, clareza etc.). Em última análise, as condições são, no entanto, as mesmas de outras situações incompreensíveis: do mesmo modo como aquele que pratica uma ação, a perspectiva compreensiva toma--as como "dados" com os quais é preciso contar.

Está colocada, nesse caso, a possibilidade de a pesquisa, no futuro, também descobrir regularidades incompreensíveis para um comportamento particular dotado de sentido, por menos que isso tenha acontecido até hoje. Diferenças de informação hereditária (das "raças"), por exemplo, teriam de ser aceitas pela sociologia — se e na medida em que se obtivesse prova estatística conclusiva da influência sobre o modo de comportamento sociologicamente relevante — da mesma forma como são aceitos fatos fisiológicos como a necessidade alimentar ou os efeitos da senilidade sobre a ação, por exemplo. E o reconhecimento de seu significado causal não alteraria, claro, em absolutamente nada as tarefas da sociologia (e das ciências da ação, em suma) no que diz respeito a compreender de modo interpretativo as ações orientadas dotadas de sentido. Ela apenas inseriria, em certos pontos de seus contextos de motivação compreensivelmente interpretáveis, fatos incompreensíveis (por exemplo, relações típicas da frequência de certos direcionamentos de ação, ou do grau de sua racionalidade típica, como índice craniano ou cor de pele ou quaisquer outras qualidades hereditárias fisiológicas), como já se encontram hoje no interior de suas especulações (cf. supra).

5. Compreensão pode significar: a) a compreensão imediata do sentido tencionado de uma ação (inclusive o de uma declaração). Nós "compreendemos" de imediato, por exemplo, o sentido da sentença $2 \times 2 = 4$, que ouvimos ou lemos (compreensão racional imediata de ideias), ou um

acesso de fúria que se manifesta numa expressão facial, em interjeições, movimentos irracionais (compreensão irracional imediata de estados emocionais), ou o comportamento de um lenhador ou de alguém que pega na maçaneta para fechar a porta, ou que aponta a espingarda para um animal (compreensão racional imediata de ações). Mas compreensão também pode significar: b) a compreensão explicativa. Nós "compreendemos" de modo motivado que sentido aquele que pronuncia ou acabou de escrever a sentença 2 x 2 = 4 associa a ela: que ele fez isso precisamente no momento e no contexto em que nós o vemos ocupado com um cálculo comercial, com uma demonstração científica, com um cálculo técnico ou com outra ação em cujas circunstâncias, segundo seu sentido a nós compreensível, essa sentença é pertinente. Isto é, essa sentença ganha um contexto de sentido compreensível para nós (compreensão racional motivada). Compreendemos o trabalho de apanhar lenha ou apontar a espingarda para um animal não só em caráter imediato, mas também motivado, quando sabemos que o lenhador realiza sua ação ou mediante remuneração ou ainda para atender necessidades próprias ou por recreação (racional) ou até "porque reagiu a um estado de excitação" (irracional); ou quando sabemos que o sujeito que atira age atendendo a uma ordem, com a finalidade de executar ou combater inimigos (racional), ou por vingança (emotiva e portanto, nesse sentido, irracional). Compreendemos, finalmente, pelo caráter motivado, a fúria, quando sabemos que por trás dela estão o ciúme, a vaidade arranhada, a honra ferida (está condicionada por estado emocional e, portanto, irracionalmente motivada). Todos esses são complexos de sentido compreensíveis cujo entendimento encaramos como uma explicação do efetivo desenrolar da ação. "Explicação" significa, portanto, para uma ciência que se ocupe com o sentido da ação, algo como a apreensão do complexo de sentidos no qual cabe, por seu sentido subjetivamente tencionado, uma ação compreensível de momento. (Sobre a importância causal de tal "explicação", cf. item 6.) Em todos esses casos, mesmo nos processos dos estados emocionais, queremos designar o sentido subjetivo do acontecimento e do complexo de sentidos como sentido "tencionado" (nisso, porém, extrapolando o uso comum do termo, que costuma falar de "tencionar" [*Meinen*] com tal acepção somente quando se trata da ação racional e intencional referente a determinado fim).

6. "Compreensão" significa, em todos esses casos, a apreensão interpretativa: a) do sentido em caso particular realmente tencionado (considerado do ponto de vista histórico) ou b) do tencionado tomado como média e de maneira aproximativa (considerado do ponto de vista sociológico "de massa") ou c) do sentido ou complexo de sentidos a ser construído cientificamente para o tipo puro (tipo ideal) de um fenômeno frequente. Tais construtos ideal-típicos são, por exemplo, os conceitos e "leis" propostos pela teoria pura da economia. Eles apresentam o modo como se desenrolaria uma ação humana de determinada conformação se estivesse orientada de maneira estritamente racional referente a fins, não perturbada por equívocos e estados emocionais, e se, além disso, estivesse orientada de maneira absolutamente unívoca por um fim (o econômico). Somente em casos raros (bolsa de valores) e, mesmo assim, apenas de modo aproximativo a ação real transcorre dessa forma, conforme o construto do tipo ideal.[5]

Toda interpretação busca alcançar evidência [item 3]. Mas uma interpretação, mesmo evidente e dotada de sentido, não pode ainda, como tal, por esse caráter de evidência, pretender ser também a interpretação válida quanto a aspectos causais. Ela é, em si, sempre apenas uma hipótese causal particularmente evidente. a) "Motivações" pretextadas e repressões (isto é, motivações de início não assumidas) encobrem, precisamente àquele que age, o contexto real do direcionamento de sua ação, com elevada frequência e de tal modo que mesmo testemunhos próprios subjetivamente honestos têm valor apenas relativo. Nesse caso, a sociologia vê-se diante da tarefa de investigar e apurar, interpretando tal contexto, embora ele não tenha — ao menos na maior parte dos casos — se alçado à consciência como "tencionado" *in concreto*. Trata-se de um caso-limite da interpretação de sentido. b) Processos exteriores da ação tidos por nós como "iguais" ou "semelhantes" podem estar na base de variadíssimos complexos de sentido no sujeito — ou nos sujeitos — da ação, e "compreendemos" até uma ação que desvia tão acentuadamente, muitas vezes chegando a ser contrária, em relação a situações que encaramos como "congêneres" entre si (exemplos em *Probleme der Geschichtsphil.* [Problemas da história da filosofia], de Simmel). c) As pessoas que agem estão, diante de dadas situações, muito frequentemente expostas a impulsos antagônicos, que lutam entre si, que "compreendemos" no conjunto. No entanto, em muitíssimos casos não é possível estimar com que força relativa costumam se expressar as diferentes orientações pelo sentido situadas na "luta de motivações" logo compreensíveis entre si, conforme mostra toda experiência, nem de forma aproximativa — com alta regularidade, mas sem segurança. A efetiva eclosão da luta de motivações por si só já esclarece sobre elas. Uma averiguação da interpretação de sentido compreensível pelo acontecimento — eclosão no efetivo transcurso — é, portanto, sob qualquer hipótese, indispensável. Infelizmente, apenas nos poucos e bem particularizados casos adequados a tal propósito, no experimento psicológico, ela pode ser alcançada com relativa precisão. E somente em muitíssimo variável grau de aproximação, nos (igualmente limitados) casos de fenômenos de massa contáveis e de imputação inequívoca pelas estatísticas. De resto, existe apenas a possibilidade da comparação do maior número possível de processos da vida histórica ou cotidiana que em geral estão conformados de modo igual, mas naquele ponto decisivo — na "motivação" ou no "ensejo" investigada(o) quanto a sua relevância prática — configuram-se de modo diverso: uma importante tarefa para a sociologia comparada. Com frequência, é certo, resta infelizmente apenas o recurso incerto ao "experimento imaginado", isto é, o procedimento de desconsiderar cada um dos componentes da cadeia motivacional e da construção do então provável transcurso da ação, para se chegar a uma imputação causal.

A chamada "lei de Gresham", por exemplo, é uma interpretação racionalmente evidente da ação humana sob dadas condições e sob o pressuposto ideal-típico de uma ação referente a fins meramente racional. Até que ponto se está agindo de fato em conformidade com ela, somente a experiência (no final das contas, por princípio, aquela que se expressa de algum modo "estatisticamente") do efetivo e repetido desaparecimento de circulação dos tipos de moedas de valor excessivamente depreciado no sistema monetário pode ensinar. Ela ensina de fato a validade muito abrangente dessa lei. Na verdade, a marcha do conhecimento mostrou que primeiro ficaram disponíveis as observações empíricas e então foi formulada a interpretação. Sem tal interpretação bem-sucedida, nossa necessidade causal ficaria manifestamente insatisfeita. Sem a comprovação, por outro lado, de que o mentalmente deduzido desenrolar do comportamento — como queremos supor — também realmente se mostrou em uma extensão qualquer, uma "lei" em si, ainda que tão evidente, seria um construto sem valor para o conhecimento da ação real. Nesse exemplo, é totalmente conclusiva a concordância de adequação de sentido e prova de experiência, e os casos são numerosos o suficiente para que se encare a prova também como suficientemente segura. A hipótese engenhosa sustentada por Eduard Meyer — deduzível como dotada de sentido graças a acontecimentos sintomáticos (comportamento dos oráculos e profetas helênicos em relação aos persas) — sobre o significado causal das batalhas de Maratona, Salamina e Plateia para o caráter peculiar do desenvolvimento da cultura helênica (e, com isso, da ocidental) só se permite reforçar por aquela prova obtida nos exemplos do comportamento dos persas nos casos de vitória (Jerusalém, Egito, Ásia Menor) e, sob muitos aspectos, há de necessariamente permanecer incompleta. A importante evidência racional da hipótese, nesse caso, deve forçosamente ajudar como sustentáculo. Em muitíssimos casos de imputação histórica aparentemente de grande evidência, porém, não se pode sequer obter uma prova como a que no caso mencionado ainda foi possível. Então, a imputação permanece, definitivamente, na condição de "hipótese".

7. "Motivo" significa um complexo de sentidos que parece, àquele que age ou àquele que observa a ação, ser "fundamento" dotado de sentido para um comportamento. Com "adequado em seu sentido" queremos dizer um comportamento que se desenrola de tal maneira coeso que a relação de seus componentes é afirmada por nós, segundo a média de nossos hábitos de pensamento e sentimento, como complexo de sentidos típico (ou, como costumamos dizer, "correto"). Com "causalmente adequada", por outro lado, queremos dizer uma sucessão de acontecimentos em tal dimensão que exista, segundo todas as regras da experiência, uma probabilidade de que ela se desenrole, de fato, sempre do mesmo modo. (Adequada em seu sentido, nesse modo de entender a expressão, é, por exemplo, a solução correta de um problema matemático segundo as normas de cálculo e raciocínio que nos são correntes. Causalmente adequada é — na abrangência das ocorrências estatísticas — a probabilidade existente segundo regras comprovadas da

experiência de uma solução "correta" ou "errada" — do ponto de vista das normas que hoje nos são correntes — e, portanto, também a probabilidade de um típico "erro de cálculo" ou de um típico "emaranhamento de problemas".) Explicação causal significa, portanto, a constatação de que, segundo uma regra de probabilidade de algum modo avaliável, e em caso ideal — raro — apontável em números, a certo acontecimento (interior ou exterior) observado sucede outro certo acontecimento (ou ocorre conjuntamente com aquele).

Uma interpretação causal correta de uma ação concreta significa que o desenrolar exterior e o motivo são reconhecidos de maneira pertinente e ao mesmo tempo compreensíveis como dotados de sentido em seu conjunto. Uma interpretação causal correta de uma ação típica (tipo de ação compreensível) significa que o curso de eventos afirmado como típico parece tanto (em alguma medida) adequado em seu sentido quanto (em alguma medida) constatável como causalmente adequado. Na falta da adequação de sentido, temos diante de nós — mesmo que mediante a maior regularidade do desenrolar da ação (tanto do exterior quanto do psíquico), apontável com precisão numérica — somente uma probabilidade estatística incompreensível (ou compreensível apenas de maneira incompleta). Por outro lado, mesmo a mais evidente adequação de sentido significa, para o alcance dos conhecimentos sociológicos, uma proposição causal correta somente na medida em que seja aduzida a prova para a existência de uma (de algum modo apontável) probabilidade de que a ação costuma tomar o percurso que parece adequado em seu sentido, com frequência ou aproximação estimativa apontáveis (como uma média, ou no caso "puro"). Somente tais regularidades estatísticas, as quais correspondem a um sentido compreensível tencionado de uma ação social, são (na acepção do termo aqui empregada) tipos de ação compreensíveis, ou seja, "regras sociológicas". Somente tais construtos racionais de uma ação compreensível dotada de sentido são tipos sociológicos de um acontecimento real, que podem ser observados na realidade pelo menos de alguma maneira aproximativa. Não se pode nem remotamente supor que, paralelamente à adequação de sentido dedutível, também aumente sempre a probabilidade efetiva de frequência do transcorrer que lhe corresponde. Na verdade, se é que se trata disso, apenas a experiência exterior poderá mostrar. Existem estatísticas (estatística de mortalidade, estatística de fadiga, estatística de produtividade de máquinas, estatística de índices pluviométricos) tanto de acontecimentos desprovidos de sentido quanto de dotados de sentido. Quanto à estatística sociológica, porém (estatística de criminalidade, estatística de profissões, estatística de preços, estatística de cultivos), só existe do último tipo (casos que contenham ambos, como estatística de colheitas, são obviamente frequentes).

8. Processos e regularidades que, por serem incompreensíveis no sentido aqui empregado, não são chamados "fatos" ou regras sociológicos, nem por isso são menos importantes. Também não são menos importantes, por exemplo, para a sociologia no sentido do termo com que aqui operamos (que, afinal, implica uma limitação à "sociologia compreensiva", a qual não deve e não pode ser imposta a ninguém). Eles apenas se deslocam — e isso de um ponto de vista metodológico totalmente inevitável — para outra posição, diferente da ação compreensível: a das "condições", "ensejos", "entraves" e "estímulos" para essa ação.

9. Ação concebida como orientação compreensiva do próprio comportamento e dotada de sentido só existe, para nós, na forma de comportamento de um ou mais indivíduos tomados isoladamente.

Para outros fins de conhecimento, pode ser útil ou necessário ver o indivíduo particularizado, por exemplo, como uma organização em sociedade [*Vergesellschaftung*][6] de "células" ou um complexo de reações bioquímicas, ou conceber sua vida "psíquica" como constituída de (não importando com que nível de qualificação) elementos particulares. Com isso, obtêm-se, sem dúvida, valiosos conhecimentos (regras causais). No entanto, não compreendemos o comportamento — expresso em regras — desses elementos. Tampouco o entendemos no caso de elementos psíquicos. Em termos mais precisos: compreendemos tanto menos quanto mais exata é a apreensão de tais elementos pelas ciências naturais: esse nunca será, em absoluto, o caminho para uma interpretação baseada num sentido tencionado. Para a sociologia (na acepção do termo aqui empregada, o mesmo valendo para a história), o objeto a ser apurado é justamente o complexo de sentidos da ação. O comportamento das unidades fisiológicas — por exemplo, das células ou de elementos psíquicos quaisquer — pode ser observado [ao menos em princípio] ou pode-se tentar deduzi-lo de observações, extraindo-se regras ("leis") para ele e, com o auxílio destas, "explicar" causalmente cada um dos acontecimentos. Ou seja, ele pode ser submetido a regras. A interpretação da ação, no entanto, só toma conhecimento desses fatos e regras, e apenas até o ponto e o sentido como o faz com quaisquer outros dados (por exemplo, dados físicos, astronômicos, geológicos, meteorológicos, geográficos, botânicos, zoológicos, fisiológicos, anatômicos, psicopatológicos desprovidos de sentido ou as condições de dados técnicos referentes às ciências naturais).

Já para outros fins de conhecimento (jurídicos, por exemplo) ou para objetivos práticos, pode ser, por outro lado, conveniente e até inevitável tratar configurações sociais ("Estado", "cooperativa", "sociedade por ações", "fundação") exatamente como indivíduos particularizados (como portadores de direitos e deveres ou como agentes de ações relevantes do ponto de vista legal). Para a interpretação compreensiva da ação pela sociologia, em contrapartida, essas configurações não passam de desenrolares e nexos da ação específica de pessoas individuais, já que só essas são, para nós, compreensíveis portadoras da ação orientada dotada de sentido. Apesar disso, a sociologia não pode, inclusive tendo em conta os seus fins, ignorar, por exemplo, aquelas configurações mentais coletivas de outras abordagens. Pois a interpretação da ação tem, com aqueles conceitos coletivos, as seguintes três relações: a) ela mesma é muitas vezes obrigada a trabalhar com conceitos coletivos bem semelhantes (frequentemente com designações bem similares), para chegar enfim a uma terminologia compreensível. Tanto a linguagem dos juristas quanto a do dia a dia chama, por exemplo, "Estado" tanto aquilo que o direito concebe por esse termo quanto aquele conjunto de fatos da ação social para o qual as regras do direito pretendem valer. Para a sociologia, o conjunto de fatos "Estado" consiste não necessariamente ou precisamente nos componentes relevantes no aspecto jurídico. E, em todo caso, não existe para ela nenhuma personalidade coletiva "em ação". Quando a sociologia fala de "Estado", ou de "nação", ou de "sociedade por ações", ou de "família", ou de "corpo do Exército", ou de semelhantes "configurações", quer dizer com isso apenas certo desenrolar, numa determinada conformação, da ação social efetiva, ou como ação social — "construída" como possível — de indivíduos. Atribui, portanto, ao conceito jurídico, que emprega pela precisão e pelo arraigamento desse conceito, um sentido completamente diferente; b) a interpretação da ação deve tomar conhecimento do fato, fundamentalmente importante, de que as configurações coletivas vinculadas ao pensamento cotidiano ou ao jurídico (ou de outra matéria) são ideias de algo que em parte *existe* [*Seiendem*], em parte *deve valer* [*Geltensollendem*] na mente de pessoas reais (não só de juízes e funcionários públicos, mas também do "público"), ideias pelas quais se orienta a ação daquelas; e o fato de que, como tais, elas têm um significado causal bastante forte, às vezes até dominante, para o modo como se desenrola a ação das pessoas reais, sobretudo na forma de algo que deve (ou não) valer. (Por isso, um "Estado" moderno existe, em escala nada desprezível, como complexo de uma ação conjunta específica de pessoas — porque certas pessoas se orientam pela imaginação de que esse Estado existe ou deve existir desse modo — por imaginar, portanto, que são válidas ordens daquela modalidade jurídico-orientada. Trataremos do assunto adiante.) Para a terminologia própria da sociologia (cf. item a), até seria possível eliminar por completo esses conceitos empregados pela linguagem comum, não só para o que *deve valer* [*Geltensollen*] no plano jurídico, mas também para os acontecimentos reais, e substituí-los por termos totalmente reformulados. Isso exigiria, no entanto, alta meticulosidade e prolixidade. Considerado o fato tão importante em questão, seria evidentemente necessário deixar de lado tal expediente; c) o método da chamada sociologia "orgânica" (exemplo típico e clássico: o engenhoso livro de Schäffle, *Bau und Leben des sozialen Körpers* [Estrutura e vida do corpo social]) procura explicar a ação social conjunta pela saída do "todo" (por exemplo, de uma "economia nacional") dentro do qual o indivíduo e seu comportamento são interpretados de maneira semelhante, como a fisiologia, por exemplo, trata do posicionamento de um "órgão" do corpo dentro da "administração econômica" do organismo (isto é, do ponto de vista da "preservação" deste). (Cf. a famosa frase proferida por um fisiólogo numa de suas aulas: "§ x: O baço. Do baço, meus senhores, não sabemos nada. É tudo o que temos para falar sobre o baço!". Efetivamente, é óbvio que o professor em questão "sabia" bastante sobre o baço: localização, dimensões, forma etc. Apenas a "função" ele não era capaz de apontar, e chamava essa incapacidade de "não saber nada".) Em que medida, em outras disciplinas, esse tipo de visão funcional das "partes" de um "todo" deve ser (forçosamente) definitivo é algo que não discutiremos aqui. "Sabe-se que os estudos de bioquímica e biomecânica, em princípio, não querem se contentar com esse tipo de visão." Para uma sociologia interpretativa, uma formulação assim expressa pode servir: a) para fins de orientação provisória e de visualização prática (e, nessa função, altamente útil e necessária, embora também seja altamente prejudicial no caso de uma superestimação de seu valor epistemológico e do falso realismo conceitual); b) sob certas hipóteses, ela, sozinha, pode ajudar a descobrir a ação social cuja compreensão interpretativa seja importante para a explicação de um contexto. Mas é só nesse ponto que começa o trabalho da sociologia (na acepção com que se entende aqui o termo). Estamos, afinal, diante de "configurações sociais" (em oposição a "organismos") em condições de produzir, além da mera constatação de nexos funcionais e regras ("leis"), algo eternamente inacessível a toda "ciência natural" (no sentido da enumeração de regras causais para acontecimentos e configurações e da "explicação" de cada um dos acontecimentos isolados): justamente a "compreensão" do comportamento do indivíduo envolvido, enquanto não "compreendemos" o comportamento, por exemplo, das células, e sim somos capazes de apurá-lo apenas quanto a seu funcionamento e então comprová-lo segundo as regras de seu desenrolar. Esse rendimento adicional da explicação interpretativa em relação à observadora paga o preço de estar submetido ao caráter essencialmente mais hipotético e fragmentário dos resultados obtidos pela interpretação. Mas, não obstante, ela é precisamente o que há de específico para o conhecimento sociológico.

Deixaremos aqui sem qualquer discussão até que ponto também o comportamento de animais nos é "compreensível" e dotado de sentido e, inversamente (ambos num sentido altamente incerto e de proporções problemáticas), até que ponto pode haver, portanto, teoricamente, também uma sociologia das relações do homem com animais (domésticos, de caça). (Muitos animais "compreendem" ordens, cólera, amor, intenção de atacar, e reagem a isso, ao que parece, muitas vezes não exclusivamente de modo maquinal-instintivo, e sim de alguma maneira também conscientemente dotada de sentido e orientados pela experiência.) Nossa capacidade de empatia com o comportamento de "homens da natureza" não é, em si, substancialmente maior. Entretanto, meios mais seguros de constatar os dados subjetivos no animal ou nos faltam por completo, ou só os possuímos em escala muito insuficiente. Os problemas da psicologia animal são, conforme se sabe, tão interessantes quanto espinhosos. Existem conhecidas organizações de animais em sociedade das mais variadas modalidades: "famílias" monogâmicas e poligâmicas, rebanhos, bandos e, finalmente, "Estados" com divisões de funções. (A escala de diferenciações de função dessas organizações de animais em sociedade não tem absolutamente nenhum paralelo com a da diferenciação dos órgãos ou da evolução morfológica do gênero animal em questão. Assim, a diferenciação de funções entre os cupins e, consequentemente, de seus artefatos, é muito mais ampla do que entre as formigas e as abelhas.) Nesse caso, é obvio, a observação meramente funcional — a investigação das funções decisivas dos tipos particulares de indivíduos ("reis", "rainhas", "operários", "soldados", "zangões", "reprodutores", "rainhas substitutas" etc.) para a preservação, isto é, a alimentação, a defesa, a reprodução e a recomposição das sociedades animais em questão — é frequentemente, ao menos para o momento, a definitiva, com cuja constatação a pesquisa tem que se contentar. O que a extrapolou por muito tempo foram meras especulações ou investigações quanto às proporções nas quais a carga hereditária, por um lado, e o ambiente, por outro, poderiam participar do desenvolvimento de tais disposições "sociais". (Cito principalmente as controvérsias entre Weismann — cuja noção de "onipotência da criação pela natureza" trabalhou, em seus fundamentos, fortemente apoiada em deduções absolutamente extraempíricas — e Götte.) Mas quanto ao fato de que em toda limitação ao conhecimento funcional está-se mesmo diante de um forçoso e — segundo se espera — apenas provisório autocontentamento, claro que há consenso total entre os pesquisadores mais sérios. (Cf., por exemplo, acerca do atual estado da pesquisa sobre cupins, o texto de Escherich de 1909.) Não estamos querendo nos limitar à observação da apuração, bastante fácil, da "importância da preservação" das funções de cada um dos tipos diferenciados e a preservar exposto o modo como — sem a suposição da herança de características adquiridas ou, inversamente, no caso de aceitar essa suposição (e, então, qualquer que seja o tipo de interpretação dessa suposição) — aquela diferenciação é explicável, e sim também saber: a) o que decide afinal a eclosão da diferenciação a partir do indivíduo inicial ainda neutro, indiferenciado; b) o que leva o indivíduo diferenciado a comportar-se (na média) de maneira que isso de fato sirva ao interesse da preservação do grupo diferenciado. Para onde quer que tenha avançado o trabalho nesse aspecto, isso aconteceu graças à comprovação (ou suposição) de estímulos químicos ou fatos fisiológicos (atividades alimentares, castração parasitária etc.) nos indivíduos tomados isoladamente, pela via experimental. Até que ponto existe a problemática esperança de experimentalmente tornar plausível também a existência de orientação "psicológica" e "dotada de sentido", é coisa que hoje praticamente nem mesmo o especialista seria capaz de afirmar. Um retrato controlável da psique desses indivíduos animais sociais sobre a base da "compreensão" dotada de sentido parece, mesmo como objetivo ideal, somente alcançável dentro de limites muito estreitos. De todo modo, não se pode esperar, com base nisso, a "compreensão" da ação humana, e sim justamente o contrário: trabalha-se e é preciso trabalhar nesse campo com analogias humanas. O que talvez se possa esperar é que tais analogias em algum momento se tornem úteis para nós no questionamento quanto ao modo como deve ser estimado, nos estágios iniciais da diferenciação social humana, o âmbito da diferenciação meramente maquinal-instintiva na relação com o que é individualmente compreensível como dotado de sentido e, depois, na relação com o que é criado de maneira conscientemente racional. A sociologia compreensiva, obviamente, precisará se dar conta de que também nos homens dos primórdios o primeiro dos componentes é simplesmente preponderante; e precisará também permanecer consciente de que, nos estágios seguintes da evolução, continua permanente a coparticipação (e, mais precisamente, uma coparticipação com importância decisiva) desse componente. Todas as ações tradicionárias[7] (§ 2) e amplas camadas do "carisma" (capítulo 3) — como germe de "contágio" psíquico e, com isso, portador de "estímulos de desenvolvimento" sociológicos — estão muito próximas daquelas sequências de eventos com transições imperceptíveis, sequências explicáveis de modo apenas biologicamente concebível, não interpretáveis, ou apenas fragmentariamente interpretáveis de maneira compreensível, como motivadas. Tudo isso, porém, não dispensa a sociologia compreensiva da tarefa de, consciente dos estreitos limites aos quais está confinada, produzir o que quer que lhe seja possível produzir.

Os diferentes trabalhos de Othmar Spann, muitas vezes ricos em boas ideias, ao lado, é certo, de eventuais equívocos e sobretudo de argumentações baseadas em puros juízos de valor desvinculados da pesquisa empírica, têm portanto inquestionável razão ao assinalar — o que não é contestado a sério por ninguém — a importância do pré-questionamento funcional (ou, como ele o chama, "método universalista") para qualquer sociologia. Precisamos, é certo, primeiro saber qual ação é funcionalmente importante do ponto de vista da "preservação" (mas, mais que isso, sobretudo também da peculiaridade cultural!) e de um certo desenvolvimento direcionado de um tipo de ação social, para então poder formular a questão: "Como se dá essa ação?". Que motivos a determinam? É preciso primeiro saber o que faz um "rei", um "operário", um "empresário", um "cáften", um "mago": qual "ação" típica (que, afinal, o rotula com exclusividade numa dessas categorias) é importante para a análise e merece consideração antes que se lance a tal análise ("relatividade dos valores", no sentido como a entende H. Rickert). Mas só essa análise produz, de sua parte, aquilo que a compreensão sociológica da ação de indivíduos particularizados, diferenciados tipicamente (e somente entre os humanos) pode e, portanto, deve produzir. Deve-se, em todo caso, igualmente afastar o enorme equívoco de imaginar que um método "individualista" significaria uma (qualquer que seja seu sentido possível) valoração individualista, assim como a opinião de que o caráter inevitavelmente racionalista (em termos relativos) da formação de conceitos significaria a crença na proeminência de motivos racionais ou mesmo de uma valoração positiva do "racionalismo". Mesmo uma economia socialista precisaria ser compreendida interpretativamente, do ponto de vista sociológico, exatamente em termos tão "individualistas", isto é, a partir da ação dos indivíduos — dos tipos de "funcionários" — que nela se apresentam, do mesmo modo como, por exemplo, os processos de troca pela teoria da utilidade marginal (ou um método, ainda a ser encontrado, "melhor", mas semelhante sob esse aspecto). Pois o trabalho empírico-sociológico decisivo sempre começa somente quando se formula a questão: "Que motivos determinaram e determinam que cada um dos funcionários e membros dessa 'comunidade' se comporte de tal maneira que a fez surgir e seguir existindo?". Toda formação funcional de conceitos (que parta do "todo") só presta um trabalho preparatório para tanto, um trabalho cujo proveito e cuja indispensabilidade — quando executado da maneira correta — é, naturalmente, indiscutível.

10. As "leis", na forma como alguns teoremas da sociologia compreensiva costumam designá-las — como, por exemplo, a "lei" de Gresham —, são probabilidades típicas reforçadas pela observação do desenrolar de uma ação social que deve ser esperado se estiverem presentes certos conjuntos de fatos, probabilidades que se mostrem compreensíveis a partir dos motivos típicos e do sentido tencionado como típico daquele que age. São compreensíveis e inequívocas ao máximo à medida que o desenrolar observado como típico tenha por base motivos meramente racionais referentes a fins (ou, mais especificamente, que sejam colocadas como base para o tipo construído metodologicamente, por razões de conveniência), e que ao mesmo tempo a relação entre meio e fim esteja clara segundo postulados empíricos (no caso do meio "inevitável"). Nesse caso, é admissível afirmar que, se o sujeito agiu de modo estritamente racional referente a fins, teria sido preciso agir assim, e não de maneira diversa (porque, para os envolvidos a serviço de seus — inequivocamente apontáveis — fins, por razões "técnicas", só estavam à disposição esses, e nenhuns outros fins). Justamente esse caso mostra, ao mesmo tempo, quanto é equivocado encarar uma "psicologia" qualquer como o "fundamento" último da sociologia compreensiva. Por "psicologia" cada um entende hoje algo diferente. Fins metodológicos bem definidos justificam, em favor de um tratamento próprio de ciência natural a certos processos, a separação entre "físico" e "psíquico", separação que, nesse sentido, é es-

tranha às disciplinas da ação. Os resultados de uma ciência psicológica que, segundo a metodologia de ciências naturais e com meios próprios a estas, realmente investigue apenas o "psíquico" e, portanto, não se ocupe — o que é algo bem diferente — em interpretar o comportamento humano quanto a seu sentido tencionado, independentemente do modo como essa ciência esteja configurada metodologicamente, podem, claro, exatamente como os resultados de outra ciência qualquer, tornar-se, em casos específicos, importantes para uma constatação sociológica — e muitas vezes o são em grande medida. Mas a sociologia não tem com ela quaisquer relações gerais de maior proximidade do que tem com todas as outras disciplinas. O equívoco está no conceito de "psíquico": considerar que tudo aquilo que não é "físico" é "psíquico". Mas o sentido de um problema matemático que alguém enuncia não é, afinal, "psíquico". A reflexão racional de um homem desejando saber se uma ação é ou não seguramente necessária, segundo interesses dados, às consequências esperadas, e a decisão tomada em consonância com o resultado não se tornam para nós nem um fio de cabelo mais compreensíveis com ponderações "psicológicas". É precisamente sobre tais pressupostos racionais, entretanto, que a sociologia (incluindo a economia) constrói a maioria de suas "leis". No caso da explicação sociológica de irracionalidades da ação, em contrapartida, a psicologia compreensiva pode sem dúvida prestar importantes e decisivos serviços. Mas isso não muda em nada a situação metodológica de base.

11. A sociologia forma — como já se pressupôs várias vezes como óbvio — conceitos-tipo e busca regras gerais do acontecimento, contrariamente à história, que busca a análise e a imputação causal de ações, configurações, personalidades individuais e culturalmente importantes. A formação de conceitos na sociologia toma seu material, como paradigmas, muito substancialmente, ainda

que de modo algum exclusivamente, das realidades da ação relevantes também dos pontos de vista da história. Ela forma seus conceitos e busca suas regras principalmente tendo em conta o ponto de vista que questiona se ela, com isso, poderá contribuir para a imputação causal histórica dos fenômenos importantes para uma cultura. Como acontece com toda ciência generalizadora, a peculiaridade de suas abstrações necessariamente faz com que seus conceitos pareçam vazios de conteúdo em relação à realidade concreta do dado histórico. O que ela tem a oferecer em compensação é a elevada univocidade de seus conceitos. Essa elevada univocidade é alcançada por um máximo possível de adequação de sentido, tal como ambiciona a formação de conceitos da sociologia. Isso pode — e vem sendo levado em consideração até hoje —, no caso de conceitos e regras racionais (tanto referentes a valores quanto a fins), ser alcançado de modo particularmente completo. Mas a sociologia procura também apreender em conceitos teóricos e, mais especificamente, de sentido adequado, fenômenos irracionais (místicos, proféticos, pneumáticos, emocionais). Em todos os casos, tanto nos racionais quanto nos irracionais, ela se distancia da realidade e serve para o conhecimento deles à medida que, com a indicação do grau de aproximação de um fenômeno histórico a um ou mais desses conceitos, esse conhecimento possa ser classificado. O mesmo fenômeno histórico pode, por exemplo, com parte de seus componentes, estar conformado como "feudal", com outra parte como "patrimonial"; já com outra, "burocrático"; e com outra parte ainda, "carismático". Para que com tais palavras se enuncie algo unívoco, a sociologia, de sua parte, precisa criar tipos (ideais) "puros" de configurações daquelas modalidades que apresentam em si, cada uma, a unidade coerente do máximo possível de adequação de sentido; mas justamente por isso, na realidade, talvez tão pouco se apresentem nessa forma pura absolutamente ideal quanto uma reação física calculada sob o pré-requisito de um espaço absolutamente vazio. Somente a partir do tipo (ideal) puro é possível a casuística sociológica. É óbvio que a sociologia, além disso, conforme a oportunidade, também utiliza o tipo médio da classe dos tipos empírico-estatísticos: configuração que não carece particularmente de esclarecimento metodológico. Mas quando fala de casos "típicos", ela quer dizer, em caso de dúvida, sempre o tipo ideal, que pode ser racional ou irracional, na maioria das vezes sendo racional (na teoria econômica, por exemplo, sempre o é), mas invariavelmente construído com adequação de sentido.

É preciso ter claro em mente que, no domínio da sociologia, "médias" — e, portanto, "tipos médios" — só se permitem construir de modo razoavelmente inequívoco nos casos em que se trata somente de diferenças de grau de um comportamento definido como qualitativamente homogêneo dotado de sentido. Isso acontece. Na maioria dos casos, porém, a ação histórica e sociologicamente relevante está influenciada por motivos qualitativamente heterogêneos, dentre os quais não é possível extrair, de modo algum, uma "média" no sentido próprio da palavra. Aqueles construtos ideal-típicos da ação social a que, por exemplo, a teoria econômica recorre, são portanto, nesse sentido, "estranhos à realidade", quando — nesse caso — sem exceção questionam como se deveria agir no caso de uma racionalidade ideal referente a fins e ao mesmo tempo puramente orientada pela economia, com o intento de assim: a) poder entender a ação real no mínimo codeterminada por entraves da tradição, de estados emocionais, de equívocos, da entrada em jogo de fins ou considerações não econômicos, na forma como essa ação de fato economicamente racional referente a fins, no caso concreto, esteve ou — considerando-se a "média" — costuma estar codeterminada por tais entraves; mas também: b) justamente pela distância em relação ao real percurso da ação ideal-típica, facilitar o reconhecimento de seus motivos reais. De maneira bem análoga teria de proceder um construto ideal-típico de uma atitude coerente, misticamente condicionada, acosmística em relação à vida (por exemplo, em relação à política e à economia). Quanto mais nítida e inequivocamente estejam construídos os "tipos ideais" — e quanto mais estranhos ao mundo eles sejam nesse sentido, portanto —, melhor eles prestarão seu serviço, tanto dos pontos de vista terminológico e classificatório quanto do heurístico. A concreta imputação causal de acontecimentos individualizados pelo trabalho historiográfico não procede efetivamente de modo diferente, quando a fim de, por exemplo, explicar a sucessão dos fatos da campanha militar de 1866, começa (como ela, afinal, *tem de* proceder) por investigar (imaginativamente) tanto Moltke quanto Benedek. Investiga o modo como cada um deles, tendo pleno conhecimento da própria posição e da do adversário, teria feito seus planejamentos no caso de uma racionalidade ideal referente a fins, para comparar com o modo como de fato executaram seus planos, e então explicar em termos causais justamente a diferença observada entre ambos os modos de proceder (ainda que tenha sido ela eventualmente condicionada por informação falsa, por efetivo engano, raciocínio equivocado, temperamento pessoal ou considerações de ordem não estratégica). Também nesse caso está empregado (em forma latente) um construto ideal-típico racional referente a fins.

Os construtos conceituais da sociologia são ideal-típicos, no entanto, não apenas no plano exterior, mas também no que se dá interiormente. A ação real transcorre na maior parte dos casos numa abafada semiconsciência ou inconsciência de seu "sentido tencionado". Aquele que age "sente-o" antes indefinido do que conhecido ou "claro em mente"; age, na maioria dos casos, movido por impulsos ou hábitos. Só eventualmente — e, num universo numeroso de ações do mesmo tipo, apenas por indivíduos esparsos — é que um sentido da ação (seja este racional, seja irracional) é alçado ao nível da consciência. Em termos verdadeiramente efetivos, isto é, de forma consciente e clara, uma ação dotada de razão é, na realidade, apenas um caso-limite. Tal fato sempre terá de ser levado em consideração por toda reflexão histórica e sociológica, ao analisar a realidade. Mas isso não deve impedir que a sociologia forme seus conceitos por meio da classificação do possível "sentido tencionado", ou seja, como se a ação transcorresse de fato conscientemente orientada por um sentido. A todo momento ela precisa levar em consideração o distanciamento em relação à realidade — quando se trata de observar tal realidade em sua concretude — e verificá-lo quanto a dimensões e tipo.

É fato que muito frequentemente só se pode optar entre termos imprecisos ou precisos, porém irreais e "ideal-típicos". Nesse caso, entretanto, cientificamente devem ser privilegiados os últimos.[8]

Ciência como vocação[*]

Venho, atendendo ao pedido dos senhores, falar sobre a "ciência como vocação". Bem, nós, economistas, temos um certo hábito preciosista no qual eu gostaria de persistir: o de sempre partir de condições externas — em nosso caso, portanto, parto da questão: como se apresenta a ciência como vocação, no sentido material da palavra? Isso equivale, porém, a indagar hoje, na prática, fundamentalmente, "qual a situação de um estudante recém-formado decidido a se dedicar profissionalmente à ciência no âmbito da vida acadêmica?". Para entender em que consiste a particularidade da situação alemã, é conveniente proceder de maneira comparativa e ter bem claro em mente a situação que se apresenta no exterior, onde, nesse aspecto, está a mais aguda divergência em relação a nós: nos Estados Unidos.

Na Alemanha — isso qualquer um sabe —, a carreira de um jovem que se dedica à ciência como vocação profissional tem início com o posto de *Privatdozent*. Ele se habilita após entendimentos e a concordância do repre-

---

[*] *Die Wirtschaftsethik der Weltreligionen. Konfuzianismus und Taoismus* [1915-20], Max Weber-Gesamtausgabe, v. 19. Org. de Helwig Schmidt-Glintzer e Petra Kolonko. Tübingen: Mohr (Paul Siebeck), 1989. Trad. de Marcelo Rondinelli. (N. E.)

sentante em questão da disciplina, em razão de um livro e de um exame na maioria das vezes representando mais uma formalidade diante da faculdade, numa universidade, e profere, sem proventos, remunerado apenas pela taxa universitária, aulas expositivas cujo objeto ele mesmo determina dentro de sua *venia legendi*. Nos Estados Unidos a carreira começa, em geral, de maneira completamente distinta: o jovem é contratado como *assistant*. De modo semelhante, por exemplo, ao que costuma acontecer nos grandes institutos alemães de ciências naturais e nas faculdades de medicina, onde a habilitação formal é buscada somente por uma pequena fração dos *Assistenten* e frequentemente apenas bem mais tarde em sua vida acadêmica. A divergência significa, na prática, que em nosso país a carreira de um homem da ciência, de modo geral, está estruturada sobre pressupostos plutocráticos. Pois é extraordinariamente arriscado para um jovem estudioso desprovido de patrimônio expor-se às condições da carreira acadêmica. Ele precisa ao menos ser capaz de suportar certo número de anos sem saber se depois vai ter a chance de conseguir uma colocação que seja suficiente para seu sustento. Nos Estados Unidos, diferentemente, vigora o sistema burocrático. Lá, o jovem estudioso desde o início recebe salário. Modesto, é bem verdade — tal salário mal corresponde, na maioria dos casos, ao montante da remuneração paga a um operário com qualificação parcial. De todo modo, começa-se com uma colocação aparentemente segura, pois o salário é fixo. No entanto, a regra é que, como acontece com nossos *Assistenten*, o jovem norte-americano pode ser demitido, e muitas vezes de modo inescrupuloso; tem de estar preparado para isso, no caso de não corresponder às expectativas. Essas expectativas, porém, vão no sentido de que ele garanta "salas cheias". Isso é algo que não pode acontecer com um *Privatdozent* alemão. Tendo-o uma vez admitido, a universidade não pode mais dispensá-lo. É certo que ele não tem "direitos" a reivindicar. Mas tem uma ideia palpável de que, após anos de atuação, terá um direito moral a alguma consideração pelos outros. Até — o que também é muitas vezes importante — numa eventual habilitação de outros *Privatdozenten*. Se, em princípio, se deve habilitar qualquer estudioso legitimado como talentoso, ou se se deve levar em consideração a "carência de docentes", ou seja, dar a docentes disponíveis um monopólio de docência, é uma questão que representa um dilema constrangedor, ligado à dupla face da vocação acadêmica, que mencionaremos em breve. Na maioria das vezes a escolha recai sobre a segunda opção. Isso significa, porém, uma elevação do risco de que o professor titular da disciplina em questão [*Fachordinarius*], por maior que seja, subjetivamente, o nível de consciência deste, venha a privilegiar seus próprios discípulos. Eu, pessoalmente — revelo-o aqui —, seguia o princípio de que um estudante que se doutorou sob minha orientação precisa se legitimar e se habilitar junto a *outro* professor que não eu, e em outra instituição. Mas o resultado foi que um de meus mais talentosos alunos foi recusado em outra universidade porque ninguém *acreditou* no motivo que o levara a buscar fora a sua habilitação.

Outra diferença em relação aos Estados Unidos é que em nosso país o *Privatdozent* está *menos* ligado às aulas expositivas do que gostaria. Ele até pode, por direito, proferir qualquer aula expositiva de sua especialidade. Mas isso é considerado uma inadmissível falta de consideração para com os docentes mais velhos ali disponíveis, e em geral quem profere as "grandes" aulas expositivas é o representante de maior renome da disciplina, e o docente se dá por satisfeito com aulas de disciplinas complementares. A vantagem é que ele fica, ainda que um tanto a contragosto, com seus primeiros anos de vida acadêmica livres para o trabalho científico.

Nos Estados Unidos, isso em princípio é organizado de maneira distinta. Justamente nos seus anos de juventude, o docente está muito sobrecarregado, porque afinal é *pago*. Num departamento de germanística, por exemplo, o professor titular fará três horas semanais de preleções sobre Goethe, e só — já será o bastante. Enquanto isso, o mais novo *assistant* fica contente se, com doze horas semanais, além de repisar regras da língua alemã, é incumbido de tratar de autores do nível de um Uhland para cima. Pois o conteúdo programático é prescrito pelas instâncias oficiais da disciplina, e a ele fica tão preso o *assistant* americano quanto na Alemanha o *Institutsassistent*.

Assim, podemos observar com clareza, no caso alemão, que o mais recente desenvolvimento do meio universitário em amplos campos da ciência corre na direção do americano. Os grandes institutos de medicina ou de ciências naturais são empresas do "capitalismo estatal". Não podem ser administrados sem meios de produção em enorme escala. E então se manifesta a mesma situação que se observa em toda parte onde a atividade capitalista se instaura: a "separação do trabalhador em relação aos meios de produção". O trabalhador, o *Assistent*, portanto, depende dos materiais de trabalho disponibilizados pelo Estado; consequentemente, fica tão dependente do diretor do instituto quanto um funcionário numa fábrica, pois o diretor do instituto imagina, em absoluta boa-fé, que aquele é "seu" instituto, e assim o comanda. E muitas vezes se vê numa situação de precariedade semelhante à de qualquer sujeito "proletarizado" e à do *assistant* da universidade americana.

Nossa vida universitária alemã vem se americanizando, assim como nossa vida de modo geral, em pontos muito importantes; e esse processo, estou convencido, irá mais longe, atingindo também as disciplinas em que o artífice possui ele mesmo os materiais de trabalho (fundamentalmente, a biblioteca), de modo bem correspondente ao do velho artífice, no passado, no âmbito de sua profissão. É esse, em grande medida, o caso de minha disciplina. O processo de transformação está em ritmo acelerado.

As vantagens técnicas são absolutamente indubitáveis, como em todas as atividades capitalistas e ao mesmo tempo burocratizadas. Mas o "espírito" que nelas predomina é outro, diferente da atmosfera histórica das universidades alemãs. Existe um abismo extraordinariamente acentuado, tanto no plano exterior quanto no interior, entre o chefe de uma grande empresa universitária capitalista e o *professor ordinarius* comum, da moda antiga. Mesmo na postura interior. Não gostaria de seguir explanando isso aqui. Tanto no plano interior quanto no exterior, a antiga *organização* da universidade tornou-se uma ficção. O que permaneceu — e de maneira consideravelmente aguda — é um elemento peculiar da *carreira* universitária: é o acaso [*hasard*], pura e simplesmente, que determina se este ou aquele *Privatdozent*, e mais ainda um *Assistent*, algum dia logrará ocupar o posto de titular pleno e até mesmo o de diretor-geral de um instituto. O fato é: o acaso não apenas impera, mas o faz em grau extraordinariamente alto. Não conheço praticamente nenhuma carreira na Terra em que ele tenha um papel assim. Posso dizer isso, ainda mais, por, pessoalmente, ter de agradecer a algumas absolutas obras do acaso, por outrora, ainda muito jovem, ter sido convidado a assumir uma cátedra regular de uma disciplina em que naquele tempo pessoas na minha idade sem dúvida haviam produzido mais do que eu. E, no entanto, imagino para comigo, devido a essa experiência, ter um olhar aguçado para o destino imerecido de muitos com os quais o acaso jogou e ainda joga de modo precisamente inverso e que, apesar da competência, não atingiram no âmbito desse aparato de seleção o posto que lhes seria devido.

Mas o fato de o *hasard*, e não a competência, ter um papel tão importante não se explica de maneira isolada, nem mesmo prioritária, por falhas humanas, que naturalmente também aparecem nessa seleção, assim como em qualquer outra. Seria injusto responsabilizar fraquezas pessoais de faculdades ou ministérios pela circunstância de que tantas mediocridades tenham papel de destaque nas universidades. Isso se explica antes pelas leis da interação humana, sobretudo uma interação de várias corporações — no caso, das faculdades proponentes com os ministérios. Um paralelo: podemos acompanhar nas eleições de papas ao longo de séculos o mais importante exemplo verificável de semelhante seleção de pessoal. Apenas raramente o cardeal que dizem ser o "favorito" tem a chance de chegar lá. Em geral, quem fica é o candidato número dois ou três. O mesmo acontece com o presidente dos Estados Unidos: só em casos excepcionais é o primeiro homem — e, de todo modo, o mais proeminente —, e sim, na maioria das vezes, o número 2, com frequência o número 3, que entra para a "indicação" das convenções de partido e, depois, na disputa eleitoral. Os americanos já têm criado para essas categorias expressões técnicas de sociologia, e seria bem interessante investigar nesses exemplos as leis de uma seleção por formação de uma vontade coletiva. Não vamos fazer isso aqui hoje. Elas, no entanto, valem também para colegiados universitários. Não deve causar espanto que ali se produzam frequentes equívocos e sim que realmente, visto em termos comparativos, o número de designações *acertadas* é apesar de tudo significativo. Somente em alguns países, onde se verifica a interferência dos Parlamentos ou, como na Alemanha até hoje, dos monarcas (ambas as interferências têm igual efeito), ou como os agora revolucionários detentores do poder intervêm por razões *políticas*, é que se pode estar certo de que apenas medíocres acomodados ou arrivistas terão para si as chances com exclusividade.

Nenhum professor universitário gosta de relembrar debates em torno de designações, pois estes raramente são agradáveis. E, no entanto, posso afirmar que nos numerosos casos de que tenho conhecimento sempre, sem exceções, esteve presente a boa *vontade* de deixar que razões meramente objetivas decidissem.

É preciso seguir esclarecendo tal situação: não é apenas pela inadequação da seleção por formação de uma vontade coletiva que a decisão dos destinos acadêmicos é tão amplamente fruto do *hasard*. Qualquer jovem que tenha vocação para a pesquisa científica precisa antes se conscientizar de que a tarefa que o espera tem duas faces. Ele deve ser qualificado não apenas como estudioso, mas também... como professor. E as duas atividades não coincidem, em absoluto. Alguém pode ser um excelente estudioso e simplesmente um terrível professor. Eu me lembro da atividade docente de homens como Helmholtz ou como Ranke. E esses não são propriamente raras exceções. Mas as coisas se apresentam de tal maneira que as universidades alemãs, principalmente as pequenas, encontram-se numa concorrência da mais ridícula espécie: pelo número de alunos. Os roceiros proprietários de moradias das cidades universitárias comemoram o milésimo estudante com uma solenidade; já o estudante de número 2 mil preferiria celebrar com um desfile de tochas. Os interesses relacionados às taxas cobradas dos estudantes que vão ouvir as aulas expositivas — é necessário, afinal, admiti-lo abertamente — são afetados por uma designação "atrativa" como professor das disciplinas mais próximas e, afora isso, o número de alunos presentes é um sinal de sucesso palpável em cifras, enquanto a qualidade dos estudiosos é imponderável. E, justamente no caso de inovadores ousados, muitas vezes (e de modo absolutamente natural) digna de controvérsia. Na maioria dos casos, tudo fica condicionado, portanto, ao efeito sugestivo da incomensurável bênção e do valor de ter um grande número de alunos presentes. Quando se diz que um docente é mau professor, isso é, para ele, quase sempre a sentença de morte acadêmica, ainda que seja o mais proeminente dos estudiosos do mundo. A questão, porém, de alguém ser um bom ou mau professor é respondida pela assiduidade a seu curso, com a qual os senhores estudantes lhe prestam honra. No entanto, é fato que a circunstância de os estudantes procurarem em massa um professor é determinada, em grande medida (maior do que se acreditaria possível), por meros fatores externos, como temperamento e até mesmo a cadência da voz. Eu, de todo modo, após número suficiente de experiências e sóbria reflexão, tenho profunda desconfiança em relação a turmas lotadas, por mais inevitáveis que sejam. Que a democracia seja praticada no lugar que lhe cabe. Formação científica, entretanto, da maneira como nós a devemos conduzir nas universidades alemãs segundo a tradição destas, é um assunto de *aristocracia intelectual*, não nos enganemos omitindo tal fato. Por outro lado, porém, também é verdade que expor problemas científicos de modo a que uma mente despreparada, mas receptiva, os entenda, e que essa mente — o que para nós é o único fator decisivo — chegue a pensar com autonomia sobre eles, talvez seja a mais difícil de todas as tarefas, pedagogicamente falando. Isso é certo; mas se ela será resolvida não é o número de alunos presentes que decidirá. E, para retomar nosso tema, justamente tal capacidade é um dom pessoal e não coincide, de modo algum, com as qualidades científicas de um estudioso. Diferentemente da França, no entanto, não temos na Alemanha nenhuma corporação de "imortais" da ciência; são as universidades que devem, segundo nossa tradição, responder de modo condizente às duas exigências: a da pesquisa e a da docência. Se as capacidades para tanto, porém, se reúnem em uma pessoa, é absoluta obra do acaso.

A vida acadêmica é, portanto, um *hasard* sem tamanho. Quando jovens estudiosos vêm pedir conselhos relacionados à sua habilitação, é quase impossível arcar com a responsabilidade do encorajamento. Quando se trata de um judeu, naturalmente, diz-se a ele: "*Lasciate ogni speranza*".[1] Mas com qualquer outro também é preciso apelar à consciência: "Você acredita que vai suportar, ano após ano, ser superado por medíocre após medíocre sem se amargurar e se devastar interiormente?". Então a resposta que se recebe, obviamente, é sempre: "Claro, vivo apenas para a minha 'vocação'". Contudo, eu, pelo menos, vi muito poucos suportarem isso sem danos interiores.

Tudo isso pareceu necessário dizer sobre as condições exteriores à vocação do estudioso.

Acredito, porém, que os senhores na realidade estejam querendo ouvir algo diferente, sobre a vocação *interior* para a ciência. Nos dias de hoje, a disposição interior quanto à atividade da ciência como vocação está condicionada, em primeiro lugar, pelo fato de que a ciência entrou num estágio de especialização nunca antes conhecido e que por todo o futuro isso permanecerá assim. Não apenas em seu aspecto exterior, não; justamente em seu interior a situação é esta: o indivíduo só é capaz de adquirir a consciência segura de estar produzindo algo de fato bem completo no campo da ciência no caso da mais estrita especialização. Todos os trabalhos que extrapolam para áreas próximas, do modo como eles eventualmente fazem — e como os sociólogos, por exemplo, a todo momento necessariamente têm de fazer —, ficam sobrecarregados com a consciência da resignação de que, na melhor das hipóteses, estão fornecendo ao especialista *questionamentos* úteis a que eles não chegariam com tanta facilidade partindo dos pontos de vista de sua matéria, mas que o próprio trabalho inevitavelmente terá de ficar incompleto ao extremo. Somente por meio de uma estrita especialização é que o trabalhador da ciência pode de fato dizer para si mesmo, e imbuído de plena consciência, por uma vez e talvez nunca mais na vida: "Aqui produzi algo que vai *perdurar*". Uma realização verdadeiramente definitiva e talentosa é hoje uma realização de especialista. E quem, portanto, não possuir a capacidade de vestir antolhos, por assim dizer, e abraçar a ideia de que o destino de sua alma depende disso — de ele fazer com acerto esta, precisamente esta conjectura, nesta passagem de seu manuscrito —, que se mantenha longe da ciência. Nunca terá o que se pode chamar de "experiência" da ciência. Sem essa estranha inebriação, ridicularizada por aqueles que estão fora do meio científico, sem essa paixão, sem essa ideia de que "milênios precisaram passar antes que você começasse sua vida, e outros milênios aguardam em silêncio" para saber se você virá a acertar nessa conjectura. Se o sujeito *não* tem vocação para a ciência, que faça algo diferente. Porque para o homem como homem nada tem valor fora daquilo que ele não *seja capaz* de fazer com *paixão*.

Mas também é fato que mesmo com um tanto de paixão, por mais genuína e profunda que seja, o resultado ainda fica longe de se deixar conquistar. Claro que ela é uma condição prévia daquilo que é decisivo: a "inspiração". Sim, decerto está amplamente disseminada entre os círculos de jovens a ideia de que a ciência se tornou um exercício de cálculo, que se fabrica em laboratórios ou em arquivos de estatística, exclusivamente com a frieza do intelecto e não com a "alma" toda, como se "dentro de sua fábrica". Deve-se notar aí, principalmente, que, no caso, não há nenhuma noção clara quanto ao que se passa numa fábrica ou num laboratório. Tanto em um como no outro, deve *ocorrer* à pessoa *uma ideia*, alguma coisa — e mais precisamente alguma coisa certa —, para que ela produza algo de valor. Essa ideia, porém, não se deixa extrair à força. Não tem nada a ver com algum cálculo frio.

E o que está claro: também essa é uma precondição incontornável. Nenhum sociólogo, por exemplo, deve, com efeito, se achar desperdiçado se em seus dias de velhice talvez tenha de passar meses fazendo, de cabeça, muitas dezenas de milhares de problemas de cálculo absolutamente triviais. O indivíduo tenta de todo modo, não impunemente, transferir isso a auxiliares mecânicos, quando quer solucionar algo... e o que finalmente produz é, com frequência, um resultado minguado. Mas se não lhe "ocorre a ideia" de algo definido sobre o sentido de seu cálculo, durante o cálculo, sobre a amplitude de cada um dos resultados que surgirão, então nem mesmo esse algo minguado se produz. Somente sobre o solo de trabalho bem árduo é que normalmente a ideia se prepara. E, com certeza, nem sempre. A ideia de um diletante pode ter, em termos científicos, exatamente ou ainda maior amplitude que a do especialista. Muitas de nossas melhores apresentações de problemas e descobertas devem-se justamente a diletantes. O diletante se distingue do especialista — como Helmholtz afirmou sobre Robert Mayer — apenas por lhe faltar a firme segurança do método de trabalho, e por ele, assim, na maioria das vezes não ter condições de verificar e avaliar ou executar a ideia em sua amplitude. A ideia não substitui o trabalho. E o trabalho, de sua parte, não pode substituir ou forçar a ideia; tampouco a paixão é capaz de fazer isso. Ambos — acima de tudo ambos *juntos*, a paixão e o trabalho — a atraem. Mas a ideia chega quando quer, não quando nós queremos. De fato, é verdade que as melhores ideias ocorrem a alguém do modo como Ihering descreve: enquanto o indivíduo fuma o seu charuto no canapé. Ou como Helmholtz, com uma exatidão própria das ciências naturais, declara sobre si: ao passear por uma rua em leve aclive. Ou em situação semelhante. Em todo caso, porém, ocorre quando não a esperamos, e não durante as lucubrações e buscas na escrivaninha. Mas certamente elas não nos ocorrem se não tivermos passado por aquela lucubração na escrivaninha, nem vencido a fase de nossos questionamentos apaixonados. Como quer que seja, o trabalhador das ciências também precisará aceitar esse *hasard* que acompanha qualquer trabalho científico, a dúvida: a "inspiração" virá ou não? O indivíduo pode ser um trabalhador excepcional e, no entanto, nunca ter tido uma ideia valiosa. Apenas é um grave equívoco acreditar que isso ocorra somente na ciência e, por exemplo, num escritório comercial as coisas se sucedam de modo diferente do que num laboratório. Um comerciante ou um grande industrial sem "fantasia comercial", isto é, sem ideias, ideias geniais, será ao longo de toda a sua vida um homem que, na melhor das hipóteses, permanecerá auxiliar de escritório ou funcionário público com conhecimentos técnicos; nunca produzirá inovações organizacionais. A inspiração não desempenha no campo da ciência, em absoluto — como imagina a arrogância erudita —, papel mais importante do que no campo do enfrentamento dos problemas da vida prática por um empresário moderno. Tampouco tem papel menos importante do que no campo das artes. É algo pueril imaginar que um matemático numa escrivaninha com uma régua ou com outros instrumentos mecânicos ou máquinas calculadoras chegue a algum resultado cientificamente valioso: é claro que a fantasia matemática de um Weierstraß, por seu sentido e resultado, tem orientação bem diferente da de um artista e é absolutamente diferente dela em termos qualitativos. Mas não segundo o processo psicológico. Ambas são êxtase (no sentido do conceito de *mania*, em Platão) e "inspiração".

Entretanto, o fato de alguém ter ou não inspirações científicas depende de determinações do destino ocultas a nós; mas depende, além disso, de "dom". Particularmente em virtude de tal verdade inquestionável, uma postura popular absolutamente compreensível, sobretudo na juventude, colocou-se a serviço de alguns ídolos cujo culto nós hoje encontramos disseminado em todas as esquinas de avenidas e em todas as revistas. Tais ídolos são a "personalidade" e a "experiência vivida". Ambas estão intimamente ligadas, predominando a concepção de que a última formaria a primeira e faria parte dela. As pessoas se torturam para "viver experiências" — pois isso faz parte, afinal, do status social da conduta de vida de uma personalidade — e quando isso não é possível, então têm de pelo menos fazer como se tivessem tal dom da graça divina. Antigamente se designava "experiência vivida" com o termo alemão *Sensation*.[2] E, daquilo que seria e significaria "personalidade", tinha-se uma — acredito eu — concepção mais acertada.

Caríssimos presentes! "Personalidade", no campo científico, só tem aquele que serve *pura e simplesmente à causa*. E não somente no campo científico é assim. Não conhecemos nenhum grande artista que jamais tenha feito coisa diferente do que servir à sua causa e somente a ela. À medida que sua arte entra em questão, mesmo numa personalidade do nível de Goethe, foi preciso sofrer as consequências de ter tomado a liberdade de querer transformar sua "vida" em obra de arte. Mesmo que se duvide dessa ideia — de todo modo, é preciso ser um Goethe para poder se permitir isso, e qualquer um haverá de pelo menos admiti-lo: que alguém como ele, que aparece uma vez a cada milênio, não ficou sem pagar o preço por isso. Na política não é diferente. Mas sobre isso não vamos falar hoje. No campo da ciência, porém, não tem nada de "personalidade" aquele que, como empresário artístico da causa a que deveria se dedicar, sobe no palco querendo se legitimar por meio da "experiência vivida" e se questiona: "Como vou provar que sou diferente de um mero 'especialista'?", "Como farei para, na forma ou na matéria, dizer algo que ainda ninguém tenha dito do modo como eu o digo?" — um fenômeno hoje maciçamente observado, que sempre tem efeitos pífios e diminui aquele que faz tais perguntas, em vez de alçá-lo às alturas e à dignidade da causa à qual ele afirma servir, pelo seu devotamento interior à tarefa e só a ela. Também para o artista isso não é diferente.

A essas condições prévias de nosso trabalho, comuns à arte, opõe-se um destino que o diferencia profundamente do trabalho artístico. O trabalho científico está atrelado ao curso do *progresso*. No campo da arte, por sua vez, não há — no mesmo sentido — progresso. Não é verdade que uma obra de arte de uma época que tenha elaborado novos recursos técnicos ou, por exemplo, as leis da perspectiva, se encontre por isso, do ponto de vista puramente artístico, em patamar mais elevado do que uma obra de arte despida do conhecimento de quaisquer recursos e leis, *se* somente soube respeitar as exigências de seu material e forma, isto é, se ela elegeu e deu forma a seu objeto enquanto tais exigências podiam ter sido respeitadas pela arte sem a aplicação daquelas condições e recursos. Uma obra de arte que seja realmente "realização de um intento" nunca é ultrapassada, nunca envelhecerá; mas ninguém poderá jamais dizer, acerca de uma obra, que efetivamente seja "realização", no sentido artístico, que ela tenha sido ultrapassada por outra que seja igualmente realização. Qualquer um de nós no meio científico, por outro lado, sabe que aquilo que elaborou estará obsoleto dentro de dez, vinte, cinquenta anos. Esse é o destino. Sim, este é o *sentido* do trabalho da ciência, sentido ao qual ela está submetida e entregue em termos bem específicos, em contraposição a todos os outros elementos de cultura para os quais vale o mesmo: toda realização científica significa novas "questões" e *quer* ser "superada" e se tornar obsoleta. Isso é algo a que qualquer um que queira servir à ciência tem de se acostumar. Trabalhos científicos podem decerto permanecer importantes por longa data, como "substâncias estimulantes" de sua qualidade artística, ou como recursos a serem usados na formação para o trabalho científico. Ser superado cientificamente é, porém — repita-se aqui —, não só o destino, mas a finalidade de todos nós. Não podemos trabalhar sem esperar que outros cheguem mais longe do que nós. Em princípio, esse progresso segue ad infinitum. E, com isso, chegamos ao *problema do sentido* da ciência. Pois não é tão óbvio que algo submetido a tal lei tenha em si sentido e razão. Por que motivo alguém faz algo que na realidade nunca chegará nem poderá chegar ao fim? A começar, com finalidades inteiramente práticas — no sentido mais amplo da palavra, com fins técnicos, para podermos orientar nossa ação prática pelas expectativas que a experiência científica nos disponibilize. Mas isso só significa algo para aquele que se dedica ao trabalho prático. Qual, porém, é a postura interior do próprio homem da ciência em relação à sua vocação — se é que de fato busca essa postura? Ele afirma fazer ciência "por ela mesma" e não somente porque com ela outras pessoas vão produzir bons resultados comerciais ou tecnológicos, ou que serão capazes de alimentar, vestir, iluminar e governar melhor. Mas o que de sensato ele crê, afinal, conseguir com isso, com tais criações destinadas a envelhecer — com isso, portanto, que o faz atrelar-se a tal empreendimento dividido em disciplinas e que segue seu curso ad infinitum? A resposta a essa questão exige algumas considerações gerais.

O progresso científico é uma fração, especificamente a mais importante, daquele processo de intelectualização ao qual estamos submetidos há milênios e em relação ao qual hoje se toma uma posição tão extraordinariamente negativa.

Deixemos claro para nós, em primeiro lugar, o que, afinal, significa na prática essa racionalização intelectualista por meio da ciência e da tecnologia orientada pela ciência. Significará que qualquer um de nós, sentados aqui nesta sala, tem maior conhecimento das condições de vida sob as quais existe do que um indiano ou um hotentote? Pouco provável. Aquele de nós que anda de bonde não tem — se não for um físico de formação — a menor ideia de como o veículo faz para se pôr em movimento. Também não precisa saber nada disso. Basta poder "contar" com o comportamento do bonde. Esse indivíduo orienta seu comportamento por aquele; mas não sabe nada sobre o modo como alguém fabrica um bonde de tal maneira que possa se locomover. O indivíduo de um povo primitivo sabe muito mais do funcionamento de suas ferramentas. Se hoje gastamos dinheiro, aposto que, mesmo havendo colegas economistas neste auditório, praticamente cada um terá uma resposta diferente à pergunta: "O que faz o dinheiro, que nos permite ora comprar mais, ora menos?". Já o primitivo sabe como faz para conseguir seu alimento diário e quais instituições lhe servem nesse intento. As crescentes intelectualização e racionalização *não* significam, portanto, um crescente conhecimento geral das condições de vida sob a qual se está. Significam, isso sim, algo diferente: saber ou acreditar que *poderíamos, bastando para tanto querer,* nos inteirar a qualquer momento de que não há, em princípio, poderes misteriosos imponderáveis interferindo na vida; que, em vez disso, é possível — em princípio — *dominar* todas as coisas por meio do *cálculo.* Isso, no entanto, significa o desencantamento do mundo. Não é mais preciso, como faz o selvagem (para o qual existem tais poderes), lançar mão de recursos mágicos para dominar ou apelar aos espíritos. São recursos tecnológicos e cálculo que realizam isso. Esse é, acima de tudo, o significado da intelectualização como tal.

Mas terá então esse processo de desencantamento que se desenvolveu na cultura ocidental através de milênios — e sobretudo esse "progresso" ao qual a ciência se associa como membro e motivação — algum sentido que extrapole aquele puramente prático e tecnológico? Os senhores encontram essa questão lançada de modo mais fulcral nas obras de Liev Tolstói. Foi por um caminho peculiar que Tolstói chegou a ela. O problema todo de sua lucubração girou cada vez mais em torno da questão sobre se a *morte* seria ou não um fenômeno dotado de sentido. E sua resposta é: para o ser cultural [*Kulturmensch*], não. Mais precisamente porque a vida civilizada, voltada para o "progresso" e para o infinito, segundo seu próprio sentido imanente, não poderia ter um fim. Afinal, sempre existe um progresso posterior para aquele que nela se encontra; ninguém que morra se acha sobre o cume do infinito. Abraão ou um camponês qualquer dos tempos antigos morreu "velho e saciado de vida" porque se encontrava no ciclo orgânico da existência, porque sua vida — até por seu sentido próprio — lhe havia trazido ao cabo dos dias tudo o que podia oferecer, porque não lhe restavam enigmas que desejasse solucionar e ele podia, portanto, se dar por satisfeito. Um ser cultural, porém, inserido no permanente enriquecimento da civilização com ideias, conhecimento, problemas, pode ficar "cansado da vida" — mas não saturado dela. Pois daquilo que a vida do espírito sempre torna a gerar ele agarra apenas a parte mais ínfima, e sempre somente algo temporário, nada de definitivo, e por isso a morte é para ele um acontecimento sem sentido. E porque a morte é sem sentido, também o é a vida cultural como tal, que, justamente por sua "progressividade" sem sentido, tacha a morte de evento desprovido de sentido. Por toda parte, nos romances tardios de Tolstói, encontra-se esse pensamento como tônica de sua arte.

Como se posicionar em relação a isso? Terá o "progresso" um sentido identificável que vá além do aspecto tecnológico, de modo que servir a ele se torne uma vocação dotada de sentido? Essa é uma questão que precisa ser lançada. Mas não se trata mais apenas da questão da vocação *para* a ciência — o problema colocado pela pergunta "o que significa a ciência como vocação para aquele que a ela se entrega?" —, e sim de outra indagação: qual é a *vocação da ciência* dentro do conjunto da vida da humanidade? E qual o seu valor?

É enorme, nesse caso, o contraste entre o passado e o presente. Se os senhores se lembrarem da magnífica imagem metafórica apresentada no início do sétimo livro da *Politeia* [*A república*] de Platão, com aqueles homens acorrentados na caverna, o rosto voltado para a parede rochosa à sua frente, atrás deles a fonte de luz que não conseguem ver; assim, têm de se ocupar somente com as imagens em sombra projetadas sobre a parede, e procuram investigar o nexo entre tais imagens. Até que um deles consegue arrebentar suas algemas e enxerga... o Sol. Ofuscado, sai tateando em redor e balbucia, tentando explicar o que vê. Os outros dizem que ele está louco. Mas pouco a pouco esse homem aprende a olhar para a luz, e então sua tarefa passa a ser descer até aqueles que se encontram na caverna e elevá-los para a luz. Ele é o filósofo; mas o Sol é a verdade da ciência, que se esforça para apanhar não simulacros e sombras, e sim o verdadeiro Ser.

Ora, quem se posiciona assim hoje em relação à ciência? Hoje, a percepção da juventude é, antes, o inverso: os construtos de pensamento da ciência são um reino trasmundano [*hinterweltlich*[3]] de abstrações artísticas, que com suas mãos ressequidas se esforçam para alcançar o sangue e a seiva da vida real sem, porém, os recolher. Nessa vida, entretanto, que para Platão era o jogo de sombras nas paredes da caverna, é onde pulsa a verdadeira realidade; a outra são espectros sem vida dela derivados, nada mais que isso. Como se operou essa transformação? O entusiasmo apaixonado de Platão na *Politeia* explica-se, afinal, pelo fato de que naquele tempo haviam encontrado e tomado consciência do sentido de um dos grandes instrumentos para todo conhecimento científico: o do *conceito*. Sócrates o descobrira em toda a sua amplitude e importância. Mas não fora o único no mundo com esse mérito. Os senhores podem encontrar na Índia rudimentos de uma lógica que se assemelha à de Aristóteles. Mas em nenhum lugar com aquela consciência de sua importância. Ali, pela primeira vez, pareciam dispor de um instrumento com o qual se podia colocar alguém na morsa da lógica, de modo que este não saísse de lá sem admitir que ou não sabia nada, ou que aquilo e nada mais seria a verdade, a *eterna* verdade que nunca se desvaneceria como a agitada movimentação dos homens cegos. Tal foi o colossal acontecimento que os discípulos de Sócrates passaram a entender. E dali pareceu decorrer que, se haviam achado o conceito adequado do Belo, do Bem, ou até mesmo da Bravura, da Alma — e do que quer que fosse —, então podiam também apreender seu verdadeiro Ser, e este por sua vez parecia indicar o caminho para saber e ensinar a agir corretamente na vida, sobretudo na condição de cidadão do Estado. Pois tudo estava ligado a essa questão, para os helenos absolutamente imbuídos do pensamento político. Por isso se ocupavam de ciência.

A essa descoberta do espírito helênico juntou-se, como rebento da Renascença, a segunda grande ferramenta do trabalho científico: o experimento racional, na forma de experiência confiavelmente controlada, sem o qual a ciência empírica de hoje seria impossível. Experimentações também haviam sido feitas anteriormente: as de caráter fisiológico, por exemplo, na Índia, a serviço da técnica ascética do iogue; na Antiguidade helênica, com a matemática para fins tecnológicos belicistas; na Idade Média, visando a interesses da mineração. Mas a elevação do experimento à condição de princípio para a pesquisa enquanto tal é proeza da Renascença. Mais precisamente, os pioneiros foram os grandes renovadores no campo da *arte*: Da Vinci e luminares como ele, de maneira particularmente característica no âmbito da música do século XVI, com experimentações com instrumentos precursores do piano. Desses pioneiros do campo da arte, o experimento migrou para a ciência, sobretudo com Galileu Galilei; para a teoria, com Bacon; e então as disciplinas exatas específicas adotaram-no nas universidades do continente, primeiro, sobretudo, na Itália e nos Países Baixos.

Mas o que significava a ciência para esses homens no limiar da era moderna? Para os experimentadores da arte do tipo de Leonardo da Vinci e dos inovadores da música, ela significava o caminho para a *verdadeira* arte, e isso queria dizer para eles ao mesmo tempo... para a verdadeira *natureza*. A arte devia ser elevada ao patamar de uma ciência, o que equivalia, concomitante e principalmente, a que o artista fosse alçado ao patamar de um doutor, em termos sociais e conforme o sentido que estivesse tomando sua vida. Essa é a ambição que, por exemplo, está na base até do *Tratado da pintura* de Da Vinci. E hoje? "A ciência como caminho para a natureza" soaria aos ouvidos da juventude como uma blasfêmia. Não, pelo contrário: a salvação em relação ao intelectualismo da ciência, para um retorno à natureza própria e, com isso, à natureza em geral! Como caminho para a arte em especial? Uma hipótese que dispensa qualquer apreciação crítica. Entretanto, esperava-se ainda mais da ciência na era do surgimento das ciências naturais exatas. Se os senhores se recordarem da frase de Swammerdam — "Trago-lhes aqui a comprovação da providência divina na anatomia de um piolho" —, então verão o que o trabalho científico (indiretamente) influenciado pelo protestantismo e pelo puritanismo naquele tempo imaginava ser sua tarefa: encontrar o caminho até Deus. Este se encontrava, na época, não mais nos filósofos e nos seus conceitos e deduções. E o fato de Deus não ser mais encontrável por aquele caminho no qual a Idade Média o havia procurado era algo que toda a teologia pietista desse tempo sabia — sobretudo [Philipp Jacob] Spener. Deus está oculto, seus caminhos não são nossos caminhos, seus pensamentos não são nossos pensamentos. Nas ciências naturais exatas, entretanto, em que suas obras eram fisicamente palpáveis, nutria-se a esperança de descobrir suas intenções para com o mundo. E hoje? Quem, além de algumas crianças crescidas, do modo como elas se encontram presentemente nas ciências naturais, acredita ainda hoje que descobertas da astronomia ou da biologia ou da física ou da química possam nos ensinar o que quer que seja sobre o sentido do mundo e por qual caminho se poderia descobrir tal "sentido" — se é que ele existe? Se é que podem apontar algo, então tais ciências são indicadas para cortar pela raiz a crença de que exista algo como um "sentido" do mundo! E em termos absolutos: a ciência como caminho "até Deus"? Ela, a potência especificamente alheia a Deus? Que ela o seja, ninguém hoje, em seu mais profundo íntimo — queira ou não admitir — tem dúvidas. Libertar-se do racionalismo e do intelectualismo da ciência é o pressuposto fundamental da vida em comunhão com o divino. Isso ou algo de sentido equivalente é uma das palavras de ordem básicas que se ouvem vindas de toda a sensibilidade de nossa juventude afinada com a religião ou empenhada na experiência religiosa. Espantoso é apenas o caminho a ser tomado: a saber, que o único domínio que o intelectualismo ainda não tocou até aqui, aquelas esferas mesmo do irracional, agora sejam elevadas ao nível da consciência e observadas sob sua lupa. Pois é aí que chega, na prática, o moderno romantismo intelectualista do irracional. O caminho para a libertação em relação ao intelectualismo traz, com efeito, o exato oposto daquilo que aqueles que o trilham imaginam como meta. A ideia de que, no final das contas, se tenha festejado a ciência com um otimismo ingênuo — isto é, tomando-a como aparato técnico de fundo científico para o controle da vida — eu posso descartar por completo, seguindo a crítica aniquiladora de Nietzsche àqueles "últimos homens" que "inventaram a felicidade". Quem acredita nisso... afora algumas crianças crescidas, em sua cátedra ou em suas salas de redação?

Retornemos a nossa discussão. Qual é, em meio a esses pressupostos interiores, o sentido da ciência como vocação, já que todas aquelas ilusões de tempos passados — "caminho para o verdadeiro Ser", "caminho para a verdadeira Arte", "caminho para a verdadeira Natureza", "caminho para o verdadeiro Deus", "caminho para a verdadeira Felicidade" — naufragaram? A mais simples das respostas foi dada por Tolstói, com as seguintes palavras: "Ela não tem sentido porque não responde à questão que nos importa com exclusividade: 'O que devemos fazer? Como devemos viver?'". O fato de a ciência não dar essa resposta é simplesmente incontestável. A pergunta é só em que sentido ela não dá "nenhuma" resposta, e se, em vez disso, talvez possa auxiliar alguém que formule a questão corretamente. Costuma-se falar hoje repetidamente de ciência "sem pressupostos". Existe isso? Depende do que se entende por essa expressão. Em qualquer trabalho científico pressupõe-se sempre a validade das regras da lógica e da metodologia, aquelas bases gerais para nossa orientação no mundo. De todo modo, esses pressupostos são, pelo menos para nossa pergunta específica, minimamente problemáticos. Mas pressupõe-se também que aquilo que advém do trabalho científico é *importante* no sentido de que "vale saber". E nesse ponto estão inseridos aparentemente todos os nossos problemas. Pois esse pressuposto, por sua vez, não é demonstrável com os meios de que a ciência dispõe. Ele só se permite *interpretar* quanto a seu sentido último, que se deve então recusar ou aceitar, segundo a própria e definitiva tomada de posição em relação à vida.

Muito diversa é, além disso, a espécie de relação do trabalho científico com seus pressupostos, variando de acordo com a estrutura destes. Ciências naturais como a física, a química, a astronomia, por exemplo, pressupõem como óbvio que as leis últimas — "constructíveis" até onde a ciência alcança — do conjunto dos eventos cósmicos merecem ser conhecidas. Não apenas porque com tais conhecimentos se podem alcançar bons resultados tecnológicos mas também porque valem por "si mesmos", na medida em que respondem a uma "vocação". Esse pressuposto é, ele próprio, simplesmente impossível de demonstrar. E é igualmente impossível demonstrar se esse mundo que ele descreve merece existir, se tem um "sentido" e, mais impossível ainda, se há um sentido em existir nele. Isso aqueles conhecimentos não perguntam. Ou tomem os senhores outro exemplo, uma tecnologia tão desenvolvida, do ponto de vista científico, quanto a medicina moderna. O "pressuposto" geral da atividade medicinal é, se quisermos expressar em termos triviais, a sanção da tarefa da conservação da vida e a máxima redução do sofrimento. E isso é problemático. O médico conserva, com os recursos de que dispõe, o paciente terminal, ainda que este implore para ser libertado da vida, ainda que os parentes, para quem essa vida já não vale mais nada, que querem permitir a ele libertar-se do sofrimento e para quem se tornam insuportáveis os custos para a conservação daquela vida sem valor — pode ser, talvez, o caso de um pobre demente —, e, admitindo-o ou não, desejam sua morte, ou se veem na necessidade de desejá-la. Entretanto, os pressupostos da medicina e o código penal impedem o médico de se omitir. Se a vida merece ser vivida ou não, é algo que tal pressuposto não questiona. Todas as ciências naturais respondem à pergunta "Que devemos fazer *se* quisermos dominar *tecnologicamente* a vida?". Se, porém, desejamos ou queremos dominar a vida e se isso no final das contas tem mesmo sentido, é questão que elas deixam completamente de lado ou tomam como pressuposto para seus fins. Ou tomem os senhores uma disciplina como a história da arte. O fato de haver obras de arte é definido pela estética. Ela busca fundamentar sob quais circunstâncias tal problemática se apresenta. Mas não questiona se o reino da arte não seria talvez um reino de esplendor diabólico, um reino deste mundo e por isso contrário a Deus em seu mais profundo íntimo e, em seu mais íntimo e profundíssimo espírito aristocrático, contrário ao convívio fraternal. Não questiona, portanto, se *deve* haver obras de arte. Ou a jurisprudência: ela determina o que é válido, segundo as regras do pensamento jurídico, em parte de modo forçosamente lógico, em parte atrelado a esquemas convencionalmente dados — ou seja, *quando* certas regras do direito e certos métodos para sua interpretação são reconhecidos como obrigatórios. Se *deve* haver direito, e *se* ele deve estabelecer precisamente essas regras, ela não responde. Em vez disso, só é capaz de alegar que, se alguém deseja o sucesso, então tal regra do direito segundo as normas de nosso pensamento jurídico é o meio apropriado para alcançá-lo. Ou pensem os senhores nas ciências culturais históricas. Elas ensinam a entender fenômenos culturais políticos, artísticos, literários e sociais pelas condições em que estes surgiram. Mas não respondem à pergunta sobre se esses fenômenos culturais tinham ou têm o *mérito* de existir. Assim como também não respondem a outra: se merecem o esforço de os conhecermos. Elas pressupõem haver um interesse, por esse procedimento, em participar da comunidade dos "seres culturais". Mas que isso seja pertinente elas não são capazes de responder "cientificamente" a ninguém, e que pressuponham isso não prova de modo algum que seja algo óbvio. Na realidade, não o é, em absoluto.

Mas fiquemos nas disciplinas às quais estou mais diretamente próximo, ou seja, na sociologia, na história, na economia, na teoria geral do Estado e naqueles tipos de filosofia da cultura que tomam como tarefa sua interpretação. Dizem — e eu assino embaixo — que lugar de política não é no auditório da universidade. Não é seu lugar para os estudantes. Eu igualmente me queixaria se, por exemplo, no auditório de meu ex-colega Dietrich Schäfer, em Berlim, estudantes pacifistas se postassem ao redor do púlpito e fizessem um estardalhaço — como, segundo dizem, fizeram estudantes antipacifistas diante do professor Foerster, de quem eu em muitas opiniões me situo o mais distante possível. Mas é certo que ali também não é lugar de política para o docente. Principalmente quando ele se ocupa cientificamente com política — nesse caso, aquele lugar é o menos apropriado de todos. Pois tomada de posição prático-política e análise científica de construtos políticos e posições partidárias são duas coisas distintas. Quando se fala sobre democracia numa assembleia popular, os participantes não fazem questão de esconder sua posição pessoal. Precisamente isso — tomar partido de maneira claramente identificável — é ali nada mais que sua obrigação. As palavras que utilizam não são meios de análise científica, e sim tentativas de persuadir os outros a tomar a mesma posição. Não são arados para afofar a terra do pensamento contemplativo, e sim espadas contra os oponentes: instrumentos de luta. Seria um sacrilégio empregar a palavra dessa maneira numa aula expositiva ou numa conferência no auditório da universidade. Nesse caso, se o assunto é "democracia", recorre-se a diferentes formas desta, para analisá-las quanto ao modo de funcionamento, verificando caso a caso quais consequências tem uma ou outra para as condições de vida, e então opõe-se a elas formas não democráticas da ordem política, tentando chegar tão longe que o ouvinte esteja em condições de encontrar o ponto a partir do qual *ele* possa tomar, a partir de *seus* ideais mais elevados, uma posição em relação ao tema. Mas o verdadeiro professor tomará cuidado para não impor, de sua cátedra, qualquer tomada de posição, seja expressamente, seja por meio de sugestão, pois esta é, naturalmente, a forma mais desleal — quando alguém "deixa falar os fatos".

Por que, afinal, não devemos fazer isso? Adianto que alguns colegas muito estimados são da opinião de que seria impossível impor-se tal discrição; e que, se fosse possível, seria um capricho evitá-la. Ocorre que não se pode demonstrar a ninguém cientificamente qual seria seu dever como professor acadêmico. Só se pode exigir dele a integridade intelectual para compreender que constatação de fatos, verificação de fatos matemáticos ou de lógica ou da estrutura interna de bens culturais por um lado e, por outro, a resposta à questão quanto ao *valor* da cultura e cada um de seus conteúdos e, depois, sobre como se deve *agir* dentro da comunidade cultural e de associações políticas, são problemas absolutamente *heterogêneos*. Se ele seguir questionando e quiser saber por que não deve tratar de ambos no auditório, deve obter como resposta: porque o lugar do profeta e do demagogo não é sobre o púlpito de um auditório. Tanto ao profeta quanto ao demagogo cumpre dizer: "Saia, vá para as ruas e discurse em público". Lá, portanto, onde é possível haver crítica. No auditório, onde o sujeito fica sentado diante de seus ouvintes, cabe a estes manter-se calados e ao professor falar. E eu considero uma irresponsabilidade aproveitar-se dessa circunstância, de que os estudantes, para poder avançar em seus estudos, precisem frequentar o curso de um professor e que lá não haja ninguém presente que lhe oponha crítica. Desse modo, o docente com seus conhecimentos e experiências científicas não está sendo útil aos alunos que o ouvem, como é sua tarefa, e sim carimbando-os com sua visão política pessoal. É bem possível que um ou outro só consiga até certo ponto deixar de fora suas preferências pessoais. Nesse caso, ficará sujeito à mais severa crítica, no foro de sua própria consciência. E esta não demonstra nada, pois até mesmo outros equívocos, puramente factuais, podem ocorrer e não demonstram, em absoluto, nada contra o dever de buscar a verdade. Até — e precisamente — por puro interesse científico, eu a rejeito. Disponho-me a fornecer, nas obras de nossos historiadores, a comprovação de que toda vez que o homem de ciência manifesta seu próprio juízo de valor, *cessa* a compreensão integral dos fatos. Isso, porém, extrapola o tema da noite de hoje e exigiria longas discussões.

Pergunto apenas: como proceder para, tendo de um lado um católico devoto, de outro um maçom num curso sobre as formas eclesiásticas e de Estado ou sobre história da religião... levá-los em algum momento a uma igual *apreciação* de tais objetos? Isso é algo que está descartado. E, no entanto, o professor acadêmico precisa ter o desejo, e colocar a si mesmo essa exigência, de ser útil tanto a um quanto a outro com seus conhecimentos e métodos. Então, os senhores dirão, e com razão: o católico devoto também jamais aceitará a visão sobre o curso dos fatos no surgimento do cristianismo que um professor isento dos pressupostos dogmáticos daquele lhe expuser. Com certeza! A diferença, entretanto, está no seguinte pormenor: a ciência "sem pressupostos" imbuída da negação do comprometimento religioso de fato desconhece, de sua parte, o "milagre" e a "revelação". Caso contrário, ela estaria traindo seus próprios "pressupostos". O devoto conhece ambos. E a ciência "sem pressupostos" exige dele nada menos — mas também *nada mais* — que o reconhecimento de que, *se* é o caso de explicar o curso dos fatos sem intromissões sobrenaturais, incongruentes com uma explicação empírica que os considera elementos causais, esse curso dos fatos então precisa ser necessariamente explicado do modo como a ciência tenta. Isso, entretanto, ele não é capaz de fazer sem trair sua fé.

Mas então o trabalho realizado pela ciência não tem, afinal, absolutamente nenhum sentido para alguém a quem o fato como tal seja indiferente ou a quem somente a tomada prática de posição seja importante? Pois talvez tenha, sim. Primeiro, uma ponderação. Se um professor é mesmo prestativo, sua primeira tarefa é ensinar os alunos a reconhecer fatos *incômodos* — aqueles, quero dizer, que para sua opinião particular sejam incômodos. E para toda opinião particular — até para as minhas, por exemplo — existem fatos altamente incômodos. Acredito que, se o professor acadêmico compelir seus ouvintes a se acostumarem com isso, ele estará realizando mais do que um trabalho apenas intelectual — eu seria tão imodesto a ponto de aplicar aqui a expressão "trabalho moral", ainda que isso possa talvez soar um tanto patético para designar uma tão completa obviedade.

Até aqui falei somente das razões *práticas* para evitar uma coerção da tomada pessoal de posição. Mas existem outras. A impossibilidade de defesa "científica" de tomadas práticas de posição — exceto no caso da discussão dos meios para um fim pressuposto *dado* como fixo — decorre de razões bem mais profundas. Ela é em princípio desprovida de sentido porque os diferentes sistemas de valor do mundo se encontram em insolúvel conflito entre si. O velho [James] Mill, cuja filosofia eu de resto não pretendo elogiar (mas neste ponto ele tem razão), disse certa vez: quando se parte da experiência pura, chega-se ao politeísmo. Isso está formulado de maneira rasa e soa paradoxal. E no entanto há alguma verdade aí. Se há alguma coisa que hoje voltamos a saber, é que algo pode ser sagrado não por não ser belo, e sim *porque* e *na medida em que* não é belo (os senhores podem encontrar isso atestado em Isaías 53 e no Salmo 21), e que algo pode ser belo não só por não ser bom, mas na medida em que não é bom. Isso voltamos a saber desde Nietzsche, e antes os senhores o encontram formulado nas *Fleurs du mal*, modo como Baudelaire chamou seu volume de poemas. E faz parte da sabedoria popular do cotidiano o fato de que algo pode ser verdade embora e na medida em que não é belo e não é santo e não é bom. Mas esses são apenas os casos mais elementares dessa luta dos deuses de cada uma das ordens e valores. Como se pode decidir "cientificamente" entre o *valor* da cultura francesa e o da alemã eu não sei. Aí também se enfrentam, afinal, diferentes deuses uns com os outros, e aliás para todo o sempre. É como no mundo antigo, ainda não desencantado de seus deuses e demônios [*daímones*], apenas de outro ponto de vista: como o heleno outrora fazia sacrifícios a Afrodite, e depois a Apolo, e acima de tudo qualquer um os fazia aos deuses de sua cidade, assim é a prática ainda hoje, desencantada e despida da mítica, mas interiormente verdadeira plasticidade daquele comportamento. E quem governa esses deuses e sua luta não é certamente nenhuma "ciência", e sim o destino. Só é possível entender *o que* é o divino para uma ou outra ordem. Ou o que é no interior de uma ou outra ordem. Com isso, porém, simplesmente está encerrado o assunto para qualquer discussão num auditório ou por um professor universitário, o que não quer dizer, evidentemente, que esteja encerrado o próprio e imenso problema *vital* aí inserido. Mas outros poderes além dos púlpitos das universidades devem poder se pronunciar nesse ponto. Que indivíduo terá a audácia de querer "desbancar cientificamente" a ética do Sermão da Montanha — por exemplo, a sentença "Não resistas ao mal" ou a imagem metafórica do dar uma ou a outra face? E, no entanto, está claro: da perspectiva intramundana, trata-se de uma ética de ausência de dignidade, a que ali é pregada: é preciso escolher entre a dignidade religiosa, proporcionada por essa ética, e a dignidade do homem, que prega algo completamente diferente: "Resiste ao mal; caso contrário serás corresponsável pela exacerbação da violência". Conforme sua mais íntima tomada de posição, para o indivíduo um poder será o diabo, outro o Deus, e o indivíduo tem de decidir qual é *para ele* o Deus e qual o diabo. E assim se dá em todas as ordens da vida. O grandioso racionalismo do modo de vida ético-metódico, que brota de qualquer profecia religiosa, destronou o politeísmo para privilegiar a "única coisa necessária"[4] e então, diante das realidades da vida exterior e interior, viu-se compelido àquelas concessões e relativizações que todos nós conhecemos da história do cristianismo. Hoje, no entanto, isso pertence à "rotina comum do cotidiano" da religião. Os vários deuses antigos, desencantados e com isso assumindo a forma de poderes impessoais, erguem-se de seus túmulos, ambicionam poder sobre nossa vida e recomeçam sua luta eterna entre si. O que, porém, se torna precisamente tão difícil para o homem moderno, e dificílimo para a geração mais jovem, é ser capaz de enfrentar tal *cotidiano*. Toda busca obstinada pela "experiência vivida" advém dessa fraqueza. Pois é fraqueza não ser capaz de encarar a face sisuda do destino do tempo em que se vive.

É destino de nossa cultura, no entanto, conscientizar-se disso novamente e de modo mais claro, após a suposta ou alegadamente exclusiva orientação pelo grandioso *páthos* da ética cristã ter cegado nossos olhos ao longo de todo um milênio.

Mas basta de tais questões, que nos levam longe demais. Pois o equívoco que parte de nossa juventude comete, quando a tudo isso eventualmente responde "sim, mas nós viemos para a aula a fim de vivenciar algo diferente de apenas análises e constatações de fatos", tal equívoco consiste no fato de eles procurarem no docente universitário algo diferente do que está ali diante deles — de procurarem um *líder*, e não um *professor*. Mas só estamos preparados para o púlpito como *professores*. São duas coisas distintas, e é fácil se convencer disso. Permitam-me que eu os conduza mais uma vez aos Estados Unidos, porque lá se podem ver tais coisas muitas vezes em sua mais brutal primitividade. O jovem americano aprende indescritivelmente menos que o alemão. Ele não se tornou, apesar da inacreditável frequência com que é examinado, pelo *sentido* de sua vida escolar, aquele completo homem-exame como é o universitário alemão. Pois a burocracia que estabelece o *Examensdiplom* como ingresso para o reino das prebendas em forma de cargos públicos lá ainda é apenas incipiente. O jovem americano não tem respeito por nada nem ninguém, por nenhuma tradição e por nenhum posto público, a menos que resulte do desempenho próprio, atingido pessoalmente pelo indivíduo em questão: é *isso* que o americano chama de "democracia". Por mais distorcida que a realidade se comporte diante de tal conteúdo de sentido, o conteúdo de sentido é esse, e é isso que nos interessa aqui. A ideia que o estudante faz do professor à sua frente é: "Ele está me vendendo seus conhecimentos e métodos em troca do dinheiro pago por meu pai, exatamente da mesma maneira que a verdureira vende repolho à minha mãe". E basta. Entretanto, se o professor é por exemplo um campeão de futebol, então é o seu líder nesse âmbito. Se, porém, não o é (ou algo semelhante em outra modalidade esportiva), então é apenas professor e nada mais, e a nenhum jovem americano ocorrerá a ideia de deixar que aquela pessoa venha lhe vender "visões de mundo" ou regras exemplares de conduta de vida. Bem, uma formulação nesses termos nós preferimos rejeitar. Mas cabe perguntar se, nessa atitude aqui por mim intencionalmente elevada ao extremo, não há um grão de verdade.

Caros colegas de universidade! Os senhores vêm assistir às nossas aulas com tais exigências quanto a nossas qualidades de líderes e não preveem que de cem professores universitários pelo menos 99 não pretendem nem podem pretender ser campeões de futebol da vida, nem definitivamente "líderes" em assuntos de conduta de vida.

Considerem: o valor do ser humano não depende afinal de ele possuir ou não qualidades de líder. E, de todo modo, não são as qualidades que fazem de alguém um estudioso e professor acadêmico excepcional que o tornarão um líder no campo da orientação prática para a vida ou, mais especificamente, para a política. É mera obra do acaso quando alguém também possui essa qualidade; e é muito preocupante quando qualquer pessoa, falando no púlpito de uma universidade, sofre a exigência despropositada de exibir qualidades de líder. E é ainda mais preocupante quando deixam a qualquer professor acadêmico a opção de posar de líder no auditório. Pois aqueles que mais se consideram assim frequentemente são os menos habilitados à liderança. E o principal: se são líderes ou não, a situação de estarem no púlpito não oferece simplesmente nenhuma possibilidade de *comprovação*. O professor universitário que julgue ter a vocação para conselheiro da juventude e goze de sua confiança, que cumpra bem sua tarefa no trato pessoal com ela, de ser humano para ser humano. E, caso julgue possuir vocação para intervir nos embates de visões de mundo e opiniões partidárias, que faça isso fora, no mercado da vida: na imprensa, em assembleias, em associações, onde achar melhor. Mas é mesmo demasiadamente confortável demonstrar sua coragem de assumir posições onde os presentes, talvez de pensamentos diferentes, estão condenados ao silêncio.

Os senhores, finalmente, perguntarão: se as coisas são assim, com o que, de positivo, a ciência contribui para a "vida". prática e pessoal? E, com isso, estamos mais uma vez diante do problema de sua "vocação". Primeiro, claro, conhecimentos sobre o conjunto de técnicas, o modo como dominam, pelo cálculo, a vida, as coisas exteriores, bem como a ação das pessoas. Ora, isso nada mais é que a verdureira do rapaz americano — dirão vocês. Concordo plenamente. Segundo, contribuições que essa verdureira já não faz: métodos de pensamento, a ferramenta e a instrução correspondente. Os senhores talvez digam: bem, não se trata de verdura, mas também não se trata de mais do que o meio para adquirir verdura. Bem, deixemos tal discussão de lado, por ora. De todo modo, com isso felizmente ainda não estão esgotadas as contribuições da ciência; pelo contrário, podemos ajudá-los a encontrar um terceiro ponto: a *clareza* — pressupondo-se, naturalmente, que nós mesmos a tenhamos. Sendo esse o caso, podemos evidenciar, em relação ao problema do valor, do qual tratamos neste momento — peço-lhes, para simplificar, que tomem fenômenos sociais como exemplo —, é possível assumir, na prática, esta ou aquela posição diversa. *Se* alguém assume esta ou aquela posição, então é preciso recorrer, segundo as experiências da ciência, a estes ou aqueles *meios* para colocá-las em prática. Esses meios talvez já sejam de tal feição que os senhores acreditem ter de rejeitar. Então é preciso mesmo escolher entre o fim e os inevitáveis meios. O fim "justifica"[5] ou não esses meios? O professor pode colocar diante dos senhores a necessidade de fazer tal escolha; mais que isso, enquanto queira permanecer professor e não se tornar demagogo, ele não pode. Além disso, pode lhes dizer: se os senhores visam a este ou àquele fim, precisarão arcar também com estes ou aqueles eventos paralelos, que, conforme se conhece pela experiência, surgem então. Mais uma vez, a mesma situação. Entretanto, esses problemas podem igualmente surgir para qualquer técnico que, afinal, também em numerosos casos tem de decidir segundo o princípio do mal menor ou daquilo que é melhor somente em termos relativos. Apenas com a diferença de que, para ele, uma coisa, o principal, costuma estar definido: o *fim*. Mas esse, para nós, na medida em que realmente se trate de problemas "fundamentais", *não* é o caso. E somente com isso chegamos à contribuição fundamental que a ciência pode realizar a serviço da clareza, e ao mesmo tempo chegamos às suas fronteiras; nós também podemos — e devemos — lhes dizer: tal específica tomada prática de posição (com coerência interna e, portanto, honestidade) deriva, quanto a seu *sentido*, de uma posição fundamental específica e crucial em relação à visão de mundo. Pode derivar de apenas uma posição específica ou talvez de variadas posições também específicas. Mas não de outras quaisquer. "Vocês[6] servem" — falando em termos alegóricos — "a este Deus e *ofendem aquele outro* quando decidem por tal tomada de posição." Pois vocês chegarão necessariamente a essas precisas *conclusões* últimas, dotadas de sentido, se permanecerem leais a si mesmos. Isso é possível, pelo menos em princípio, realizar. A filosofia, como ramo de conhecimento específico, e as discussões de diferentes disciplinas baseadas, por sua essência, em princípios filosóficos tentam realizar isso. Nós podemos assim, se entendermos nossa causa (o que deve ser colocado aqui como pressuposto), compelir o indivíduo, ou pelo menos ajudá-lo a *prestar contas* a si mesmo *sobre o sentido último de seus próprios atos*. Isso não me parece pouco, nem mesmo para a mera vida pessoal. Fico também tentado a dizer aqui que, se é que um professor consegue isso, está a serviço de potências "morais": o dever de proporcionar clareza e sentimento de responsabilidade. E acredito que ele será capaz desse feito tanto mais cedo quanto mais for capaz de evitar, numa atitude conscienciosa, impor ao ouvinte uma tomada de posição ou pretender sugestioná-lo a assumi-la.

De todo modo, é bem certo que a suposição que lhes apresento parte do fato fundamental de que a vida, na medida em que consiste em si mesma e é entendida a partir de si mesma, só conhece a eterna luta dos deuses entre si. Falando em termos não alegóricos: a inconciliabilidade e, portanto, a irresolubilidade da luta das últimas simplesmente *possíveis* posições em relação à vida, a necessidade, portanto, de *decidir* por uma delas. Se sob tais condições vale a pena, para alguém, que a ciência se torne sua "profissão", e se ela própria tem uma "vocação"[7] objetivamente valiosa, trata-se mais uma vez de um juízo de valor sobre o qual nada pode ser declarado no auditório da universidade. Pois, para a teoria, ali a afirmação é *pressuposto*. Eu, pessoalmente, respondo afirmativamente à pergunta com meu trabalho. E, em termos mais exatos, também e precisamente a favor do ponto de vista que odeia o intelectualismo mais que ao pior diabo, do modo como os jovens hoje fazem ou, na maioria dos casos, apenas imaginam estar fazendo. Pois então vale para eles a sentença: "Pensem bem: o diabo está velho; então envelheçam para entendê-lo".[8] Não se está falando aí em certidão de nascimento e sim no fato de que também desse diabo não se pode fugir caso se queira ver-se livre dele, e sim que é preciso primeiro ter uma visão completa de seus caminhos para conhecer seu poder e seus limites.

O fato de a ciência ser hoje uma "profissão" praticada *em forma de especialidade*, a serviço da autorreflexão e do conhecimento de fatos interdependentes, e não um dom da graça proporcionador de dádivas de salvação e revelações de videntes, profetas ou um componente da reflexão de sábios e filósofos sobre o *sentido* do mundo é certamente um dado inevitável de nossa situação histórica, do qual não podemos escapar se quisermos nos manter leais a nós mesmos. E se agora Tolstói redesperta na memória dos senhores e questiona: "Quem responderá — já que a ciência não o faz — à pergunta 'o que devemos fazer?', 'como devemos organizar nossa vida'?". Ou, com termos que utilizamos aqui hoje à noite: "A qual dos deuses em luta devemos servir?. Ou talvez devamos servir a outro, completamente diferente? Nesse caso, quem é ele?". É preciso dizer: somente um profeta ou um salvador. Se ele não existir, ou se não acreditarem mais na mensagem por ele anunciada, então os senhores, com toda a certeza, não vão fazê-lo vir à força à Terra só porque milhares de professores universitários pagos pelo Estado, na condição de pequenos profetas privilegiados em seus auditórios, estão tentando ocupar o papel dele. Com isso, só conseguirão uma coisa: farão com que nunca se torne vívido em toda a sua carga de significação o conhecimento em torno do fato decisivo: o profeta pelo qual tantos de nossa geração mais jovem anseiam *não* existe mesmo. De nada adianta, nem nunca adiantou, creio eu, precisamente ao interesse íntimo de uma pessoa "afinada" com a religião, ocultarem dela e de outras, com um sucedâneo, esse fato fundamental de que seu destino é viver num tempo desconhecedor de deuses e desprovido de profetas. A sinceridade de seu órgão religioso precisaria, segundo me parece, se rebelar contra isso. Então os senhores se sentirão inclinados a objetar: mas como a pessoa deve se colocar diante do fato da existência da "teologia" e de suas reivindicações de ser "ciência"? Não vamos nos esquivar de dar uma resposta. "Teologia" e "dogmas" não existem de forma universal, mas certamente também não são exclusivos do cristianismo. Figuram, isso sim (se retrocedermos no tempo), numa forma fortemente desenvolvida, também no islã, no maniqueísmo, na gnose, no orfismo, no parsismo, nas seitas hinduístas, no taoismo e nos upanixades, bem como também, claro, no judaísmo. Somente, é certo, desenvolvidos em sistemas variadíssimos. E não é por acaso que o cristianismo ocidental não só — diferentemente daquilo que o judaísmo possui de teologia — os ampliou mais sistematicamente (ou se esforçou para isso), mas que seu desenvolvimento nesse aspecto tenha tido de longe a mais forte significação histórica. Foi o espírito helenista que criou isso, e toda a teologia do Ocidente remonta a ele, como (notoriamente) toda teologia do Oriente se apoia no pensamento indiano. Toda teologia é a *racionalização* intelectual de uma posse religiosa da salvação. Nenhuma religião é absolutamente desprovida de pressupostos, e nenhuma pode justificar seu próprio valor para aquele que rejeite tais pressupostos. Mas sobretudo toda teologia acrescenta para seu trabalho e, com isso, para a justificação de sua própria existência alguns pressupostos específicos. Em sentido e quantidade variáveis. Para *qualquer* teologia, também para a hinduísta, por exemplo, vale o pressuposto de que o mundo precisa ter um *sentido*. E sua questão é: como se deve interpretá-lo para que seja intelectualmente concebível? Exatamente como a epistemologia de Kant partia do pressuposto de que "existe verdade científica e ela *é válida*" e então perguntava: "Sob quais pressupostos de pensamento isso é (de maneira que contenha sentido) possível?". Ou como os modernos especialistas em estética (expressamente, como é o caso de G. Lukács, por exemplo, ou de fato) partem do pressuposto de que *"existem* obras de arte" e então perguntam "Como isso é (de modo que contenha sentido) possível?". É certo que as teologias em geral não se dão por satisfeitas com tal pressuposto (fundamentalmente vinculado à filosofia da religião). Elas partem, em geral, do pressuposto mais distante de que certas "revelações", na condição de fatos relevantes para a salvação — como fatos, portanto, que são os únicos a possibilitar um modo de vida dotado de sentido — devem ser absolutamente objeto de crença e de que certos estados condicionais e ações possuem a qualidade do sagrado, isto é, constituem um modo de vida religioso dotado de sentido ou de elementos dele. E sua pergunta é, então: como se permitem interpretar com sentido esses pressupostos absolutamente aceitáveis dentro de uma imagem totalizada de mundo? Para a teologia, tais pressupostos localizam-se, eles próprios, para além dos domínios da "ciência". Não representam nenhum "saber", no sentido comumente entendido, e sim um "ter". A quem não os "tem" — quem não tem a crença nem os demais estados condicionais sagrados —, nenhuma teologia pode substituí-los. E menos ainda outra ciência. Ao contrário: em toda teologia "positiva" o fiel chega ao ponto onde vale a sentença de Agostinho: *"Credo non quod, sed* quia *absurdum est"* [grifo de Weber].[9] A capacidade para essa proeza de *virtuose* do "sacrifício do intelecto" é o traço decisivo do homem positivamente religioso. E o fato de para ele as coisas serem assim, essa circunstância, mostra que apesar (na verdade, por causa) da teologia (que o desvela) é insuperável a tensão entre a esfera de valor da "ciência" e a da salvação religiosa.

O "sacrifício do intelecto" leva legitimamente apenas o discípulo ao profeta, o fiel à igreja. Mas nunca surgiu uma nova profecia pelo fato (repito aqui intencionalmente aquela imagem metafórica que a alguns repugnou) de alguns intelectuais modernos terem a necessidade de mobiliar por completo sua alma com objetos antigos atestadamente autênticos e, ao mesmo tempo, ainda se lembrando de que dali também faz parte a religião que eles afinal não têm — e para a qual, no entanto, substitutivamente enfeitam para si uma espécie de capela doméstica divertida, guarnecida de santinhos vindos de todo canto do mundo; ou criam um sucedâneo em toda sorte de experiência de vida à qual atribuem a dignidade de possuir sacralidade mística e com o qual saem para... mascatear nas bancas de livros. Simples: é recorrer ao embuste ou ao autoengano. Não se trata absolutamente de embuste, e sim algo muito sério e verdadeiro, mas isso por outro lado talvez consista por vezes em algo que se interpreta equivocadamente a seu favor: quando algumas dessas comunidades jovens que cresceram em silêncio nos últimos anos interpretam sua relação humana de comunidade como uma relação religiosa, cósmica ou mística. Se por um lado é bem verdade que qualquer ato de autêntica fraternidade é capaz de se ligar com o conhecimento — porque com isso se acrescenta ao reino suprapessoal algo que permanece imperecível —, por outro me parece duvidoso que a dignidade de relações de comunidade puramente humanas se eleve com tais interpretações religiosas. De todo modo, esse é um assunto que não cabe mais aqui.

É o destino de nosso tempo, com a racionalização e a intelectualização que lhe são próprias, e sobretudo com o desencantamento do mundo, que justamente os valores fundamentais e mais sublimes tenham se retirado do espaço público, dirigindo-se ou ao reino trasmundano [*hinterweltlich*] da vida mística ou à fraternidade de relações imediatas dos indivíduos entre si. Nem é casual que nossa mais elevada arte seja do tipo íntimo e nada monumental, nem que somente dentro dos mais reduzidos círculos comunitários, de pessoa para pessoa, pulse *pianissimo* aquele algo que corresponde ao que outrora, na forma de *pneuma* profético em fogo agitado, atravessava as grandes comunidades e as fundia numa só. Se tentamos forçar e "inventar" uma atitude monumental em relação à arte, o que surge é uma tão lamentável deformidade como as que se veem em muitos monumentos dos últimos vinte anos. Se alguém tenta engendrar novas formas religiosas sem nova e verdadeira profecia, o que surge para nosso íntimo é algo semelhante, o que pode ter efeitos ainda mais perversos. E a profecia acadêmica só cria, no final das contas, seitas fanáticas, mas nunca uma verdadeira comunidade. A quem não é capaz de suportar com hombridade esse destino de nosso tempo é preciso aconselhar que preferencialmente retorne calado, sem o costumeiro alarde dos renegados, e sim modesta e simplesmente, aos braços bem abertos e piedosos das velhas igrejas. Afinal de contas, elas não tornarão as coisas mais difíceis para esse indivíduo. De uma maneira ou de outra, ele tem de oferecer — isso é inevitável — o "sacrifício do intelecto". Não o censuraremos por isso, se ele realmente for capaz. Pois tal sacrifício do intelecto em favor do devotamento religioso incondicional é, de todo modo, moralmente diferente de contornar o simples dever de integridade intelectual que se faz presente quando não se tem a coragem de deixar claro a si mesmo o que envolve sua própria e fundamental tomada de posição, e sim se alivia desse dever recorrendo a frágeis relativizações. E, para mim, tal dever está em nível até mais elevado que aquela profecia acadêmica que não consegue ter certeza de que nas dependências do auditório não vale enfim nenhuma outra virtude senão a da simples integridade intelectual. Ela, porém, nos ordena a constatar que hoje, para os muitos que insistem em aguardar novos profetas e salvadores, a situação é a mesma que ressoa da bela canção do guarda edomita em seu exílio, recolhida entre os vaticínios de Isaías: "Clamam-me de Seir, em Edom: 'Guarda, quanto tempo ainda dura a noite?' O guarda sentencia: 'Vem a manhã, mas ainda é noite. Se me quiseres perguntar, vem outra vez fazê-lo'".[10] O povo a quem foi dito isso tem perguntado e aguardado insistentemente por bem mais de dois milênios, e nós conhecemos seu aflitivo destino. Daí tiremos a lição de que ansiar e obstinar somente não basta e façamos diferente: realizando nosso trabalho e estando à altura da "exigência do dia" — tanto do ponto de vista humano quanto do profissional. Essa exigência, porém, é das mais simples se cada um encontrar e obedecer ao demônio [*daímon*] que sustém o fio de *sua* vida.

Política como vocação[*]

A palestra que devo proferir atendendo ao pedido dos senhores necessariamente os decepcionará em diferentes sentidos. Num discurso sobre política como vocação, os senhores instintivamente esperam uma tomada de posição em relação a questões da atualidade. Isso, no entanto, só acontecerá no final, de modo puramente formal, quando eu estiver tratando de certas questões referentes ao significado da ação política no interior da conduta de vida em seu conjunto. Em contrapartida, precisarão ficar absolutamente de fora da palestra de hoje todas as questões que se referem a *"qual* política praticar", ou seja, "que *conteúdos* se devem dar a sua ação política". É que elas nada têm a ver com o problema geral de indagação do que é e do que pode significar política como vocação. Assim, tratemos do assunto que nos interessa!

O que entendemos por política? O conceito é extraordinariamente amplo e abrange todo tipo de atividade autônoma *de liderança*. Fala-se da política de divisas dos bancos, da política de descontos do Reichsbank, da política praticada por um sindicato durante uma greve,

[*] Max Weber, *Wissenschaft als Beruf* [1917-9]; *Politik als Beruf* [1919], Max Weber-Gesamtausgabe, v. 17. Org. de Wolfgang J. Mommsen e Wolfgang Schluchter. Tübingen: Mohr (Paul Siebeck), 1992. Trad. de Marcelo Rondinelli. (N. E.)

pode-se falar da política pedagógica de uma comunidade urbana ou de um lugarejo, da política que um presidente de associação pratica ao dirigi-lo; enfim, da política de uma mulher inteligente que se esforça em governar seu marido. Um conceito de tal amplitude não será, claro, a base para nossas considerações desta noite. Queremos hoje apenas entender por política a liderança ou o modo de influenciar a liderança de uma associação *política* — ou seja, o que hoje se entende por *Estado*.

Mas qual é então, do ponto de vista sociológico, uma associação política? O que é um "Estado"? Também ele não se permite definir sociologicamente a partir do conteúdo de suas ações. Não existe praticamente nenhuma tarefa de que uma associação política de tempos em tempos não tenha se ocupado; por outro lado, nenhuma tarefa da qual se possa dizer que a todo momento, em termos absolutos, tenha sido sempre e *exclusivamente* própria daquelas associações designadas como políticas — hoje, como Estados — ou as quais, em termos históricos, foram precursoras do Estado moderno. O Estado, no final das contas, só pode ser definido, do ponto de vista sociológico, com base em um *meio* específico que lhe é próprio, assim como a toda associação política: o uso da força física.[1] "Todo Estado é fundado sobre a força", disse Trótski em seu tempo, em Brest-Litóvski. Isso, de fato, é verdade. Se existissem apenas estruturas sociais às quais o uso da força como meio fosse desconhecido, *então* o conceito de "Estado" estaria descartado, *então* teria ocorrido o que se designaria, naquele sentido particular da palavra, como "anarquia". O uso da força não consiste, naturalmente, no recurso normal ou único do Estado — não é isso que está em questão —, mas aquele recurso que lhe é específico. Precisamente hoje, a relação do Estado com o uso da força é de particular intimidade. No passado, as mais diferentes associações, a começar pelo clã, conheciam o uso da força física como um recurso absolutamente normal. Hoje, diferentemente, precisaremos afirmar que o Estado é a comunidade humana que dentro de um determinado território — esse "território" é traço distintivo — reivindica para si (com sucesso) o *monopólio do uso legítimo da força física*. Pois o aspecto mais específico dos tempos atuais é que para todas as outras associações ou pessoas tomadas individualmente só se credita o direito ao uso da força física até o ponto em que o *Estado*, de sua parte, o permita. Ele é tido como fonte exclusiva de onde emana o "direito" ao uso da força. "Política" significa para nós, portanto, a ambição por participação no poder ou a possibilidade de influenciar a divisão deste, seja entre Estados, seja no interior de um Estado, entre os grupos humanos que ele abarca.

Isso corresponde também, fundamentalmente, ao uso comum do termo. Quando se diz de uma questão que ela é "política", de um ministro ou funcionário público que ele é um funcionário "da política", de uma decisão que ela estaria "politicamente" condicionada, quer-se sempre dizer com isso que, para responder a tal questão, são decisivos os interesses na divisão, na preservação ou na transferência de poder; quanto à decisão, que é condicionada por tais interesses; e, finalmente, que esses mesmos interesses determinam a esfera de atuação do referido funcionário. Quem pratica política ambiciona poder. Poder como meio a serviço de outros objetivos — ideais ou egoístas — ou poder "pelo próprio poder": para desfrutar o sentimento de prestígio que ele confere.

O Estado é, assim como as associações políticas que historicamente o precedem, uma relação de *dominação* de homens sobre homens baseada no recurso ao legítimo (quer dizer: visto como legítimo) uso da força. Para que essa relação exista é preciso, portanto, que os homens dominados se *submetam* à autoridade reivindicada dos então dominadores. Quando e por que eles fazem isso?

Sobre que razões justificativas interiores e em que meios exteriores se apoia tal dominação?

Das justificativas interiores, ou seja, razões *legitimadoras* de uma dominação — para começar por elas — existem em princípio três. Uma, a autoridade do "eterno e insubstituível passado": os *costumes* sacralizados por uma validação imemorial e uma disposição habitual para sua manutenção, a dominação "tradicional" como a que exerciam o patriarca e o príncipe patrimonial de outrora. Depois, a autoridade do extracotidiano *dom da graça* (*charisma*), o completo devotamento pessoal e a confiança pessoal em revelações, heroísmo ou em outras características de liderança de um indivíduo: a dominação "carismática", como a exercem o profeta ou — no âmbito político — o chefe militar selecionado para a guerra ou o regente escolhido por plebiscito, o grande demagogo e o líder de partido político. E, finalmente, a dominação por força da "legalidade", por força da crença na validade de um *estatuto* legal e da "competência" objetiva fundamentada por regras racionalmente estabelecidas. Isto é: a disposição para a obediência no cumprimento de deveres estatutários: uma dominação como a que exercem o moderno "servidor do Estado" e todos os detentores de poder que se assemelham a ele nesse aspecto. Evidentemente, na realidade, essa submissão está condicionada a um número elevadíssimo de motivos de medo e de esperança — medo da vingança de poderes mágicos ou do detentor do poder, esperança por recompensa neste ou no Outro Mundo , além de, paralelamente, interesses dos tipos mais variados. Trataremos disso logo adiante. Mas se questionarmos os "motivos legitimadores" dessa submissão, decerto depararemos com aquelas três modalidades "puras". E tais concepções de legitimidade e sua fundamentação interior são de muito grande importância para a estrutura da dominação. As modalidades puras, é bem verdade, raramente se encontram na realidade. Mas não poderemos abordar hoje as altamente intrincadas variações, transições e combinações dessas modalidades puras. Isso faz parte do problema da "teoria geral do Estado". A nós interessa aqui, sobretudo, a segunda delas: a dominação por força do devotamento daquele que obedece ao "carisma" puramente pessoal do "líder". É que nesse ponto encontra-se enraizada a ideia da *vocação* em sua mais elevada expressão. O devotamento ao carisma do profeta ou do líder na guerra ou do grande demagogo na *ekklesia*[2] ou no Parlamento significa que ele, pessoalmente, merece ser o condutor dos homens, segundo um "chamado [ou vocação]" interior; significa que os indivíduos se submetem não por força do costume ou de um estatuto, e sim porque creem nele. O líder, é bem verdade, vive para sua causa e "empenha-se por sua obra" se for mais do que um oportunista mesquinho e presunçoso. O devotamento de seu séquito — discípulos, seguidores, partidários absolutamente pessoais —, de todo modo, se volta à pessoa e às características do líder carismático. Em figuras de relevo no passado, a do mago e do profeta, de um lado, e a do príncipe guerreiro eleito, chefe de bando ou *condottiere,* de outro; a condição de líder apareceu em todos os domínios e épocas históricas. Mais próprio do Ocidente, entretanto, é aquilo que nos diz respeito mais diretamente: a liderança política na forma, primeiro, do "demagogo" livre, que cresceu sobre o solo da cidade-Estado própria apenas do Ocidente e, em especial, dos países mediterrâneos; e então na do "chefe de partido" parlamentar, que cresceu no solo do Estado constitucional, figura autóctone também apenas no Ocidente.

Evidentemente, tais políticos, por força de "vocação" — no sentido mais próprio da palavra —, não são porém, em lugar nenhum, as únicas figuras determinantes na engrenagem da luta política pelo poder. Altamente decisivos são, antes, os tipos de expedientes que estão à sua disposição. Como as forças politicamente dominantes começam a se afirmar em sua dominação? A pergunta vale para qualquer modalidade de dominação; portanto também para a dominação política em todas as suas formas: para a tradicional, a legal e a carismática.

Qualquer atividade de dominação que exija administração contínua carece, de um lado, da disposição da conduta humana para a obediência àqueles senhores que reivindicam ser portadores de poder legítimo; de outro lado, por meio dessa obediência, precisa dispor dos bens materiais eventualmente necessários para a execução da prática da força física: o corpo de pessoal administrativo e os meios materiais de administração.

O quadro administrativo — que representa exteriormente, como qualquer outro empreendimento, a empresa política de dominação — não está, no entanto, atrelado à obediência aos detentores do poder somente pela concepção de legitimidade da qual falamos há pouco, e sim por dois meios que apelam ao interesse pessoal: a remuneração material e a honraria social. Os feudos dos vassalos, as prebendas dos funcionários patrimoniais, o salário do moderno servidor do Estado, a honra cavaleiresca, os privilégios estamentais, as honrarias de funcionalismo, constituem a recompensa, e o medo de perdê-la, a base última e decisiva para a solidariedade do quadro administrativo em relação aos detentores do poder. Também para a dominação por um líder carismático vale a regra: os seguidores do guerreiro recebem honrarias militares e butim; os do demagogo ficam com os *spoils* [espólios] — exploração do dominado pelo monopólio das repartições, vantagens políticas e prêmios de agrado à vaidade.

Para a manutenção da dominação baseada no uso da força são necessários certos bens materiais, de modo bem semelhante ao que ocorre numa atividade econômica. Todas as formas de organização do Estado podem ser classificadas segundo dois critérios: se estão baseadas no princípio de que a equipe de pessoas — funcionários públicos ou o que quer que sejam, com cuja obediência o detentor de poder precisa contar — se encontra em posse *própria* dos recursos de administração, constituídos de dinheiro, edificações, material bélico, frotas de veículos, cavalos ou o que quer que seja; ou se tal equipe de gestão está "separada" dos recursos administrativos, do mesmo modo como hoje o empregado e proletário no interior da atividade capitalista está "separado" dos meios materiais de produção. Os critérios são, portanto, se o detentor do poder dispõe da administração por *conta própria*, por ele organizada, mandando que a executem serviçais pessoais ou funcionários contratados ou "protegidos" diretos dele e gente de sua confiança, os quais não são proprietários, possuidores de próprio direito, dos meios materiais de produção, e sim regidos nisso por seu senhor; ou se o que se dá é o caso contrário. A diferença permeia todas as organizações administrativas do passado.

Chamaremos a associação política em que os meios materiais de administração se encontrem total ou parcialmente em poder do quadro administrativo dependente como "associação organizada em estamentos". O vassalo na associação feudal, por exemplo, pagava do próprio bolso a administração e a justiça do território a ele outorgado, equipava-se e abastecia-se de provisões para uma eventual guerra; seus subvassalos faziam o mesmo. Isso, naturalmente, tinha consequências para a posição de autoridade do senhor feudal, que se baseava somente no pacto pessoal de fidelidade e na condição de que o feudo e a honra social do vassalo deviam sua "legitimidade" ao senhor feudal.

Em toda parte, entretanto, desde as mais remotas formas políticas, encontramos também o próprio senhor na direção de seu domínio. Por meio de gente pessoalmente dependente — escravos, oficiais da casa, serviçais, "protegidos" diretos e prebendados pagos com produtos naturais ou em dinheiro das reservas desse senhor —, ele busca tomar a administração nas próprias mãos, custeando os instrumentos necessários do próprio bolso, de rendimentos de seu patrimônio, para criar um exército pessoalmente dependente porque equipado e dotado de provisões oriundas de seus celeiros, depósitos, arsenais. Enquanto na associação do tipo "estamental" o senhor exerce seu domínio com o auxílio de uma "aristocracia" independente — ou seja, divide com ela a dominação —, nesse caso centralizador o senhor se apoia ou em agregados ou em plebeus — gente sem posses, camadas dispensadas de honra social, que, em termos materiais, se encontram inteiramente atreladas a ele e não têm nenhum tipo de poder concorrente em que possam se apoiar. Todas as formas de dominação patriarcal e patrimonial, o despotismo de sultões e a organização burocrática de Estado enquadram-se nesse tipo — principalmente a organização burocrática de Estado, ou seja, aquela bem característica, em sua conformação mais racional, sobretudo a do Estado moderno.

De modo geral, o desenvolvimento do Estado moderno ganha corpo quando o príncipe prepara e põe em curso a desapropriação dos portadores autônomos "privados" de poder administrativo que ele tem a seu lado: aqueles possuidores de meios de administração próprios, material bélico, recursos financeiros e bens de todo tipo para uso político. O processo todo é um correlato perfeito do desenvolvimento da empresa capitalista por meio da progressiva desapropriação dos produtores autônomos. No final, veremos que nesse Estado moderno a disponibilidade sobre o conjunto dos equipamentos políticos conflui para uma única ponta. Nenhum funcionário é mais exclusivo proprietário pessoal do dinheiro que gasta, ou das edificações, dos estoques, ferramentas, equipamentos bélicos de que dispõe. Encontra-se, portanto, plenamente realizada no "Estado" de hoje — isso é essencial a ele em termos conceituais — a "separação" do quadro administrativo (dos funcionários e trabalhadores da administração) em relação aos meios materiais de organização administrativa. Nesse ponto tem início o mais moderno de todos os processos de transformação, que procura preparar e pôr em curso, diante de nossos olhos, a expropriação desse expropriador dos meios políticos e, com isso, do poder político. Isso a revolução[3] tem logrado, ao menos à medida que para o posto de autoridades estatutárias entram líderes que, por meio de usurpação ou eleição, têm se colocado no poder que dispõe sobre a equipe no comando político e sobre o aparato de bens materiais, e derivam sua legitimidade — não importando com quanto direito — da vontade dos dominados. Outra questão é se a revolução, em razão de tal — ao menos aparente — êxito, pode, de modo justo, nutrir a esperança de realizar também a expropriação dentro das atividades econômicas capitalistas, cujo resultado, apesar de amplas analogias, se dirige, em seu mais íntimo, por leis completamente diferentes daquelas da administração política. Com relação a isso não tomaremos hoje nenhuma posição. Afirmarei, para os propósitos de nossas reflexões, apenas o puramente *conceitual*: que o Estado moderno é uma associação institucional dominadora que, no interior de um território, tem se empenhado com sucesso em monopolizar o uso legítimo da força física como meio de domínio e, para esse fim, tem reunido nas mãos de seu dirigente os meios materiais de produção, expropriando, porém, todos os funcionários autônomos de estamentos que antes dispunham de direito próprio, colocando em seu lugar a si mesmo no topo da hierarquia.

No decorrer desse processo político de expropriação, que atuou em todos os países da Terra com sucesso variável, apareceram também, e mais especificamente a serviço do príncipe, as primeiras categorias de "políticos profissionais" num segundo sentido — indivíduos que não queriam ser eles mesmos chefes como os líderes carismáticos, e sim colocar-se *a serviço* de chefes políticos. Puseram-se à disposição do príncipe naquela luta e fizeram dos cuidados para com a política deste, por um lado, fonte de sustento e, por outro, objetivo ideacional de vida. Mais uma vez, *somente* no Ocidente encontramos *esse* tipo de políticos profissionais também a serviço de outros poderes que não apenas o dos príncipes. No passado, eles foram o mais importante instrumento de poder e expropriação política nas mãos daqueles.

Esclareçamos então, antes de entrar mais detidamente no assunto, em todas as suas facetas e de modo inequívoco, o conjunto de fatos que a existência de tais "políticos profissionais" representa. É possível fazer "política" — ou seja, empenhar-se em influenciar a divisão do poder entre e no interior de estruturas políticas — tanto na condição de político "ocasional" quanto na de político que exerce sua atividade como profissão secundária ou principal, exatamente como acontece na empresa econômica. Políticos "ocasionais" somos todos nós quando depositamos nosso voto na urna ou ratificamos uma manifestação semelhante de nossa vontade — aplaudindo ou protestando, por exemplo, numa assembleia "política" —, quando proferimos um discurso "político" etc. E, para muitas pessoas, toda a sua relação com a política limita-se a isso. Política "como atividade secundária", hoje, é exercida, por exemplo, por todos aqueles homens de confiança e presidentes de associações político-partidárias que só em caso de necessidade exercem essa atividade — o que é a regra absoluta — e não querem "fazer disso sua vida", *prioritariamente*, nem do ponto de vista material, nem do ideacional. O mesmo se aplica a membros de conselhos de Estado e semelhantes corpos consultivos que só funcionam quando solicitados. Aplica-se ainda a grande número de nossos parlamentares, que só tem atuação política durante as sessões. No passado, localizamos essas pessoas, nomeadamente, entre os estamentos. Por "estamentos" devemos entender os autoproclamados possuidores de meios de produção militares ou materiais de importância para a administração, ou poderes senhoriais pessoais. Grande parte deles estava muito longe de colocar sua vida a serviço da política, fosse na íntegra, fosse apenas em caráter prioritário, ou fosse mais do que de um modo apenas eventual. Utilizavam seu poder senhorial, antes, no interesse de conseguir pensões ou alguma simples vantagem, e só se tornavam ativos politicamente a serviço da associação quando o chefe ou seus companheiros de estamento o exigiam com particular ênfase. Também não agia de maneira diferente parte dos auxiliares mobilizados pelo príncipe na luta pela criação de um aparato político próprio, que deveria estar à sua disposição. Os "conselheiros a distância"[4] e, antes ainda, uma parcela considerável dos conselheiros que atuavam simultaneamente na "cúria" e nos outros corpos consultivos do príncipe tinham esse caráter. Mas os auxiliares eventuais ou que desempenhavam suas funções como atividade secundária não bastavam, evidentemente, para o príncipe. Este precisava formar um estado-maior de auxiliares dedicados total e exclusivamente a ele — ou seja, que exercessem sua função como atividade *principal*. De onde os obtinha dependia fundamentalmente a estrutura política dinástica que surgia. Não apenas ela, e sim toda a feição da cultura em questão. Na mesma necessidade se encontravam as associações políticas que, mediante absoluta supressão ou ampla limitação do poder principesco, se constituíam politicamente como comunas (chamadas) "livres", não com referência à liberdade em relação à dominação pelo uso da força, e sim à ausência do poder de um príncipe legitimado pela tradição (e, na maioria dos casos, consagrado pela religião) como fonte exclusiva de autoridade. Historicamente, elas se abrigam sem dúvida no Ocidente, e sua forma originária foi a cidade como associação política, tal como surgiu no âmbito da civilização mediterrânea. Como, em todos esses casos, eram os políticos que fizeram da política sua vocação principal?

Existem dois modos de fazer, da política, vocação. Ou se vive "para" a política ou "da" política. São opostos, mas não excludentes. Em geral, faz-se — ao menos no plano ideacional, mas na maioria das vezes também no material — ambas as coisas: quem vive "para" a política faz, em seu *íntimo*, "da política sua vida". Ou goza da mera posse do poder que exerce ou alimenta seu equilíbrio interior e a percepção de si a partir da consciência de que, pelo serviço a uma "causa", confere um sentido à sua vida. Nesse sentido íntimo, certamente todo homem sério que viva por uma causa também vive dessa causa. A diferenciação refere-se, portanto, a um aspecto muito mais substancial da questão: o econômico. "Da" política como vocação vive quem ambiciona fazer dela uma fonte de *renda* permanente. "Para" a política, aquele para quem não se trata disso. Para que alguém, nesses termos econômicos, possa viver "para" a política, é preciso que existam sob o domínio da ordem da propriedade privada alguns pressupostos que os senhores, se quiserem, poderão considerar bem triviais: ele precisa — em condições normais — ser economicamente independente da renda que a política possa lhe trazer. Isso quer dizer, em termos bem simples, que precisa ser abastado ou estar numa posição, em sua vida privada, que lhe proporcione proventos suficientes. Isso se dá pelo menos em situações normais. É certo que o séquito do príncipe guerreiro questiona tão pouco as condições de uma economia normal quanto os seguidores dos heróis revolucionários de rua. Ambos vivem de butim, roubo, confiscos, tributos, formas de pagamento compulsórias e sem valia — o que basicamente é

tudo a mesma coisa. Mas esses são fenômenos necessariamente extracotidianos: na economia cotidiana, somente
fortuna própria propicia independência. Mas isso só não
basta: ele precisa ainda ser economicamente "disponível";
isto é, não deve estar numa situação em que precise pôr
— na íntegra ou mesmo de modo predominante — sua
capacidade para o trabalho e seu intelecto a serviço de
aquisições. Disponível, nesse sentido, é sem dúvida nenhuma o rentista — aquele, portanto, que recebe renda
absolutamente desvinculada da execução de trabalho,
seja rendas básicas, como os senhores de terras do passado, os grandes proprietários fundiários e os chefes de
estamento da atualidade — na Antiguidade e na Idade
Média também pensões baseadas na posse de escravos ou
servos; seja títulos financeiros ou semelhantes fontes de
renda modernas. Nem o operário, *nem* — o que é muito notável — o empresário, nem *mormente* o moderno
grande empresário são, nesse sentido, disponíveis. Porque
precisamente o empresário — o industrial muito mais
do que o da agricultura, com seu caráter sazonal — está
preso à sua atividade, sendo ali *in*dispensável. Para ele,
na maioria das vezes, é muito difícil se deixar substituir,
ainda que apenas temporariamente. Igualmente se dá
com o médico, por exemplo: quanto mais proeminente
e ocupado, menos disponível. Já mais fácil, por razões
meramente operacionais, é o advogado — que por isso
também tem desempenhado um papel inigualavelmente
maior, muitas vezes dominante mesmo, como político
profissional. Não vamos seguir abordando essa casuística. Vamos, sim, deixar mais claras algumas consequências do cenário traçado.

O comando de um Estado ou de um partido por pessoas que (no sentido econômico da palavra) vivam exclusivamente para a política, mas não da política, significa
necessariamente recrutamento "plutocrático" das camadas
politicamente hegemônicas. Com isso, claro, também não

se está dizendo o inverso: que um comando plutocrático *não* buscaria viver "da" política, assim como, de modo análogo, a camada política hegemônica *não* o faria — isto é, que não trataria de aproveitar seu domínio político também em favor de seus interesses econômicos privados. Não é isso, naturalmente, que está em questão. Não houve camada hegemônica que não tenha recorrido de algum modo a essa prática. Isso quer dizer apenas que os políticos profissionais não se veem forçados a buscar imediata remuneração *para* seu trabalho político do modo como aqueles desprovidos de recursos têm de reivindicar. Por outro lado, isso não significa, por exemplo, que políticos desprovidos de fortuna tenham em vista com exclusividade ou mesmo prioridade o provimento de sua economia privada por meio da política, ou que não pensariam "na causa" ou que não a considerariam prioridade. Nada seria mais incorreto. Para o homem abastado, a preocupação com a "garantia" de sua subsistência, como mostra a experiência, é — de modo consciente ou inconsciente — o ponto cardeal de toda a sua orientação de vida. O idealismo político inteiramente desprovido de responsabilidade e pressupostos encontra--se, se não com exclusividade, ao menos prioritariamente nas mãos daqueles que, por não possuir fortuna pessoal, estão fora das camadas de interessados na preservação da ordem econômica de determinada sociedade. Isso vale sobretudo em épocas excepcionais, ou seja, de revolução. Na verdade, isso quer dizer apenas que um recrutamento *não* plutocrático dos interessados em política, da liderança e de seu séquito, está atrelado ao pressuposto óbvio de que a esses interessados de fora das atividades da política afluam ganhos regulares e seguros. A política pode ser conduzida "honorificamente", e nesse caso por pessoas — como se costuma dizer — "independentes", isto é, gente abastada, rentistas sobretudo; ou sua condução é tornada acessível a desprovidos de fortunas pessoais e, nesse caso, precisa ser remunerada. O profissional que vive *da* política pode ser

446 ESSENCIAL SOCIOLOGIA

mero "prebendário" ou "funcionário" assalariado. Então, ou recebe seus proventos oriundos de taxas e tributos para determinados trabalhos realizados — gorjetas e outras quantias em propina são apenas uma variedade sem regras e ilegal do ponto de vista formal dessa categoria de proventos —, ou recebe pagamento em gêneros ou salário em dinheiro, ou ambos paralelamente. Pode assumir o caráter de um "empresário", como o *condottiere* ou o arrendatário ou o comprador de cargo público do passado, ou como o *boss* americano, que encara suas despesas como um investimento de capital que fará render pelo uso de sua influência. Ou pode receber uma remuneração fixa, como redator ou secretário de partido ou ministro ou funcionário público da política dos dias de hoje. No passado, a típica remuneração que príncipes, conquistadores vitoriosos e chefes de partido bem-sucedidos davam a seus seguidores tinha a forma de feudos, dotações de terra, prebendas de todo tipo; com o desenvolvimento da economia monetária, principalmente prebendas, em forma de tributos. Hoje, cargos de todo tipo em partidos, jornais, cooperativas, caixas de previdência, municípios e estados são concedidos por chefes de partido em troca de lealdade e serviços prestados. *Todas* as disputas partidárias não giram apenas em torno de objetivos materiais, mas também, e principalmente, pela patronagem na distribuição de postos públicos [*Ämterpatronage*[5]]. Todas as disputas entre esforços particularistas e centralistas na Alemanha concentram-se sobretudo em saber que forças terão nas mãos esse sistema de patronagem dos cargos, se as de Berlim, de Munique, de Karlsruhe, de Dresden. Preterições na participação dos cargos públicos é recebida, por partidos, com mais contrariedade do que contravenções contra seus objetivos materiais. Na França, um afastamento de *préfet* [chefe executivo de um *département*] por questões de política partidária era sempre percebido como uma reviravolta maior e causadora de mais alarde que uma modificação do programa de governo, cujo significado era praticamente fraseológico. Alguns partidos, nomeadamente os dos Estados Unidos, são, desde o desaparecimento das antigas divergências quanto à interpretação da Constituição, meras associações partidárias caçadoras de cargos públicos, que alteram seu programa segundo as chances de angariar votos. Na Espanha, até os últimos anos, na forma de "eleições" fabricadas de cima para baixo, os dois grandes partidos se revezavam em periodicidade fixa convencionada, para abastecer seus seguidores em cargos públicos. Nas regiões colonizadas pelos espanhóis, as chamadas "eleições", assim como as chamadas "revoluções", consistem sempre na manjedoura do Estado em que os vencedores querem ser alimentados. Na Suíça, os partidos repartem os cargos entre si pacificamente, pela via da representação proporcional, e alguns de nossos projetos de Constituição, como o primeiro apresentado para Baden, quiseram ampliar esse sistema para os cargos de ministros, e assim tratavam o Estado e seus postos como mera instituição de abastecimento de prebendas. O Partido do Centro [Deutsche Zentrumspartei], principalmente, entusiasmou-se com isso e transformou em item de programa a distribuição proporcional dos cargos em Baden segundo a religião, portanto sem levar em conta o desempenho do candidato. Com o aumento do número de postos públicos em consequência da burocratização geral e da cobiça cada vez maior por uma forma especialmente *garantida* de provimento, cresce em todos os partidos essa tendência, e eles se tornam cada vez mais, para seus seguidores, meios para atingir o fim de conseguir esse tipo de provisão.

A essa tendência se opõe, no entanto, a evolução do moderno funcionalismo, uma categoria de trabalhadores de alta qualificação intelectual e preparo técnico, adquiridos por meio de longos anos de pré-formação; um grupo com acentuado sentimento de *honra* estamental, interessado na própria integridade, sem a qual pairaria

448 ESSENCIAL SOCIOLOGIA

sobre nós como destino inexorável a ameaça de uma terrível corrupção e uma pérfida estreiteza de espírito. Mesmo o mero funcionamento técnico do aparato de Estado ficaria ameaçado, esse aparato cujo significado tem se acentuado constantemente e seguirá crescendo para a economia, sobretudo diante do aumento da socialização. A administração diletante por políticos de butim — que nos Estados Unidos, de acordo com o resultado das eleições presidenciais, substituía centenas de milhares de funcionários públicos, chegando aos escalões mais baixos e atingindo até o carteiro, uma administração que desconhecia o funcionário público profissional, de carreira — já está há muito tempo minada graças à Civil Service Reform. Necessidades puramente técnicas e incontornáveis da administração exigem essa transformação. Na Europa, o conjunto dos funcionários especializados e organizados sob os princípios da divisão de trabalho surgiu gradativamente, num processo de meio milênio. Cidades e *signorie* italianas foram as precursoras; entre as monarquias, os Estados conquistadores normandos. Foi no âmbito das *finanças* dos príncipes que se deu o passo decisivo. As reformas administrativas do imperador Maximiliano i[6] permitem observar como foi difícil, para os funcionários — mesmo sob a pressão da mais profunda penúria e sob o domínio dos turcos, num âmbito que mal podia suportar o diletantismo de um dominador, naquele tempo ainda e acima de tudo um cavaleiro —, tirar do príncipe o controle das finanças. O desenvolvimento da tecnologia bélica teve como consequência o surgimento do oficial especializado; o aprimoramento do processo legal, o do jurista qualificado. Nesses três âmbitos triunfou, nos Estados mais desenvolvidos do século xvi, o funcionalismo público especializado. Com isso, ao mesmo tempo que se dava a ascensão do absolutismo dos príncipes diante dos estamentos, introduzia-se a progressiva abdicação de seu poder autocrático em favor dos funcionários especializados; apenas estes possibilitavam ao príncipe a vitória sobre o poder estamental.

Junto com a ascensão do *funcionalismo público* especializado operou-se também — ainda que em processos de transição amplamente imperceptíveis — o desenvolvimento dos "*políticos* dirigentes". Desde sempre e em todo o mundo existiram, é óbvio, conselheiros exemplares, de fato, de príncipes. No Oriente, a necessidade de aliviar o sultão, tanto quanto possível, do peso de responder pessoalmente pelo sucesso de seu governo, criou-se a figura típica do "grão-vizir". No Ocidente, nos tempos de Carlos v — época de Maquiavel —, principalmente sob a influência dos relatórios de embaixadores venezianos lidos com apaixonado entusiasmo nos círculos diplomáticos especializados, a diplomacia foi a primeira a tornar-se uma arte *conscientemente* cultivada, cujos adeptos, em sua maioria de formação humanista, tratavam uns aos outros como uma camada qualificada de iniciados, de modo semelhante ao dos estadistas humanistas chineses do último período de divisão do Império em estados federados. A necessidade de uma direção formalmente unificada da política *em seu conjunto*, incluindo a interna, sob a liderança de um estadista, somente foi surgir de modo definitivo e incontornável com a evolução constitucional. Até ali, é bem verdade que houve a todo momento personalidades isoladas, atuando como conselheiras ou — conforme o assunto — como guias dos príncipes. Mas a organização das instâncias de autoridade trilhou, num primeiro momento, mesmo nos Estados mais avançados, outros caminhos. Surgiram autoridades administrativas superiores *colegiadas*. Na teoria — e, em medida cada vez menor, na prática —, elas se reuniam sob a presidência do príncipe em pessoa, que dava a palavra final. Por meio desse sistema de colegiado, que levava a pareceres, contrapareceres e votos motivados da maioria e da minoria — e pelo fato de o príncipe se cercar das mais altas autoridades oficiais e de gente de sua confiança pessoal (o "gabinete") e por meio dessas pessoas tomar suas decisões quanto aos acordos do Conselho de Estado (ou como quer que se chamasse a maior autoridade do Estado) —, ele, cada vez mais assumindo a condição de diletante, buscava esquivar-se do inevitável aumento do peso representado pela formação especializada dos funcionários e manter em mãos o topo do comando. Essa luta latente entre os funcionários especializados e a autocracia existiu por toda parte. Somente diante dos Parlamentos e das aspirações ao poder por parte dos líderes de partido é que a situação mudou. Condições muito variadas levaram, porém, a resultado aparentemente idêntico. Na realidade, com certas diferenças. Onde quer que as dinastias mantivessem em mãos o poder real — como, nomeadamente, na Alemanha —, os interesses do príncipe permaneciam solidariamente vinculados aos do funcionalismo, *contra* o Parlamento e suas reivindicações de poder. Os funcionários tinham interesse em que também os postos de comando contassem com gente de suas fileiras, o que levava ao avanço do funcionalismo. O monarca, de seu lado, queria a possibilidade de nomear os ministros, segundo seu arbítrio, e as fileiras de funcionários que lhe eram obedientes. Ambas as partes desejavam que o comando político passasse única e exclusivamente ao Parlamento — isto é, que o sistema de colegiado fosse substituído por um chefe de gabinete unificador das posições. O monarca carecia, além disso — para permanecer, do ponto de vista meramente formal, isento de tomar parte na luta partidária e nos ataques entre partidos —, de uma personalidade única responsável que lhe desse cobertura, negociando com os partidos. Ou seja, uma personalidade que desse conta de seus atos ao Parlamento e o enfrentasse. Todos esses interesses produziram um efeito conjunto na mesma rota: fizeram surgir um ministro-funcionário para dirigir ações de maneira unificada. Mais forte ainda foi o efeito unificador nos lugares em que — como na Inglaterra — o desenvolvimento de um poder parlamentar soube se impor ao monarca. Ali se desenvolveu o "gabinete" com o líder unificador do Parlamento, o *leader* no topo, na forma de uma comissão de poder que, embora ignorada pelas leis oficiais, era efetivamente a única instância capaz de decidir politicamente — a do *partido* que detinha a maioria no Parlamento. Os corpos colegiados oficiais não eram órgãos do poder dominante — partidário — e não podiam, consequentemente, arcar com o governo real. Para ser capaz de afirmar internamente sua força coercitiva, e externamente conduzir política de alto nível, o partido dominante necessitava de um órgão ofensivo, para negociar confidencialmente, composto apenas de seus líderes. Necessitava, enfim, do gabinete, do líder perante a cena pública, sobretudo perante a cena pública parlamentar, responsável por todas as resoluções: o chefe de gabinete. O sistema inglês foi incorporado pelo continente [europeu], na forma de ministérios parlamentares, e somente nos Estados Unidos e nas democracias por eles influenciadas foi contraposto um sistema bem heterogêneo, que colocava no topo do grupo de funcionários nomeados o líder eleito do partido vitorioso em sufrágio universal direto; somente as questões de orçamento e legislativas atrelavam-se à aprovação do Parlamento.

O processo que transformou a política em "empresa", exigindo treinamento na luta pelo poder e em seus métodos, no modo como o sistema partidário moderno os desenvolvia, condicionava agora a divisão dos funcionários públicos em duas categorias, embora de maneira nada radical, mas de todo modo claramente dissociadas: funcionários de carreira de um lado, "funcionários políticos" de outro. Os funcionários "políticos", no sentido próprio da palavra, são em geral reconhecíveis pelo fato de poder, a qualquer tempo, ser deslocados ou destituídos ou mesmo "postos à disposição", como os *préfets* franceses e seus congêneres de outros países. Trata-se de uma condição radicalmente oposta à de "independência" dos funcionários com função judiciária. Na Inglaterra, isso inclui os funcionários que, segundo convenção fixa, deixam seus postos numa situação de mudança de maioria parlamentar e, portanto, de composição do gabinete. Principalmente estes costumam estar entre os funcionários cuja competência inclui o provimento da "administração interna" geral; e o componente "político" ali é sobretudo a tarefa da manutenção da "ordem" no país — isto é, das condições de dominação vigentes. Na Prússia, esses funcionários tinham — pelo decreto de Puttkamer — o dever de "defender a política do governo", assim evitando medidas disciplinares, e eram, de modo análogo ao que se deu com os *préfets* na França, utilizados como aparato oficial para influir nas eleições. A maioria dos funcionários "políticos" até partilhavam, seguindo o sistema alemão (diferentemente do que se dava em outros países), a característica dos demais, na medida em que a conquista desses cargos públicos estava vinculada a estudos acadêmicos, exames especializados e certo serviço preparatório. Essa característica específica do moderno funcionalismo especializado falta somente aos chefes do aparato político, na Alemanha: os ministros. Mesmo sob o regime anterior era possível alguém ser ministro da Cultura prussiano sem jamais ter frequentado uma instituição de ensino superior, enquanto, em princípio, só se tornava conselheiro relator[7] quem fosse aprovado nas provas prescritas. O *Dezernent* tecnicamente preparado e conselheiro relator era — quando [Friedrich] Althoff estava à frente do Ministério da Educação e Cultura prussiano, por exemplo — infinitamente mais informado sobre os problemas técnicos da matéria do que seu chefe. Na Inglaterra, a situação não era diferente. Ele era, em consequência, o mais poderoso também para o enfrentamento das necessidades do cotidiano. Essa situação, não obstante, nada tinha de contrassenso. O ministro era o representante da constelação *política* do poder, tinha de defender e aplicar os parâmetros políticos às sugestões dos funcionários especializados subalternos ou fornecer-lhes as correspondentes diretrizes de caráter político.

Situação bem semelhante se observa numa empresa privada: o "soberano" de fato, a assembleia de acionistas, está tão igualmente desprovida de influência sobre o comando da empresa quanto um "povo" governado por funcionários públicos especializados. E as pessoas que determinam qual será a política dessa empresa, o "conselho de administração" dominado por bancos, apenas fornecem as diretrizes econômicas e selecionam o pessoal para a administração, sem porém estar elas mesmas em condições de dirigir a empresa em seu aspecto técnico. Nesse sentido, mesmo a atual estrutura do Estado revolucionário — o qual põe nas mãos de absolutos diletantes (por disporem estes de metralhadoras) o poder sobre a administração e quer usar os funcionários com especialização formal apenas como cabeças e mãos executoras de tarefas — não significa nenhuma inovação substancial. As dificuldades desse sistema localizam-se em outro âmbito e não devem ocupar nossa discussão de hoje.

É preferível tratar das características típicas dos políticos profissionais, tanto os "líderes" como seus seguidores. Essas características mudaram. Estão muito diferentes hoje.

Conforme vimos, "políticos profissionais" surgiram no passado, no contexto da luta dos príncipes com os estamentos, e colocaram-se a serviço dos primeiros. Vejamos brevemente seus tipos principais.

Para enfrentar os estamentos, o príncipe se apoiou

em camadas politicamente disponíveis, de caráter não estamental. Nelas estavam incluídos, no subcontinente indiano e no Sudeste asiático, na China e no Japão budistas e na Mongólia dos lamas, exatamente como nas regiões cristãs da Idade Média, primeiramente... os clérigos. Um aproveitamento de caráter técnico, portanto, já que eles dominavam a escrita. De modo geral, a importação de brâmanes, sacerdotes budistas, lamas e a utilização de bispos e sacerdotes como conselheiros políticos se deu tendo em vista o interesse em conseguir mão de obra administrativa que dominasse a escrita, que pudesse ser aproveitada na luta do imperador, do príncipe ou do *khan* contra a aristocracia. O clérigo, sobretudo o celibatário, estava fora da engrenagem dos interesses políticos e econômicos normais e não caía na tentação de ambicionar para seus descendentes poder político próprio, como fazia o vassalo. Estava "separado" dos meios de produção da administração principesca por suas próprias características estamentais.

Uma segunda camada do tipo foi a dos literatos de formação clássico-humanista. Houve um tempo em que discursos em latim e versos em grego eram aprendidos por aqueles que tinham como objetivo tornar-se conselheiros políticos e, acima de tudo, autores de memorandos políticos de um príncipe. Esse foi o tempo da primeira floração das escolas humanistas e das fundações de cátedras de "poética" pelos príncipes — em nosso país, um período bem passageiro, que em todo caso teve efeitos duradouros sobre nossa educação, mas sem consequências mais profundas no plano político. Algo diferente ocorreu no Leste asiático. O mandarim chinês é — ou, mais precisamente, foi —, em sua origem, próximo daquilo que o humanista representou no período da Renascença: um literato instruído e experimentado humanisticamente nos monumentos da língua do passado remoto. Se os senhores lerem os diários de Li Hung

Chang, verão que seu maior orgulho era compor poemas e ser um bom calígrafo. Essa camada, com suas convenções desenvolvidas na Antiguidade chinesa, determinou o destino da China, e talvez tivesse sido semelhante o nosso destino se os humanistas, em seu tempo, houvessem tido a mínima chance de impor-se com igual êxito.

A terceira camada foi a da nobreza palaciana. Depois de os príncipes terem conseguido expropriar a nobreza de seu poder político estamental, eles a atraíram para a corte e a utilizaram no serviço político e diplomático. A transformação radical de nosso sistema de ensino no século XVII esteve condicionada ao fato de, no lugar dos literatos humanistas, terem entrado para o serviço dos príncipes os políticos profissionais da nobreza palaciana.

A quarta categoria foi uma forma especificamente inglesa: um patriciado que abrangia a pequena nobreza e os rentistas das cidades, tecnicamente chamado "*gentry*", camada que o príncipe atraiu contra os barões e à qual confiou cargos públicos de *selfgovernment*, para mais tarde, cada vez mais, tornar-se dependente dela. Esse patriciado se manteve em posse de todos os cargos públicos da administração local, assumindo-os sem vantagens, no interesse de seu próprio poderio social. E protegeu a Inglaterra contra a burocratização, que foi o destino de todos os Estados do continente.

Uma quinta camada foi bem própria do Ocidente, sobretudo no continente europeu, e teve importância decisiva para toda a estrutura política deste: a dos juristas formados em universidades. A tremenda repercussão do direito romano, tal como o Estado burocrático dos finais do Império Romano o remodelara, manifestou-se com uma clareza inigualável na circunstância de a revolução do empreendimento político, para transformar-se no Estado racional, ter sido conduzida, de modo geral, por juristas bem preparados. Isso se deu até mesmo na Inglaterra, embora ali as grandes corporações nacionais

456 ESSENCIAL SOCIOLOGIA

de juristas tivessem dificultado a recepção do direito romano. Não se encontra em nenhuma região do planeta alguma forma análoga desse fenômeno. Todos os enfoques jurídicos racionais na escola indiana de Mimamsa e o cultivo continuado do pensamento jurídico da Antiguidade no islã não puderam impedir a sufocação do pensamento jurídico racional por formas teológicas de pensamento. Não haviam sido completamente racionalizados sobretudo os trâmites do processo legal. Isso só aconteceu quando da incorporação da jurisprudência romana antiga, do produto de uma estrutura política que evoluiu da cidade-Estado para a dominação do mundo pelos juristas italianos, o *usus modernus* dos pandectistas e canonistas da Baixa Idade Média e as teorias do direito natural, nascidas do pensamento jurídico e cristão e mais tarde secularizadas. Tal racionalismo jurídico teve seus grandes representantes no *podestà* italiano, nos juristas de reis franceses (que criaram os instrumentos para solapar o domínio do *seigneur* pelo poder real), nos canonistas e teólogos dos concílios eclesiásticos, orientados pelo pensamento do direito natural, nos juristas palacianos e juízes doutos dos príncipes continentais, nos professores de direito natural dos Países Baixos e monarcômacos, nos juristas ingleses da Coroa e do Parlamento, na *noblesse de robe* [nobreza de toga] dos Parlamentos franceses e, finalmente, nos advogados da época da Revolução Francesa. Sem o racionalismo jurídico, fica difícil imaginar tanto o surgimento do Estado absolutista como a Revolução. Se os senhores examinarem as expostulações dos Parlamentos franceses ou os *Cahiers des États Généraux* desde o século XVI até 1789 encontrarão por toda parte... o espírito jurista. E, se os senhores passarem em revista a afiliação profissional dos membros da *Convention* francesa, encontrarão lá um único proletário — embora eleito sob o mesmo direito eleitoral dos demais candidatos —, muito poucos empresários burgueses, mas em contrapartida uma massa de juristas de todo tipo, sem os quais o gênio específico que animou intelectuais radicais e seus projetos seria absolutamente impensável. O advogado moderno e a moderna democracia estão desde então ligados de maneira simplesmente indissociável. E advogados no sentido em que nós os entendemos, formando uma classe autônoma, só existem no Ocidente, desde a Idade Média, quando surgiram a partir do *Fürsprech* ["intercessor"] do método processual formalista germânico, sob a influência da racionalização do processo.

A importância dos advogados na política ocidental, desde o surgimento dos partidos, não é nada casual. A empresa política por meio de partidos significa de fato um empreendimento de interesses. Veremos em breve o que isso quer dizer. E mover uma ação com eficácia em favor do interesse do cliente é a ferramenta do advogado bem preparado. Nesse âmbito — isso a superioridade da propaganda inimiga foi capaz de nos ensinar — o advogado supera qualquer "funcionário". O certo é que, mesmo sustentando-se em argumentos fracos do ponto de vista da lógica, consegue ganhar — isto é, atuar "bem", do ponto de vista técnico — uma causa, portanto, "ruim". Mas também somente ele é capaz de ganhar uma causa que se apoie em argumentos "fortes" do ponto de vista da lógica — isto é, atuando "bem" e ganhando uma causa, portanto, "boa". O funcionário, na condição de político, apenas transforma, com demasiada frequência, uma causa "boa" (no sentido mencionado) em "ruim", em consequência do modo "ruim" como a conduz — algo que já presenciamos. Pois a política hoje é conduzida em enorme medida, na vida pública, com os recursos da palavra, escrita e falada. Ponderar o efeito da palavra está no âmbito mais estrito das atribuições do advogado, mas de modo algum no do funcionário especializado, que não é nem deve ser, por sua finalidade, um demagogo. E quando, no entanto, se propõe a tornar-se um, costuma converter-se num mau demagogo.

O verdadeiro funcionário — isso é decisivo para julgar nosso regime passado — não deve, por sua vocação de fato, praticar política, e sim "administrar", acima de tudo de modo *apartidário*. Isso vale também para os chamados funcionários da administração "política", ao menos em termos oficiais, desde que não esteja em questão a "razão de Estado", ou seja, os interesses vitais à ordem dominante. *Sine ira et studio*, "sem ódio nem parcialidade"; deve ele desempenhar as funções de seu cargo público. Deve, portanto, deixar de fazer precisamente aquilo que o político, o líder, bem como seus seguidores, sempre e necessariamente precisam fazer: *lutar*. Pois tomada de partido, luta, paixão — *ira et studium* — são aspectos fundamentais da natureza do político. E principalmente do *líder* político. A ação *deste* se encontra sob outro princípio, o da *responsabilidade*, totalmente diferente e precisamente oposto ao do funcionário. É uma honra, para o funcionário, ter a capacidade de executar de modo consciencioso e preciso, como se correspondesse às suas convicções, uma ordem emitida de forma insistente pela autoridade que lhe é superior e sob responsabilidade desta, nos casos em que essa ordem contraria as convicções do funcionário. Sem tal disciplina moral — no sentido mais elevado do termo — e abnegação, todo o aparato ruiria. Em contrapartida, é uma honra para o líder político (ou seja, para o estadista dirigente), justamente, a responsabilidade *própria* e exclusiva por aquilo que faz, responsabilidade que ele não é capaz de, nem está autorizado a, negar ou transferir a outrem. Indivíduos com inclinação natural para o funcionalismo e com elevado senso moral são políticos ruins, irresponsáveis sobretudo na acepção política da palavra e, nesse sentido, políticos moralmente inferiores. São como os que infelizmente temos visto com frequência em posições de comando. É o que chamamos de "dominação de funcionários". E na verdade não estamos lançando nenhuma mácula sobre a honra de nosso funcionalismo quando expomos, do ponto de vista da avaliação de seu êxito, o que há de politicamente equivocado nesse sistema. Mas voltemos mais uma vez aos diferentes tipos de figuras políticas.

O "demagogo" é, desde a instituição do Estado constitucional — e, em termos absolutos, desde a instauração da democracia —, o tipo do político que predomina no Ocidente. O sabor desagradável que o termo traz consigo não deve deixar esquecer que não foi Cléon, e sim Péricles o primeiro a carregar esse nome. Desprovido de cargo ou incumbido do único cargo eletivo, o de estrategista-mor — diferentemente dos cargos ocupados por sorteio na democracia da Antiguidade —, ele dirigia a *ekklesia* soberana do *demos* ateniense. A moderna demagogia, se por um lado também se serve do discurso (até mesmo em quantidade descomunal, se pensarmos nos discursos eleitorais que um candidato de hoje precisa proferir), por outro, porém, se serve mesmo de maneira ainda mais persistente da palavra impressa. O analista político, sobretudo o *jornalista*, é o mais importante representante do gênero.

Ainda que quiséssemos traçar apenas um esboço da sociologia do moderno jornalismo político, isso seria absolutamente impossível no âmbito desta palestra e representa, sob todos os aspectos, um capítulo à parte. Somente muito pouco deve ser tratado aqui. O jornalista compartilha com todos os demagogos — aliás, também com o advogado (e o artista), ao menos no continente, em oposição ao que se verifica na Inglaterra e em contraste com o que antes se passava na Prússia — o destino de carecer de classificação social fixa. Pertence a uma espécie de casta dos párias, avaliada na "sociedade" sempre segundo seus representantes eticamente mais rebaixados. As mais bizarras ideias sobre os jornalistas e seu trabalho são, portanto, corriqueiras. O fato de um trabalho jornalístico verdadeiramente bom exigir, no mínimo, tanto "gênio" quanto qualquer obra de estudioso — sobretudo em razão da necessidade de ser produzida de imediato, atendendo a um comando, e de dever *produzir efeitos* imediatos em condições bem diferentes da criação artística — não é compreendido por qualquer um. A responsabilidade muito maior e o sentimento de responsabilidade do jornalista respeitável, que em média não se encontra nem um pouco abaixo daquele do estudioso — e sim mais alto, como a guerra tem ensinado —, quase nunca são reconhecidos, porque, claro, são justamente os trabalhos jornalísticos *ir*responsáveis que, por seus efeitos muitas vezes terríveis, se fixam na memória. No final das contas, ninguém quer crer que a discrição dos jornalistas talentosos é, na média, mais elevada que a de outras pessoas. E, no entanto, essa é uma verdade. As tentações incomparavelmente mais fortes que essa profissão traz consigo, e as demais condições da efetividade jornalística nos tempos atuais, produzem as consequências que levaram o público a ver a imprensa com um misto de desprezo e... deplorável covardia. Sobre o que se deve fazer em relação a isso não discutiremos hoje. Interessa-nos aqui o destino *político* dos jornalistas, suas chances de chegar a posições políticas de liderança. Essas chances, até hoje, só eram favoráveis no partido social-democrata. Mas dentro dele os cargos de redator tinham, com larga predominância, o caráter de uma colocação como funcionário, não representando o ponto de partida para chegar à posição de *liderança*.

Nos partidos burgueses, de modo geral, a chance de ascensão ao poder por essa via, em comparação com a da geração anterior, ficou até mais reduzida. A influência da imprensa e, consequentemente, as relações com a imprensa eram algo de que, evidentemente, qualquer político de relevo necessitava. Mas líderes de partido provenientes das fileiras da imprensa — não se devia alimentar essa expectativa — eram absoluta exceção. O motivo se encontra na radicalmente acentuada "indisponibilidade" do jornalista, sobretudo do jornalista desprovido de fortuna pessoal e, portanto, atrelado à profissão, indisponibilidade esta condicionada ao enorme aumento de intensidade e atualidade da atividade jornalística. A necessidade de garantir o próprio sustento escrevendo artigos diária ou mesmo semanalmente representa um empecilho para políticos, e conheço exemplos em que pessoas com inclinação natural para a liderança foram paralisadas por essa circunstância a longo prazo, exterior e sobretudo interiormente, em sua ascensão ao poder. O fato de as relações da imprensa com as forças dominantes no Estado e com os partidos, sob o regime anterior, terem sido as mais nefastas possíveis para o jornalismo é um capítulo à parte. Essas relações se apresentavam de modo diverso nos países adversários da Alemanha. Mas também lá e para todos os Estados modernos valia, ao que parece, a sentença de que o trabalhador do meio jornalístico ganha cada vez menos influência política, enquanto o magnata capitalista da imprensa — da espécie de "lorde" Northcliffe, por exemplo — conquista-a cada vez mais.

Em nosso país, contudo, foram até o momento os grandes grupos capitalistas da imprensa que se apoderaram principalmente das gazetas de "pequenos anúncios", os *Generalanzeiger*, em geral os típicos cultivadores de indiferença política. Pois não havia o que lucrar com política independente, sobretudo porque não se podia contar com a comercialmente útil benevolência das forças dominantes. O negócio com anúncios também foi o caminho pelo qual se fez em grande estilo, durante a guerra, a tentativa de exercer influência política sobre a imprensa e agora, ao que parece, se pretende prosseguir.

Ainda que seja de esperar que a grande imprensa venha a se abster disso, a situação para os jornais pequenos é bem mais difícil. A carreira jornalística na Alemanha, por mais fascínio que possa exercer — e o grau de influência e de capacidade de produzir efeitos (principalmente no que diz respeito à responsabilidade política) que a imprensa possa oferecer —, não é (talvez seja o caso de esperar para saber se "não é ainda" ou se "não é mais") um caminho normal para a ascensão de líderes políticos. Se a renúncia ao princípio do anonimato, considerada acertada por alguns (não todos) jornalistas, pode alterar algo nesse cenário, é difícil de afirmar. A situação que vivenciamos na imprensa alemã durante a guerra — quando a "direção" de jornais esteve confiada a jornalistas particularmente talentosos na escrita, que assinavam seus textos — infelizmente demonstrou, em alguns casos, que *não* é possível cultivar, por essa via, um elevado senso de responsabilidade com toda a segurança que se poderia crer. Foram — sem distinção de partido — em parte os piores jornais sensacionalistas que, com isso, ambicionaram e até conquistaram altas vendagens. Ganharam fortunas os respectivos chefes, tanto os editores quanto os jornalistas sensacionalistas. Honra certamente não. Com isso não estamos, porém, dizendo nada contra o princípio do anonimato; a questão é muito intrincada e o fenômeno não está generalizado. De todo modo, tal recurso não tem sido *até o momento* o caminho para a liderança verdadeira ou a prática *responsável* da política. Resta aguardar para ver como ficarão as coisas no futuro. Sob todas as circunstâncias, porém, a carreira jornalística permanece um dos mais importantes caminhos para a atividade política profissional. Um caminho que não é para qualquer um. E menos ainda para pessoas de caráter fraco, sobretudo aquelas que só são capazes de assegurar seu equilíbrio interior numa posição estamental garantida. Se a vida do jovem estudioso já está sujeita ao acaso [*hasard*], o fato é que ele tem construídas a seu redor convenções estamentais fixas que o protegem contra deslizes. A vida do jornalista, no entanto, é sob todos os aspectos o mais puro *hasard* e, mais precisamente, sob condições que põem à prova sua segurança interior de um modo que ele não enfrentaria em quase nenhuma outra situação. As muitas vezes amargas experiências da vida profissional talvez não sejam nem o pior. Justamente aos jornalistas mais bem-sucedidos colocam-se exigências interiores bem difíceis. Não é, em absoluto, um detalhe de pouca importância transitar pelos salões dos poderosos em aparente pé de igualdade e muitas vezes cercado de afagos, por ser temido, e ao mesmo tempo saber que, mal tenha saído dali, o dono da casa terá talvez de se justificar de modo especial perante seus convidados por manter relações com os "moleques da imprensa". Assim como não é em absoluto insignificante o fato de o "mercado" no momento exigir do jornalista que ele se manifeste prontamente e ao mesmo tempo de modo convincente sobre todos os problemas imagináveis da vida, sem não apenas decair na mais completa banalização, mas principalmente na indignidade da autoexposição e suas consequências inexoráveis. O que espanta não é haver muitos jornalistas que tenham incorrido em deslizes ou se desvalorizado, e sim que, apesar de tudo, justamente essa camada reúna um número tão elevado de seres humanos valiosos e de absoluta autenticidade — e quem está de fora mal consegue imaginar.

Se o jornalista, como tipo característico [*Typus*] do político profissional, carrega um passado considerável, a figura do *funcionário de partido* somente nas últimas décadas e, em alguns casos, nos últimos anos veio a existir. Temos de examinar primeiro o sistema partidário e a organização de um partido para compreender essa figura tal como se apresentou no decorrer da história.

Em todas as associações políticas de alguma maneira amplas — isto é, que extrapolam o âmbito e o conjunto de atribuições de pequenos cantões rurais com eleições periódicas do detentor do poder —, a empresa política é necessária como *empreendimento de interesses*. Isto é: um número relativamente pequeno de interessados, em caráter prioritário, pela vida política — portanto, pela participação no poder político — angaria seguidores por meio da livre publicidade, apresenta-se a protegidos como candidato, arrecada verbas e sai à caça de votos. É inexplicável como pode ser possível que em grandes associações se realizem eleições apropriadamente sem essa empresa. Em termos práticos, ela significa a divisão dos cidadãos com direito a voto em elementos politicamente ativos e politicamente passivos; e, como essa diferença está baseada no livre-arbítrio de cada um, não pode ser eliminada por nenhuma medida disciplinar, como a obrigatoriedade do voto ou a representação "estamental de profissão" ou propostas do gênero — expressas ou efetivas — contra esse conjunto de fatos e, assim, contra o domínio dos políticos profissionais. A existência de líderes e de seguidores como elementos ativos necessários para atrair seguidores, bem como, por intermédio destes, a existência do eleitorado passivo para eleger seu líder, são substâncias vitais e necessárias a todo partido. O que difere, porém, é sua estrutura. Os "partidos" das cidades medievais, como guelfos e gibelinos, eram meros grupos pessoais de seguidores. Se verificarmos o *Statuto della parte Guelfa*, o confisco dos bens dos *nobili* — o que, na origem, era o confisco dos bens de todas as famílias que viviam sob o regime cortês cavaleiresco, ou seja, que podiam receber feudos —, sua exclusão de postos públicos e a privação do direito ao voto, os comitês partidários interlocais, as organizações rigidamente militares e seus prêmios dados a delatores, então nos lembraremos inevitavelmente do bolchevismo com seus sovietes, suas rigidamente selecionadas organizações militares e — na Rússia, principalmente — serviços de espionagem, desarmamento, cassação de direitos políticos dos "cidadãos" (isto é, dos empresários, comerciantes, rentistas, religiosos, descendentes da dinastia, agentes de polícia) e confiscos. E a analogia fica ainda mais espantosa se, de um lado, observarmos que a organização militar do partido se compunha de uma simples tropa de cavaleiros, formada segundo o número de matrícula de cada um, e que nobres ocupavam quase todos os postos de liderança; de outro lado vemos que os sovietes conservaram — ou, antes, reintegraram — os muito bem remunerados empresários, o salário de empreitada, o sistema taylorista, a disciplina militar e de oficina, e voltaram suas atenções para o capital estrangeiro. Em resumo, portanto, tiveram de aceitar novamente *todas* as instituições de classe antes combatidas por eles como burguesas, para afinal manter em funcionamento Estado e economia. Além disso, puseram novamente em ação os agentes da velha Okhrana[8] como principal instrumento do poder estatal. Mas não estamos tratando aqui de organizações baseadas no uso da força, e sim de políticos profissionais que ambicionam chegar ao poder por meio de uma campanha partidária objetiva e "pacífica" no mercado eleitoral.

Também esses partidos, no sentido em que costumeiramente entendemos o termo, foram, no início — na Inglaterra, por exemplo —, meros grupos de seguidores da aristocracia. A qualquer mudança do partido por parte de um par do reino [*peer*], por qualquer razão que fosse, todos os que dele dependiam passavam para o partido oposto. As grandes famílias da nobreza — e, obviamente, não podemos deixar de mencionar o rei — detiveram, até o Reform Bill [1832], a patronagem de um sem-número de distritos eleitorais. Desses partidos de nobres estavam muito próximos os partidos de notáveis honorários [*Honoratioren*], que se desenvolveram com o advento do poder da burguesia. Os círculos dotados de "cultura e posses", sob o comando das típicas camadas de intelectuais do Ocidente, dividiram-se, em parte segundo interesses de classe, em parte segundo tradição familiar, em parte por mero condicionamento ideológico, em partidos que os representariam. Religiosos, professores, docentes universitários, advogados, médicos, farmacêuticos, agricultores abastados, industriais — a camada que na Inglaterra é classificada como "*gentlemen*" — constituíram, a princípio, associações ocasionais e, na melhor das hipóteses, agremiações políticas locais. Em tempos agitados, a pequena burguesia se apresentava, ocasionalmente até o proletariado, quando dele surgiram líderes que, no entanto, em geral não provinham de seu meio. Nesse estágio de desenvolvimento, ainda não existiam partidos organizados de modo interlocal, como associações permanentes país afora. Quem produziu a coesão foram os parlamentares, e os candidatos eram escolhidos entre os notáveis honorários. Os programas surgiam, em parte, de apelos da propaganda dos candidatos, em parte baseados em congressos de notáveis honorários ou em resoluções do partido no Parlamento. A direção das agremiações era cargo paralelo ou honorário, trabalho ocasional. Nos locais onde essas associações inexistiam (a maioria dos casos), a amorfa empresa política era organizada pelos poucos que por ela se interessavam também fora da época eleitoral; somente o jornalista era político de profissão remunerado, somente o empreendimento jornalístico era empresa política contínua de fato. Paralelamente, existia apenas o período legislativo. Parlamentares e líderes de partido no Parlamento até sabiam a que cidadãos honorários locais se dirigir se uma ação política parecia desejável. Mas apenas em grandes cidades existiam em caráter permanente agremiações partidárias, com modestas contribuições de filiados, encontros periódicos e assembleias públicas para prestação de contas do parlamentar. Vida política, só mesmo em período de eleições.

O interesse dos parlamentares na possibilidade de acordos eleitorais interlocais e o impacto de programas unificados reconhecidos por amplos círculos do país, a mobilização unificada em nível nacional, constituíam a força motriz de uma união partidária cada vez mais firme. Mas, embora se estendesse pelo país um sistema de agremiações partidárias locais (também em cidades médias) — e uma rede de "homens de confiança" com os quais um membro do Parlamento, na condição de diretor do escritório partidário central, mantinha permanente correspondência —, em princípio permanecia inalterado o caráter do aparato partidário como associação de notáveis honorários. Funcionários pagos inexistiam fora do escritório central; eram, sem exceção, pessoas "de reputação" que, pela estima de que desfrutavam, dirigiam as associações locais — os "notáveis honorários" extrapartidários, que exerciam influência ao lado da camada dos notáveis honorários políticos, então ocupantes de cadeiras no Parlamento. O alimento intelectual para a imprensa e para as assembleias locais era providenciado, de fato e cada vez mais, pela correspondência partidária publicada pelo partido. Contribuições periódicas de filiados tornaram-se indispensáveis; uma fração delas precisava cobrir as despesas do escritório central. Nessa fase do desenvolvimento político se encontrava, havia não muito tempo, a maioria das organizações partidárias alemãs. Na França, de modo geral, imperava, até certo ponto, o primeiro estágio: a ainda bem frágil união dos parlamentares e, pelo país, o pequeno número de notáveis honorários locais, com programas apresentados pelos candidatos ou por seus patronos — em caráter excepcional, quando da candidatura —, ainda que mais ou menos apoiados localmente em resoluções e em programas de parlamentares. Somente em casos isolados houve rompimento com esse sistema. O número de pessoas que se dedicavam à política como profissão principal era muito baixo e se compunha essencialmente dos parlamentares eleitos, dos poucos empregados do escritório central do partido, dos jornalistas e — na França — dos caçadores de cargos ocupando um "posto político" ou naquele momento ambicionando um. A política era, em termos formais, ampla e preponderantemente profissão paralela. O número de parlamentares "ministeriáveis" era bem limitado. Mas, por causa do caráter de notáveis honorários, também era baixo o número de candidatos. A quantidade de pessoas indiretamente interessadas na atividade política, principalmente do ponto de vista material, entretanto, era muito grande. Afinal, todas as providências de um ministério, e sobretudo todas as resoluções de questões relativas a pessoal, envolviam o cálculo da influência de um indivíduo sobre as eleições, e tentava-se resolver todo tipo de demandas com a intermediação do parlamentar local, a quem o ministro, se aquele pertencesse à sua maioria — e isso todos ansiavam, portanto —, bem ou mal tinha de dar ouvidos. O parlamentar, individualmente, detinha a patronagem de cargos públicos [*Amtspatronage*] e sobretudo de todos os assuntos de seu distrito eleitoral. E mantinha, para ser reeleito, ligação com os notáveis honorários locais.

A esse estado idílico de domínio por círculos de notáveis honorários e, acima de tudo, de parlamentares, opõem-se hoje de maneira bem diversa as mais modernas formas de organização partidária. São herdeiras da democracia, do sufrágio universal, da necessidade da publicidade maciça e da organização em massa, do desenvolvimento da unificação máxima na direção e da mais rígida disciplina. Encerram-se o domínio dos notáveis honorários e o comando pelos parlamentares. Políticos "de profissão principal" *não pertencentes* aos Parlamentos assumem o comando do empreendimento, ou na condição de "empresários" — como o eram, em essência, o *boss* americano e o *election agent* inglês — ou como funcionários públicos remunerados. Do ponto de vista formal, ocorre uma ampla democratização. Não é mais a bancada no Parlamento que cria os programas decisivos, e não são mais os notáveis honorários locais que detêm o poder de escolher candidatos; são filiados do partido, reunidos em assembleias, que escolhem os candidatos e delegam membros para as assembleias de instância superior, que, em escala crescente, podem ser numerosas até o "dia da convenção geral do partido". Conforme mostram os fatos, porém, o poder se encontra nas mãos daqueles que executam o trabalho *continuamente* no interior da "empresa", ou daqueles de quem a empresa, para existir, depende em termos pecuniários ou de pessoal — por exemplo, dos mecenas ou chefes de agremiações poderosas de interesses políticos (do tipo de Tammany Hall[9]). O ponto decisivo é que todo esse aparato humano — a "máquina", como se costuma chamá-lo nos países anglo-saxões — ou, antes, aqueles que o dirigem, põem os parlamentares em xeque e ficam em condições de impor sobre estes, de modo bastante amplo, a sua vontade. E isso tem significado principalmente para a seleção da *condução* do partido. Líder torna-se aquele a quem a máquina vai seguir, até sem prestar contas ao Parlamento. O estabelecimento de tal máquina significa, em outras palavras, a instauração da democracia *plebiscitária*.

O conjunto dos militantes, sobretudo o funcionário e o empresário do partido, espera obter com a vitória de seu líder, obviamente, recompensa pessoal: cargos e outras vantagens. Dele, e não (ou não apenas) dos parlamentares individualmente; esse é o ponto decisivo. Eles esperam acima de tudo que o efeito demagógico da *personalidade* do líder na luta partidária venha a angariar votos e mandatos e, com isso, poder, e por meio dele ampliar ao máximo possível as chances, para seus adeptos, de conseguir a compensação desejada. Do ponto de vista ideal, a satisfação de trabalhar para alguém devoto como um fiel (e não apenas para um programa abstrato de um partido composto de medíocres) — o elemento "carismático" de toda liderança inata — é uma das molas propulsoras.

Em escala muito variada, e num constante e latente confronto com os notáveis honorários locais (que buscam fazer valer sua influência) e com os parlamentares, essa fórmula acabou por se impor. Primeiro nos partidos burgueses dos Estados Unidos, depois nos partidos social-democratas, sobretudo o da Alemanha. Constantes retrocessos acontecem, bastando não haver um líder de reconhecimento geral, e acabam sendo necessárias concessões de todo tipo — ainda que o líder esteja presente — à vaidade e ao caráter interesseiro dos notáveis honorários do partido. Mas acima de tudo pode acontecer também de a máquina cair sob o domínio dos *funcionários* do partido, em cujas mãos se encontra o trabalho regular. Na visão de alguns círculos social-democratas, seu partido teria incorrido nessa "burocratização". Enquanto isso, "funcionários" se submetem com relativa facilidade a um líder com forte efeito demagógico. Os interesses materiais e ideacionais estão, afinal, intimamente atrelados aos efeitos do poder partidário que esses "funcionários" esperam alcançar por intermédio de seu líder. E trabalhar para um líder é, em si, mais satisfatório do ponto de vista pessoal. Bem mais difícil é a ascensão de líderes onde — como nos partidos burgueses, na maioria dos casos —, além dos funcionários, os notáveis honorários detêm a influência sobre o partido. Pois estes últimos "fazem", do ponto de vista *ideacional*, dos postinhos que ocupam como membros da diretoria ou em comissões, "a razão de sua vida". O ressentimento contra o demagogo (que se configura como *homo novus*), a convicção da superioridade da "experiência" político-partidária —

que afinal também é, de fato, de alta importância — e a preocupação ideológica em relação ao esfacelamento das antigas tradições do partido são fatores que determinam sua ação. E dentro do partido eles têm a seu favor os elementos tradicionalistas. Sobretudo o eleitor do meio rural, mas também o pequeno-burguês, olham o nome do notável honorário que lhes é familiar de longa data e desconfiam do candidato desconhecido, para depois, *se* este vier a triunfar, passar a apoiá-lo de maneira inabalável. Examinemos agora, com base em alguns exemplos centrais, esse embate das duas formas estruturais e o avanço da forma plebiscitária, descrito particularmente por [Moisei] Ostrogórski.

Começando pela Inglaterra: a organização partidária, até 1868, ficou praticamente nas mãos dos notáveis honorários. No campo, os *tories*[10] apoiavam-se, na maioria dos casos, no pastor anglicano. Além dele, buscavam ajuda também com o mestre-escola e, principalmente, com o grande proprietário de terras do *county*. Os *whigs*,[11] em sua maior parte, procuravam amparo em gente como o pregador não conformista (onde este existisse), no proprietário do serviço de postilhões, no ferreiro, no alfaiate, no seleiro, no cordoeiro — nos profissionais de ofícios, portanto, capazes de propagar influência política (já que era com eles que mais se podia conversar). Na cidade, os partidos dividiam-se segundo opiniões partidárias econômicas, segundo convicções religiosas, de acordo com as opiniões tradicionais das famílias. Sempre, porém, eram os notáveis honorários os sustentáculos da atividade política. Acima deles pairavam o Parlamento e os partidos, com seus gabinetes e *leaders*, que eram os presidentes do Conselho de Ministros ou da oposição. Os *leaders* tinham a seu lado a mais importante personalidade da organização partidária: o "chicoteador" (*whip*), que exercia a política como profissão.[12] Em suas mãos estava a patronagem de postos públicos; a ele se dirigiam, portanto, os caçadores de cargos. Quanto a esse assunto, ele se reportava aos parlamentares de cada distrito eleitoral, nos quais começava a se desenvolver lentamente uma classe de políticos profissionais, à medida que se recrutavam agentes locais inicialmente não remunerados e que ocupavam uma posição mais ou menos equivalente à de nossos "homens de confiança". Paralelamente, entretanto, surgia nos distritos eleitorais a figura do empresário capitalista, o *election agent*, cuja existência foi indispensável na legislação inglesa moderna, empenhada em assegurar a lisura nas eleições. Essa legislação tratava de fiscalizar os custos eleitorais e fazer frente ao poderio do capital, obrigando o candidato a informar quanto havia custado a eleição. Porque o candidato — bem mais do que se deu no passado, na Alemanha —, além de gastar sua voz, tinha de gastar também o que levava na carteira. O *election agent* cobrava dele um valor fechado, com o que costumava fazer bom negócio. Na divisão do poder entre *leaders* e notáveis honorários dos partidos, no Parlamento e no país, o *leader* teve desde sempre, por razões compulsórias, uma posição muito significativa para a viabilização de uma política ampla e ao mesmo tempo constante. De todo modo, a influência dos parlamentares e dos notáveis honorários dos partidos continuava forte.

Assim se apresentava, em linhas gerais, a antiga organização dos partidos: metade sob gestão de notáveis honorários, metade já como negócio de empregados e empresários. A partir de 1868, porém, desenvolveu-se — primeiro para eleições locais em Birmingham, em seguida em todo o país — o sistema *caucus*.[13] Um pastor não conformista e, ao lado dele, Josef Chamberlain, foram os criadores desse sistema. O ensejo foi a democratização da lei eleitoral. Para conquistar as massas, tornava-se necessário montar um enorme aparato de associações aparentemente democráticas, formar um comitê eleitoral em cada bairro da cidade a fim de manter ininterrupto o funcionamento da atividade política, burocratizando tudo rigidamente. Aumentou-se o número de funcionários pagos, contratados, intermediadores principais e responsáveis formais pela política do partido, com direito à cooptação, eleitos pelos comitês eleitorais locais — nos quais logo estavam organizados cerca de 10% dos eleitores. A força motriz eram os círculos locais interessados sobretudo na política comunal — de modo geral, fonte das mais polpudas oportunidades materiais —, que reuniam recursos financeiros. A máquina que surgia, não mais comandada pelo Parlamento, muito depressa precisou lutar contra os detentores do poder, sobretudo com os *whips*. Saiu-se, entretanto, tão vitoriosa nessa luta que o *whip* teve de se submeter e fazer um pacto com ela. O resultado foi a centralização do poder nas mãos de poucos e, finalmente, daquele que se encontrava no topo da hierarquia do partido. No Partido Liberal, o sistema surgiu associado à ascensão de Gladstone ao poder. O aspecto fascinante da "grande" demagogia gladstoniana, a firme crença das massas no teor ético de sua política e, particularmente, no caráter ético de sua personalidade foram o que levou essa máquina tão depressa à vitória sobre os notáveis honorários. Surgiu em cena um elemento cesarista-plebiscitário na política: o ditador do campo de batalha eleitoral. Isso se manifestou em muito pouco tempo. Em 1877, o *caucus* entrou em ação pela primeira vez nas eleições nacionais. Com enorme êxito: o desfecho foi a queda de Disraeli, em meio aos expressivos resultados que obtinha. Em 1886, a máquina já estava tão inteiramente voltada à figura carismática da pessoa de Gladstone que, quando a Home Rule foi mais uma vez questionada, o aparato inteiro, de cima a baixo, não perguntou se compartilhava objetivamente dos princípios gladstonianos; simplesmente aderiu à palavra de Gladstone, prometendo: "O que ele fizer, nós o seguiremos". E o aparato abandonou assim seu próprio criador, Chamberlain.

Essa máquina exige um considerável aparato de pessoal. Na Inglaterra há aproximadamente 2 mil pessoas vivendo diretamente da política dos partidos. Muito mais numerosos são aqueles que participam da política na condição de meros caçadores de cargos ou com interesses específicos, em particular na esfera municipal. Além das oportunidades econômicas, existem para o político do *caucus* oportunidades de satisfazer à própria vaidade. Tornar-se "JP" ou até mesmo "MP"[14] é, por sua natureza, objeto da mais alta (e normal) ambição, concedido às pessoas de bom berço, *gentlemen*. A recompensa mais elevada com que se acenava, principalmente para grandes mecenas — 50% das finanças dos partidos provavelmente vinham de doações anônimas —, era o título de par do reino.

O efeito desse novo sistema foi fazer com que os parlamentares ingleses de hoje, com exceção dos poucos membros do gabinete (e de alguns excêntricos) não sejam nada mais do que um curral eleitoral bem disciplinado. Em nosso país, no Reichstag, era costume o parlamentar simular que trabalhava pelo bem do país, ao menos enquanto cuidava de sua correspondência profissional, em sua cadeira. Gestos desse tipo não são cobrados na Inglaterra. O membro do Parlamento só precisa votar e não trair seu partido; deve aparecer quando os *whips* chamam, fazer o que dispõe o gabinete ou o *leader* da oposição. A máquina-*caucus* em todo o país é, quando há um líder forte, desprovida de convicção própria e fica nas mãos do *leader*. Acima do Parlamento está, portanto, o ditador por assim dizer plebiscitário, que carrega as massas atrás de si por meio da "máquina" e para o qual os parlamentares são apenas prebendados políticos de seu séquito.

Como se dá a seleção de tal liderança? Primeiro: que capacidades são requisitadas? Para tanto — ao lado das propriedades do arbítrio, decisivas em toda parte do mundo —, o poder do discurso demagógico é, acima de tudo e naturalmente, determinante. Esse discurso vem se alterando desde os tempos em que, como no caso de [Richard] Cobden, se dirigia à razão; passando por Gladstone, que era um especialista no aparentemente sóbrio "deixar falar os fatos", até o presente, em que se trabalha não raro de modo meramente emocional, com recursos semelhantes aos que também o Exército de Salvação utiliza para mobilizar as massas. O regime bem pode ser chamado "ditadura baseada na exploração da emotividade das massas". Mas o bem desenvolvido sistema de trabalho de comitê no Parlamento inglês possibilita e até força qualquer político interessado em participar da direção a colaborar ali. Todos os ministros de renome das últimas décadas passaram por qualificação real e eficaz para seu trabalho, e a prática da apresentação de informes e da crítica aberta às deliberações faz com que esse aprendizado represente uma verdadeira seleção e exclua o mero demagogo.

Essa a situação na Inglaterra. O sistema *caucus* de lá, porém, foi somente uma forma abrandada, se comparada com a organização partidária americana, que desenvolveu particularmente cedo e numa versão especialmente pura o princípio plebiscitário. Os Estados Unidos de [George] Washington devia, segundo as ideias deste, ser uma comunidade administrada por *gentlemen*. Um *gentleman* era à época, também daquele lado do Atlântico, um senhor de terras ou um homem formado num *college*. De fato, foi mesmo assim no início. Quando se formavam partidos, os membros da Câmara dos Representantes[15] reivindicavam inicialmente o cargo de chefes, como na Inglaterra quando do domínio dos notáveis honorários. A organização partidária era absolutamente frouxa. Isso durou até 1824. Antes mesmo da década de 1820, a máquina partidária surgia em alguns municípios — que também ali foram a primeira etapa do processo de mudanças dos tempos modernos. Mas somente a eleição de Andrew Jackson para presidente, o candidato dos camponeses do Oeste, derrubou as velhas tradições. O encerramento formal da direção dos partidos por lideranças parlamentares chegou logo depois de 1840, quando os grandes parlamentares — Calhoun, Webster — deixaram a vida política, porque o Parlamento havia perdido praticamente todo o seu poder diante da máquina partidária que atuava país afora. O fato de a "máquina" plebiscitária ter se desenvolvido tão prematuramente nos Estados Unidos explica-se pela circunstância de que lá, e apenas lá, o chefe do Executivo — isso é que importava — e o chefe do patronato de cargos era um presidente escolhido plebiscitariamente e, em razão da "divisão de poderes", era praticamente independente do Parlamento no exercício de seu mandato. Um verdadeiro butim de prebendas em forma de cargos acenava, portanto, como recompensa da vitória na eleição presidencial. Com o *spoils system* então elevado por Andrew Jackson, de maneira sistemática, à condição de princípio geral, extraíram-se as consequências dessa situação.

O que significa hoje, para a formação dos partidos, esse *spoils system* — a atribuição de todos os cargos federais ao conjunto de seguidores do candidato vencedor? Significa que se encontram frente a frente partidos absolutamente sem convicções, meras organizações de caçadores de cargos, que elaboram para cada disputa eleitoral programas cambiantes segundo suas chances de conquistar votos, cambiantes de tal maneira que, apesar de todas as analogias, não se encontra em nenhuma outra parte. Tais partidos estão moldados para a mais importante disputa eleitoral ao patronato de cargos: a eleição para a presidência da União e para os postos de governador de cada um dos estados. Programas e candidatos são definidos nas "convenções nacionais" dos partidos, sem intervenção dos parlamentares. Por convenções de partido, portanto, que em termos formais contaram com democráticas assembleias de delegados, os quais, por sua vez, deveram seu mandato às *primaries*, as assembleias primárias de eleitores. Já nas primárias os delegados são escolhidos em nome dos candidatos a chefes de Estado; *dentro* de cada partido agita-se a luta mais acirrada em torno da questão da *nomination*. Estão nas mãos do presidente entre 300 mil e 400 mil nomeações de funcionários, efetuadas por ele mediante consulta aos senadores de cada um dos estados. Os senadores são, portanto, políticos poderosos. A Câmara dos Representantes, em contrapartida, é até certo ponto bastante impotente, porque lhe foi retirada a patronagem de funcionários, e os ministros, meros ajudantes do presidente legitimado pelo povo contra qualquer um, mesmo contra o Parlamento, podem exercer seu cargo independentemente da confiança ou da desconfiança que este último lhe devote — uma consequência da "divisão dos poderes".

O *spoils system* amparado pela divisão de poderes tornou-se tecnicamente *possível* nos Estados Unidos porque, na juventude da cultura americana, conseguiu-se suportar uma administração de meros diletantes. Entre 300 mil e 400 mil militantes que nada tinham a apresentar de qualificação senão o fato de terem prestado bons serviços a seu partido configuravam uma situação que, obviamente, não poderia existir sem causar enormes males: corrupção e desperdício sem precedentes, que somente um país com ilimitadas oportunidades econômicas foi capaz de suportar.

A figura política que desponta com esse sistema da máquina plebiscitária é a do *boss*. O que é o *boss*? Um empresário capitalista da política que arranja, por sua conta e risco, votos na eleição. Ele pode ter conquistado suas primeiras relações na condição de advogado, de dono de bar ou de proprietário de negócios semelhantes, ou como credor. Dali em diante seguirá tramando, até ser capaz de "controlar" certo número de votos. Tendo chegado a esse ponto, associa-se com os *bosses* mais pró-

478 ESSENCIAL SOCIOLOGIA

ximos; com sua dedicação, sua habilidade e, acima de tudo, sua discrição, desperta a atenção daqueles que já chegaram longe na carreira, e então começa sua ascensão. O *boss* é indispensável para a organização do partido, que fica centralizada em suas mãos. Ele obtém de maneira muito decisiva os recursos. Como chega a eles? Bem, em parte por meio de contribuições dos membros; principalmente pela taxação dos salários dos funcionários que chegaram a seus cargos por intermédio dele e de seu partido. Depois, por propinas e gorjetas. Quem pretender infringir impunemente uma das numerosas leis vai depender da conivência do *boss* e precisará pagar por ela. Caso contrário, surgirão para essa pessoa inevitáveis dissabores. Mas só com isso ainda não está garantido o capital de giro necessário. O *boss* é indispensável como receptor direto do dinheiro dos grandes magnatas do setor financeiro. Estes não confiariam dinheiro para fins eleitorais a nenhum funcionário remunerado do partido, menos ainda a qualquer pessoa que tivesse de prestar contas publicamente. O *boss*, com sua prudente discrição em assuntos de dinheiro, é, naturalmente, *o* homem dos círculos capitalistas que financiam a eleição. O típico *boss* é um homem absolutamente austero. Não ambiciona honraria social; o "profissional" é desprezado dentro da "sociedade mais respeitável". Está exclusivamente em busca de poder, como fonte de dinheiro, mas também poder pelo poder. Trabalha às escuras: essa é a sua radical diferença em relação ao *leader* inglês. Não o ouvirão discursar em público; ele sugere aos oradores o que devem dizer, e faz isso de modo conveniente. No entanto, mantém-se calado. De modo geral, não aceita nenhum cargo, a não ser o de senador. Pois, uma vez que os senadores têm participação na patronagem de cargos públicos por força da Constituição, os *bosses* dirigentes frequentemente se sentam em pessoa no Senado. A concessão dos cargos se dá prioritariamente segundo o que se produziu para o partido. Mas também aconte-ce muitas vezes o arremate de cargos contra ofertas de dinheiro, e há para cada um deles taxas definidas: um sistema de venda de cargos como também conheceram amplamente as monarquias dos séculos XVII e XVIII, incluindo o Estado pontifício.

O *boss* não tem nenhum "princípio" político firme. É completamente desprovido de convicções e apenas pergunta "O que é que atrai votos?". Não raro, é um homem de bem pouca educação. Em sua vida privada, porém, costuma viver de maneira irrepreensível e correta. Somente em sua ética política ele se adapta, por natureza, à ética média então estabelecida pela ação política, como muitos de nós nos tempos dos açambarcamentos,[16] e eventualmente também o fizemos no âmbito da ética econômica. O fato de socialmente ser desprezado como "profissional", como político de profissão, não o incomoda. Não chegar (nem mesmo querer isso) aos grandes postos da União tem a vantagem de, não raro (quando os *bosses* acreditam assim atrair votos nas eleições), haver como candidatos inteligências alheias ao partido — figuras da *nobilitas*, portanto —, e não os mesmos velhos notáveis honorários de sempre do partido, como acontece na Alemanha. Foi precisamente a estrutura desses partidos desprovidos de convicções — com seus socialmente desprezados detentores do poder — que ajudou, portanto, a chegarem à presidência homens talentosos que, na Alemanha, nunca teriam ascendido ao poder. Claro que um *outsider* que possa se tornar perigoso a suas fontes de dinheiro e de poder enfrenta a resistência dos *bosses*. Mas na concorrência pela simpatia do eleitorado eles têm precisado se render e aceitar os candidatos considerados adversários da corrupção.

Temos aí, portanto, um negócio partidário fortemente capitalista, organizado de cima a baixo de maneira rígida, apoiado também por agremiações sólidas, organizadas como ordens do tipo da Tammany Hall, as quais visam exclusivamente tirar proveito pela dominação política, sobretudo de administrações municipais — também nesse caso, dos mais importantes objetos de exploração. Essa estrutura da vida partidária foi possível em virtude da forte democracia dos Estados Unidos como "território novo". Tal contexto, por sua vez, obriga esse sistema a lentamente declinar e morrer. Os Estados Unidos não podem mais ser governados apenas por diletantes. Cerca de quinze anos atrás, quando se perguntava a trabalhadores americanos por que se deixavam governar daquele modo por políticos que eles mesmos declaravam desprezar, a resposta era: "Preferimos ter como funcionários pessoas em que nós cuspimos a ter, como no país de vocês [Alemanha], uma casta de funcionários que cuspam em nós". Esse era o antigo ponto de vista da "democracia" americana; os socialistas já naquele tempo pensavam completamente diferente. Não será mais possível sustentar tal situação. A administração por diletantes não é mais suficiente, e a Civil Service Reform cria postos vitalícios geradores de rendas cujo número está em constante crescimento e faz com que cheguem aos cargos públicos funcionários formados na universidade, tão incorruptíveis e talentosos como os alemães. Cerca de 100 mil cargos já não são mais objeto de butim a cada eleição, e sim empregos passíveis de pensões e atrelados à comprovação de qualificação. Isso aos poucos fará o *spoils system* recuar mais, e a direção do partido haverá de se remodelar — só não sabemos ainda como.

Na Alemanha, as condições decisivas para a empresa política se encontravam até o momento, basicamente, assim: primeiro, a impotência dos Parlamentos. A consequência era que não entrava neles em caráter duradouro pessoa que tivesse característica de liderança. Caso alguém quisesse entrar, o que ia poder fazer ali? Se vagava um posto na chancelaria, era possível dizer ao respectivo chefe de administração: "Tenho no meu distrito eleitoral um homem muito talentoso, ele seria apropriado para esse cargo, coloque-o aí". E a demanda era aceita de bom grado. Mas era praticamente tudo o que um parlamentar alemão podia alcançar para a satisfação de seus instintos de poder — se os tivesse. Além disso, fazia-se visível na Alemanha — e esse segundo fator condicionava o primeiro — a enorme importância do funcionalismo qualificado. Nesse aspecto, fomos os primeiros no mundo. Essa importância trazia a circunstância de o funcionalismo reivindicar para si não só postos destinados a funcionários especializados como também cargos de ministros. Na assembleia estadual da Baviera, no ano passado, quando se discutia a parlamentarização, foi dito que as pessoas de talento não se tornarão mais funcionários caso se coloquem parlamentares nos ministérios. Além disso, a administração dos funcionários esquivava-se, sistematicamente, de um tipo de controle como aquele representado pelas discussões de comissões inglesas e desabilitava assim os Parlamentos — com poucas exceções — a formar chefes de administração realmente úteis.

O terceiro fator foi que nós, na Alemanha, ao contrário do que acontecia nos Estados Unidos, tínhamos partidos com convicções políticas, que pelo menos afirmavam, com *bona fides* subjetiva, que seus membros representavam "visões de mundo" [*Weltanschauungen*]. Desses partidos, os dois mais importantes — o Partido do Centro e o Partido Social-Democrata — eram originalmente minoritários, e por vontade própria. Os círculos de liderança do Centro, no Império Alemão, nunca fizeram questão de esconder ser contra o parlamentarismo por temer ficar em minoria; isso lhes dificultaria a acomodação de caçadores de cargos, algo que se dera até então por meio da pressão sobre o governo. A social-democracia era por princípio um partido minoritário e representava um entrave à parlamentarização porque não queria se macular com a ordem político-burguesa vigente. O fato de ambos os partidos se excluírem do sistema parlamentar impossibilitou a instauração deste no país.

E o que acontecia com os políticos de profissão alemães? Não tinham poder, não tinham responsabilidade, só eram capazes de desempenhar um papel bastante subalterno de notáveis honorários e, consequentemente, estavam mais uma vez imbuídos dos típicos e generalizados instintos de corporação. No círculo desses notáveis honorários, que viviam em função de pequenos postinhos, era impossível a ascensão para quem não fosse como eles. Eu poderia citar um grande número de nomes de cada partido (obviamente sem excluir a social-democracia) que representou verdadeira tragédia de carreira política porque o referido tinha características de liderança e justamente por causa delas não era tolerado pelos notáveis honorários. Esse percurso no processo de desenvolvimento para a corporação de notáveis honorários foi trilhado por todos os nossos partidos. Bebel,[17] por exemplo, foi um líder, pelo temperamento e pela integridade de caráter, por mais modesta que fosse sua inteligência. O fato de ele ter sido um mártir, de nunca ter frustrado a confiança das massas (aos olhos daquelas) teve como consequência que estas o seguiram e não houve nenhuma força dentro do partido capaz de se opor seriamente a ele. Após a morte de Bebel, encerrou-se tal estado de coisas e começou o domínio pelos funcionários. Chegaram ao topo funcionários de sindicatos, secretários de partidos, jornalistas. Instintos burocráticos dominaram o partido, um respeitável funcionalismo — de rara respeitabilidade, pode-se dizer, tendo em vista a situação de outros países, particularmente no que diz respeito aos corruptos funcionários de sindicatos nos Estados Unidos —, mas as consequências já discutidas do domínio pelos funcionários se manifestaram também na esfera partidária.

Os partidos burgueses tornaram-se, a partir dos anos 1880, corporações de notáveis honorários. É bem verdade que eventualmente os partidos tinham de atrair, para fins de propaganda, inteligências extrapartidárias, para poder dizer: "Contamos com esses e mais esses nomes". Tanto quanto possível, evitavam deixar que eles disputassem eleições; isso apenas acontecia nos casos em que era inevitável demover o interesse de uma pessoa pela candidatura.

No Parlamento predominava o mesmo espírito. Nossos partidos no Parlamento eram e são corporações. Cada discurso proferido no plenário do Reichstag é antes submetido a exaustiva apreciação crítica no partido. Percebe-se isso pelo terrível tédio que provocam. Somente quem está inscrito como orador pode fazer uso da palavra. Mal se pode imaginar algo mais contrastante com o costume inglês, bem como — por razões absolutamente opostas — o francês.

Agora, devido ao violento colapso a que costumam chamar "revolução", talvez esteja em curso uma reviravolta. Talvez. Não se pode ter certeza. Primeiro, surgem rudimentos de novos tipos de aparatos partidários. A começar por aparatos amadores, com muita frequência representados por estudantes das diferentes escolas superiores, que dizem a um indivíduo a quem atribuem qualidades de liderança: "Queremos providenciar para o senhor o trabalho necessário; execute-o". Em segundo lugar, aparatos de homens de negócios. Por vezes, pessoas se dirigiram a indivíduos aos quais atribuíam qualidades de liderança e se ofereceram para cuidar de angariar votos mediante o pagamento de quantias fixas por voto obtido. Se os senhores me perguntassem qual desses dois aparatos eu consideraria mais confiável — unicamente do ponto de vista técnico-político —, creio que eu preferiria o último. Mas ambos foram bolhas que se inflaram rapidamente para se desfazer muito depressa. Os aparatos existentes se recompuseram, mas seguiram trabalhando. Aqueles fenômenos foram apenas um sintoma de que os novos aparatos talvez já fossem se manifestar, bastando apenas que houvesse os líderes disponíveis. Mas a própria peculiaridade da regulamentação do voto proporcional excluiu a ascensão daqueles. Somente alguns ditadores oriundos do clamor das ruas surgiram e caíram. E somente os seguidores da ditadura das ruas estão organizados numa disciplina rigorosa — daí o poder dessas minorias evanescentes.

Suponhamos que tal cenário tenha se alterado. Nesse caso, é preciso analisar e buscar compreender o que já foi dito: a direção dos partidos por líderes plebiscitários implica "a perda da alma" dos seguidores, sua proletarização intelectual, poder-se-ia dizer. Para ser útil como aparato para o líder, esse grupo deve obedecer cegamente, ser máquina no sentido americano, não se deixando incomodar com a vaidade de notáveis honorários nem com pretensões de ter pontos de vista próprios. A eleição de Lincoln só foi possível graças a uma organização partidária desse caráter, e no caso de Gladstone entrou em cena — como já se disse — o mesmo, com o *caucus*. É esse o preço que se paga por se deixar dirigir por líderes. Mas só se pode optar entre a democracia de líderes com "máquina" e a democracia sem líderes, isto é, o domínio de "políticos profissionais" sem vocação, sem as características interiores, carismáticas, que afinal fazem de alguém um líder. E isso significa o que a dissidência partidária da vez costuma designar como domínio da "panelinha". Por enquanto, só temos esse tipo de domínio na Alemanha. E para o futuro, pelo menos no Império Alemão, sua continuidade será favorecida pelo fato de que o Bundesrat[18] ressuscitará, necessariamente restringirá o poder do Reichstag e, com isso, sua importância como local de seleção de líderes. Além disso, tal continuidade de domínio acontecerá graças ao direito à representação proporcional, do modo como está configurado — uma manifestação típica da democracia sem líder, não só porque favorece as barganhas dos notáveis honorários em torno da composição das chapas, mas também porque futuramente haverá, para as associações de interessados, a possibilidade de forçar a acolhida de seus funcionários nas listas e, assim, criar um Parlamento apolítico, no qual não há lugar para liderança genuína. A única válvula de escape para a carência de liderança poderia se tornar o Reichspräsident, se ele fosse escolhido por meio de plebiscito, e não pelo Parlamento. Poderia surgir e selecionar-se uma liderança baseada na comprovação do trabalho, sobretudo se nos grandes municípios — como se deu em toda parte nos Estados Unidos, onde se quis encarar a corrupção a sério — entrasse em cena o ditador plebiscitário com o direito de compor seus escritórios com autonomia. Isso implicaria uma organização partidária sob medida para tais eleições. Mas a hostilidade incondicional, pequeno-burguesa, de todos os partidos em relação a lideranças, incluindo a social-democracia, torna totalmente obscuro o futuro modo de configuração dos partidos e, com isso, todas essas oportunidades.

Assim, não é possível deixar passar despercebido o modo como haverá de se configurar o empreendimento político como "profissão"; e, consequentemente, menos ainda se pode deixar de observar por que caminho estão se abrindo, para gente com dom para a política, oportunidades de se colocar diante de uma tarefa política satisfatória. Para aquele obrigado a viver "da" política em razão do patrimônio de que dispõe, sempre poderão ser levadas em consideração as alternativas do jornalismo ou do cargo de funcionário de partido como os típicos caminhos diretos, ou uma das representações de interesses — num sindicato, numa câmara de comércio, de agricultura, de ofícios, num órgão de apoio ao trabalhador, em associações de empregadores etc. —, ou a busca de um cargo apropriado no município. Mais do que isso não é possível afirmar sobre esse aspecto exterior, exceto que o funcionário de partido, assim como o jornalista, é alvo da aversão dos outros por seu "rebaixamento de classe". "Escriba assalariado" aqui, "orador assalariado" ali — infelizmente sempre será o que lhe chegará aos ouvidos, ainda que não com tais palavras. Quem, por sua vez, é indefeso e não consegue responder à altura, que fique longe dessa carreira, que em todo caso, com todas as pesadas tentações, é um caminho que pode trazer sucessivas decepções. Mas o que essa mesma carreira é capaz de oferecer em alegrias interiores e quais pré-requisitos pessoais coloca para quem a ela se dedique?

Bem, em primeiro lugar garante uma sensação de poder. A consciência da influência sobre pessoas, da participação no poder por intermédio delas, mas principalmente a sensação de dominar o ponto nevrálgico de importantes acontecimentos históricos é capaz de elevar o político profissional (mesmo aquele que ocupe formalmente posição mais modesta) acima da vida cotidiana e corriqueira. Mas a questão para ele é: com que qualidades pode esperar satisfazer as exigências desse poder (muito embora seja, no caso concreto, ainda tão estreitamente circunscrito) e, portanto, a responsabilidade que tal poder lhe confere? Com isso, entramos no campo de questões éticas. Pois é nele que se insere a pergunta: "Que tipo de pessoa é preciso ser, para poder meter a mão na roda da história?".

Pode-se dizer que três características são especialmente determinantes para o político: paixão, senso de responsabilidade e discernimento. Paixão no sentido de *objetividade*: entrega apaixonada a uma "causa", ao deus ou ao demônio que lhe é soberano. Não no sentido daquela postura interior que meu falecido amigo Georg Simmel costumava chamar de "excitação estéril", do modo peculiar a certo tipo de intelectual, sobretudo russo (não todos eles!), e que agora, nesse carnaval a que se enfeita com o orgulhoso nome de "revolução", tem um papel importante também junto a nossos intelectuais: um "romantismo do intelectualmente interessante" que cai no vazio e é desprovido de senso objetivo de responsabilidade. Pois a mera paixão, ainda que sentida de maneira genuína, não basta. Ela não transforma alguém num político se, enquanto serviço a uma "causa", não transformar em estrela guia decisiva da ação também a *responsabilidade* em relação a essa causa. Para tanto é preciso — e essa é a característica psicológica decisiva do político — *discernimento*, a capacidade de deixar a realidade agir enquanto se mantém o equilíbrio interior e a tranquilidade. Isto é: com *distanciamento* em relação às coisas e as pessoas. "Falta de distanciamento" é um dos pecados mortais de qualquer político e uma das características que, se mantidas em nossa nova geração de intelectuais, haverão de condená-los à incapacidade para a política. Pois o problema é, afinal, saber: como forçar e conciliar, na mesma alma, paixão ardente e frio discernimento? Política se faz com a cabeça, não com as outras partes do corpo ou da alma. E no entanto a dedicação a ela, se não deve ser uma frívola brincadeira intelectual, e sim uma verdadeira ação no âmbito humano, só pode ser gerada e alimentada por paixão. Aquele forte controle da alma, porém, que destaca o político apaixonado e o diferencia do mero diletante "esterilmente excitado", só é possível mediante o acostumar-se ao distanciamento — qualquer que seja o sentido da palavra. A "força" de uma "personalidade" política significa, antes de mais nada, a posse de tais características.

Assim, o político tem dentro de si, a cada dia e a cada hora, um inimigo bem trivial, humano, para vencer: a bem ordinária *vaidade*, inimiga mortal de toda dedicação objetiva e de todo distanciamento — nesse caso, o distanciamento em relação a si mesmo.

A vaidade é uma característica muito disseminada e talvez ninguém esteja inteiramente a salvo dela. E, nos círculos acadêmicos e de estudiosos, é uma espécie de doença profissional. Mas precisamente entre os estudiosos ela é, por mais antipático que seja seu modo de manifestar-se, relativamente inofensiva, no sentido de que em geral não prejudica a atividade científica. Absolutamente diferente do que ocorre com o político. Ele trabalha ambicionando *poder* como instrumento indispensável. Um "instinto de poder" — como se costuma dizer — faz parte, portanto e de fato, de suas características normais. O pecado contra o espírito santo de sua profissão, no entanto, começa do ponto onde esse empenho pelo poder perde objetividade e se torna objeto de mero delírio subjetivo, em vez de colocar-se exclusivamente a serviço da "causa". Pois no final das contas só há dois tipos de pecados mortais no campo da política: falta de objetividade e — frequentemente, mas nem sempre idêntica a ela — falta de responsabilidade. A vaidade, a necessidade de aparecer o mais possível em primeiro plano, leva o político, com intensidade máxima, à tentação de cometer um dos dois pecados, ou ambos. Tanto mais quando o demagogo se vê obrigado a levar em conta o "efeito produzido"; ele está, justamente por isso, em constante risco de tornar-se um ator e de ter de arcar com as consequências de seus atos, preocupando-se apenas com a "impressão" que está causando. Sua falta de objetividade lhe recomenda buscar a aparência reluzente do poder, em vez do poder de fato. Sua falta de responsabilidade, porém, lhe sugere desfrutar o poder apenas pelo poder, sem um fim revestido de conteúdo. Apesar de que — ou antes *porque* — o poder é instrumento indispensável e a busca pelo poder uma das forças motrizes da política, não há desfiguração mais nociva do que a vanglória arrivista com o poder e o olhar vaidoso no espelho da sensação de poder; enfim, toda adoração do poder. O mero "político do poder", que em nosso país um culto fervorosamente praticado busca glorificar, pode até atuar com vigor, mas na realidade atuará no vazio e no sem sentido. Nisso os críticos da "política do poder" estão cobertos de razão. Naquele repentino colapso interior de típicos portadores dessa atitude, temos podido presenciar que fraqueza interior e impotência se ocultam por trás de gestos bombásticos, mas inteiramente vazios. Ela é produto de uma atitude blasée altamente precária e superficial diante do *sentido* da ação humana, uma atitude que não tem nenhuma afinidade com o conhecimento da tragicidade que enreda toda ação, principalmente a ação política.

É absolutamente verdadeiro e um dado básico de toda história (no momento não o fundamentaremos aqui em maior profundidade) que o resultado final da ação política, de modo frequente — ou melhor, bem regularmente —, está em proporção completamente inadequada, muitas vezes em proporção paradoxal com seu sentido originário. Mas por isso tal sentido, o serviço a uma causa, não pode de modo algum faltar quando a ação possuir sustentação interna. Saber *que feições* deve ter a causa a cujo serviço o político anseia por poder e faz uso do poder é questão de fé. Ele pode servir a metas nacionais ou de toda a humanidade, sociais e éticas ou culturais, intramundanas ou religiosas, pode ser movido por forte crença no "progresso" — independentemente de em que sentido — ou recusar friamente esse tipo de crença; pode reivindicar estar a serviço de uma "ideia" ou, mediante rejeição baseada em princípios dessa reivindicação, querer servir a metas exteriores da vida cotidiana; sempre é necessária a *existência* de algum tipo de crença. Do contrário, pesa de fato — o que é absolutamente certo — a maldição da insignificância das criaturas também sobre os mais fortes êxitos políticos.

Com o que dissemos, já estamos prestes a entrar na discussão do problema que esta noite nos ocupa: o do éthos da política como "causa". Que vocação pode ela, por si, independentemente de suas metas, preencher no interior de toda a economia moral da conduta de vida?

Qual é, por assim dizer, o lugar ético no qual ela está fundada? É certo que aqui se confrontem visões de mundo fundamentais, entre as quais será preciso, no final, *eleger* uma. Comecemos, de modo resoluto, a tratar do problema recolocado — no meu entender, de maneira absolutamente equivocada.

Em primeiro lugar, livremo-nos de uma deturpação bem comum. É que a ética pode, de início, desempenhar um papel, do ponto de vista moral, bastante embaraçoso. Tomemos alguns exemplos. Os senhores dificilmente conceberão que um homem que deixou de amar uma mulher para amar outra não vá sentir a necessidade de legitimar isso perante si mesmo, dizendo "ela não era digna do meu amor", ou "ela tem me decepcionado", ou outros "motivos" do gênero. Trata-se de uma "descortesia" que fantasia, de modo igualmente descortês, uma "legitimidade" para a simples sina de ele não mais a amar e de a mulher ter de suportar isso, um expediente por força do qual ele reivindica para si uma causa justa e, para lhe aumentar o infortúnio, ainda tenta transferir a ela uma injustiça. De modo análogo procede aquele que é bem-sucedido na concorrência por uma conquista erótica: o adversário necessariamente tem menos valor que ele, senão não estaria vencido e em condição de inferioridade. Não é nada diferente de quando, após uma guerra vitoriosa, o vencedor reivindica, numa indigna prepotência: "Venci porque estava com a razão". Ou, quando alguém, em meio aos horrores da guerra, entra em colapso emocional e então, em vez de simplesmente dizer "isso passou mesmo dos limites", sente necessidade de legitimar diante de si mesmo seu cansaço em relação à guerra, substituindo a sensação: "Não pude suportar isso porque tive de lutar por uma causa moralmente nefasta". O mesmo se dá com o vencido. Em vez de, como uma velha comadre, procurar o "culpado" — sendo que, afinal, foi a estrutura da sociedade que produziu a guerra —, qualquer um com postura viril e firme dirá ao inimigo: "Perdemos a guerra, vocês a venceram. Isso agora é fato consumado. Vamos então falar sobre as consequências, considerando os interesses *materiais* que estavam em jogo e — o principal — tratar da responsabilidade perante o *futuro*, que pesa principalmente sobre o vencedor". Todo o resto caracteriza indignidade e terá seu preço, mais cedo ou mais tarde. Uma nação pode perdoar quem feriu seus interesses, mas não perdoa que lhe venham ferir a honra, menos ainda com uma atitude de prepotência clerical. Cada novo documento que vem à luz após décadas reanima a lamentação indigna, o ódio e a fúria em vez de pelo menos *moralmente* sepultar a guerra após o fim desta. Isso só é possível por meio da objetividade, da atitude cortês cavalheiresca e, acima de tudo, da *dignidade*. Nunca, porém, por meio de uma "ética" que na verdade signifique ausência de dignidade de ambos os lados. Em vez de se preocupar com aquilo que diz respeito ao político — o futuro e as responsabilidades a serem assumidas perante ele —, essa ética se ocupa de questões politicamente estéreis, pois insolúveis, ligadas à culpa por aquilo que se produziu no passado. Fazer *isso* é contrair dívida política, se é que existe alguma. E nesse contexto ainda passa despercebida a inevitável deturpação do problema, que gira em torno de interesses materiais — interesses do vencedor no mais provável ganho, nos aspectos moral e material; esperanças do vencido quanto à possibilidade de negociar vantagens relacionadas a reconhecimentos de culpa. Se existe algo que se pode chamar de "infame", então é precisamente isso, e essa é a consequência de tal modo de utilização da "ética" como instrumento para "estar com a razão".

Como fica, porém, a verdadeira relação entre ética e política? Não têm elas, conforme se vem dizendo de modo ocasional, absolutamente nada a ver uma com a outra? Ou, ao contrário, é acertado afirmar que "a mesma" ética que vale para a ação política vale para qualquer outra? Muitas vezes se acredita que entre essas duas asserções haveria uma alternativa excludente: ou uma ou outra estaria correta. Mas é verdade que os *mesmos* preceitos — em relação ao conteúdo — de qualquer ética do mundo poderiam ser colocados para as relações eróticas e comerciais, familiares e oficiais, para as relações com a esposa, a verdureira, o filho, os concorrentes, o amigo, os réus? Deveria ser tão indiferente, para as exigências éticas colocadas para a política, que esta trabalhe com um instrumento muito específico — o poder, por trás do qual está o recurso ao *uso da força*? Não estamos vendo os ideólogos bolchevistas e espartaquistas, justamente por fazer uso desse recurso, produzir os *mesmos* resultados de um ditador militarista qualquer? Em que, se não pela pessoa do detentor de poder e de seu diletantismo, se diferencia o domínio dos conselhos de trabalhadores e de soldados daquele de um dono de poder qualquer do regime anterior? Em que se diferencia a polêmica da maioria dos representantes da alegada nova ética, contra os adversários por eles criticados, da ética de quaisquer demagogos? "Diferencia-se pela nobreza da intenção!", dirá alguém. Está bem. Mas é do instrumento que se está tratando aqui; e a nobreza de suas intenções últimas os adversários em combate reivindicam para si exatamente da mesma maneira, com absoluta honestidade subjetiva. "Quem lançar mão da espada, pela espada morrerá", e luta é luta em qualquer parte. Portanto... a ética do Sermão da Montanha? Com o Sermão da Montanha — ou seja, com a ética absoluta do Evangelho — estamos diante de um assunto mais sério do que acreditam aqueles que hoje gostam de citar tais preceitos. Com essa ética não se pode brincar. Vale para ela aquilo que se tem dito sobre a causalidade na ciência: não é um fiacre que se possa mandar parar por capricho, a fim de, segundo a disposição momentânea, embarcar e desembarcar. Na verdade, cumpre aceitá-lo por inteiro *ou* rechaçá-lo por completo: *esse* é o sentido do Evangelho para quem se disponha a extrair dele algo que não sejam trivialidades. Assim, por exemplo, é o caso do jovem rico: "Ouvindo ele isso, ficou muito triste, porque era muito rico". O preceito evangélico é incondicional e unívoco: "Dá cá aquilo que tens" — *tudo*, enfim. O político dirá: uma exigência incabível, sem sentido do ponto de vista social, na medida em que não é imposta para *todos*. O mandamento ético, porém, *absolutamente não* questiona isso; essa é sua essência. Ou então o que se dá com a recomendação: "Oferece a outra face!". Incondicionalmente, sem perguntar o que dá ao outro o direito de bater. Uma ética da falta de dignidade — exceto... para um santo. Este é o fato: é preciso ser um santo em *tudo*, pelo menos na vontade, é preciso viver como Jesus, os apóstolos, são Francisco e semelhantes — *nesse caso* a ética fica dotada de sentido e passa a ser expressão de uma dignidade. *Caso contrário, não.* Pois se a ordem é, em consequência da acosmística ética do amor, "não resistir ao mal pela violência", é porque *deves* resistir com violência ao mal; senão serás *responsável* pelo triunfo daquele. Quem pretende agir segundo a ética do Evangelho que se abstenha das greves — pois elas são coerção — e entre para o sindicalismo pelego.[19] Mas que, acima de tudo, não fale em "revolução". Porque aquela ética certamente não pretende ensinar que a guerra civil seja a única legítima. O pacifista que age conforme o Evangelho recusará ou lançará longe as armas, como se recomendou na Alemanha, como dever ético, para pôr fim à guerra e, com isso, a qualquer guerra. O político dirá que o único meio seguro de pôr a guerra em descrédito para todo o *sempre* seria uma paz de *status quo*. Então os povos indagariam: para que se fez a guerra? Seria posto em evidência o absurdo da guerra — o que agora não é possível. De todo modo, para os vencedores — ao menos para uma parte deles — o conflito terá sido politicamente rentável. E o responsável por isso é o comportamento que nos tornou impossível toda resistência. Agora — quando houver terminado a época da fadiga — *a paz é que estará desacreditada, e não a guerra*: uma consequência da ética absoluta.

E finalmente o dever da verdade. Ele é premente para a ética absoluta. Daí é que se decidiu tornar públicos todos os documentos, sobretudo aqueles que pesam sobre o próprio país, e, em virtude dessa publicação, fazer a confissão de culpa, unilateral, incondicional, sem levar em consideração as consequências. O político achará que com os resultados alcançados por meio desse procedimento não se promoverá a verdade; ela seguramente será obnubilada por abusos e pelo desencadeamento de reações passionais. Considerará que somente uma apuração planejada e imparcial realizada por elementos apartidários poderia trazer frutos. E, ainda, que qualquer outro modo de proceder, por parte da nação que age assim, pode ter consequências irreparáveis durante décadas. Mas quais serão as "consequências"? A ética absoluta não *questiona* isso.

Aí está o ponto crucial. Precisamos ter claro que toda ação orientada pela ética pode estar sujeita a duas máximas fundamentalmente distintas, irredutivelmente opostas: a da "ética da convicção" e a da "ética da responsabilidade". Não que a ética da convicção corresponda à falta de responsabilidade ou que a ética da responsabilidade corresponda à falta de convicção. Não é disso, evidentemente, que se está falando. Mas há uma oposição abissal entre agir sob a máxima da ética de convicção — estamos falando em religião: "O cristão age corretamente e deixa o êxito nas mãos de Deus"—,[20] *ou* sob a máxima da ética da responsabilidade, que prevê arcar com as (previsíveis) *consequências* da ação. Procurem os senhores mostrar de modo convincente, a um sindicalista seguro de sua ética da convicção, que as consequências de sua ação farão aumentar as chances de reação, acirrando a opressão sobre sua classe, bloqueando a ascensão desta. Não o impressionarão, em absoluto. Se são ruins as consequências de uma ação que transcorre sob pura convicção, então o responsável por isso não é considerado aquele que age, e sim o mundo, a burrice das outras pessoas ou... o desígnio de Deus, que o criou. O ético de responsabilidade, por sua vez, conta com os defeitos da média das pessoas — ele não tem, como Fichte acertadamente afirmou, nenhum direito de pressupor a bondade ou a perfeição do homem, não se sente em condições de transferir para outros as consequências da própria ação, na medida em que pôde prevê-las. E dirá: "Essas consequências se devem ao modo como eu agi". O ético de convicção só se sentirá "responsável" pelo fato de não se apagar a chama da disposição, a chama, por exemplo, do protesto contra as injustiças da ordem social. Reacendê-la de maneira permanente é a finalidade de seus atos irracionais (em relação a um possível êxito), que só podem e devem ter valor como exemplos.

Mas mesmo com tais constatações o problema ainda não se esgota. Nenhuma ética do mundo pode ignorar o fato de que para atingir "bons" fins em numerosos casos o sujeito tem de recorrer também a meios moralmente discutíveis ou no mínimo perigosos e contar com a possibilidade — ou até a probabilidade — de eventos paralelos adversos. E nenhuma ética do mundo pode responder em que momento e em que proporções o bom fim, do ponto de vista ético, "sacraliza"[21] os meios e eventos paralelos eticamente perigosos.

O meio decisivo para a política é o uso da força física. Até onde chega a amplitude da tensão entre meio e fim, do ponto de vista ético, os senhores podem depreender da circunstância de, conforme todo mundo sabe, os socialistas revolucionários (da tendência de Zimmerwald) declararem, durante a guerra, sua lealdade ao princípio que até ali se podia formular de maneira marcante: "Se estamos diante da opção de mais alguns anos de guerra e então revolução, ou paz agora mesmo e nenhuma revolução, então optaremos por mais alguns anos de guerra!". À questão seguinte — "O que essa revolução pode trazer?" — qualquer socialista cientificamente formado teria respondido que não estava em discussão uma transição para uma economia que se pudesse chamar de socialista em *seu* benefício, e sim que surgiria mais uma vez uma economia burguesa que só teria conseguido varrer os elementos feudais e restos dinásticos. Para esse modesto resultado, portanto, "mais alguns anos de guerra!". Alguém poderá dizer que não se pode rejeitar nesse caso, mesmo mediante uma muito aguerrida convicção socialista, o fim que exige meios desse tipo. No bolchevismo e no espartaquismo, aliás em todo tipo de socialismo revolucionário, a questão também é exatamente essa, e é ridículo, claro, quando esses revolucionários repudiam *moralmente* os "políticos do uso da força" do regime anterior por terem utilizado o mesmo meio que eles empregam — por mais justificada que seja a rejeição de seus *objetivos*.

Nesse ponto, nesse problema da justificação [sacralização] dos meios pelo fim, parece necessariamente fracassar também a própria ética da convicção. E, de fato, pela lógica, ela só tem a opção de *repudiar* toda e *qualquer* ação que empregue meios perigosos do ponto de vista moral. Pela lógica. No mundo das realidades, é certo que repetidamente presenciamos o ético de convicção de repente transformar-se no profeta quiliástico [milenarista], ou aqueles que acabaram de pregar o "amor que se opõe à violência" no momento seguinte conclamarem à violência — à violência *decisiva*, que deve trazer o aniquilamento de *todo* uso de força —, como nossos militares diziam a cada ofensiva: que aquela seria a última, que aquela traria a vitória e, então, a paz. O ético de convicção não suporta a irracionalidade ética do mundo. Ele é "racionalista" cósmico-ético. Qualquer leitor de Dostoiévski há de se lembrar da cena com o Grande

Inquisidor, na qual o problema está colocado de maneira bem acertada. Não é possível conciliar ética da convicção e ética da responsabilidade ou decretar eticamente que fim este ou aquele meio deve sacralizar caso se façam concessões a esse princípio.

O colega F. W. Förster, o qual tenho pessoalmente na mais alta estima quanto à indubitável probidade de sua convicção, mas que, é certo, incondicionalmente recuso como político, acredita tratar dessa dificuldade em seu livro com a simples tese de que do bem só pode decorrer o bem e do mal só o mal. Nesse caso, toda essa problemática não existiria. Mas é mesmo espantoso que 2500 anos depois dos upanixades tenha sido possível expor tal tese. Não somente todo o curso da história mundial, mas todo exame imparcial da experiência cotidiana afirma, com efeito, o contrário. O desenvolvimento de todas as religiões do planeta está baseado na circunstância de que se trata exatamente do oposto. O problema ancestral da teodiceia é, enfim, a questão: como é possível um poder do qual se afirma ser onipotente e bom ter sido capaz de inventar um mundo de sofrimento imerecido, de injustiça impune e de estupidez incorrigível? Ou ele não é uma coisa ou não é outra, ou absolutamente diferentes princípios de compensação e retribuição regem a vida, princípios que podemos interpretar metafisicamente ou que tenham escapado para sempre à nossa interpretação. Esse problema — a experiência da irracionalidade do mundo — foi, com efeito, a força motriz do desenvolvimento de todas as religiões. A doutrina cármica indiana e o dualismo persa, o pecado original, a predestinação e o *Deus abscondi-tus* desenvolveram-se todos dessa experiência. Também os primeiros cristãos sabiam com exatidão que o mundo estaria regido por demônios e que quem se envolvesse com a política, isto é, com o poder e o uso da força como meios, estaria fazendo um pacto com poderes diabólicos, e que para sua ação não valeria a asserção de que do bem só se produz o bem e do mal apenas o mal, e sim muitas vezes o contrário. Quem não percebe isso é, na realidade, um ingênuo em assuntos de política.

A ética religiosa aceitou de maneira variada o fato de estarmos inseridos em ordens de vida submetidas a leis diversas e diferentes entre si. O politeísmo helênico oferecia sacrifícios tanto a Afrodite quanto a Hera, tanto a Dioniso quanto a Apolo e sabia que eles não raro estavam em conflito. A ordem de vida hindu fazia de cada uma das diferentes profissões objeto de uma lei ética particular, um *dharma*, e separava-as umas das outras em castas, colocando-as numa hierarquia fixa, da qual não havia escapatória para os nelas nascidos, exceto pelo renascimento em vida futura, e com isso posicionava-as em distâncias diferentes em relação aos mais elevados bens religiosos de salvação. Assim, foi possível expandir de maneira coerente o *dharma* de cada uma das castas — dos ascetas e brâmanes até os meliantes e as prostitutas — para as leis próprias, imanentes, da profissão. Entre elas, também as relacionadas à guerra e à política. A classificação da guerra no conjunto das ordens de vida pode ser encontrada no *Bhaghavad Gita*, no diálogo entre Krishna e Arjuna. "Faz o que é necessário" — isto é, a "obra" objetivamente necessária às finalidades da guerra, um dever do *dharma* da casta guerreira e suas regras. Isso não compromete a salvação religiosa; ao contrário, serve a ela. O céu de Indra sempre foi, para o guerreiro indiano, nos casos de morte por ato heroico, tão certo quanto o Valhala para o germânico. O Nirvana, contudo, o guerreiro indiano teria desprezado tanto quanto o germânico haveria desdenhado o paraíso cristão com seus anjinhos. Essa especialização possibilitou à ética indiana um tratamento contínuo, seguindo apenas as leis próprias da política — enfim, o cada vez mais radicalmente crescente tratamento de tal arte régia. O "maquiavelismo" verdadeiramente radical, no sentido popular do termo, está representado de maneira clássica, na literatura indiana, no *Arthashastra*, de Kautiliya (muito antes de Cristo; segundo indicam, dos tempos de Chandragupta); diante dele, o "príncipe" de Maquiavel é inofensivo. Na ética católica, com a qual o professor Förster simpatiza, é sabido que os *consilia evangelica* são uma ética particular para os dotados do carisma da santidade. Ali se vê, postado ao lado do monge que não pode derramar sangue nem buscar aquisições materiais, o cavaleiro ou o burguês religiosos, dos quais um tem permissão de derramar sangue e o outro, de acumular bens materiais. A organização da ética em diferentes níveis e sua inserção num organismo da doutrina salvadora são menos consequentes do que na Índia; de todo modo, era assim que aquilo podia e devia ser, segundo os pressupostos de fé cristãos. A corrupção do mundo pelo pecado original permitia com relativa facilidade uma inserção do uso da força, na ética, como medida corretiva contra o pecado e contra os heréticos ameaçadores de almas. As exigências orientadas pela ética da convicção, exigências acosmísticas do Sermão da Montanha, porém, e o direito religioso natural nele baseado como requisito absoluto conservaram seu poder revolucionário e apareceram em cena com seu ímpeto elementar em quase todas as épocas de convulsão social. Criaram principalmente as seitas pacifistas radicais; uma delas, na Pensilvânia, fez o experimento de um modelo de Estado que dispensaria o uso da força em relação ao exterior; teve trágico desfecho, na medida em que os quakers, quando da eclosão da Guerra da Independência, não puderam recorrer às armas para a defesa de seus ideais, representados no conflito. O protestantismo, por sua vez, legitimou o Estado, ou seja, o recurso ao uso da força como disposição divina em termos absolutos — e, em particular, o Estado autoritário legítimo. A responsabilidade ética pela guerra, Lutero retirou-a do indivíduo e transferiu-a para a autoridade à qual se podia obedecer, sem incorrer em culpa, em outros assuntos que não os da fé. O calvinismo, por sua vez, reconhecia em princípio a força como recurso da defesa da fé, ou seja, a guerra religiosa, que no islã foi elemento vital desde o início. Pode-se perceber então que *não* é absolutamente uma descrença moderna nascida do culto aos heróis da Renascença que levanta o problema da ética política. Todas as religiões se debateram com ele, obtendo maior ou menor êxito, e, segundo o que acabamos de expor, não podia ser diferente. É o recurso específico do *uso legítimo da força* pura e simplesmente, em poder de associações humanas, que determina o caráter particular de todos os problemas éticos da política.

Quem quer que pactue com tal recurso, com que fins o faça — e todo político faz isso —, esse indivíduo está à mercê de suas consequências específicas. Num grau particularmente alto está aquele que luta em nome de sua fé, tanto da fé religiosa quanto da revolucionária. Tomemos, sem maiores considerações, o tempo presente como exemplo. Quem pretenda produzir a justiça absoluta na Terra mediante o *uso da força* necessita de seguidores: o "aparato" humano. A esse aparato é preciso prometer as gratificações espirituais ou materiais necessárias — recompensa celestial ou terrena; do contrário, o aparato não funcionará. Recompensas espirituais, sob as condições da moderna luta de classes, consistem na satisfação do ódio e da sede de vingança, mas principalmente do ressentimento e da necessidade de uma pseudoética prepotência, ou seja, de difamação e heretização dos adversários. Recompensas materiais são aventura, vitória, butim, poder e prebendas. O líder, para ter êxito, é dependente do funcionamento desse aparato. Como consequência, também depende das motivações *dos integrantes desse grupo* — não de suas próprias motivações. Depende, portanto, da possibilidade de garantir *em caráter permanente* as

recompensas a seus seguidores — seja a guarda vermelha, seja espiões, seja os agitadores de que se necessita.
Os resultados que o líder, sob tais condições de atuação,
alcança de fato não estão, portanto, em suas mãos, e sim
lhe são prescritos por objetivos ética e preponderantemente infames da ação de seus seguidores, que só podem ser
mantidos nas rédeas enquanto uma crença sincera no líder e na causa anime ao menos uma parte dos cooperados
— e nunca deverão ser maioria na Terra. Mas essa crença,
por mais sincera que seja, num número muito grande dos
casos não passa de uma "legitimação" ética da sede de
vingança, poder, butim e prebendas. Quanto a isso, que
não venham tentar nos iludir com belos discursos, pois a
interpretação materialista da história também não é um
fiacre no qual se possa embarcar como bem se entenda,
e não freia diante dos responsáveis por revoluções! Mas
acima de tudo o *cotidiano* tradicionalista segue os passos
da revolução emocional; o herói da fé e sobretudo a própria fé desaparece ou torna-se — o que acaba sendo ainda
mais eficaz — componente do convencional discurso de
chavões dos ignorantes e dos especializados em assuntos
políticos. Precisamente no conflito religioso esse processo
opera com particular rapidez porque costuma ser coman-
dado ou inspirado por autênticos *líderes*: profetas da revolução. Afinal, como em qualquer aparato de liderança,
também nesse caso o esvaziamento e a objetificação, a
proletarização da alma ao interesse da "disciplina" é um
dos requisitos para o êxito. Alcançado seu papel dominante, o séquito de alguém que luta em nome de uma fé
costuma, assim, desandar com especial facilidade numa
camada bem comum de prebendados.

Quem pretende se dedicar à política e quem quer
praticá-la integralmente, como vocação, precisa estar
ciente desses paradoxos éticos e de sua responsabilidade para com aquilo em que poderá transformar-se sob
pressão desses paradoxos. Esse alguém envolve-se, repi-

to, com poderes diabólicos que estão à espreita em qualquer uso de força. Os grandes virtuoses do amor e do bem acosmísticos, provenientes de Nazaré, de Assis ou de palácios reais indianos, não trabalharam com o recurso político do uso da força; seu reino "não era deste mundo" e no entanto produziram e produzem seus efeitos neste mundo; as figuras de Platon Karataiev e dos santos de Dostoiévski seguem sendo as mais adequadas reconstituições dessa espécie de indivíduos. Quem busca a salvação de sua alma e o resgate da alma de outrem busca-os não pela via política, que tem tarefas outras, que só podem ser solucionadas com o uso da força. O gênio ou demônio [*daímon*] da política vive, com o deus do amor e com o Deus cristão em sua versão eclesiástica, numa tensão que a qualquer momento pode transformar-se num conflito indecidível. Isso os homens sabiam também nos tempos de dominação pela Igreja. Repetidas vezes Florença esteve sob o interdito papal — e isso significava naquele tempo, para as pessoas e para a salvação das almas, um poder bem mais incisivo que a "fria aprovação" (para citar Fichte) do juízo ético kantiano; os cidadãos, porém, lutavam contra o Vaticano. Com referência a essas situações, Maquiavel, numa bela passagem — que eu não esteja equivocado — das *Histórias florentinas*, faz um de seus heróis exaltar os cidadãos para os quais a grandeza da cidade natal era mais importante do que a salvação de sua alma.

Se em vez de cidade natal ou "pátria" — termos que atualmente não devem representar para ninguém um valor unívoco —, os senhores disserem "o futuro do socialismo" ou mesmo "o futuro da pacificação internacional", então terão o problema do modo como ele se encontra agora. Pois isso tudo, ambicionado pela ação *política* que trabalha com meios violentos e na via da ética da responsabilidade, põe em risco a "salvação da alma". Se no entanto esta última for perseguida na guerra religiosa com o mero emprego da ética da convicção, então os objetivos dessa ação política poderão sofrer, comprometer-se e ficar desacreditados por várias gerações, porque terá faltado ali a responsabilidade pelas *consequências*. Pois nesse caso permanecem inconscientes a quem age os poderes diabólicos que estão em jogo. Tais poderes são implacáveis e, se o indivíduo não os perceber, geram para sua ação e para seu íntimo consequências às quais ele, desamparado, ficará entregue. "O diabo é velho." E não é à idade biológica que se refere a frase que diz: "Envelheci então para entendê-lo".[22] Ser sobrepujado numa discussão mediante a apresentação de uma data na certidão de nascimento eu também nunca tolerei. Mas o mero fato de que um sujeito conte vinte anos de idade e eu esteja com mais de cinquenta também não pode me levar a considerar que só isso já seja uma proeza diante da qual eu tenha de prestar enormes reverências. Não é a idade que importa, mas sobretudo o bem treinado atrevimento do olhar sobre as realidades da vida, a capacidade de suportá-las e de estar, interiormente, em condições de enfrentá-las.

Em verdade, política é, sim, feita com a cabeça, mas não *apenas* com a cabeça. Nisso os éticos da convicção têm razão. Se *é imperativo* agir como ético de convicção ou ético de responsabilidade, e quando se deve atuar desse ou de outro modo, trata-se de algo que não se pode prescrever a ninguém. Apenas uma coisa é possível afirmar: se agora, nestes tempos de uma — como os senhores creem — excitação *não* "estéril" (mas excitação nem sempre é paixão), *de repente* se disseminam os políticos de convicção, em massa, anunciando "O mundo é estúpido e vil, não eu; a responsabilidade pelas consequências não é minha, e sim dos outros para quem eu trabalho e cuja estupidez ou vileza dizimarei", então digo com franqueza que, em primeiro lugar, questiono quanto de *equilíbrio interior* há por detrás da ética de convicção. E tenho a impressão de que, em nove de dez casos, estou diante de pessoas superficiais, que não sentem de modo real o que estão assumindo, que na verdade se entorpecem com sensações românticas. Isso não me interessa muito do ponto de vista humano, e não me comove. No entanto, é incomensuravelmente comovedor quando uma pessoa madura — não importa se jovem ou em idade avançada —, que sente de modo real e com toda a alma essa responsabilidade pelas consequências e age de modo eticamente responsável, a certa altura diz: "Não sei fazer diferente; aqui estou eu". Isso é algo autenticamente humano e comove. Pois essa postura precisa *poder* surgir em algum momento para *qualquer um* de nós que não esteja morto por dentro. Nesse sentido, ética de convicção e ética de responsabilidade não são opostos absolutos e sim complementos que, juntos, resultam no homem autêntico, aquele que *pode* ter a "vocação para a política".

E então, estimado público presente, voltemos a falar sobre esse assunto dentro de *dez anos*. Se for esse o caso, como infelizmente devo temer por uma série de razões, o tempo da reação já terá eclodido há muito e, daquilo que muitos dos senhores e (admito com franqueza) também eu desejava e esperava, pouco — muito pouco, para não dizer que não terá sido nada —, ao que parece, terá se concretizado. Isso é muito provável, não me abalará, mas ter consciência dessa possibilidade oprime nosso íntimo; então desejarei ver em que terão se transformado aqueles dos senhores que agora se sentem legítimos "políticos por convicção", o que terá "resultado", no sentido mais íntimo da palavra, dos senhores. Seria agradável se as coisas estivessem conforme o soneto 102 de Shakespeare:

> *Nosso amor era novo, inda na primavera*
> *Quando com meus lais eu costumava saudá-lo*
> *Qual canta o rouxinol, do verão no começo,*
> *Poupando sua flauta ao avançar dos dias.*[23]

Mas não é esse o caso. Não é o desabrochar do verão que temos diante de nós, e sim uma noite polar de gélidas trevas e rigores, independentemente do grupo que saia vitorioso. Pois, onde não há nada, não só o imperador, mas também o proletário perdeu sua razão. Se esta noite aos poucos há de se afastar, quem viverá ainda daqueles cuja primavera aparentemente florescia tão abundante? E o que terá resultado dos senhores, interiormente? Amargor ou ignorância, simples aceitação apática do mundo e da profissão ou, a terceira e não mais rara das opções, fuga mística do mundo por aqueles que têm dom para isso ou — o que é frequente e nefasto — se torturam para caber nela como numa roupa da moda? Em qualquer dos casos, tirarei a conclusão de que *não* terão sido capazes de encarar os próprios atos, *tampouco* de encarar o mundo e seu cotidiano como eles realmente são. Não terão tido a vocação para a política que acreditavam possuir em si e para si, objetivamente e de fato, no sentido mais íntimo possível. Teriam feito melhor cultivando a fraternidade de homem para homem e, de resto, atuando com mera objetividade no seu trabalho do dia a dia.

A política significa um forte e lento perfurar de tábuas duras, ao mesmo tempo com paixão e discernimento. É verdadeira a afirmação, e a experiência histórica a confirma, de que o indivíduo não terá alcançado o possível se não tiver a todo momento buscado o impossível. Mas aquele que sabe fazer isso deve ser um líder, e não somente isso, mas também — num sentido muito simples da palavra — um herói. E aqueles que não são uma coisa nem outra precisam se munir da firmeza de coração necessária para a quebra de todas as esperanças, agora mesmo, senão não estarão em condições de dar conta daquilo que é possível hoje. Somente quem está seguro de que não se abalará se o mundo (visto a partir de sua perspectiva) for estúpido demais ou vil demais para aquilo que ele lhe quer oferecer, que diante de tudo tenha condições de dizer "Mesmo assim!", somente esse tem a "vocação" para a política.

Reflexão intermediária[*]

Teoria dos níveis e direções da rejeição religiosa do mundo

O campo da religiosidade *indiana*, que pretendemos agora adentrar, em acentuadíssimo contraste com a da China, dos pontos de vista teórico e prático, é o berço das formas de ética religiosa mais negadoras que a Terra já produziu. Em equivalente nível de desenvolvimento, muito alto, encontra-se nela a correspondente "tecnologia". O monasticismo e as manipulações típicas da ascese e da contemplação foram, nesse contexto, não só os mais precoces, mas também, de maneira muito coerente, plasmados, e essa racionalização talvez tenha promovido, historicamente, sua trajetória pelo mundo. Antes de nos voltarmos a essa religiosidade, é conveniente esclarecer, num construto esquemático e teórico, que motivos deram origem e em que direções surgiram e desapareceram éticas religiosas de negação do mundo — para identificar qual terá sido seu possível "sentido".

O esquema tem, naturalmente, apenas a finalidade de ser um *meio de orientação* ideal-típico, sem querer transmitir ensinamentos de uma filosofia própria. Seus

---

[*] Max Weber, *Die Wirtschaftsethik der Weltreligionen Konfuzianismus und Taoismus* [1915-20]. Max Weber-Gesamtausgabe, v. 19. Org. de Helwig Schmidt-Glintzer e Petra Kolonko. Tübingen: Mohr (Paul Siebeck), 1989. Trad. de Marcelo Rondinelli. (N.E.)

conflitos das "ordens de vida", construídos num modelo teórico, expressam unicamente que em certos pontos esses conflitos interiores são *possíveis* e "adequados" — mas *não* pretendem demonstrar algo como uma ausência total de perspectiva a partir da qual possam ser considerados "abolidos/preservados/elevados".[1] As diferentes esferas de valor estão, como facilmente se verá, deslindadas como *raramente* se apresentam — em todo caso, de um modo como podem se apresentar e como, de maneira historicamente relevante, *já se apresentaram.* O construto permite, no ponto em que um fenômeno histórico se aproxima (em detalhes isolados ou em seu caráter total) de um conjunto de fatos, determinar o — por assim dizer — lugar tipológico desses fatos por meio da investigação da proximidade ou da distância em relação ao tipo teoricamente construído. Nesse sentido, o construto é, portanto, apenas um expediente técnico provisório para facilitar a visibilidade geral da matéria exposta e a terminologia. Mas paralelamente ele poderia, sob certas condições, ser algo mais. Também o racional, no sentido da "consistência" lógica ou teleológica de uma tomada de posição intelectual-teórica ou prática-ética tem (e desde sempre teve) poder sobre os homens, por mais limitado e frágil que esse poder tenha estado e esteja diante de outras forças da vida histórica. Interpretações religiosas de mundo que se pretendem racionais e éticas, criadas por intelectuais, estiveram, entretanto, fortemente sujeitas ao preceito da coerência. Por menos que elas, em casos particulares, se submetessem à exigência da "ausência de contradição", e por mais que do ponto de vista racional inserissem em seus postulados éticos tomadas de posição *não* deduzíveis, o fato é que nelas o efeito da *ratio* (em especial da derivação teleológica dos postulados práticos) é muitas vezes fortemente perceptível. Também podemos esperar, a partir desse fundamento objetivo, facilitar a representação da diversidade (aliás, flagrante) por meio de tipos racionais convenientemente construídos. Ou seja, pelo deslindamento das formas interiormente "mais coerentes" de um comportamento prático deduzível de pressupostos fixos dados. Finalmente, e acima de tudo, um ensaio de sociologia da religião deste tipo precisa e pretende ser uma contribuição para a tipologia e a sociologia do próprio racionalismo. Ele parte, portanto, das formas mais racionais que a realidade *pode* assumir e busca investigar até que ponto foram de fato extraídas certas conclusões lógicas racionais teoricamente formuláveis. E, eventualmente, por que não o foram.

Nas demonstrações introdutórias e em outras, posteriores, já foi abordada a grande importância da concepção do Deus criador supramundano para a ética religiosa — em particular para a ativamente ascética em oposição à contemplativamente mística, de afinidade com a despersonificação e a imanência do poder divino —, em relação à busca da salvação. Porém, o fato de essa ligação[2] não ser incondicional, e de não ter sido o Deus supramundano aquele que definiu a direção da ascese no Ocidente, suscita a reflexão de que a Trindade cristã, com seu homem-Deus salvador e os santos, representava uma concepção divina menos supramundana do que o Deus do judaísmo, sobretudo do judaísmo tardio, ou do o Alá islâmico.

É bem verdade que o judaísmo desenvolveu certa mística, mas praticamente nenhuma ascese do tipo ocidental. E no antigo islã a ascese era diretamente condenada, enquanto o caráter peculiar da religiosidade dos dervixes provinha de fontes (místico-extáticas) totalmente diversas da relação com o Deus criador supramundano; e em sua essência interior ficava distante da ascese ocidental. A concepção supramundana de Deus, por mais importante que fosse e apesar de seu parentesco com a profecia de missão e a ascese da ação, evidentemente não produziu efeitos com exclusividade, mas associada a outras circunstâncias, sobretudo as promessas religiosas e os caminhos de salvação determinados por estas. Será preciso discutir caso a caso, repetidas vezes. Nesse ponto, em primeiro lugar, devem ser especificados de maneira um pouco mais ampla, para esclarecimento da terminologia, as expressões "ascese" e "mística", com as quais, na condição de conceitos polares, já foi preciso operar muitas vezes.

Como opostas no campo da rejeição do mundo, já foram colocadas nas observações introdutórias, de um lado, a ascese ativa, uma *ação* determinada pela vontade divina como ferramenta de Deus, e de outro a mística como sensação de *posse* da salvação pela via contemplativa, que pretende significar um "ter", não um agir, e na qual o indivíduo não é ferramenta, mas "recipiente" do divino. Neste último caso o agir no mundo deve, em consequência, parecer uma ameaça ao irracional e extramundano estado condicional de salvação. A oposição fica radical quando, de um lado, a ascese do agir no mundo — como configuradora racional para a repressão do indivíduo corrompido — produz efeitos por meio de trabalho na "vocação" mundana (ascese intramundana); e quando a mística, por sua vez, experimenta integralmente as consequências da fuga radical do mundo (por uma contemplação de fuga do mundo). A oposição se abranda quando, por um lado, a ascese do agir limita-se à contenção e à superação do indivíduo corrompido em sua própria essência, e, consequentemente, eleva a concentração às capacidades ativas e fixas (segundo a vontade de Deus) de redenção até a evitação do agir nas ordens do mundo (ascese de fuga do mundo), aproximando-se desse modo do comportamento exterior segundo a contemplação de fuga do mundo. Por outro lado, o místico contemplativo não experimenta as consequências da fuga do mundo; ele permanece nas ordens do mundo como o asceta intramundano (mística intramundana). A oposição pode, em ambos os casos, desaparecer na prática, permitindo o surgimento de alguma combinação das duas modalidades de busca da salvação. Mas essa oposição também pode existir sob o invólucro da semelhança exterior. Para o verdadeiro místico, permanece a oposição que afirma que a criatura deve se calar, para que Deus possa falar. Ele "está" no mundo e "ajusta-se" exteriormente em suas ordens, mas para — em oposição a elas — assegurar seu estado de graça reagindo à tentação de considerar importante a atividade desse mundo. Como pudemos ver em Lao Tsé, sua postura típica é uma humildade atenuada, uma minimização do agir, uma espécie de incógnito religioso no mundo: ele se põe à prova *contra* o mundo, *contra* seu agir no mundo, enquanto a ascese intramundana se põe à prova de modo justamente contrário, *com* sua ação. Para os ascetas intramundanos, o comportamento do místico é um letárgico gozo de si mesmo; para o místico, o do asceta (que age intramundanamente) é um envolvimento com a atividade mundana alheia a Deus, combinado com uma prepotência vaidosa. Com aquela "tacanheza feliz" que se costuma atribuir ao típico puritano, a ascese intramundana executa as resoluções divinas positivas, que em seu sentido mais fundamental lhe permanecem ocultas, do modo como tais resoluções estão presentes nas ordens racionais do criatural dispostas por Deus, enquanto para o místico somente o alcance da divindade, inteiramente irracional, sentido na experiência mística, é que tem significado para a salvação. As formas de fuga do mundo de ambos os comportamentos se distinguem por oposições semelhantes, cuja discussão reservamos à apresentação individualizada.

Vamos tratar agora, em detalhes, das relações de tensão entre mundo e religião, e estabelecer um vínculo com as observações da introdução, para abordá-las de maneira um pouco diferente.

Já dissemos que as espécies de comportamento que, transformadas para uma conduta de vida metódica, constituíram o germe da ascese e da mística, derivam, primeiro, de pressupostos mágicos. Foram praticadas ou para despertar qualidades carismáticas ou para prevenir contra magia maléfica. O primeiro caso foi o mais importante no curso da história. É que, já no limiar de seu surgimento, a ascese mostrava sua dupla face: de um lado a que evita o mundo, de outro a que pretende dominá-lo por meio dos poderes mágicos obtidos com esse evitar. Historicamente, o mago foi o precursor do profeta — tanto do exemplar quanto do profeta enviado e do salvador. O profeta e o salvador legitimavam-se pela posse de um carisma mágico. Mas esse carisma era apenas um expediente para proporcionar reconhecimento e respeito ao significado exemplar ou à missão ou à característica de salvadores que traziam consigo. Pois o teor da profecia ou da mensagem do salvador era orientar a conduta de vida segundo o empenho por um bem de salvação. Nesse sentido, portanto, ao menos em termos relativos, tratava-se de uma sistematização racional da conduta de vida, no todo ou em pontos isolados. A orientação para um bem de salvação foi a regra em todas as religiões "redentoras" propriamente ditas, isto é, todas aquelas que prometiam a seus seguidores a libertação do *sofrimento*. E, mais especificamente: quanto mais sublimada, interiorizada e fundada em princípios a essência do sofrimento, mais prometiam. Então era necessário colocar o seguidor num estado *permanente* de imunidade interior contra o sofrimento. Em vez do estado de santidade agudo e extracotidiano (e, portanto, passageiro), obtido por orgia, por ascese ou por contemplação, era preciso alcançar o hábito sagrado duradouro dos redimidos e, por isso, assegurador de salvação. Esse era, expresso em termos abstratos, o objetivo racional da religião de salvação. Se surgisse na esteira da profecia ou da propaganda de redenção uma comunidade religiosa, então os cuidados com a regulamentação da vida ficavam ao encargo dos sucessores, alunos, discípulos — carismaticamente qualificados para tal — do profeta ou do salvador. Além disso, sob certas condições muito recorrentes de que ainda não nos ocuparemos aqui, esses cuidados iam parar nas mãos de uma hierocracia sacerdotal, hereditária ou oficial — enquanto o próprio profeta ou salvador se encontrava em oposição aos poderes hierocráticos estabelecidos —, magos ou sacerdotes. À dignidade destes, consagrada pela tradição, o profeta opunha seu carisma pessoal, a fim de romper o poder daqueles ou forçá-los a se submeterem a seu serviço.

Religiões de profetas e salvadores, tendo como pressuposto óbvio o que acabou de ser dito, viviam, em grande e historicamente muito importante parte dos casos, numa relação de tensão aguda (como é óbvio, segundo a terminologia adotada) e permanente com o mundo e suas ordens. Quanto mais salvadoras as religiões, maior a tensão. Isso decorria do sentido da salvação e da essência da doutrina profética salvadora, à medida que seus princípios evoluíam para uma ética racional e orientada por bens de salvação *interiormente* religiosos como instrumentos de redenção — isto é, quanto mais ela, no sentido corriqueiro da palavra, era sublimada — do ritualismo para a "religiosidade de convicção". A tensão se tornou tanto mais forte quanto mais, do outro lado, a racionalização e a sublimação da posse exterior e interior dos bens "mundanos" (no sentido mais amplo) também progredia. A racionalização e a sublimação conscientes das relações humanas com as diferentes esferas de posse de bens, exteriores e interiores, profanos e religiosos, obrigou o homem, segundo *leis próprias interiores* de cada uma das esferas, a se *conscientizar* das consequências de suas ações e, com isso, fez com que entrassem em tensão aquelas que permaneciam a salvo da ingenuidade natural da relação com o mundo exterior. A evolução da (intra e extramundana) posse de bens para o racional e conscientemente almejado *sublimado por conhecimento* é uma consequência bem geral, e muito importante, para a história da religião. Esclareçamos, com base numa série desses bens, os fenômenos típicos recorrentes em distintas éticas religiosas.

Se a profecia redentora criou comunidades sob base meramente religiosa, então o primeiro poder com o qual ela entrou em conflito e que devia temer perder valor por ação dela foi a comunidade natural do *clã*. Quem não pode ser hostil a seus companheiros de casa, pai e mãe, não pode ser discípulo de Jesus: "Não vim para trazer a paz, e sim a espada", diz a passagem de Mateus [10:34] nesse (e, bem observado, somente nesse) contexto. É certo que a grande maioria das religiões regulamentou também os laços de piedade intramundanos. Mas o fato de o salvador, profeta, padre confessor, irmão de fé, ter de estar mais próximo do fiel do que o parentesco natural e a comunhão matrimonial era tanto mais óbvio quanto mais ampla e interiormente se concebia o objetivo da redenção. Mediante uma relativa desvalorização daquelas relações, no mínimo, e mediante o desmantelamento do vínculo mágico e da exclusividade dos clãs, a profecia criou — sobretudo onde se tornou religiosidade soteriológica paroquial — uma nova comunidade social. Dentro desta, desenvolveu então uma ética de fraternidade. A começar, na maioria dos casos, mediante a simples incorporação dos princípios originais do comportamento social e ético que a "associação por vizinhança"— a comunidade dos companheiros de vilarejo, do clã, da guilda, de marujos, de caça, de campanha militar — apresentava. Estas, porém, conheciam dois princípios elementares: a) o dualismo da moral da comunidade em seu interior e para com o exterior; b) a simples reciprocidade da moral interior: "Como você agir comigo, assim agirei com você". Mas também conheciam como escoadouro econômico para tais princípios o princípio do dever fraternal de socorro nas emergências, limitado à moral do interior da comunidade: comodato sem cobrança de taxa; empréstimo sem juros; obrigação de hospitalidade e apoio material, por parte da gente abastada e distinta, aos desprovidos de recursos; execução de trabalho não remunerado solicitado pelo vizinho, bem como no sítio do senhorio mediante alimentação. Tudo segundo o princípio, evidentemente não *ponderado* em termos racionais, mas ressoando no sentimento, de que "o que hoje pode lhe faltar amanhã pode faltar a mim". Analogamente, a limitação do direito à pechincha (em trocas e empréstimos) e da escravização de longa duração (por exemplo, decorrente de dívidas) eram integrantes da moral exterior, válida somente para os não companheiros de comunidade. A religiosidade paroquial transferiu a velha ética econômica da vizinhança para a relação com o irmão de fé. O dever da gente distinta e dos ricos de ajudar, em situações emergenciais, viúvas e órfãos, o irmão de fé doente e depauperado; a esmola do rico sobretudo, da qual dependiam economicamente os cantores sagrados e os magos, bem como os ascetas, tornaram-se mandamentos básicos de todas as religiões eticamente racionalizadas. Nas profecias de redenção, em particular, o *sofrimento* interior ou exterior, comum, real ou permanentemente ameaçador era, para todos os fiéis, o princípio constitutivo de sua relação de comunidade. Quanto mais racional ou sublimada — em relação à ética da convicção — era concebida a ideia da redenção, mais se intensificavam, exterior e interiormente, os mandamentos oriundos da ética da reciprocidade da associação de vizinhança. No aspecto exterior, chegando ao comunismo do amor fraternal; no lado interior, à disposição da *caritas*, do amor pelo sofredor, do amor pelo próximo, pelo homem e, finalmente, pelo inimigo. A limitação do laço de fé e a realidade da existência do ódio pareciam então, diante da concepção de mundo como lugar de sofrimento imerecido, consequências das mesmas imperfeições e corrupções da vida empírica, responsáveis também pelo sofrer. Do ponto de vista psicológico, agia aí, de modo geral e na mesma direção, sobretudo a característica da euforia, verificada em todas as espécies de êxtase religioso sublimado. Da emoção devota ao sentimento da posse imediata da comunhão com Deus, todas tendiam a desaguar num acosmismo do amor sem objeto. A profunda e serena bem-aventurança de todos os heróis de acosmística bondade fundiu-se, portanto, nas religiões de salvação, sempre com o misericordioso conhecimento em torno da imperfeição natural, bem como do próprio ser, e assim de todo ser humano. Ao mesmo tempo, a coloração psicológica, tanto quanto a interpretação racional ética dessa postura interior, podia variar bastante. Sempre, porém, seu requisito ético localizou-se na direção de uma fraternidade universalista além de todas as limitações das associações sociais, frequentemente incluindo a da própria associação de fé. Tal fraternidade religiosa em geral colidiu — de modo mais duro quanto mais consistentemente executada — com ordens e valores do mundo. E tal antagonismo — esse é o ponto essencial aqui — foi tanto mais acirrado quanto mais racionalizadas e sublimadas eram essas ordens e esses valores, segundo leis próprias.

De todas, foi na esfera *econômica* que essa situação se mostrou de maneira mais evidente. Toda prática ancestral, fosse mágica ou mistagógica, de influência sobre espíritos e deuses em nome de interesses individuais, ambicionava — além de longa vida, saúde, honra, descendentes e, eventualmente, um destino melhor no Outro Mundo — a riqueza como objetivo óbvio. Práticas ou ritos nesse sentido verificavam-se nos mistérios eleusínicos, bem como na religião fenícia e védica, na religião popular chinesa, no antigo judaísmo, no antigo islamismo e nas promessas para os hindus religiosos e os budistas laicos. De maneira diferente, a sublimada religião de salvação e a economia racionalizada entraram em crescente tensão. Economia racional é *negócio* objetivo. Orienta-se por preços em *dinheiro*, que surgem no *mercado* na luta de interesses dos homens. Sem estimativa de preços em dinheiro — ou seja, sem aquela luta — nenhum tipo de *cálculo* é possível. O dinheiro é a coisa mais abstrata e "mais impessoal" da vida humana. Quanto mais o cosmo da moderna economia racional capitalista seguia suas leis próprias imanentes, tanto mais inacessível ele se tornava para toda relação imaginável com a ética religiosa de fraternidade. E isso em escala cada vez maior, quanto mais racional e, portanto, mais impessoal ele se tornava. Pois até se podia regular integralmente, em termos éticos, a relação pessoal entre senhores e escravos, por ser essa relação de caráter pessoal. Mas não se conseguia o mesmo — ao menos não no mesmo *sentido* e com o mesmo *sucesso* — com a relação entre os alternantes possuidores de *Pfandbriefe* [debêntures do setor público] e os deles desconhecidos e igualmente alternantes devedores do banco de hipotecas, entre os quais não havia nenhuma espécie de vínculo pessoal. Se alguém tentasse isso, entretanto, as consequências eram aquelas que ficamos conhecendo na China: criava-se um *entrave* à racionalidade formal. É que a racionalidade formal e a material estavam, nesse caso, em conflito entre si. Precisamente as religiões de salvação encaravam, assim — embora nelas, como vimos, se localizasse a tendência para uma peculiar despersonalização do amor em conformidade com o acosmismo —, com profunda desconfiança, o desenvolvimento dos poderes econômicos num outro sentido igualmente impessoal, mas por isso mesmo hostis à fraternidade. A máxima católica do *"Deo placere non potest"*[3] por muito tempo caracterizou a posição em relação à vida de aquisições materiais, e em toda metodologia racional de redenção o alerta contra o apego ao dinheiro e aos bens elevou-se até atingir o nível da execração. A dependência que tinham as próprias comunidades religiosas, sua propaganda e sustentação, de recursos econômicos e sua acomodação às necessidades culturais e aos interesses cotidianos das massas forçaram-nas a acordos dos quais a história das proibições de usura é apenas *um* exemplo. A própria tensão, porém, tornou-se praticamente insuperável para uma verdadeira ética de salvação.

A ética religiosa dos virtuosos reagiu à relação de tensão do modo mais radical possível, rejeitando a posse econômica de bens. A ascese de fuga do mundo reagiu, proibindo ao monge as posses individuais, exigindo que sua subsistência proviesse exclusivamente do próprio trabalho, e sobretudo impondo a correspondente limitação de suas necessidades ao absolutamente indispensável. O caráter paradoxal da ascese racional, de rejeitar a riqueza que ela própria criara, gerou embaraços ao monasticismo de todos os tempos. Em toda parte, templos e conventos de todas as épocas tornaram-se lugares de economia racional. A contemplação de fuga do mundo, em princípio, só pôde estabelecer a norma de que o monge desprovido de posses, a quem o trabalho tirava um tanto da concentração para o bem de salvação contemplativo, só podia consumir o que lhe fosse oferecido pela natureza e, voluntariamente, pelos homens: bagas e raízes e esmolas espontâneas. Também ela fazia suas concessões — pela criação de paróquias mendicantes (na Índia, por exemplo). Para escapar, por princípios e *interiormente*, à tensão, houve apenas dois caminhos coerentes. Primeiro, o paradoxo da ética vocacional puritana, que, na forma de religiosidade de virtuoses, abriu mão do universalismo do amor, objetificou racionalmente todo agir no mundo como serviço para atender à vontade de Deus (em seu último sentido absolutamente incompreensível mas o único reconhecível como vontade positiva de Deus) e à verificação do estado de graça. Com isso, o puritanismo também acabou por aceitar como vontade de Deus — e como instrumento para o cumprimento do dever — a objetificação do cosmo econômico, desvalorizado, com o mundo todo, em sua condição criatural e corrompida, material. Isso representou, em última instância, a rejeição — por princípio — da salvação como objetivo alcançável pelo homem e para qualquer homem em favor da graça — não fundamentada, mas sempre exclusivamente particular. Na verdade, tal posição de "desfraternidade" não era mais "religião de salvação" propriamente dita. Para uma religião assim só havia a exacerbação da fraternidade à forma que representa de modo bem puro o acosmismo do amor do místico pelo homem. A ele e por ele, essa fraternidade se sacrifica, não mais questionando uma "bondade" que em última instância não está mais preocupada com ele, e de uma vez por todas dá a camisa, onde é exigido o casaco, a qualquer um que por acaso lhe cruze o caminho — uma peculiar fuga do mundo, na forma de uma entrega desprovida de objeto, a qualquer um, não pelo homem, e sim pela entrega enquanto tal. Nas palavras de Baudelaire, pela "santa prostituição da alma".

A tensão com as ordens *políticas* do mundo havia de se tornar, para a consequente ética da fraternidade das religiões de salvação, igualmente acirrada. Para a religiosidade mágica e baseada em deuses funcionais, o problema não existia. O antigo deus guerreiro e o deus que garantia a ordem legal eram deuses funcionais, que protegiam inquestionáveis bens do cotidiano. Ao deus local, do clã e do império só diziam respeito os interesses de suas associações. Ele tinha de lutar contra seus iguais, como a própria comunidade, e afirmar nessa luta seu poder divino. O problema só foi surgir mesmo com a quebra desses limites por religiões universalistas, com seu Deus unificado para o mundo; e com toda a intensidade na medida em que esse houve de ser um deus de "amor": para a religião de salvação, sobre o terreno da exigência de fraternidade. E nesse caso, como na esfera econômica, quanto mais racional a ordem política se tornava, maior ficava a tensão. Objetivamente, "sem olhar a pessoa", *sine ira et studio*, sem ódio e, com isso, sem amor, o aparelho burocrático de Estado e o *homo politicus* racional a ele associado, bem como o *homo economicus*, realiza seus negócios (incluindo a punição da injustiça) principalmente quando os resolve na mais perfeita observância das regras racionais da ordem estatal baseada no uso da força. Daí também ser o Estado burocrático, em aspectos importantes, por força da despersonalização de uma eticização material, menos acessível do que as ordens patriarcais do passado — por mais que pareça o contrário. Tais ordens se baseavam em deveres pessoais de piedade e na concreta dignificação pessoal do caso particular mediante o "olhar a pessoa". Pois o curso das funções de política interna do aparelho de Estado em questões de justiça e administração, apesar de toda "política social", no final das contas sempre volta a se regular pela pragmática objetiva da razão de Estado, pelo absoluto "fim em si mesmo" — que parece sem sentido para toda religião universalista de salvação — da manutenção (ou reformulação) da divisão interna e externa de poder. Isso valia e vale sobretudo para a política externa. O apelo ao puro e simples uso da força pelos meios de coerção, não só externa, mas também internamente, é essencial a toda associação política. Ou, sendo mais exato, é aquilo que nossa terminologia transforma em associação política: o "Estado" é a associação que reivindica o monopólio do *uso legítimo da força* — e não se permite definir de modo diferente. Ao preceito "Não resistas ao mal recorrendo à força", do Sermão da Montanha, ele contrapõe isto: "*Deves* propiciar a vitória à justiça mesmo que mediante o *uso da força*, assumindo a responsabilidade pelo que advier de injustiça". Onde ele eventualmente faltar, falta o "Estado": nasce o "anarquismo" pacifista. Uso da força e ameaça de recurso à violência gera de modo inevitável, segundo um *pragma* inescapável de toda ação, nova violência. A razão de Estado segue, nesse contexto, tanto externa quanto internamente, suas leis próprias. E o *sucesso* do uso da força ou da ameaça do recurso à violência depende de relações de poder, e *não* da "justiça" ética, mesmo quando se consideram detectáveis critérios objetivos de uma tal justiça. Numa reflexão coerente, para toda racionalização religiosa o fenômeno — típico do Estado racional e oposto ao heroísmo natural ingênuo — do crédulo "estar com a razão" de qualquer um dos grupos em conflito na luta pelo poder ou dos detentores de poder deve ser considerado apenas como uma macaqueação da ética; e a inclusão de Deus na luta política pelo poder deve ser vista como uso de seu nome em vão, diante do qual a mais pura e única atitude honesta seria a exclusão integral da ética do âmbito da reflexão política. Quanto mais "objetiva" e calculista, quanto mais livre de sentimento apaixonado, fúria e amor, menos fraternal deverá parecer a política para a ética da fraternidade.

A estranheza recíproca das duas esferas no caso de completa racionalização de ambas tem efeitos agudos no fato de que, em pontos decisivos, a política, diferentemente da economia, é capaz de despontar como concorrente direta da ética religiosa. A *guerra*, como ameaça consumada do recurso à violência, cria precisamente nas comunidades políticas modernas um *páthos* e um sentimento de comunidade, ao mesmo tempo que desencadeia uma dedicação compartilhada e incondicional dos combatentes ao sacrifício. Proporciona, além disso, um esforço de compaixão e amor pelos necessitados como fenômeno de massa que extrapola os limites das associações naturais, ao qual as religiões só conseguem se equiparar nas comunidades de heróis movidos pela ética da fraternidade. Além disso, a guerra produz para o próprio guerreiro, graças a seu significado concreto, algo único: a percepção de um sentido e de uma consagração da morte que só ela é capaz de ter. A comunhão do Exército no campo de batalha é sentida hoje, como nos tempos do séquito, como uma comunhão até a morte: a maior de seu gênero. E a morte na guerra difere da morte comum, fruto de má sorte humana e nada mais que isso, um destino que se abate sobre qualquer pessoa sem que ela possa ao menos perguntar "Por que logo eu?" e "Por que bem agora?", pondo fim ao que só parece ter sentido como algo que está apenas começando, com o desenvolvimento e a sublimação dos bens culturais crescendo até limites incomensuráveis. Distingue-se, enfim, da morte comum pelo fato de que naquele lugar, e com tal caráter denso, somente ali, na guerra, o indivíduo pode *crer* que sabe estar morrendo "por" algo. O fato de ter de passar pela morte, o porquê e o para que disso podem ser, para ele — e, afora ele, apenas para aquele que morre "no exercício de sua profissão [ou vocação]" —, indubitáveis. Tão indubitáveis que o problema do "sentido" da morte em seu significado mais geral, problema com o qual as religiões de salvação estão incumbidas de se ocupar, não encontra nenhum pressuposto para explicar seu advento. Essa incorporação da morte à série dos acontecimentos dotados de sentido e sacralizados está, no final das contas, na base de todas as tentativas de apoiar a dignidade própria da associação política baseada no uso da força coercitiva. O modo como a morte, nesse caso, pode ser apreendida como dotada de sentido orienta-se segundo direções radicalmente diferentes das de uma teodiceia da morte numa religiosidade baseada na fraternidade. A essa religião fraternal, a fraternidade do grupo humano unido pela guerra deve parecer desvalorizada, mero reflexo da brutalidade tecnicamente sofisticada do confronto; e a consagração intramundana da morte na guerra, uma exaltação do fratricídio. E precisamente a extracotidianidade da fraternidade bélica e da morte em confronto, que a guerra compartilha com o carisma sagrado e com a experiência da comunhão com Deus, eleva a concorrência entre comunidade de guerreiros e fraternidade religiosa ao mais alto patamar possível. Só há duas soluções coerentes também nessa tensão. A primeira: para o particularismo da graça da ascese vocacional puritana — o qual acredita em mandamentos estabelecidos e revelados daquele Deus absolutamente incompreensível e o qual entende a vontade daquele Deus no sentido de que tais mandamentos desse mundo criatural e por isso submetido à força coercitiva e à barbárie ética também devem ser impostos pelos próprios meios de que afinal dispõem, isto é, pelo uso da força. Isso significa, porém, no mínimo barreiras para o dever de fraternidade interessante à "causa" de Deus. A segunda: para o antipolitismo radical da busca mística da salvação, a qual, com sua bondade e sua fraternidade acosmísticas, com a proposição "Não resistas ao mal" e com a máxima "Dá a outra face" — necessariamente ordinária e indigna aos olhos de qualquer ética heroica secular autoconfiante — se furta ao *pragma* da força coercitiva inescapável para toda ação política. Todas as outras soluções estão sob o peso de acordos ou de pressupostos que parecerão necessariamente desonestos à verdadeira ética da fraternidade. Algumas dessas soluções, entretanto, despertam interesse — como tipos e por seus princípios.

Toda organização da salvação numa *instituição* de graça universalista haverá de se sentir responsável — e, com isso, comprometida perante Deus — pelas almas de todos, ou de todos os homens a ela confiados, também reagindo com irrefletido uso da força quando vir esses homens ameaçados de desencaminhamento na fé e estimulando a propagação dos redentores meios da graça. E por estar, como se deu no calvinismo (e numa outra modalidade no islã), sob o peso do mandamento de seu Deus — que em sua glória doma o mundo do pecado —, também o aristocratismo redentor faz nascer o fenômeno do ativo "guerreiro movido pela fé". Ao mesmo tempo, porém, cria a separação entre a guerra "santa" ou "justa" — isto é, para a execução do mandamento de Deus, pela fé, uma guerra que sempre, em algum sentido, é religiosa — e as outras empreitadas bélicas, seculares e, por isso, profundamente desvalorizadas. Esse aristocratismo rejeitará, portanto, a obrigação de participar com as forças políticas dominantes de guerras não estabelecidas como santas nem condizentes com a vontade de Deus, não aprovadas pela própria consciência — como fez o vitorioso Exército puritano de santos de Cromwell em sua tomada de posição contra a obrigatoriedade do serviço militar, preferindo a atividade de mercenários a esse serviço compulsório. Para o caso da violação da vontade de Deus por parte de homens, sobretudo em nome da fé, o aristocratismo redentor concluirá pela revolução religiosa ativa. Posição inversa, por exemplo, foi tomada pela religiosidade luterana institucional. Mediante a recusa à guerra religiosa e ao direito ativo de resistência contra a violação secular da fé, como arbitrariedade que misturava a salvação ao *pragma* do uso da força, ela só conhecia, nesse âmbito, a resistência passiva, aprovando por outro lado a inofensividade da obediência à autoridade secular mesmo nos casos em que esta ordenava uma guerra secular. Isso porque tal autoridade, e não o indivíduo, arcaria com a responsabilidade, e porque a autonomia ética da ordem do poder secular, ao contrário da universalista (católica) instituição de salvação, era reconhecida. A marca da religiosidade mística de que o cristianismo personalista de Lutero se apropriou extraiu, no caso, meias consequências. A busca religiosamente carismática de salvação pelos virtuoses da religião, busca na verdade mística ou pneumática, foi, por sua natureza, apolítica e antipolítica. Até reconheceu de maneira solícita a autonomia das ordens terrenas, mas apenas para deduzir dali, com coerência, seu caráter radicalmente diabólico — ou ao menos para assumir uma postura de absoluta indiferença em relação a elas, o que se expressava na sentença "Daí a César o que é de César" (pois que importância têm tais coisas para a salvação?).

O próprio envolvimento das organizações religiosas nos interesses do poder e nas lutas por ele, o sempre inevitável colapso das exacerbadíssimas tensões contra o mundo em acordos e relativizações, a apropriação e o uso das organizações religiosas para a domesticação política das massas, a necessidade sobretudo da consagração legitimadora dos poderes vigentes pela religião, exigiram as tomadas de posição empíricas (altamente diversas entre si) das religiões quanto à ação política, conforme mostra a história. Quase todas essas posições foram modos de relativização dos valores religiosos de salvação e de sua legalidade própria, eticamente racional. Seu tipo mais significativo na prática foi a ética social "orgânica", que se encontrava disseminada em formas bastante variadas e cujas concepções de vocação constituíram a mais importante antítese (em seus princípios) à ideia de vocação da ascese intramundana.

Também a ética social orgânica (onde está religiosamente alicerçada) se ergue sobre o solo da "fraternidade". Mas, ao contrário do acosmismo do amor místico, é uma exigência cósmica e racional de fraternidade que a domina. A desigualdade — conhecida pela experiência — do carisma religioso é o ponto de partida. Esse dado mesmo, segundo o qual a salvação só deve ser acessível a alguns, e não a todos, é insuportável para tal ética. Ela busca, portanto, fundir essa desigualdade das qualificações carismáticas com a integração secular estamental, para formar um cosmo de realizações ordenadas segundo suas vocações e conforme a vontade de Deus. Dentro dele, ficam atribuídas determinadas tarefas a cada indivíduo e a cada grupo, segundo carisma pessoal e condição social e econômica determinada pelo destino. Em geral, essas tarefas estão a serviço da concretização (interpretada em termos social-utilitários e providenciais) de um estado ainda agradável a Deus, apesar do caráter pactuário — um estado que, em vista da corrupção pecaminosa do mundo, ao menos possibilita um controle relativo do pecado e do sofrimento, além da preservação e do resgate, para o reino de Deus, do maior número possível de almas ameaçadas.

[A bem mais patética teodiceia que a doutrina cármica indiana transmitiu aos estudos sociais orgânicos — a partir de um ponto de vista justamente inverso ao do pragmatismo de salvação orientado apenas pelos interesses do indivíduo — nós começaremos a conhecer em breve.] Sem essa conexão muito particular, qualquer ética social permanece sendo inevitavelmente, para o ponto de vista da ética de fraternidade radical, mística, religiosa, uma acomodação aos interesses das camadas profanas privilegiadas, enquanto a essa última, do ponto de vista da ascese intramundana, escapa o impulso interior para uma racionalização ética profunda da vida individual. Falta lhe, então, uma recompensa pela plasmação racional *metódica* da vida do indivíduo por ele mesmo, pelo interesse da própria salvação. Para o pragmatismo de salvação orgânico, o aristocratismo redentor da ascese intramundana, com sua objetificação racional das ordens de vida, será necessariamente considerado a forma mais dura de ausência de amor e de fraternidade; o da mística, porém, será tido como gozo sublimado, na verdade "desfraterno", exclusivo do próprio carisma, para o qual o não planejado acosmismo do amor se torna apenas um meio egoísta de busca própria da salvação. Ambos condenam, é verdade, o mundo social à mais completa falta de sentido; ou pelo menos condenam os objetivos de Deus para com ele à perfeita incompreensibilidade. O racionalismo da doutrina social religiosa orgânica não suporta essa ideia e busca, de sua parte, apreender o mundo como um cosmo que traz em si, apesar da corrupção por pecados, os vestígios do plano de salvação divino, ou seja, de características ao menos relativamente racionais. Mas justamente essa relativização é, para o carismatismo absoluto da religiosidade dos virtuoses, o que há de condenável e avesso à salvação.

Como a ação econômica e a ação racional seguem leis próprias, toda outra ação racional dentro do mundo permanece ligada de modo inextricável às condições antifraternas do mundo, que devem ser os meios ou fins dessa ação; com isso entram, de algum modo, em tensão com a ética da fraternidade.

A ação racional carrega, entretanto, uma profunda tensão também dentro de si mesma. Parece não haver nenhum meio para decidir a primeira de todas as questões: a partir de onde, em casos particulares, deve ser definido o valor ético de uma ação? Do *sucesso* ou de um valor próprio (de alguma maneira eticamente definível)? Cabe questionar, portanto: deve a responsabilidade do sujeito que age pelas consequências justificar [sacralizar] os meios? Em que medida? Ou, inversamente: deve o valor da convicção que sustenta a ação autorizá-lo a recusar a responsabilidade pelas consequências e atribuí-la a Deus ou à corrupção e à ignorância do mundo consentidas por Deus? A sublimação da ética religiosa pela ética da convicção há de tender para a última opção: "O cristão age corretamente e deixa o êxito nas mãos de Deus". Com isso, no entanto, no caso de realização realmente coerente, a própria ação diante das leis próprias do mundo condena à irracionalidade do efeito.[4] Diante disso, a consequência da busca de salvação sublimada pode levar a uma exacerbação do acosmismo até o ponto da rejeição da ação racional com relação a fins, considerando-a atrelada ao mundo e afastada de Deus, do modo como de fato se deu, em variada consistência lógica, a começar pela alegoria bíblica dos lírios no campo até as formulações mais elementares, como no budismo.

A ética social orgânica é, de modo geral, um poder eminentemente conservador, antirrevolucionário. Já da religiosidade dos virtuosos podem, contudo, sob certas circunstâncias, advir consequências diferentes, *revolucionárias*. Isso, evidentemente, apenas quando o *pragma* do uso da força — de que ela produz coerção e de que, na melhor das hipóteses, só se podem trocar pessoas ou métodos de dominação coercitiva — não é reconhecido como característica duradoura do ser criatural. Conforme a coloração da religiosidade dos virtuosos, sua inclinação revolucionária pode, em princípio, assumir duas formas distintas. Uma tem origem na ascese intramundana sempre que ela consiga opor às ordens empíricas criaturalmente corrompidas do mundo um "direito natural" divino cuja concretização — segundo a máxima em geral válida nas religiões racionais, de que se deve obedecer mais a Deus do que ao homem — se torna dever religioso. Forma típica: as revoluções genuinamente puritanas, para as quais também em outras partes se encontram correlatos. Essa postura corresponde bastante ao dever da guerra religiosa. É diferente o caso do místico, em que se opera a mudança — psicológica, sempre uma possibilidade — da posse de Deus para a possessão divina. Isso é possível e revestido de sentido quando se inflamam expectativas escatológicas de um imediato despontar da era mundial da fraternidade acosmística — quando, assim, falta a crença na eternidade da tensão entre o mundo e o irracional reino trasmundano da salvação. O místico se transforma então em salvador e profeta. Mas os mandamentos que ele anuncia não têm nenhum caráter racional. Como produtos de seu carisma, são revelações de características concretas, e a rejeição radical ao mundo desanda facilmente num *anomismo* radical. Os mandamentos do mundo não valem para o indivíduo seguro de sua possessão por Deus — "Πάντα μοι ἔξεστιν".[5] Todo quiliasmo até a revolução [ana] batista de Münster repousa de algum modo nesse nível profundo. Para o redimido, por força de seu "ter Deus", o modo de agir é desprovido de significado de salvação. Encontraremos algo semelhante ao tratar do indiano *jivanmukta*.

Se a ética religiosa da fraternidade convive em tensão com as leis próprias da ação racional em relação a fins no mundo, não é menor a tensão com os poderes intramundanos da vida, cuja essência tem, desde a base, caráter não racional ou antirracional — principalmente no que diz respeito às esferas estética e erótica.

Com a primeira dessas esferas, a religiosidade mágica encontra-se numa relação das mais íntimas. Entre seus meios estão ídolos, ícones e outros artefatos religiosos, a estereotipação mágica de suas formas testadas e aprovadas como primeiro nível para a superação do naturalismo por um "estilo" fixado, a música como instrumento para o êxtase ou o exorcismo ou a magia apotropaica; magos atuando como cantores sacros e dançarinos, as relações de sons magicamente comprovadas e, com isso, magicamente estereotipadas como os mais remotos precursores de tonalidades; o passo de dança magicamente comprovado como instrumento para o êxtase (uma das fontes da rítmica); templos e igrejas como as maiores de todas as construções, mediante estereotipação estilizadora da tarefa arquitetônica e por uma estereotipação estabelecida das formas arquitetônicas de eficiência mágica comprovada; paramentos e utensílios eclesiásticos de todo tipo, como objetos artísticos utilitários associados à riqueza dos templos e igrejas, riqueza condicionada pelo fervor religioso — tudo isso transformou desde sempre a religião numa fonte inesgotável de possibilidades de expressão artística, por um lado, e, por outro, de estilização por meio do vínculo com a tradição. Para a ética religiosa da fraternidade, bem como para o rigor apriorístico, a arte, como portadora de efeitos mágicos, não só é desvalorizada como se torna suspeita. A sublimação da ética religiosa e a busca da salvação, por um lado, e o desenvolvimento das leis próprias da arte, por outro, tendem também, por si mesmas, ao deslindamento de uma crescente relação de tensão. Toda religiosidade de salvação sublimada visa exclusivamente ao sentido, não à forma, das coisas e ações relevantes para a salvação. A forma, para ela, desvaloriza-se e transforma-se no casual, no criatural, que leva a um desvio do sentido. Para a arte, a relação ingênua até pode permanecer inabalada ou se refazer a todo momento, enquanto o interesse consciente de quem dela usufrui estiver ingenuamente atrelado ao conteúdo do objeto formado e não à forma, e enquanto a capacidade do criador for sentida como o carisma (originariamente mágico) do "saber fazer" ou como uma atividade lúdica livre. Entretanto, o desenvolvimento do intelectualismo e a racionalização da vida alteraram essa situação. A arte se constitui como um cosmo de valores próprios, autônomos, concebidos de modo cada vez mais consciente. Assume a função de uma *redenção* intramundana em relação ao cotidiano — independentemente de como a interpretemos e, principalmente, em relação à crescente pressão do racionalismo teórico e prático. Com essa pretensão, porém, a arte entra em direta concorrência com a religião de salvação. Contra aquela salvação intramundana irracional deve-se voltar qualquer ética religiosa racional, como contra um reino de — visto por ela — gozo irresponsável e secreta ausência de amor. Na verdade, a rejeição da responsabilidade por um juízo ético — como lhe costuma ser próprio em eras intelectualísticas, em parte em consequência de necessidade subjetivista, em parte pelo medo da aparência de uma parcialidade tradicional-filistina — tende a reformular juízos de valor de teor ético, transformando-os em juízos de gosto (criticar algo considerando-o "sem gosto" em vez de "condenável"). Tal procedimento, com seu caráter inapelável, exclui a possibilidade de discussão. Diante da "validade geral" da norma ética, a qual ao menos funda um senso de comunidade — na medida em que o indivíduo que se contrapõe eticamente a um fazer, recusando-o ou vivendo-o humanamente, adere a tal norma ética ao submeter-se, ciente da própria contingência criatural —, essa fuga à necessidade de uma tomada de posição racional ética *pode* muito bem se apresentar à religião de salvação como uma forma profundíssima de disposição "desfraterna". Àquele criador de obra de arte ou àquele que a recebe esteticamente comovido, por outro lado, a norma ética poderá facilmente parecer uma violação daquilo que possui de mais criativo ou de mais pessoal. O modo mais irracional de comportamento ligado a uma religião, a experiência mística, é, em sua essência mais profunda, não só alheio à forma, incapaz de tomar forma e inexprimível, mas hostil à forma. Isso porque o místico acredita poder sonhar com a entrada no todo-um-só,[6] situado além de todo tipo de contingência e forma definida, justamente por meio da sensação de estar desmantelando todas as formas. Para ele, o indiscutível parentesco psicológico da comoção provocada pela arte com a religião pode significar um mero sintoma do caráter diabólico da primeira. A música, a mais "interiorizada" das artes, em sua forma mais pura — a instrumental —, com a organização interna peculiar (leis próprias) de um reino que não vive na *interioridade*, chega a parecer uma pretensa, irresponsável forma substituta da vivência religiosa mais primordial. A famosa posição tomada pelo Concílio de Trento também pode ter decorrido desse sentimento. A arte torna-se então "divinização da criatura", poder concorrente e fantasmagoria ilusória; o retrato e a alegoria de matéria religiosa pura e simples tornam-se blasfêmia.

Na realidade empírica da história, é certo que esse parentesco psicológico sempre conduz às alianças relevantes para o desenvolvimento da arte — alianças em que as religiões, em sua maioria, de alguma maneira entraram, de maneira tão mais sistemática quanto mais elas pretendiam ser religiões universalistas de massa e, portanto, tinham suas atenções voltadas para o efeito sobre as massas e a propaganda emocional. A partir do *pragma* da oposição interna, toda verdadeira religiosidade de virtuoses ficou mais reservada em relação à arte — tanto em sua vertente ativamente ascética quanto em sua vertente mística, e precisamente de modo tanto mais rude quanto mais a arte enfatizava ou a sobremundanidade de seu deus ou a extramundanidade da redenção.

Do mesmo modo que em relação à esfera estética, a ética religiosa da fraternidade, das religiões de redenção, encontra-se numa profunda relação de tensão também com o maior de todos os poderes irracionais da vida — o amor sexual. E igualmente, nesse caso, tanto mais rude a tensão quanto mais sublimada a sexualidade, por um lado; tanto mais radicalmente consistente é o modo como se desenvolve, por outro, a ética da redenção da fraternidade. A relação originária, também nesse caso, foi de muita intimidade. O ato sexual era, com muita frequência, componente da práticas mágicas orgiásticas,[7] a prostituição sagrada — que não tinha absolutamente nada a ver com uma suposta "promiscuidade originária" —, na maioria das vezes um resquício do estado em que qualquer êxtase era tido como "sagrado". A prostituição profana, tanto a heterossexual quanto a homossexual, era antiquíssima e com frequência bastante requintada (houve casos de criação de tríbades nos chamados "povos primitivos"). A transição dessa prática ao matrimônio na forma da lei, dada a existência de toda sorte de formas intermediárias, acontecia de modo natural, não abrupto. A visão do matrimônio como assunto econômico, para a proteção da mulher e do direito à herança pelo filho e, paralelamente, como uma instituição importante para a procriação, dado o sacrifício fúnebre de filhos também para o destino no Outro Mundo, é pré-profética e universal. Não tem, por isso, nada a ver ainda com ascese. A vida sexual tinha seus espíritos e deuses, como qualquer outra função. Uma certa tensão manifestava-se somente na bem antiga castidade temporária dos sacerdotes, com características de culto e condicionada, provavelmente, pela circunstância de que, vista sob o aspecto de um ritual estritamente estereotipado de um culto comunitário regulado, a sexualidade já era tida como dominada por algo especificamente demoníaco. Não foi casual, contudo, o fato de as profecias e as ordens de vida sob controle sacerdotal, quase sem exceção dignas de nota, terem regulamentado o ato sexual em favor do *matrimônio*. Expressa-se ali o oposto da regulação racional da vida contra as práticas orgiásticas mágicas e todas as variedades de inebriação. A posterior elevação da tensão foi provocada por fatores de transformação que se encontravam em ambos os lados. No caso da sexualidade, com sua sublimação em "erotismo" e, com isso, numa esfera conscientemente cultivada e ao mesmo tempo *extracotidiana* — em oposição ao sóbrio naturalismo dos camponeses. Extracotidiana não só e não necessariamente em relação a algo alheio às convenções. A convenção cavaleiresca trata, com efeito, de transformar o erotismo em objeto de regulação — de modo característico, entretanto: mediante a ocultação da base natural e orgânica da sexualidade. A extracotidianidade encontrava-se mesmo nessa tendência de afastamento do naturalismo ingênuo do âmbito sexual. Essa tendência, porém, em seus fundamentos e em seu significado, estava inserida nos contextos da racionalização e da intelectualização da cultura.

Tenhamos presentes, em linhas gerais, os estágios desses processos de transformação e selecionemos os exemplos extraindo-os do Ocidente.

Os conteúdos da totalidade da existência do homem deixaram o ciclo de vida camponês. A vida enriqueceu-se cada vez mais com conteúdos culturais — fossem intelectuais, fossem outros avaliados como supraindividuais. Essa situação, com os objetivos de vida afastando-se do apenas naturalmente concedido, produziu efeitos no sentido de uma elevação do *status* especial do erotismo. Este foi alçado à esfera do gozo consciente (na acepção mais sublime do termo). O erotismo parecia, no entanto, e justamente por essa elevação, uma porta de entrada para o mais irracional e ao mesmo tempo mais real núcleo da vida, em contraposição aos mecanismos de racionalização. O grau e o modo como, nesse processo, recaiu uma ênfase de valor sobre o erotismo, variaram de maneira extraordinária na história. Para a sensibilidade inabalável de um grupo de guerreiros, a posse de mulheres e a luta por elas praticamente se equiparavam à luta por tesouros e pela conquista de poder. No mundo helênico pré-clássico, em tempos de sentimentalismo cavaleiresco, uma decepção erótica podia ser, para Arquíloco, uma experiência de grande e duradoura amplitude; e o rapto de uma mulher podia servir de ensejo para uma incomparável guerra de heróis. E mesmo as ressonâncias do mito conheceram o amor sexual, ainda pelas mãos dos tragediógrafos, como um verdadeiro poder do destino. Mas em todo esse contexto uma mulher permaneceu inacessível à capacidade de vivência erótica dos homens: Safo. A era helenista clássica, porém, o período do Exército dos hoplitas, segundo atestam todos os testemunhos pessoais, entendia essas questões com uma sobriedade relativamente incomum, uma sobriedade maior até que a da camada letrada chinesa. Não que desconhecesse por completo a imensa seriedade do amor sexual. De todo modo, não era isso, e sim o contrário, que definia seu *traço mais característico*: lembremo-nos (apesar de Aspásia) do discurso de Péricles e, especialmente, da famosa sentença de Demóstenes. Para o caráter exclusivamente masculino dessa época de "democracia", o tratamento de experiências eróticas com mulheres como "destinos de vida" pareceria — expresso com nosso vocabulário — de uma sentimentalidade quase pueril. O "colega", o menino, era, com todo o cerimonial de amor, o objeto de cobiça central da cultura helenística. O Eros de Platão é, em consequência e apesar da grandeza, um sentimento fortemente *temperado*: a beleza da *paixão bacântica* não estava, em termos oficiais, incorporada a esse tema.

A possibilidade de uma problemática e de uma tragicidade em torno de princípios foi inserida na esfera erótica, primeiro, por certas exigências de responsabilidade que, no Ocidente, são de proveniência cristã. A ênfase de valor à mera sensação erótica, porém, desenvolveu-se ali em especial sob as condições culturais dos conceitos feudais de honra. A saber, pela transferência da simbologia da vassalagem cavaleiresca para o interior das relações sexuais eroticamente sublimadas. E em grau máximo quando entraram em jogo combinações com religiosidade criptoerótica ou diretamente ascética, como foi o caso na Idade Média. A *Minne*,[8] amor cavaleiresco da Idade Média cristã, foi, como se sabe, um serviço de vassalagem *não* perante moças, e sim exclusivamente perante esposas alheias em abstinência (teoricamente!) de noites de amor e um código de deveres casuísta. Começava assim — e aí estava uma oposição contundente em relação ao masculinismo do mundo helênico — a "comprovação" do homem não perante seus iguais, e sim perante o interesse erótico da "dama", cujo conceito só foi se constituir justamente por essa função. O nível seguinte do caráter específico de sensação do erotismo foi desenvolvido pela transição — em sua grande variabilidade, mas em essência masculinamente agonal (e, nesse sentido, mais aparentada com a Antiguidade) — da convenção renascentista, que deixava de lado a ascese cavaleiresca cristã (como nos tempos do *Libro del cortegiano* e de Shakespeare) para o crescentemente desmilitarizado intelectualismo da cultura dos salões. Esta se baseava na convicção no poder da conversação entre sexos, criadora de valores, para a qual a sensação erótica franca ou latente e a afirmação do caráter agonal do cavalheiro perante a dama se tornava um estimulante indispensável. Desde as *Lettres portugaises*, a real problemática amorosa feminina tornou-se objeto específico de mercado intelectual; e a correspondência amorosa feminina, "literatura". O último nível da ênfase da esfera erótica produziu-se sobre o campo de culturas intelectualistas no ponto em que ela colidia com o traço inevitavelmente ascético do gênero humano profissionalizado e atendendo à própria vocação [*Berufsmenschentum*]. Nessa relação de tensão concernente ao cotidiano racional, a vida sexual tornada extracotidiana — especificamente, portanto, desvinculada do matrimônio — podia parecer o único laço que ainda ligava o homem já completamente saído do ciclo da velha existência de simplicidade orgânica camponesa com a fonte natural da vida. O enorme valor ostentado pela sensação característica da redenção intramundana do racional, de um triunfo feliz sobre ele, correspondia, em seu radicalismo, à igual e inevitavelmente radical rejeição por toda espécie de ética de redenção extra ou sobremundana. Para esta, o triunfo do espírito sobre o corpo devia culminar precisamente ali, e a vida sexual podia ganhar o caráter de única ligação indestrutível com o animalesco. Essa tensão, entretanto, no caso do deslindamento sistemático da esfera sexual, teve de se transformar numa sensação erótica que reinterpretava, exaltando-o, o caráter puramente animalesco da relação, precisamente no caso em que a religiosidade de salvação assumia o caráter de religiosidade do amor — da fraternidade e do amor ao próximo — justamente pelo fato de a relação erótica sob as condições apontadas parecer garantir o ápice insuperável da realização da exigência amorosa: a direta penetração das almas entre os homens. Situada de modo tão radical quanto possível em oposição a tudo o que é objetivo, racional, genérico, a ilimitação da entrega direciona-se nesse caso ao único sentido que o ser individual, em sua irracionalidade, tem para aquele — e apenas aquele — outro ser individual. Da perspectiva do erotismo, entretanto, esse sentido (e, com ele, o valor contido na própria relação) reside na possibilidade de uma comunhão sentida como um completo tornar-se-*um* [*Eins-Werdung*], como um desaparecimento do "outro",[9] e que, de tão avassaladora, é interpretada "simbolicamente"como *sacramental*. Precisamente aí — na injustificabilidade e na inesgotabilidade da vivência própria (não comunicável por nenhum meio), que *nisso* se equipara à do "ter" místico, e não só graças à intensidade de seu modo de vivenciar e sim segundo a realidade imediata possuída — o indivíduo que ama se sabe implantado no cerne de algo verdadeiramente vivo e para sempre inacessível a todo esforço racional, tão inteiramente escapado das mãos frias de esqueleto das ordens racionais quanto do embotamento do cotidiano. Em relação às experiências *desprovidas de objeto* do místico (no seu entender), ele, que sabe estar ligado "ao que há de mais vivo", posiciona-se como se diante de um pálido reino trasmundano. Do mesmo modo que o amor consciente do homem maduro em relação ao devaneio apaixonado do adolescente comporta-se a seriedade absoluta desse erotismo intelectualista em relação à *Minne* cavaleiresca. Perante esta, ele reafirma justamente o caráter natural da esfera sexual, mas de modo consciente, como poder criador encarnado. Uma consequente ética religiosa da fraternidade opõe-se a isso tudo de maneira radicalmente hostil. Do ponto de vista dessa ética, a sensação de redenção intramundana não apenas faz frente da maneira mais aguda possível à entrega ao Deus supramundano ou a uma ordem divina eticamente racional, como também ao desmantelamento místico da individuação — para ela o único "genuíno"; mas certas relações de parentesco psicológico de ambas as esferas acentuam a tensão. O mais elevado erotismo se encontra numa relação de mútua troca psicológica e fisiológica com certas formas sublimadas de devoção heroica. Em oposição à ascese racional ativa, que recusa o sexual já por causa de sua irracionalidade e é sentida pelo erotismo como um poder inimigo mortal, existe a relação de troca especialmente em relação à intimidade mística com Deus — com a consequência da ameaça de uma iminente e altamente requintada vingança do animalesco ou de um abrupto descambar do reino místico de Deus ao reino do demasiadamente humano. Essa proximidade psicológica eleva, claro, o antagonismo de sentido interior. Do ponto de vista da ética religiosa de fraternidade, a relação erótica precisa — tanto mais quanto mais sublimada for — permanecer presa à brutalidade em um grau bem especificamente refinado. Essa ética considera a relação erótica — isso é inevitável — uma relação de conflito, não apenas nem prioritariamente de ciúme e de desejo de posse exclusiva ante terceiros, e sim muito mais da interiorizadíssima — porque nunca percebida pelos próprios envolvidos — violação da alma da integrante menos brutal da relação erótica. Entende-a como um requintado — porque simula a devoção humana — gozo de si mesmo no outro. Nenhuma comunhão erótica completa conseguirá entender a si mesma de maneira diferente do que provocada, e com isso (num sentido inteiramente desprovido de ética) "legitimada", senão por meio de uma misteriosa situação em que "um está *determinado* para o outro": *destino*, na mais elevada acepção do termo. Mas para a religião de salvação esse "destino" nada mais é que o mero acaso do eclodir de uma paixão. A possessão patologicamente assim criada, idiossincrasia e deslocamento do discernimento e da justiça objetiva, deve lhe parecer a mais completa negação do amor fraterno e da servidão a Deus. A euforia percebida como "bondade" por aquele que é feliz no amor, com sua simpática necessidade de compor para o mundo versos que expressem alegres fisionomias ou de encantá-lo com um inocente ardor para agradar, depara assim sempre (aí se enquadram, por exemplo, as mais coerentes — do ponto de vista psicológico — passagens nas obras iniciais de Tolstói)[10] com o frio escárnio da ética da fraternidade radical, de fundamentação genuinamente religiosa. Para esta, mesmo o mais sublimado erotismo permanece como uma relação que, necessariamente exclusiva no mais íntimo e subjetiva no mais elevado sentido que se possa imaginar, absolutamente incomunicável, há de ser, sob todos esses aspectos, o polo oposto da fraternidade orientada pela religião. Excetua-se aí, por completo, o dado de que seu caráter de paixão logo parece a ela uma perda indigna do domínio de si e da orientação, seja pelo juízo racional de normas da vontade de Deus, seja pela "posse" mítica do divino —, enquanto para o erotismo a "paixão" *genuína* em si é o tipo característico [*Typus*] da *beleza*; e rejeitá-lo constitui uma blasfêmia.

A inebriação erótica, tanto por razões psicológicas como por sua natureza, está em consonância apenas com a forma de religiosidade orgiástica, extracotidiana, mas — num sentido particular — intramundana. O reconhecimento da *consumação* do matrimônio — da *copula carnalis* — como "sacramento" na Igreja católica é uma concessão a esse sentimento. Com a mística ao mesmo tempo extramundana e extracotidiana, o erotismo, numa agudíssima tensão interna, devido à troca psicológica, entra com facilidade numa relação inconsciente e frágil de sucedâneo ou amalgamação. A partir dessa relação ocorre com muita facilidade o colapso para o orgiástico. A ascese racional intramundana (ascese de vocação) só pode aceitar o matrimônio racionalmente regulamentado como uma das ordens divinas para a criatura irremediavelmente corrompida pela "concupiscência". É necessário viver segundo as finalidades racionais prescritas no interior (e somente nele) de tais ordens divinas — geração e educação de filhos e o apoio mútuo no estado de graça. A ascese racional intramundana deve rejeitar todo requinte do erotismo como divinização (da pior espécie) da criatura. De sua parte, ela insere a sexualidade originariamente natural, camponesa e *não* sublimada numa ordem racional do criatural: todos os componentes "de paixão", porém, são considerados resíduos da queda da humanidade pelo pecado. Diante deles, segundo Lutero, Deus "faz vista grossa" para evitar coisas piores. A ascese racional extramundana (ascese monástica ativa) rejeita também essa postura, e com isso tudo o que é sexual, como poder diabólico que põe em risco a salvação.

Quem melhor conseguiu chegar a uma interpretação verdadeiramente humana do sentido do matrimônio em seus valores religiosos interiores, indo bem além da bastante grosseira interpretação luterana, foi a ética dos quakers (conforme ela se expressa a partir de cartas de William Penn à sua mulher). Do ponto de vista intramundano, somente o vínculo com a ideia da responsabilidade ética para com outro — ou seja, uma categoria de relacionamento heterogênea em relação à esfera meramente erótica — pode servir à percepção de que na variação do sentimento amoroso ciente de sua responsabilidade através de todas as nuanças do decorrer orgânico da vida — "até o *pianissimo* da idade mais avançada" — naquele prover-se e culpar-se mútuo (na definição de Goethe) seria possível encontrar algo peculiar e sublime.

Raramente a vida o garante na forma pura. Aquele a quem isso é garantido fala de sorte e de destino favorável — não do próprio "mérito".

A rejeição da entrega ingênua aos modos mais intensos de vivenciar da existência [*Dasein*] — o artístico e o erótico — é em si apenas uma postura negativa. Entretanto, fica evidente que ela foi capaz de elevar o poder com o qual afluem energias à trilha de realizações racionais, tanto éticas quanto intelectuais.

Mas é certo que em sua forma mais ampla e fundada em princípios a tensão consciente da religiosidade acaba por se tornar o reino do conhecimento intelectual. Há uma unidade inabalável no campo da magia e da imagem mágica do mundo no modo como começamos a conhecer na China. Um amplo reconhecimento mútuo é possível também para a especulação metafísica, apesar de esta costumar levar ao ceticismo. Não raro, assim, a religiosidade encarou a pesquisa empírica e até a das ciências naturais como mais facilmente conciliável com seus interesses do que a filosofia. Esse foi o caso, acima de tudo, do protestantismo ascético. Porém, onde quer que o conhecimento racionalmente empírico tenha executado de modo coerente o desencantamento do mundo e sua metamorfose num mecanismo causal, ficou evidente a tensão contra as reivindicações do postulado ético de que o mundo seria um cosmo organizado por Deus, mas de algum modo orientado em termos eticamente *dotados de sentido*. A observação empírica do mundo, totalmente orientada por dados matemáticos, desenvolve, em princípio, a rejeição de toda perspectiva que porventura se preocupe com um "sentido" no conjunto de acontecimentos intramundanos. Com cada incremento do racionalismo da ciência empírica, a religião é, consequentemente, mais deslocada do reino do racional para o irracional e somente agora se torna o poder suprapessoal irracional ou antirracional *par excellence*. O grau de consciência ou mesmo de coerência na percepção dessa oposição é, evidentemente, muito variável. Não parece impensável — como costumam afirmar — que Atanásio tenha imposto sua fórmula, absurda do ponto de vista racional, talvez por causa da luta contra a maioria dos filósofos helenistas de seu tempo, para conseguir à força o expresso sacrifício do intelecto e uma fronteira fixa para a discussão racional. Sem demora, no entanto, justificou-se racionalmente e discutiu-se a própria noção da Trindade. E por causa da tensão que parece irreconciliável, a religião, tanto a profética quanto a sacerdotal, encontra-se a todo momento em íntimas relações com o intelectualismo racional. Quanto menos ela é magia ou mística contemplativa, e quanto mais é "doutrina", tanto mais se faz presente para ela a necessidade de uma apologética racional. Dos magos que por toda parte se tornaram guardiães dos mitos e das sagas heroicas, porque estavam envolvidos na educação e no treinamento de jovens guerreiros com vistas a despertar o êxtase heroico e o renascimento de heróis, o clero assumiu, como se fosse o único poder capaz de preservar uma tradição persistente, a instrução da juventude em leis e frequentemente também em artes meramente administrativo-técnicas — sobretudo na escrita e no cálculo. Quanto mais a religião ia se tornando livresca e doutrinária, mais literário e, com isso, mais provocador de um pensamento racional livre da influência dos sacerdotes ficava seu efeito. A partir do pensamento laico, porém, surgiram a todo instante tanto os profetas hostis aos sacerdotes quanto os místicos que buscavam sua salvação religiosa independentemente de sacerdotes, os sectários e, finalmente, os céticos e filósofos contrários à fé. Contra estes reagiu mais uma vez uma racionalização da apologética sacerdotal. O ceticismo antirreligioso esteve representado na China, no Egito, nos *Vedas*, na literatura judaica pós-exílica, em princípio exatamente do mesmo modo que hoje. Tem sido praticamente impossível acrescentar novos argumentos. A monopolização da educação dos jovens tornou-se, assim, uma questão central de poder para o clero. O poderio deste podia crescer com o aumento da racionalização da administração política. Como inicialmente era o clero, no Egito e na Babilônia, que fornecia com exclusividade os escribas ao Estado, do mesmo modo ele ainda o fazia aos príncipes medievais quando começaram a se estabelecer as formas escritas de administração. Dos grandes sistemas de pedagogia, somente o confucionismo e o da Antiguidade mediterrânea — o primeiro pelo poder de sua burocracia estatal; o segundo, inversamente, pela absoluta falta de administração burocrática — souberam se abster desse poder clerical e, com isso, também excluíram a religião sacerdotal. O clero foi, de resto, o responsável regular pela gestão do ensino. Não foram apenas esses interesses dos sacerdotes — seus interesses mais verdadeiros — que implicaram a sempre renovada ligação da religião com o intelectualismo, mas também a coação interior pelo caráter racional da ética religiosa e a necessidade específica de salvação intelectualista. No final das contas, nesse contexto, cada religiosidade em sua subestrutura psicológica e de pensamento, e em suas consequências práticas, posicionou-se de modo diverso em relação ao intelectualismo, sem que desaparecesse o efeito da fundamental tensão interna que se encontra na inevitável disparidade das formas últimas da imagem do mundo. Não há absolutamente *nenhuma* religião inabalável agindo como força vital que não tenha precisado exigir, em *um* ponto *qualquer*, o *"credo non quod, sed quia absurdum"* — o "sacrifício do intelecto".

É praticamente desnecessário — e não seria possível — apresentar aqui um a um os estágios dessa tensão entre religião e conhecimento intelectual. A religião de salvação se defende do ataque do intelecto autossuficiente buscando os princípios mais convincentes, claro, pela reivindicação de que seu próprio conhecimento se realiza em outra esfera e segundo modo e sentido inteiramente heterogêneos e díspares daquilo que o intelecto produz. A religião de salvação afirma oferecer não um conhecimento intelectual último sobre o existente [*Seiende*] ou o normativamente válido [*Geltende*], e sim um posicionamento último em relação ao mundo por força da apreensão imediata de seu "sentido". E ela não o torna acessível com os recursos da inteligência, e sim por força do carisma de uma iluminação. Tal iluminação só é proporcionada àquele que se liberte pela e para a tecnologia disponibilizada pelos sucedâneos ilusórios e desencaminhadores fornecidos como conhecimento pela impressão nebulosa do mundo sensorial e por abstrações na verdade vazias e indiferentes para a salvação, e assim saiba preparar em si um lugar para a recepção da praticamente única apreensão importante do sentido do mundo e da própria existência nele [*Dasein*]. Em todas as empreitadas da filosofia no sentido de tornar demonstrável aquele sentido último e a tomada de posição (prática) que o apreende, mas também na tentativa de obter quaisquer conhecimentos intuitivos de uma dignidade em princípio diferente, mas que de fato também diz respeito ao "ser" do mundo, a religião não verá nada mais do que o esforço do intelecto de safar-se de suas leis próprias. E, acima de tudo, um produto bem específico do racionalismo do qual o intelectualismo tanto gostaria de escapar. Mas é certo que ela mesma, vista de sua própria posição, acabará por culpar-se por uma ingerência incoerente, tão logo abra mão da intangível incomunicabilidade da experiência mística. Para tal experiência só poderia haver, coerentemente, meios de provocá-la como *acontecimento*, mas não de comunicá-la e demonstrá-la de modo adequado. Qualquer tentativa de produzir efeitos sobre o mundo coloca-a necessariamente em risco, à medida que assume o caráter de propaganda. O mesmo vale, entretanto, para toda tentativa de interpretação racional do sentido do mundo — que, de todo modo, se tem feito de maneira repetida.

O "mundo" pode, em suma, sob diferentes pontos de vista, entrar em conflito com postulados religiosos. Sempre o ponto de vista mais acertado é ao mesmo tempo o mais importante ponto de orientação de conteúdo para o tipo de aspiração à *redenção*.

A cultivada necessidade de redenção como conteúdo de uma religiosidade sempre e por toda parte — apenas com uma intensidade muito variável da clareza de contexto — surgiu como consequência da tentativa de sistemática racionalização prática das realidades da vida. Ou, em outros termos, como consequência da reivindicação (que se torna, nesse nível, pressuposto específico de toda religião) de que o curso do mundo, ao menos até o ponto em que toca os interesses dos homens, seja de algum modo um processo *dotado de sentido*. Essa reivindicação surgiu — conforme vimos — de modo natural, como o usual problema do sofrimento injusto, ou seja, como o postulado de uma compensação justa para a distribuição desigual de felicidade individual no interior do mundo. Essa reivindicação teve a tendência de, a partir daí, gradativamente avançar para uma contínua desvalorização do mundo. Quanto mais intensamente o pensamento se ocupava do problema da justa e retribuidora compensação, menos sua solução intramundana parecia possível, e a extramundana, dotada de sentido. A marcha do mundo, do modo como de fato é, até onde a vista alcançava, pouco se preocupava com aquele postulado. Pois não só a desigualdade da distribuição de felicidade e do sofrimento — não motivada eticamente —, para a qual parecia plausível uma compensação, mas também o fato da existência do sofrimento como tal tinha, afinal, de permanecer irracional. A disseminação universal do sofrimento só podia ser substituída por outra questão, ainda mais irracional: a origem do pecado, que, segundo o ensinamento dos profetas e sacerdotes, devia explicar o sofrimento como punição ou medida disciplinar. Um mundo criado para a vida pecaminosa tinha, entretanto, de parecer eticamente ainda mais imperfeito do que um mundo condenado ao sofrimento. De todo modo, a absoluta imperfeição deste mundo era, ao menos para o postulado ético, uma certeza. Somente por essa imperfeição também se podia justificar, de maneira dotada de sentido, sua transitoriedade. Não só as coisas sem valor, nem mesmo essas prioritariamente, mostravam-se transitórias. O fato, porém, de morte e ruína acometerem tanto os melhores quanto os piores dos homens e coisas, nivelando-os, podia parecer uma desvalorização até mesmo dos mais elevados bens intramundanos, no momento em que a ideia de uma duração eterna do mundo, de um Deus eterno e de uma ordem eterna estivesse concebida. Se no entanto eram contrapostos a tal fato valores, e justamente os mais estimados, exaltados como vigentes em caráter "atemporal", e com isso o significado de sua concretização na "cultura" era colocado como independente da duração temporal do efetivo fenômeno de concretização, então a condenação ética do mundo empírico podia, por sua vez, seguir se intensificando. Podia surgir no horizonte uma série de ideias éticas, série de bem maior significado do que a imperfeição e a transitoriedade dos bens seculares, porque apropria da para apresentar queixa contra os "bens culturais" costumeiramente postos em altíssima conta. Afinal, neles todos estava atado o pecado mortal de uma inevitável e específica culpabilidade. Eles se mostravam atrelados ao carisma de espírito ou de gosto, e seu cultivo parecia pressupor inevitavelmente formas de existência [*Dasein*] que iam de encontro à exigência de fraternidade e somente mediante autoengano podiam ser adaptadas a ela.

Barreiras de formação e da cultura do bom gosto são as mais interiores e intransponíveis de todas as diferenças estamentais. A culpa religiosa podia parecer agora não só um acaso eventual, e sim um componente integrante de toda cultura, de toda ação num mundo cultural e, finalmente, de toda vida revestida de forma. Justamente tudo o que esse mundo tinha para oferecer de mais elevado em bens parecia estar, assim, sob o peso da maior de todas as culpas. A ordem exterior da comunidade social, quanto mais se tornou comunidade cultural do cosmo estatal, aparentemente só pôde ser conservada — no anseio por justiça, em caráter nominal e eventual, em todo caso até o ponto em que a própria *ratio* o permitisse — mediante brutal, cuidadoso uso da força. Esta gerou sempre, inevitavelmente, novos atos violentos nos planos interior e exterior. Além disso, gerou ainda pretextos desonestos para tais atos. Ou seja, o uso da força significou uma aberta ou — o que necessariamente pareceu ainda pior — uma farisaicamente velada ausência de amor. O cosmo econômico objetificado, isto é, precisamente a mais elevada forma, em termos racionais, do abastecimento de bens materiais indispensáveis para qualquer cultura intramundana, era um construto ao qual a ausência de amor se prendia pela raiz. Todos os tipos de ação no mundo revestidos de uma forma específica pareciam envolvidos na mesma culpa. Uma brutalidade velada e sublimada, uma idiossincrasia hostil a princípios de fraternidade e um deslocamento ilusionista do justo discernimento acompanhavam o amor sexual, e quanto mais poderosamente se exibia a sua força, mais intenso e ao mesmo tempo despercebido ou até farisaicamente velado pelos próprios envolvidos ficava esse amor sexual. O conhecimento racional, ao qual a própria religiosidade ética havia apelado, criou, de maneira autônoma e intramundana, e seguindo suas próprias normas, um cosmo de verdades que não só não tinha mais absolutamente nada a ver com os postulados sistemáticos da ética religiosa racional — de que o mundo como cosmo satisfazia *suas* exigências ou apresentava um "sentido" qualquer —, como também precisava rejeitar, por princípio, tal reivindicação. O cosmo da naturalidade causal e o postulado cosmo da causalidade ética da compensação encontravam-se numa oposição irreconciliável entre si. E, embora a ciência, que criou aquele cosmo, não parecesse poder fornecer informação segura sobre seus próprios pressupostos últimos, despontou em nome da "probidade intelectual" com a reivindicação de ser a única forma possível de observação intelectual do mundo. Como todos os valores culturais, assim também o intelecto criou ao mesmo tempo uma aristocracia da propriedade cultural racional, uma aristocracia independente — e portanto não fraterna — de todas as qualidades éticas pessoais dos homens. Porém, a essa propriedade cultural — e, portanto, ao que havia de mais elevado neste mundo para o homem "intramundano", ao lado de sua condição ética de estar sob o peso da culpa — juntou-se algo que haveria de desvalorizá-lo de modo ainda mais definitivo: a ausência de sentido, se a avaliassem segundo seus próprios parâmetros. A ausência de sentido do autoaperfeiçoamento intramundano em ser cultural — visto da perspectiva intramundana do valor mais fundamental a que a "cultura" parecia redutível, portanto — foi consequência lógica, para o pensamento religioso, da aparente ausência de sentido da morte, que, precisamente sob as condições da "cultura", parecia imprimir o decisivo acento à ausência de sentido da vida. O camponês podia morrer "cheio de dias", como Abraão. O senhor feudal e herói de guerra também. Pois ambos cumpriam o ciclo de seu ser [*Sein*], o qual não extrapolavam. Podiam, assim, à sua maneira, chegar à completude intramundana, do modo como esta resultava da univocidade ingênua de seus objetivos de vida. Mas o homem "culto", ambicionando o autoaperfeiçoamento do ponto de vista da apropriação ou da criação de "conteúdos culturais", não. Ele podia até ficar "cansado de seus dias", mas não — no sentido da completude de um ciclo — tornar-se "cheio de dias". Porque sua perfectibilidade seguia, em princípio, rumo ao ilimitado, da mesma maneira que a dos bens culturais. E, quanto mais os bens culturais e objetivos de autoaperfeiçoamento se diversificavam e se multiplicavam, mais insignificante se tornava o quinhão que o indivíduo, passivo como receptor, ativo como cocriador, podia abraçar no decorrer de uma vida finita. Tanto menos podia, assim, o atrelamento ao cosmo cultural interior e exterior oferecer a probabilidade de que um indivíduo pudesse absorver dentro de si a cultura em sua totalidade, ou o em algum sentido "essencial" dela, para o qual não havia, de resto, nenhum parâmetro definitivo. Menos possível era que, portanto, a "cultura" e a aspiração por ela lograssem ter algum sentido intramundano para ele. Certamente a "cultura", para o indivíduo, não consistia no *quantum* acumulado em "bens culturais", e sim numa *seleção* definida a partir daqueles. Mas não havia nenhuma garantia de que essa seleção, para ele, tivesse alcançado um final *dotado de sentido* com o "casual" momento de sua morte. E se ele porventura virasse as costas para a vida, dizendo "Para mim, basta, já me ofereceram (ou recusaram) tudo o que a vida podia ter de valioso *para mim*", então essa postura orgulhosa havia de necessariamente parecer à religião de salvação um desprezo blasfemo dos caminhos e dos destinos dispostos por Deus — nenhuma religião de salvação *faz apreciação* positiva do suicídio,[11] que somente certas filosofias têm exaltado.

Toda "cultura" parecia, vista assim, uma ação em que o homem sai do ciclo organicamente predeterminado da vida natural. Justamente por isso era amaldiçoada a tornar-se uma ausência de sentido cada vez mais aniquiladora a cada passo dado adiante. E o servir aos bens culturais, quanto mais transformado numa tarefa sagrada, numa "vocação", tanto mais condenado a tornar-se uma corrida afobada por objetivos sem valor e, além disso, amplamente contraditórios em si e antagônicos entre si.

Do ponto de vista ético, o mundo — como lugar da imperfeição, da injustiça, do sofrimento, do pecado, da transitoriedade, da cultura necessariamente carregada de culpa, que incondicionalmente se tornava cada vez mais sem sentido com seu ininterrupto desenvolvimento e diversificação — havia de parecer frágil e desvalorizado ao postulado religioso de um "sentido" divino a sua existência. Tal desvalorização provém do conflito entre reivindicação racional e realidade, ética racional e valores em parte racionais, em parte irracionais, conflito que mediante todo deslindamento da peculiaridade específica de cada esfera particular existente no mundo pareceu emergir cada vez mais contundente e insolúvel. E a essa desvalorização do mundo a necessidade de "redenção" reagiu de tal maneira que, quanto mais sistemático o pensamento sobre o "sentido" do mundo, quanto mais racionalizado se tornou esse próprio mundo em sua organização exterior, quanto mais sublimado o vivenciar consciente de seus conteúdos irracionais, tanto mais não mundano, mais alheio ele ficava à vida revestida de uma forma, num paralelo exato com aquilo que começava a devir e que resultava no conteúdo específico da experiência religiosa. E não apenas o pensamento teórico que desencantou o mundo, mas justamente a tentativa da ética religiosa de racionalizá-lo de maneira praticamente ética, levou a essa trajetória.

Concluindo: a busca especificamente intelectualista, mística, da redenção diante das tensões também caiu, ela mesma, vítima da dominação do mundo pela desfraternidade. O fato é que, por um lado, seu carisma não era acessível a todos. Ela era, portanto, em sua essência, um aristocratismo elevado à mais alta potência: aristocratismo redentor religioso. E em meio a uma cultura racionalmente organizada para o trabalho profissional, quase não restava mais espaço — fora das camadas economicamente livres de preocupações — para o cultivo da fraternidade acosmística. Sob as condições tecnológicas e sociais de uma cultura racional, levar uma vida como a de Buda, Jesus, são Francisco parece, por sua aparência exterior, condenada ao fracasso.

As diferentes éticas de salvação do passado posicionaram-se, cada uma, com sua rejeição do mundo, nos pontos mais variados dessa escala construída de modo puramente racional. Além das numerosas circunstâncias concretas das quais isso dependeu, e para cuja investigação uma teoria casuísta não basta, também um elemento racional teve importância nesse processo: a estrutura da *teodiceia* por meio da qual a necessidade metafísica — apesar de tudo, encontrar um sentido comum em todas as tensões intransponíveis — reagiu à consciência da existência de tais tensões. Das três explanações introdutórias designadas como únicas coerentes de teodiceia, o *dualismo* foi capaz de prestar serviços consideráveis àquela necessidade. A existência contígua e contraditória, desde sempre e para sempre, de um poder da luz, da verdade, da pureza e do bem; e de um poder das trevas, da mentira, da impureza e da maldade foi, no final das contas, apenas uma sistematização imediata do pluralismo mágico dos espíritos com sua separação em espíritos bons (úteis) e maus (nocivos), os estágios iniciais da oposição entre Deus e demônios [*daímones*]. Na religiosidade profética que realizou essa concepção de maneira mais coerente — o zoroastrismo —, o dualismo se ligava diretamente à oposição mágica de "puro" e "impuro", à qual eram associados todas as virtudes e todos os vícios. Ele significa a dispensa da onipotência de um deus que encontrou sua barreira na existência do poder antidivino. E tem sido de fato recusado pelos atuais praticantes dessa religião (os parses) por não ter sido capaz de suportar tal barreira. Enquanto, em sua escatologia mais coerente possível, o mundo do puro e do impuro, de cuja mistura derivou o frágil mundo empírico, a todo momento se dividia em dois reinos sem relação, a esperança final mais moderna faz o deus da pureza e da bondade vencer, exatamente como o cristianismo fez com o Salvador sobre o diabo. Essa forma mais inconsistente de dualismo corresponde à ideia popular imaginada de céu e inferno, disseminada por toda a Terra. Ela restabelece a soberania de Deus sobre o espírito do mal, que é criatura daquele. Acredita, com isso, ter resgatado a onipotência divina. Mas precisa, quer queira, quer não, de modo assumido ou velado, sacrificar algo do poder divino. É que, preservada a noção de onisciência, a criação de uma força do radicalmente mau e a permissão do pecado, sobretudo associada à eternidade das punições do inferno numa criatura própria finita e por pecados finitos, simplesmente não condiz com tal poder divino. Nesse caso, só haveria coerência numa renúncia ao bem. Quem a cumpriu, em essência, com total consistência foi a crença na *predestinação*. A reconhecida impossibilidade de medir os desígnios divinos com parâmetros humanos significou, com uma clareza que desconhece o amor, a renúncia à acessibilidade de um sentido do mundo para o entendimento humano, uma renúncia que, com isso, também pôs fim à problemática dessa espécie. Em tal nível de consistência, essa renúncia não foi, fora de um círculo de extremado virtuosismo, suportada em caráter duradouro. Justamente porque — ao contrário da crença no poder irracional da "perdição" — exige a suposição da determinação providencial (e, portanto, de algum modo irracional) dos amaldiçoados não só para a ruína, mas para o mal; de todo modo, porém, sem deixar de lado a "punição", ou seja, a aplicação de uma categoria ética sobre eles.

Do significado da crença na predestinação tratamos no primeiro ensaio desta coletânea. Do dualismo zoroastriano trataremos adiante e, aliás, de modo apenas breve, uma vez que conta com número reduzido de praticantes. Ele poderia ficar de fora desta exposição, não tivesse a influência das ideias persas de juízo final, da doutrina acerca de demônios e anjos assumido sobre o *judaísmo* tardio uma destacada importância histórica.

A terceira forma de teodiceia, excepcional tanto por sua consistência quanto pelo extraordinário resultado metafísico — unificação de autossalvação virtuosística pelas próprias forças, com acessibilidade universal da salvação; a mais rigorosa rejeição do mundo com ética social orgânica; contemplação como o mais elevado caminho de salvação com ética vocacional intramundana —, foi própria da religiosidade de intelectuais indianos, à qual voltaremos nossas atenções agora.

Notas

O UNIVERSO DINÂMICO DOS CLÁSSICOS
DA SOCIOLOGIA [PP. 9-29]

1   Jeffrey Alexander, "A importância dos clássicos". In:
    A. Giddens e J. Turner, (orgs.), *Teoria social hoje*. São
    Paulo: Ed. Unesp, 1999, p. 46.

2   Ver Gabriel Cohn, *Sociologia: Para ler os clássicos.*
    Rio de Janeiro: Livros Técnicos e Científicos, 1971;
    Robert Nisbet, *La Tradition sociologique.* Paris: Pres-
    ses Universitaires de France, 1984; Sergio Miceli (org.),
    História das ciências sociais no Brasil, v. 1, 2. ed. revis-
    ta e corrigida. São Paulo: Sumaré, 1991; Robert Levi-
    ne, *Vision of the Sociological Tradition.* Chicago: The
    University of Chicago Press, 1995.

3   Talctott Parsons, *The Structure of Social Action.* Nova
    York/Londres: Free Press/Collier-MacMillan, 1968.

4   Florestan Fernandes, *Fundamentos empíricos da ex-
    plicação sociológica.* São Paulo: Companhia Editora
    Nacional, 1959.

5   Antonio da Silveira Brasil Jr., *Passagens para a teoria
    sociológica: Florestan Fernandes e Gino Germani.* Rio
    de Janeiro: PPGSA/IFCS/UFRJ, 2011. 297 pp. Tese (Dou-
    torado em sociologia).

6   Anthony Giddens, *Capitalismo e moderna teoria so-
    cial*, 5. ed. Lisboa: Presença, 2010.

7   Id., *A constituição da sociedade*, 2. ed. São Paulo: Mar-
    tins Fontes, 2003.

8   Alexander, op. cit., 1999; Anthony Giddens, *Política, sociologia e teoria social*. São Paulo: Unesp, 1998.

9   Ver André Botelho, "Passagens para o Estado-nação: a tese de Costa Pinto", *Lua Nova*, v. 77, 2009, pp. 147-77.

10   Id., "Political Sociology". In: *Sociopedia*. ISA. Londres: Sage, 2011.

11   Alexander, op. cit., 1999, p. 77.

12   Giddens, op. cit., 1998, p. 18.

13   Quentin Skinner, *As fundações do pensamento político moderno*. São Paulo: Companhia das Letras, 1999, pp. 10-1.

14   Charles Wright Mills, *A imaginação sociológica*. Rio de Janeiro: Zahar, 1975.

15   Ver Danilo Martuccelli, *Sociologies de la Modernité*. Paris: Gallimard, 1999; Piotr Sztompka, *A sociologia da mudança social*. Rio de Janeiro: Civilização Brasileira, 1998.

16   Ver Theda Skocpol. *Vision and Method in Historical Sociology*. Cambridge: Cambridge University Press, 1984; Elisa Pereira Reis, "Generalização e singularidades nas ciências humanas". In: *Processos e escolhas: Estudos de sociologia política*. Rio de Janeiro: ContraCapa, 1998, pp. 13-26.

17   Ver José Maurício Domingues, *Teorias sociológicas no século XX*. Rio de Janeiro: Civilização Brasileira, 2004.

18   Ver Sztompka, op. cit., 1998.

19   Ver Reinhard Bendix, *Max Weber, um perfil intelectual*. Brasília: UnB, 1986; Raymond Boudon e François Bourricaud, *Dicionário crítico de sociologia*. São Paulo: Ática, 1993.

20   Ver Leopoldo Waizbort, *As aventuras de Georg Simmel*. São Paulo: Curso de pós-graduação em sociologia/USP/Editora 34, 2000; Federic Vandenberghe, *As sociologias de Georg Simmel*. Bauru: Edusc, 2005.

21   Pierre Bourdieu, *The Distinction: A Social Critique of the Judgment of Taste*. Cambridge: Harvard University Press, 1984. Sobre classe e cultura, ver Brasilio Sallum Jr., "Classes, cultura e ação coletiva", *Lua Nova*, 65, maio/ago. 2005.

22   Marcel Fournier, *Marcel Mauss*. Paris: Fayard, 1994.

NOTAS   555

23 Marshall Berman, *Tudo que é sólido desmancha no ar:
    A aventura da modernidade*. São Paulo: Companhia
    das Letras, 1994.

24 Peter Berger. *Perspectivas sociológicas: Uma visão hu-
    manística*, 18. ed. Petrópolis: Vozes, 1998.

25 Giddens, op. cit., 2003.

26 Octavio Ianni, "A crise de paradigma na sociologia".
    RBCS — *Revista Brasileira de Ciências Sociais*. São Pau-
    lo: Anpocs, n. 13, p.92.

27 Italo Calvino, *Por que ler os clássicos*, 2. ed. São Pau-
    lo: Companhia das Letras, 2004, p.11.

28 Para um desenvolvimento dessa proposta circunstanciada
    nos clássicos do pensamento social brasileiro, ver André
    Botelho, "Passado e futuro das interpretações do país",
    Tempo Social, v.22, n. 1, jun. 2010. pp.47-66.

29 Theodor Adorno, *Introdução à sociologia*. São Paulo:
    Ed. da Unesp, 2008, pp.239-40.

30 Antonio Brasil Jr., op. cit., 2011.

31 Marcel Mauss, *Sociologia e antropologia*. São Paulo:
    Cosac Naify, 2003, p.187.

PREFÁCIO A *CONTRIBUIÇÃO À CRÍTICA
DA ECONOMIA POLÍTICA* [PP. 33-8]

1 *Gazeta Renana.*
2 *Gazeta Geral de Augsburgo.*
3 *Anais Franco-Alemães.*
4 *Nova Gazeta Renana.*
5 Que aqui se afaste toda a suspeita/ Que neste lugar se
   despreze todo o medo. (Dante, *A divina comédia*) (N.E.
   francês)

INTRODUÇÃO A *CONTRIBUIÇÃO À CRÍTICA
DA ECONOMIA POLÍTICA* [PP. 39-76]

1 Animal político. (N.R.T.)

2 Na versão Kautski: no consumo. (N.R.T.)

3 Adição de Kautski ao original. (N.R.T.)

4 Kautski leu *Auflösung* (análise) em vez de *Auffassung* (concepção). (N.R.T.)

5 Essa frase não aparece no original. (N.R.T.)

6 No texto de Kautski: serve. (N.R.T.)

7 No texto de Kautski: indivíduos isolados. (N.R.T.)

8 Em francês no texto: *par excellence*. (N.R.T.)

9 Em francês no texto: *Ça dépend*. (N.R.T.)

10 Corrigido segundo o original. No texto de Kautski: *grade nur kombinierten Gesellschaftsformen* (precisamente as formas de sociedade complexas somente) em vez de: *grade einer kombinierten Gesellschaftsform*. (N.R.T.)

11 Em francês no texto: *par excellence*. (N.R.T.)

12 Em francês no texto: "*pura e simples*".

13 Em Kautski: a antiga história da religião e dos Estados. (N.R.T.)

14 Parênteses no original. (N.R.T.)

15 Corrigido segundo o original. (N.R.T.)

16 Toda a pontuação desse passo, à primeira vista cheio de erros, foi corrigida segundo o original. (N.R.T.)

17 Corrigido segundo o original. (N.R.T.)

18 Parênteses no original. (N.R.T.)

19 A palavra foi omitida no original. Retomamos o termo "mitologia", empregado na edição de Moscou (1939) e que nos parece mais satisfatório que o termo "arte" da edição de Kautski. (N.R.T.)

20 Tipografia do *Times*. (N.R.T.)

MANIFESTO DO PARTIDO COMUNISTA [PP. 77-117]

1 Por "burguesia" entende-se aqui a classe dos capitalistas modernos, proprietários dos meios de produção da sociedade e exploradores do trabalho assalariado. "Proletariado" designa a classe dos trabalhadores assalariados modernos, os quais, despossuídos de meios de produção próprios, precisam vender sua força de trabalho para poder viver. [Nota à edição inglesa de 1888.]

NOTAS

[Esta e todas as notas deste capítulo são de autoria de Friedrich Engels.]

2 A rigor, a história escrita. Em 1847, desconhecia-se a pré--história da sociedade, a organização social anterior a toda história escrita. Desde então, Haxthausen descobriu a propriedade conjunta da terra na Rússia, e Maurer demonstrou ser ela o fundamento social do qual derivaram historicamente todas as tribos alemãs. Pouco a pouco, descobriu-se que a forma primordial da sociedade eram pequenas comunidades que compartilhavam a posse da terra, desde a Índia até a Irlanda. Por fim, a organização interna dessa primeira sociedade comunista, em sua forma típica, foi desvendada pela descoberta culminante de Morgan acerca da verdadeira natureza da *gens* e de seu papel na tribo. Com a dissolução dessa coletividade original principia a cisão da sociedade em classes específicas e, enfim, opostas umas às outras. [Nota às edições inglesa de 1888 e alemã de 1890.]

Procurei seguir esse processo de dissolução em *A origem da família, da propriedade privada e do Estado*, Stuttgart, 1886, 2. ed. [Nota à edição inglesa de 1888.]

3 "Comunas" era como se chamavam as cidades surgidas na França antes mesmo de, como "terceiro estamento", elas lograrem obter de seus senhores feudais e mestres autonomia administrativa e direitos políticos. De modo geral, citam-se aqui como típicos o desenvolvimento da economia na Inglaterra e o da política na França. [Nota à edição inglesa de 1888.]

Assim denominavam os cidadãos italianos e franceses sua comunidade municipal, depois de obter de seus senhores feudais, pela compra ou pela força, os primeiros direitos de autonomia administrativa. [Nota à edição alemã de 1890.]

4 Não se fala aqui da Restauração inglesa de 1600-89, e sim da francesa de 1814-30. [Nota à edição inglesa de 1888.]

5 Faz-se referência aqui sobretudo à Alemanha, onde a nobreza do campo e os fidalgos proprietários de terras pagam a administradores para que façam a exploração

de boa parte de suas propriedades rurais e, paralelamente, são também grandes produtores de açúcar de beterraba e de aguardente de batata. Os aristocratas ingleses mais ricos ainda não atingiram tamanha decadência, mas eles também sabem como compensar a queda nos rendimentos mediante a cessão de seu nome a fundadores de sociedades acionárias de reputação mais ou menos duvidosa. [Nota à edição inglesa de 1888.]

6   O ímpeto da revolução de 1848 varreu do mapa toda essa tendência lamentável e arrancou de seus propositores a vontade de seguir adiante no socialismo. Principal representante e figura clássica dessa tendência é o senhor Karl Grün. [Nota à edição alemã de 1890.]

7   Falanstério era a designação para as colônias socialistas planejadas por Charles Fourier. Icária foi o nome dado por Cabet a sua utopia e, mais tarde, a sua colônia comunista nos Estados Unidos. [Nota à edição inglesa de 1888.]

Home colonies (colônias no interior) é como Owen chama suas sociedades-modelo comunistas. Falanstério era o nome dos palácios sociais planejados por Fourier. Icária chamava-se a utópica terra da fantasia cujas instalações comunistas Cabet descreveu. [Nota à edição alemã de 1890.]

8   O partido à época representado no Parlamento por Ledru-Rollin, na literatura por Louis Blanc e na imprensa diária pelo *Réforme*. "Social-democracia", para esses seus inventores, significa uma seção do partido democrático ou republicano de coloração mais ou menos socialista. [Nota à edição inglesa de 1888.]

O partido francês que então se denominava social-democrata era aquele representado por Ledru-Rollin, na política, e por Louis Blanc, na literatura. Ele era, portanto, completamente diferente da atual social-democracia alemã. [Nota à edição alemã de 1890.]

NOTAS   559

A MERCADORIA [*O CAPITAL*] [PP. 118-75]

1   As indicações "N.E.A. MEW" em notas de fim pro-
    vêm da edição Marx/Engels Werke, do Institut für
    Marxismus-Leninismus (Berlim: Dietz, 1956-68). Já as
    indicações "N.E.A. MEGA" referem-se à edição elabora-
    da no âmbito do projeto alemão MEGA-2 (Marx-Engels
    Gesamtausgabe), a edição histórico-crítica dos escritos
    completos de Marx e Engels.

2   Karl Marx, *Zur Kritik der politischen Ökonomie*. Ber-
    lim: F. Dunker, 1859. p. 3. [Ed. bras.: *Contribuição à
    crítica da economia política*. São Paulo: Expressão Po-
    pular, 2008.]

3   "*Desire implies want; it is the appetite of the mind,
    and as natural as hunger to the body* [...] *the greatest
    number (of things) have their value from supplying the
    wants of the mind*" [O desejo faz parte das necessida-
    des; ele é o apetite do espírito, e tão naturalmente como
    a fome para o corpo, [...] a maioria (das coisas) tem seu
    valor, porque satisfaz as necessidades do espírito]. Ni-
    cholas Barbon, *A Discourse Concerning Coining the
    New Money Lighter: In Answer to Mr. Locke's Consi-
    derations*. Londres: Richard Chiswell, 1696, pp. 2-3.

4   "*Things have an intrinsick vertue* [...], *which in all pla-
    ces have the same vertue; as the loadstone to attract
    iron*" [As coisas têm uma *intrinsick vertue* {virtude in-
    trínseca} (este é, para Barbon, o traço específico do va-
    lor de uso) que é igual em toda parte, tal como a do ímã
    é atrair o ferro]. Ibid., p. 6. A propriedade do ímã de
    atrair o ferro só se tornou útil quando, por intermédio
    dessa mesma propriedade, se descobriu a polaridade
    magnética.

5   "*The natural worth of anything consists in its fitness to
    supply the necessities, or serve the conveniences of hu-
    man life*" [O *worth* natural de cada coisa consiste em
    sua propriedade de satisfazer necessidades ou de servir
    às conveniências da vida humana]. John Locke, "Some
    Considerations of the Consequences of the Lowering of
    Interest" (1691). In: John Locke, *Works*. Londres: W.

560 ESSENCIAL SOCIOLOGIA

Strahan, 1777. v.II, p. 28. No século XVII, ainda encontramos com muita frequência, nos escritores ingleses, a palavra "worth" para valor de uso e "value" para valor de troca, plenamente no espírito de uma língua que gosta de expressar as questões imediatas de modo germânico e as questões abstratas [*reflektierte*] de modo românico.

6   Na sociedade burguesa, predomina a *fictio juris* [ficção jurídica] de que todo homem possui, como comprador de mercadorias, um conhecimento enciclopédico sobre elas.

7   "*La valeur consiste dans le rapport d'échange qui se trouve entre telle chose et telle autre, entre telle mesure d'une production et telle mesure d'une autre*" [O valor consiste na relação de troca que se estabelece entre uma coisa e outra, entre a quantidade de um produto e a quantidade de outro]. Le Trosne, "De l'Intérêt social". In: E. Daire (org.), *Physiocrates*. Paris: Guillaumin, 1846, p. 889.

8   "*Nothing can have an intrinsick value*" [Nada pode ter um valor intrínseco]. Nicholas Barbon, op. cit., p. 6. Ou, como diz Butler: "*The value of a thing/ Is just as much as it will bring*" [O valor de uma coisa/ É exatamente o quanto ela renderá].

9   Medida inglesa para cereais, equivalente a oito alqueires (*bushels*). (N.T. da edição original)

10   No original, "*Zentner*", antiga unidade de medida de peso, equivalente a cinquenta quilos. A palavra também é normalmente empregada para traduzir o *hundredweight* inglês, que equivale a 50,8 quilos. (N.T. da edição original)

11   "*One sort of wares are as good as another, if the value be equal. There is no difference or distinction in things of equal value [...]. One hundred pounds worth of lead or iron, is of as great a value as one hundred pounds worth of silver and gold*" [Chumbo ou ferro no valor de cem libras têm o mesmo valor de troca de prata e ouro no valor de cem libras]. Nicholas Barbon, op. cit., pp. 53 e 7.

12   Nota à segunda edição: "*The value of them (the necessaries of life) when they are exchanged the one for ano-*

ther, is regulated by the quantity of labour necessarily required, and commonly taken in producing them" [O valor deles (dos meios de subsistência), quando são trocados uns pelos outros, é regulado pela quantidade de trabalho necessariamente requerida para sua produção e geralmente nela empregada]. *Some Thoughts on the Interest of Money in General, and Particularly in the Public Funds* (pp. 36-7). Esse notável escrito anônimo do século passado não traz data alguma. A partir de seu conteúdo, no entanto, pode-se inferir que tenha sido escrito sob o reinado de George II, no ano de 1739 ou 1740.

13 "*Toutes les productions d'un même genre ne forment proprement qu'une masse, dont le prix se détermine en général et sans égard aux circonstances particulières*" [Todos os produtos do mesmo tipo formam, de fato, uma única massa, cujo preço é determinado em geral e sem consideração às circunstâncias particulares]. Le Trosne, "De l'Intérêt social", op. cit., p. 893.

14 K. Marx, op. cit., p. 6.

15 No original, "*bushel*", unidade de medida inglesa de capacidade para secos, equivalente a 36,3687 litros. (N.T. da edição original)

16 William Jacob, *An Historical Inquiry into Production and Consumption of the Precious Metals*. Londres: J. Murray, 1831. (N.E.A. MEW)

17 Na primeira edição, o texto prossegue da seguinte forma: "Conhecemos, agora, a *substância* do valor. Ela é o *trabalho*. Conhecemos sua *medida de grandeza*. Ela é o *tempo de trabalho*. Resta analisar sua *forma*, que fixa o *valor* precisamente como *valor de troca*. Antes, porém, é preciso desenvolver com mais precisão as determinações já encontradas". (N.E.A. MEW)

18 Nota à quarta edição: Acrescentei o texto entre chaves para evitar a confusão, muito frequente, de que, para Marx, todo produto consumido por outro que não o produtor seria considerado mercadoria. (Friedrich Engels)

19 K. Marx, op. cit., pp. 12-3 pass.

20 "*Tutti i fenomeni dell'universo, sieno essi prodotti della mano dell'uomo, ovvero delle universali leggi della fisi-*

562 ESSENCIAL SOCIOLOGIA

ca, non ci danno idea di attuale creazione, ma unicamente di una modificazione della materia. Accostare e separare sono gli unici elementi che l'ingegno umano ritrova analizzando l'idea della riproduzione; e tanto è riproduzione di valores [...] e di ricchezza se la terra, l'aria e l'acqua ne' campi si trasmutino in grano, come se colla mano dell' uomo il glutine di un insetto si trasmuti in velluto ovvero alcuni pezzetti di metallo si organizzino a formare uma ripetizione" [Todos os fenômenos do universo, sejam eles produzidos pelas mãos do homem ou pelas leis gerais da física, não são, na verdade, criações recentes, mas apenas uma transformação da matéria dada. Aglutinar e separar são os únicos elementos que o espírito humano encontra continuamente na análise da reprodução; e o mesmo se dá com a reprodução do valor (valor de uso, embora aqui, em sua polêmica contra os fisiocratas, Verri não saiba exatamente a que tipo de valor ele se refere) [...] e da riqueza, quando a terra, o ar e a água se transformam em cereal nos campos, ou quando, pelas mãos do homem, a secreção de um inseto se transforma em seda, ou alguns pequenos pedaços de metal se conjugam para formar um relógio]. Pietro Verri, *Meditazione sulla economia política*, t. XV, Parte Moderna, pp. 21-2. Primeira edição de 1771, na edição dos economistas italianos realizada por Custodi.

21 Cf. G. W. F. Hegel, *Grundlinien der Philosophie des Rechts*. Berlim: [s.n.], 1840, p. 250, §190. [Ed. bras.: *Princípios de filosofia do direito*. São Paulo: Martins Fontes, 1997.]

22 O leitor deve notar que não se trata aqui da remuneração ou do valor que o trabalhador recebe por, digamos, uma jornada de trabalho, mas sim do valor das mercadorias nas quais sua jornada se objetiva. A categoria do salário ainda não existe em absoluto nesse estágio de nossa exposição.

23 Nota à segunda edição: Para provar "que apenas o trabalho é a medida definitiva e real pela qual o valor de todas as mercadorias em todos os tempos pode ser

avaliado e comparado", diz Adam Smith: "Quantidades iguais de trabalho precisam, em todas as épocas e lugares, ter o mesmo valor para o próprio trabalhador. Em sua condição normal de saúde, força e atividade, e com o grau médio de destreza que ele pode possuir, o trabalhador tem sempre de fornecer a porção devida de seu descanso, de sua liberdade e de felicidade". *Wealth of Nations* [A riqueza das nações], livro I, c. v, p. 1045. Por um lado, Adam Smith confunde, aqui (não em toda parte), a determinação do valor por meio da quantidade de trabalho despendido na produção da mercadoria com a determinação dos valores das mercadorias por meio do valor do trabalho e procura, assim, provar que quantidades iguais de trabalho têm sempre o mesmo valor. Por outro lado, ele acredita que o trabalho, à medida que se incorpora no valor das mercadorias, vale apenas como dispêndio de força de trabalho, porém apreende esse dispêndio como mero sacrifício de descanso, liberdade e felicidade, mas não também como atividade vital normal. Todavia, ele tem em vista o moderno trabalhador assalariado. Com mais precisão, diz o precursor anônimo de Smith, citado na nota 9, p. 117: "*One man has employed himself a week in providing this necessary of life* [...] *and he that gives him some other in exchange, cannot make a better estimate of what is a proper equivalent, than by computing what cost him just as much labour and time: which in effect is no more than exchanging one man's labour in one thing for a time certain, for another man's labour in another thing for the same time*" [Um homem utilizou uma semana para a produção de um objeto útil [...] e outro homem, que em troca desse objeto lhe dá outro, não tem como avaliar melhor a equivalência de valor senão pelo cálculo do *labour* e do tempo que sua produção lhe custou. Isso significa, na verdade, a troca do *labour* empregado por um homem num determinado tempo e num determinado objeto pelo *labour* de outro homem, empregado no mesmo tempo em outro objeto]. *Some Thoughts on the Interest of Money in General*, op. cit., p. 39. [Nota à quarta edição: A língua inglesa tem a vantagem de ter duas palavras para esses dois diferentes aspectos do trabalho. O trabalho que cria valores de uso e é determinado qualitativamente é chamado de *work*, em oposição a *labour*; o trabalho que cria valor e só é medido quantitativamente se chama *labour*, em oposição a *work*. Ver nota do editor na p. 14 da edição inglesa. (F. E.)]

24   Mistress Quickly (em alemão, Wittib Hurtig), personagem de diversas peças de Shakespeare, é uma taberneira que nega ser prostituta. Nessa passagem, Marx refere-se ao seguinte diálogo de *Henrique IV*: "FALSTAFF: Por quê? Por não ser nem carne nem peixe; a gente não sabe por onde pegá-la. ESTALAJADEIRA: És injusto falando por esse modo; como todo mundo, sabes muito bem por onde pegar-me. Velhaco!". In: William Shakespeare, *Teatro completo: Dramas históricos*. Trad. de Carlos Alberto Nunes. Rio de Janeiro: Agir, 2008, parte 1, ato 3, cena 3. (N. T. da edição original)

25   Os poucos economistas que, como S. Bailey, se ocuparam da análise da forma de valor não puderam chegar a nenhum resultado, em primeiro lugar, porque confundiram forma de valor com valor e, em segundo lugar, porque, sob a influência direta do burguês prático, concentraram-se, desde o momento inicial, exclusivamente na determinidade quantitativa. "*The command of quantity* [...] *constitutes value*" [A disposição da quantidade [...] faz o valor]. Samuel Bailey (org.), *Money and Its Vicissitudes in Value: As They Affect National Industry and Pecuniary Contracts*. Londres: E. Wilson, 1837, p. 11.

26   Nota à segunda edição: Um dos primeiros economistas a analisar a natureza do valor depois de William Petty, o célebre Franklin, disse: "Como o comércio não é nada mais do que a troca de um trabalho por outro, é no trabalho que o valor de todas as coisas é estimado da melhor forma". *The Works of Benjamin Franklin: Containing Several Political and Historical Tracts Not Included in Any Former Edition and Many Letters Official and Pri-*

NOTAS 565

vate, Not Hitherto Published (org. de Jared Sparks. Boston: Hilliard/Gray and Co., 1836), v.II, p.267. Franklin não tem consciência de que, ao estimar o valor de todas as coisas "no trabalho", ele abstrai a natureza diferente dos trabalhos trocados — e os reduz, assim, a trabalho humano igual. No entanto, diz o que não sabe. Ele fala, primeiramente, de "um trabalho", então "de outro trabalho" e, por fim, do "trabalho" sem ulterior caracterização como substância do valor de todas as coisas.

27 O adjetivo/advérbio "dinglich" tem aqui o sentido de "relativo a coisa (*Ding*)". Em outras passagens, Marx emprega a palavra "sachlich" com o mesmo significado. Cf. nota 45, na p.569. Onde não foi possível traduzi-la como "reificado(a)(s)", empregamos "material", "materialmente", sempre acompanhados do original entre colchetes. (N.T. da edição original)

28 Referência ao mote atribuído a Henrique IV da França quando de sua segunda conversão ao catolicismo (1593), a fim de assumir o trono francês. (N.T. da edição original)

29 De certo modo, ocorre com o homem o mesmo que com a mercadoria. Como ele não vem ao mundo nem com um espelho, nem como filósofo fichtiano — Eu sou Eu —, o homem espelha-se primeiramente em outro homem. É somente mediante a relação com Paulo como seu igual que Pedro se relaciona consigo mesmo como ser humano. Com isso, porém, também Paulo vale para ele, em carne e osso, em sua corporeidade paulínia, como forma de manifestação do gênero humano.

30 Aqui, a expressão "valor" [*Wert*] é empregada, como ocorreu anteriormente, para denotar o valor quantitativamente determinado, portanto, a grandeza de valor.

31 Nota à segunda edição: Essa incongruência entre a grandeza de valor e sua expressão relativa foi explorada pela economia vulgar com a perspicácia que lhe é habitual. Por exemplo: "Admitindo-se que *A* cai porque *B* — com o qual ela é trocada — aumenta, embora nesse ínterim não menos trabalho seja despendido em *A*, então vosso princípio geral do valor cai por terra [...]. Ao se admitir que o valor de *B* cai em relação a *A* porque o

valor de *A* aumenta em relação a *B*, é derrubada a base sobre a qual Ricardo assenta sua grandiosa tese de que o valor de uma mercadoria é sempre determinado pela quantidade do trabalho nela incorporado; pois, se uma variação nos custos de *A* altera não apenas seu próprio valor em relação a *B*, com o qual ela é trocada, mas também o valor de *B* em relação ao de *A* — embora nenhuma variação tenha ocorrido na quantidade de trabalho requerida para a produção de *B* —, então cai por terra não apenas a doutrina que assegura que é a quantidade de trabalho despendido num artigo que regula seu valor, como também a doutrina segundo a qual são os custos de produção de um artigo que regulam seu valor". John Broadhurst, *Political Economy*. Londres: Hatchard and Son, 1842, pp. 11 e 14.

O sr. Broadhurst poderia dizer, com a mesma razão: consideremos as relações numéricas 10/20, 10/50, 10/100 etc. O número 10 permanece inalterado e, no entanto, diminui progressivamente sua grandeza proporcional, sua grandeza em relação aos denominadores 20, 50, 100. Desse modo, cai por terra o princípio de que a grandeza de um número inteiro — como 10, por exemplo — é "regulada" pela quantidade de 1 nele contido.

32 Massa de açúcar que, nos antigos engenhos, se cristalizava em formas cônicas de madeira. (N.T. da edição original)

33 Tais determinações reflexivas estão por toda a parte. Por exemplo, aquele homem é rei porque outros homens se relacionam com ele como súditos. Inversamente, estes creem ser súditos porque ele é rei.

34 Referência ao provérbio alemão "*Kleider machen Leute*" [As roupas fazem as pessoas]. (N.T. da edição original)

35 Marx traduz "κλίναι" (divã, leito) por "*Polster*" (estofado, almofada). (N.T. da edição original)

36 Nota à segunda edição: F. L. A. Ferrier (*sous-inspecteur des douanes* [subinspetor da alfândega]), *Du Gouvernement considéré dans ses rapports avec le commerce*. Paris: De l'Imprimerie d'A. Egron.; Chez Perlet; libraire, 1805; e Charles Ganilh, *Des Systèmes d'économie politique*, 2. ed. Paris: Treuttel et Würtz, 1821.

NOTAS 567

37 Entre os modernos *commis-voyageurs* (mascates) do livre-câmbio, Marx contava, além de Frédéric Bastiat, também os adeptos da escola livre-cambista na Alemanha, como John Prince-Smith, Viktor Böhmert, Julius Faucher, Otto Michaelis, Max Hirsch e Hermann Schulze-Delitzsch. Tais autores proferiam palestras aos trabalhadores e atuavam, em parte, nos sindicatos, onde propagavam seus objetivos. (N. E. A. MEGA)

38 Rua de Londres onde ficavam concentrados os bancos e agiotas ingleses. (N. T. da edição original)

39 Nota à segunda edição: Por exemplo, em Homero o valor de uma coisa é expresso numa série de coisas distintas.

40 Fala-se, por isso, do valor-casaco [*Rockwert*] do linho quando se quer expressar seu valor em casacos, e do valor-cereal [*Kornwert*] quando se quer expressá-lo em cereais etc. Cada uma dessas expressões diz que seu valor é aquele que se manifesta nos valores de uso casaco, cereal etc. "*The value of any commodity denoting its relation in exchange, we may speak of it as [...] corn-value, cloth-value, according to the commodity with which it is compared; and then there are a thousand different kinds of value, as many kinds of value as there are commodities in existence, and all are equally real and equally nominal*" [Porque o valor de toda mercadoria denota sua relação na troca, podemos denominá-lo valor-cereal, valor-roupa, a depender da mercadoria com que ela é comparada; e, assim, há milhares de tipos diferentes de valores, tantos quanto são as mercadorias existentes, e todos são igualmente reais e igualmente nominais]. *A Critical Dissertation on the Nature Measures' and Causes of Value; Chiefly in Reference to the Writings of Mr. Ricardo and his Followers. By the Author of Essays on the Formation and Publication of Opinions, &c. &c*. Londres: R. Hunter, 1825, p. 39. Por meio dessa indicação das embaralhadas expressões relativas do mesmo valor das mercadorias, Samuel Bailey, o editor desse escrito anônimo que tanto barulho fez na Inglaterra de sua época, acredita ter eliminado toda determinação conceitual do valor. De resto, o fato de que ele, apesar

de sua própria visão estreita, tenha posto o dedo em algumas feridas da teoria ricardiana explica a acrimônia com que a escola ricardiana o ataca, por exemplo, na *Westminster Review.*

41 De fato, na forma da permutabilidade imediata e universal não se vê de modo algum que ela seja uma forma antitética de mercadoria, tão inseparável da forma da permutabilidade não imediata quanto a positividade de um polo magnético é inseparável da negatividade do outro. Por essa razão, pode-se imaginar ser possível imprimir simultaneamente em todas as mercadorias o selo da permutabilidade imediata, do mesmo modo como se pode imaginar ser possível transformar todos os católicos em papas. O pequeno-burguês, que vislumbra na produção de mercadorias o *nec plus ultra* [o que há de melhor] da liberdade humana e da independência individual, desejaria naturalmente se ver livre dos abusos vinculados a essa forma, especialmente da permutabilidade não imediata das mercadorias. O retrato dessa utopia filisteia constitui o socialismo de Proudhon, que, como mostrei em outro lugar [*Miséria da filosofia: Resposta à "Filosofia da Miséria" do sr. Proudhon*], não possui nem mesmo o mérito da originalidade, pois muito antes dele suas ideias já haviam sido mais bem desenvolvidas por Gray, Bray e outros. Isso não impede que, hoje em dia, uma tal sabedoria grasse em certos círculos sob o nome de *science* [ciência]. Jamais uma escola atribuiu tanto a si mesma a palavra "science" quanto a escola proudhoniana, pois "Onde do conceito há maior lacuna,/ Palavras surgirão na hora oportuna". J. W. F. Goethe, *Fausto*. Trad. de Jenny Klabin Segall. Belo Horizonte: Villa Rica, 1991, p. 92.

42 No original, "*sinnlich übersinnliche*". Referência à fala de Mefistófeles em *Fausto*, de Goethe (primeira parte, "No jardim de Marta"): "*Du übersinnlicher, sinnlicher Freier,/ Ein Mägdelein nasführet dich*" [Tu, conquistador sensível, suprassensível,/ Uma mocinha te conduz pelo nariz]. (N. E. A. MEGA)

43 Vale lembrar que a China e as mesas começaram a

NOTAS 569

dançar quando todo o resto do mundo ainda parecia imóvel — *pour encourager les autres* [para encorajar os outros]. Voltaire, *Cândido, ou o Otimismo*, cap. 19. (N. T. da edição original). [Após as revoluções de 1848, a Europa entrou num período de reação política. Enquanto nos círculos aristocráticos e burgueses europeus surgiu um entusiasmo pelo espiritismo, particularmente por práticas com o "tabuleiro Ouija", na China desenvolveu-se um poderoso movimento antifeudal, sobretudo entre os camponeses, que ficou conhecido como Rebelião Taiping. (N. E. A. MEGA)]

44 Nota à segunda edição: Entre os antigos germanos, a grandeza de uma *manhã* [*Morgen*] de terra era medida de acordo com o trabalho de um dia e, por isso, a *manhã* também era chamada de *Tagwerk* [dia de trabalho] (também *Tagwanne*) (*jurnale* ou *jurnalis*, *terra jurnalis*, *jornalis* ou *diurnalis*), *Mannwerk* [trabalho de um homem], *Mannskraft*, *Mannshauet* etc. Cf. Georg Ludwig von Maurer, *Einleitung zur Geschichte der Mark-, Hof-, Dorf- und Stadtverfassung und der öffentlichen Gewalt*. Munique: Kaiser, 1854, pp. 129 ss.

45 O adjetivo/advérbio "sachlich" tem aqui o sentido de "relativo a coisa (*Sache*)". Em outras passagens, Marx emprega a palavra "dinglich" com o mesmo significado. Onde não foi possível traduzi-la como "reificado(a)(s)", empregamos "material", "materialmente", sempre acompanhadas do original entre colchetes. Cf. nota 27, p. 565. (N. T. da edição original)

46 O adjetivo "naturwüchsig", que traduzimos por "natural-espontâneo", é empregado por Marx no sentido de "desenvolvido de modo espontâneo". Diferentemente, portanto, de "natural" no sentido de "pertencente à natureza" ou "dado pela natureza". (N. T. da edição original)

47 Nota à segunda edição: Por isso, quando Galiani disse "O valor é uma relação entre pessoas" ("*La ricchezza è uma ragione tra due persone*"), ele deveria ter acrescentado: uma relação escondida sob um invólucro material [*dinglicher*]. Ferdinando Galiani, *Della Moneta*. In: Pietro Custodi et al. *Scrittori classici italiani di econo-*

mia politica. Milão: G. G. Destefanis, 1803. t. III, Parte Moderna, p. 221.

48 Apocalipse 14,1-9. (N.E.A. MEGA)

49 "O que se deve pensar de uma lei que só pode se impor mediante revoluções periódicas?", F. Engels, "Umrisse zu einer Kritik der Nationalökonomie". In: Karl Marx, Arnold Ruge (orgs.). *Deutsch-Französische Jahrbücher* [Anais Franco-Alemães]. Paris: Bureau des Jahrbücher, 1844. [Ed. bras.: "Esboço de uma crítica da economia política". In: José Paulo Netto (org.), *Engels*. São Paulo: Ática, 1981. Coleção Grandes Cientistas Sociais, v. 17, série Política.]

50 Nota à segunda edição: Tampouco Ricardo escapa de uma robinsonada: "Ele faz com que o pescador e o caçador primitivos, como possuidores de mercadorias, troquem o peixe e a caça na relação do tempo de trabalho objetivado nesses valores de troca. Com isso, cai no anacronismo de fazer com que o caçador e o pescador primitivos consultem, para o cálculo de seus instrumentos de trabalho, as tabelas de anuidade correntes na Bolsa de Londres em 1817. Os 'paralelogramos do sr. Owen' parecem ser a única forma social que ele conhece além da forma burguesa". Karl Marx, *Zur Kritik der politischen Ökonomie* [*Contribuição à crítica da economia política*], op. cit., pp. 38-9. [Ricardo menciona os "paralelogramos do sr. Owen" em seu escrito *On Protection to Agriculture*. Londres: J. Murray, 1822, p. 21. Em seus planos utópicos de reforma social, Robert Owen tentou demonstrar que uma comunidade é economicamente mais viável quando configurada sob a forma de um paralelogramo ou quadrado. (N.E.A. MEGA)]

51 Marx refere-se provavelmente ao primeiro volume da obra *Grundzüge der National-Oekonomie*. Colônia: M. DuMont-Schauberg, 1861, de Max Wirth, onde se lê, à p. 218: "O ato dessa apropriação, que pode ser mais ou menos extenuante e demorada — é o *trabalho*. A ação recíproca de todos os materiais e forças — isto é, o processo orgânico vital, a produção e o crescimento das coisas inorgânicas e orgânicas — ocorre por

NOTAS

meio da natureza; para o homem, esse processo inteiro é um mistério divino". (N.E.A. MEGA)

52 Cf. G.H.F. Hegel, *Vorlesungen über die Philosophie der Geschichte* [Lições sobre a filosofia da história]. Berlim: Duncker und Humblot, 1837, p. 415: "Este dia é o dia da universalidade, que raia finalmente, depois da longa e penosa noite da Idade Média [...]". (N.E.A. MEGA)

53 No original, "*Charaktermasken*", "máscara de personagem". (N.T. da edição original)

54 Nota à segunda edição: "Nos últimos tempos, difundiu-se o preconceito ridículo de que a forma da propriedade coletiva natural-espontânea é uma forma específica, e até mesmo exclusivamente russa. Ela é a forma primitiva [*Urform*] que podemos encontrar nos romanos, germanos e celtas, mas da qual entre os indianos ainda se vê — mesmo que parcialmente em ruínas — uma série de exemplos de tipos variados. Um estudo mais preciso das formas asiáticas de propriedade coletiva, especialmente da indiana, demonstraria como resultam diferentes formas de sua dissolução das diferentes formas da propriedade coletiva natural-espontânea. Assim, por exemplo, diferentes tipos originais da propriedade privada romana e germânica podem ser derivados de diferentes formas da propriedade coletiva indiana". Karl Marx, *Zur Kritik der politischen Ökonomie* [*Contribuição à crítica da economia política*], op. cit., p. 10.

55 Segundo Epicuro, os deuses habitam os "intramundos", isto é, os espaços que separam os diferentes mundos uns dos outros; eles não exercem qualquer influência sobre o desenvolvimento do mundo ou sobre a vida dos homens. (N.E.A. MEGA)

56 A insuficiência da análise ricardiana da grandeza de valor — e ela é a melhor de todas — será evidenciada no terceiro e quarto livros desta obra. No que diz respeito ao valor em geral, em nenhum lugar a economia política clássica diferencia expressa e claramente o trabalho tal como ele se expressa no valor do mesmo trabalho de sua expressão no valor de uso de seu produto. De fato, ela estabelece a diferença ao considerar

o trabalho ora quantitativa, ora qualitativamente. Mas não lhe ocorre que a diferença meramente quantitativa dos trabalhos pressupõe sua unidade ou igualdade qualitativa, portanto, sua redução a trabalho humano abstrato. Ricardo, por exemplo, mostra estar de acordo com Destutt de Tracy, quando este diz: *"As it is certain that our physical and moral faculties are alone our original riches, the employment of those faculties, labour of some kind, is our original treasure, and it is always from this employment — that all those things are created which we call riches [...]. It is certain too, that all those things only represent the labour which has created them, and if they have a value, or even two distinct values, they can only derive them from that (the value) of the labour from which they emanate"* [Como é certo que nossas capacidades corporais e intelectuais são nossa única riqueza originária, o uso dessas capacidades, que é certo tipo de trabalho, é nosso tesouro originário; é sempre esse uso que cria todas aquelas coisas que chamamos de riqueza [...]. É certo também que todas aquelas coisas expressam apenas o trabalho que as criou, e se elas têm um valor, ou mesmo dois valores distintos, elas só podem tê-lo a partir do (valor) do trabalho do qual elas resultam]. Ricardo, *On the Principles of Political Economy*, 3. ed. Londres: J. Murray, 1821, p. 334. Cabe notar apenas que Ricardo atribui a Destutt sua própria compreensão mais profunda. Na verdade, Destutt diz, por um lado, que todas as coisas que constituem a riqueza "representam o trabalho que as criou"; por outro, porém, que elas obtêm seus "dois valores distintos" (valor de uso e valor de troca) do "valor do trabalho". Ele cai, com isso, na superficialidade da economia vulgar, que pressupõe o valor de uma mercadoria (aqui, o trabalho) como meio para determinar o valor de outras mercadorias. Ao lê-lo, Ricardo entende que o trabalho (não o valor do trabalho) se expressa tanto no valor de uso como no valor de troca. Mas ele mesmo distingue tão pouco o duplo caráter do trabalho — que se apresenta de modo duplo — que

NOTAS 573

dedica todo o capítulo "Value and Riches: Their Distinctive Properties" [Valor e riqueza: suas propriedades distintivas] ao laborioso exame das trivialidades de um J. B. Say. E, no final, mostra-se bastante impressionado ao notar que Destutt está de acordo com sua própria ideia do trabalho como fonte de valor, mas que, por outro lado, ele se harmoniza com Say no que diz respeito ao conceito de valor.

57 Uma das insuficiências fundamentais da economia política clássica está no fato de ela nunca ter conseguido descobrir, a partir da análise da mercadoria e, em particular, do valor das mercadorias, a forma do valor que o converte em valor de troca. Justamente em seus melhores representantes, como A. Smith e Ricardo, ela trata a forma de valor como algo de todo indiferente ou exterior à natureza do próprio valor. A razão disso não está apenas no fato de a análise da grandeza do valor absorver inteiramente sua atenção. Ela é mais profunda. A forma de valor do produto do trabalho é a forma mais abstrata, mas também mais geral do modo burguês de produção, que assim se caracteriza como um tipo particular de produção social e, ao mesmo tempo, um tipo histórico. Se tal forma é tomada pela forma natural eterna da produção social, também se perde de vista necessariamente a especificidade da forma de valor, e assim também da forma-mercadoria e, num estágio mais desenvolvido, da forma-dinheiro, da forma-capital etc. Por isso, entre os economistas que aceitam plenamente a medida da grandeza de valor pelo tempo de trabalho, encontram-se as mais variegadas e contraditórias noções do dinheiro, isto é, da forma pronta do equivalente universal. Isso se manifesta de modo patente, por exemplo, no tratamento do sistema bancário, em que parece não haver limite para as definições mais triviais do dinheiro. Em contraposição a isso, surgiu um sistema mercantilista restaurado (Ganilh etc.), que vê no valor apenas a forma social ou, antes, sua aparência sem substância. — Para deixar esclarecido de uma vez por todas, entendo por economia

política clássica toda teoria econômica desde W. Petty que investiga a estrutura interna das relações burguesas de produção em contraposição à economia vulgar, que se move apenas no interior do contexto aparente e rumina constantemente o material há muito fornecido pela economia científica a fim de fornecer uma justificativa plausível dos fenômenos mais brutais e servir às necessidades domésticas da burguesia, mas que, de resto, se limita a sistematizar as representações banais e egoístas dos agentes de produção burgueses como o melhor dos mundos, dando-lhes uma forma pedante e proclamando-as como verdades eternas.

58 Padres da Igreja (também Santos Padres ou Pais da Igreja) são os escritores gregos e latinos da Igreja cristã entre os séculos II e VI. O estudo dos escritos dos Padres da Igreja é denominado patrística ou patrologia. (N. T. da edição original)

59 *"Les économistes ont une singulière manière de procéder. Il n'y a pour eux que deux sortes d'institutions, celles de l'art et celles de la nature. Les institutions de la féodalité sont des institutions artificielles, celles de la bourgeoisie sont des institutions naturelles. Ils ressemblent en ceci aux théologiens, qui eux aussi établissent deux sortes de religions. Toute religion qui n'est pas la leur est une invention des hommes, tandis que leur propre religion est une émanation de dieu. — Ainsi il y a eu de l'histoire, mais il n'y en a plus"* [Os economistas procedem de um modo curioso. Para eles, há apenas dois tipos de instituição, as artificiais e as naturais. As instituições do feudalismo seriam artificiais, ao passo que as da burguesia seriam naturais. Nisso, eles são iguais aos teólogos, que também distinguem dois tipos de religiões. Toda religião que não a deles é uma invenção dos homens, ao passo que sua própria religião é uma revelação de Deus. — Desse modo, houve uma história, mas agora não há mais"]. Karl Marx, "Misère de la philosophie. Réponse à la philosophie de la misère de M. Proudhon" [*Miséria da filosofia: Resposta à "Filosofia da Miséria" do sr. Proudhon*] (1847), p. 113

[Berlim: Institut für Marxismus-Leninismus, Dietz, 1956-68. MEW, v. IV, p. 139]. Verdadeiramente patético é o sr. Bastiat, que imagina que os gregos e os romanos tenham vivido apenas do roubo. Mas para que se viva por tantos séculos com base no roubo é preciso que haja permanentemente algo para roubar ou que o objeto do roubo se reproduza de maneira contínua. Parece, assim, que também os gregos e os romanos possuíam um processo de produção, portanto, uma economia, que constituía a base material de seu mundo tanto quanto a economia burguesa constitui a base material do mundo atual. Ou Bastiat quer dizer que um modo de produção que se baseia no trabalho escravo é um sistema de roubo? Ele adentra, então, um terreno perigoso. Se um gigante do pensamento como Aristóteles errou em sua apreciação do trabalho escravo, por que deveria um economista nanico como Bastiat acertar em sua apreciação do trabalho assalariado? — Aproveito a ocasião para refutar brevemente uma acusação que me foi feita por um jornal teuto-americano, quando da publicação de meu escrito *Zur Kritik der politischen Ökonomie* [*Contribuição à crítica da economia política*] (1859). Segundo esse jornal, minha afirmação de que os modos determinados de produção e as relações de produção que lhes correspondem, em suma, de que "a estrutura econômica da sociedade é a base real sobre a qual se ergue uma superestrutura jurídica e política e à qual correspondem determinadas formas sociais de consciência", de que "o modo de produção da vida material condiciona o processo da vida social, política e espiritual em geral" — tudo isso seria correto para o mundo atual, onde dominam os interesses materiais, mas não seria válido nem para a Idade Média, onde dominava o catolicismo, nem para Atenas ou Roma, onde dominava a política. Para começar, é desconcertante que alguém possa pressupor que essas batidas fraseologias sobre a Idade Média e a Antiguidade possam ser desconhecidas de alguém. É claro que a Idade Média não podia viver do catolicismo, assim como o mundo antigo não podia viver da política. Ao contrário, é o modo como eles produziam sua vida que explica por que lá era a política, aqui o catolicismo, que desempenhava o papel principal. Além do mais, não é preciso grande conhecimento, por exemplo, da história da República romana para saber que sua história secreta se encontra na história da propriedade fundiária. Por outro lado, Dom Quixote já pagou pelo erro de imaginar que a Cavalaria Andante fosse igualmente compatível com todas as formas econômicas da sociedade. ["Économistes" é o termo inicialmente usado para designar os fisiocratas. Em meados do século XIX esse conceito adquiriu um significado tão amplo que já não servia mais para caracterizar uma doutrina econômica específica. O nome "physiocrates" já havia sido formulado por François Quesnay e seu discípulo Pierre-Samuel du Pont de Nemours. (N.E.A. MEGA)]

60 *"Value is a property of things, riches of man. Value, in this sense, necessarily implies exchange, riches do not."* Anônimo, *Observations on Certain Verbal Disputes in Political Economy, Particularly Relating to Value, and to Supply and Demand.* Londres: R. Hunter, 1821, p. 16.

61 *"Riches are the attribute of man, value is the attribute of commodities. A man or a community is rich, a pearl or a diamond is valuable [...]. A pearl or a diamond is valuable as a pearl or diamond."* S. Bailey, *Money and Its Vicissitudes in Value*, op. cit., pp. 165 ss.

62 Marx refere-se provavelmente à obra de Roscher *Die Grundlagen der Nationalökonomie*, 3. ed. Stuttgart: Cotta, 1858, pp. 5-7. (N.E.A. MEGA)

63 William Shakespeare, *Muito barulho por nada.* In: *Teatro completo: Comédias.* Trad. de Carlos Alberto Nunes. Rio de Janeiro: Agir, 2008, ato III, cena 3. (N.T. da edição original)

64 O autor das *Observations* e S. Bailey culpam Ricardo por, de um valor apenas relativo, ter transformado o valor de troca em algo absoluto. Ele reduziu a relatividade aparente que essas coisas — diamantes e pérolas,

NOTAS

por exemplo — possuem à relação verdadeira que se esconde por trás da aparência, à sua relatividade como meras expressões de trabalho humano. Se os ricardianos respondem a Bailey de modo grosseiro e não convincente, é apenas porque eles não encontraram no próprio Ricardo uma explanação da conexão interna entre valor e forma de valor ou valor de troca.

O QUE É UM FATO SOCIAL? [PP. 179-90]

1 O que não quer dizer, todavia, que toda coerção seja normal. Voltaremos mais adiante a esse ponto.

2 "Tanto não é a repetição que os constitui que eles existem fora dos casos particulares nos quais se realizam. Cada fato social consiste ou numa crença, ou numa tendência, ou numa prática, que é a do grupo tomado coletivamente e que é muito distinta das formas em que ela se refrata nos indivíduos." *Revue Philosophique,* tomo XXXVII, jan./jun. 1894, p. 470. (N. E. da edição original)

3 "em que elas se encamam todo dia". (R. P., p. 470.) (N. E. da edição original)

4 Frases que não figuram no texto inicial. (N. E. da edição original)

5 Frases que não figuram no texto inicial. (N. E. da edição original)

6 Frases que não figuram no texto inicial. (N. E. da edição original)

7 As pessoas não se suicidam em qualquer idade, nem em todas as idades, com a mesma intensidade.

8 Frases que não figuram no texto inicial. (N. E. da edição original)

9 "Pode-se defini-lo igualmente: uma maneira de pensar ou agir que é geral na extensão do grupo, mas que existe independentemente de suas expressões individuais." (R. P., p. 472) (N. E. da edição original)

10 Vê-se quanto essa definição do fato social se distancia da que serve de base ao engenhoso sistema de Gabriel Tarde. Primeiramente, devemos declarar que nossas pesquisas

não nos fizeram constatar em parte alguma essa influência preponderante que o sr. Tarde atribui à imitação na gênese dos fatos coletivos. Ademais, da definição precedente, que não é uma teoria, mas um simples resumo dos dados imediatos da observação, parece resultar claramente que não apenas a imitação nem sempre exprime, mas inclusive também jamais exprime o que há de essencial e característico no fato social. Claro que todo fato social é imitado; ele possui, como acabamos de mostrar, uma tendência a generalizar-se; mas isso por ele ser social, isto é, obrigatório. Sua força de expansão é, não a causa, mas a consequência de seu caráter sociológico. Se os fatos sociais fossem os únicos a produzir essa consequência, a imitação poderia ainda servir, se não para exprimi-los, ao menos para defini-los. Mas um estado individual que é imitado nem por isso deixa de ser individual. Além disso, pode-se perguntar se a palavra "imitação" é exatamente a que convém para designar uma propagação devida a uma influência coercitiva. Sob essa expressão única confundem-se fenômenos muito diferentes e que precisariam ser distinguidos.

11 Esse íntimo parentesco da vida e da estrutura, do órgão e da função, pode ser facilmente estabelecido em sociologia porque, entre esses dois termos extremos, existe toda uma série de intermediários imediatamente observáveis e que mostra a ligação entre eles. A biologia não dispõe do mesmo recurso. Mas é lícito supor que as induções da primeira dessas ciências sobre tal questão são aplicáveis à outra e que, tanto nos organismos como nas sociedades, existem apenas diferenças de grau entre essas duas ordens de fatos.

REGRAS RELATIVAS À OBSERVAÇÃO DOS FATOS SOCIAIS [PP. 191-221]

1   "Galileu" (R. P., p. 476.) (N. E. da edição original)
2   Novum organum, I, p. 26.

NOTAS 579

3 Ibid., p.17.

4 Ibid., p.36.

5 *Sociol.*, tr. fr., iii, pp.331-2.

6 Ibid., p.332.

7 Concepção, aliás, controversa. Ver *Division du travail social*, ii, p.2, § 4.

8 "A cooperação não poderia portanto existir sem sociedade, e é o objetivo para o qual uma sociedade existe." *Principes de Sociol.*, iii, p.332.

9 *Système de Logique*, iii, p.496.

10 Esse caráter sobressai das expressões mesmas empregadas pelos economistas. A todo instante se trata de ideias, da ideia do útil, da ideia de poupança, de emprego do dinheiro, de despesa. Ver Gide, *Principes d'économie politique*, liv.iii, cap.i, § 1; cap.ii, § 1; cap.iii, § 1.

11 "e declarado que eles deviam ser estudados segundo o método das ciências físicas. Entretanto, na realidade, todos os trabalhos que lhes devemos reduzem-se a puras análises ideológicas, não menos que os da escola metafísica". (*r. p.*, p.486.) (n. e. da edição original)

12 "também só empregavam o método introspectivo". (*r. p.*, p.486.) (n. e. da edição original)

13 "para controlar com eficácia as noções correspondentes que o hábito fixou em nós. Estas permanecem portanto sem contrapeso; em consequência, interpõem-se entre os fatos e nós". (*r. p.*, p.487.) (n. e. da edição original)

14 É verdade que a complexidade maior dos fatos sociais torna sua ciência mais árdua. Mas, em compensação, precisamente porque a sociologia é a última a chegar, está em condições de aproveitar os progressos realizados pelas ciências interiores e de instruir-se na escola destas. Essa utilização das experiências realizadas não pode deixar de acelerar seu desenvolvimento.

15 "de submeter esses sentimentos ao controle" (*r. p.*, p.489.) (n. e. da edição original)

16 J. Darmesteter, *Les Prophètes d'Israël*, p.9.

17 "Concebe-se facilmente a importância dessa definição inicial, já que é ela que constitui." (*r. p.*, p.490.) (n. e. da edição original)

18   [Essa nota não figura no texto inicial.] Na prática, é sempre do conceito vulgar e da palavra vulgar que se parte. Busca-se saber se, entre as coisas que essa palavra confusamente conota, há algumas que apresentam caracteres comuns exteriores. Se houver, e se o conceito formado pelo grupamento dos fatos assim aproximados coincidir, se não totalmente (o que é raro), pelo menos na maior parte, com o conceito vulgar, poder-se-á continuar a designar o primeiro pela mesma palavra que o segundo e conservar na ciência a expressão empregada na língua corrente. Mas, se a distância for muito considerável, se a noção comum confundir uma pluralidade de noções distintas, a criação de termos novos e especiais se impõe.

19   É a mesma ausência de definição que fez dizer, às vezes, que a democracia se encontrava igualmente no começo e no fim da história. A verdade é que a democracia primitiva e a atual são muito diferentes uma da outra.

20   *Criminologie*, p. 2.

21   Ver Lubbock, *Les Origines de la civilisation*, cap. VIII. Mais geralmente ainda, diz-se, não menos falsamente, que as religiões antigas são amorais ou imorais. A verdade é que elas têm uma moralidade própria.

22   "quanto mais estiverem consolidados". (*R. P.*, p. 497.) (N. E. da edição original)

23   "Ora, a vida social, no estado de liberdade, é infinitamente móvel e fugaz. Ela não está isolada, pelo menos imediatamente, dos fenômenos particulares nos quais se encarna, e estes diferem de uma vez a outra, de um caso a outro. São correntes." (*R. P.*, p. 497.) (N. E. da edição original)

24   Elemento que não figura no texto inicial. (N. E. da edição original)

25   Seria preciso, por exemplo, ter razões para acreditar que, num momento dado, o direito não mais exprima o estado verdadeiro das relações sociais para que essa substituição não seja legítima.

26   "*apresentam um grau suficiente de consolidação*". (*R. P.*, p. 497.) (N. E. da edição original)

27   Ver *Division du travail social*, I. I.

NOTAS

28 Cf. nossa *Introduction à la sociologie de la famille*. In: Annales de la Faculté des Lettres de Bordeaux, ano de 1889.

ALGUMAS FORMAS PRIMITIVAS
DE CLASSIFICAÇÃO [PP. 222-90]

1   V. Münsterberg, *Beiträge exper Psychol.*, I, 129 etc.; II, 20; III, 113.
2   Cf. Bastian, *Die Welt in ihren Spiegelungen*, p. 11 e 83; Id., *Allerlei aus Menschen-und Völkerkunde*, 1886, I, p. 18.
3   Spencer e Gillen, *Native Tribes of Central Australia*, 1899, pp. 107 e 217.
4   Haddon, *Head Hunters*, 1901, p. 103.
5   Dorsey, "Siouan Sociology", *Rep. of the Bureau of Amer. Ethnol*, XV, 1896, p. 203.
6   Antigos Caribes, atualmente localizados no Xingu.
7   *Naturvölker des Central Brasiliens*, 1892, p. 352.
8   Ibid., p. 351.
9   Caland, *De Wenschoffers*, Amsterdam, 1901; Hillebrandt, *Vedische Ritual Litteratur*, 1896, p. 120; Julius von Negelein, "Die volkstümliche Bedeutung der weissen Farbe", *Zeitschrift für Ethnologie*, 1901.
10 *Die Welt in ihren Spiegelungen*, com um interessante atlas (1887); *Ideale Welten* (1893) etc.
11 Fison e Howitt, *Kamilaroi and Kurnai* (1880), p. 168; Howitt, "Further Notes on the Australian Class Systems", *Journal of the Anthropological Institute* (daqui em diante, designaremos essa publicação pelas iniciais *J, A, I,*), XVIII, p. 61. Howitt diz textualmente. "Isso não é particular dessas tribos, mas encontra-se em lugares muito distantes uns dos outros, e talvez seja muito mais geral do que se pensa!".
12 Ver "Totemic", p. 85, e "The Origin of Totemic", *Fortnightly Review*, 1899.
13 Como se sabe, essa terminologia não é adotada por todos os autores. Muitos deles empregam de preferência o termo "classes". Disso resultam confusões lamentáveis com as classes matrimoniais, das quais falaremos adian-

te. Para evitar esses erros, sempre que um observador chamar de classe uma fratria, substituiremos o primeiro vocábulo pelo segundo. A unidade da terminologia facilitará a compreensão e a comparação dos fatos. Aliás, seria muito desejável que todos nos entendêssemos de uma vez por todas quanto a essa terminologia tão frequentemente empregada.

14 Esse esquema só representa a organização que consideramos típica. Ela é a mais geral. Em certos casos, porém, só a encontramos alterada. Aqui, as classes totêmicas têm clãs e são substituídas por grupos puramente locais; ali, já não se encontram fratrias nem classes. E até, para sermos completos, precisaríamos acrescentar uma divisão em grupos locais que muitas vezes se superpõe às divisões precedentes.

15 "Notes on Some Tribes of New South Wales", *J. A. I.*, xiv, p. 350. Aliás, não está dito que só se trata dos Ta--ta-This. O parágrafo precedente menciona todo um grupo de tribos.

16 Contudo, parece de fato tratar-se de uma repartição por grupos totêmicos, análoga àquela de que trataremos adiante. Mas essa é apenas uma hipótese.

17 O autor utiliza o termo "classes", que nós substituímos por "fratrias", como já anunciamos, pois acreditamos transmitir assim a ideia do texto, o qual, no entanto, não é totalmente claro. Doravante, faremos a substituição, sem avisar ao leitor, todas as vezes em que não houver dúvida sobre o pensamento dos autores.

18 Palmer, "Notes on Some Australian Tribes", *J. A. I.*, xiii, p. 300. Cf. p. 248.

19 Ao longo do texto, os autores empregam três grafias diferentes para esse termo: Wutaroo, Wootaroo e Wùtarù. O mesmo se dá com a palavra Kurgila (adiante), também grafada Kargilla e Kurgilles. (N. T.)

20 Curr, *Australian Race*, iii, p. 43.

21 Br. Smyth, *The Aborigines of Victoria* (1887), vol. i, p. 91.

22 Fison e Howitt, op. cit., p. 168.

23 Howitt, "Further Notes on the Australian Class System", *J. A. I.*, xiii, n. 3, p. 61.

NOTAS 583

24 Curr, op. cit., p. 27.

25 "Notes on Australian Message Stick", *J. A. I.*, XIII, p. 326; "Further Notes" etc., *J. A. I.*, XIII, n. 3, p. 61,

26 Curr, op. cit., p. 27. Corrigimos Curr, que diz, evidentemente por erro de impressão, que o alimento comido pelos Wongù é chamado Obu ou Wuthera. Aliás, ele deveria ter escrito Obù *e* Wuthera.

27 Ibid. Observe-se que cada fratria ou classe parece consumir a carne dos animais que lhe são assim atribuídos. Pois bem, e voltaremos a esse ponto, os animais assim atribuídos a uma fratria ou a uma classe têm geralmente um caráter totêmico, e por conseguinte seu consumo é proibido aos grupos de indivíduos aos quais eles são atribuídos. Será que o fato contrário que nos é relatado sobre os Wakelbùra constitui então um caso de consumo ritual do animal totêmico pelo grupo totêmico correspondente? Não saberíamos dizer. Talvez haja também nessa observação algum erro de interpretação, erro sempre fácil em matérias tão complexas e de apreciação tão árdua. Efetivamente, é bastante notável que os totens da fratria Mallera, segundo os quadros que nos são dados, são o gambá, o peru-do-mato, o canguru, a pequena abelha, justamente os animais cujo consumo é permitido às duas classes matrimoniais dessa fratria, isto é, aos Kurgilles e aos Banbey. (Cf. Howitt, "Notes on the Austr. Class Systems", *J. A. I.*, XIII, p. 45; Howitt, Comentário sobre Palmer, "Notes on Some Australian Tribes", *J. A. I.*, XIII, p. 337.)

28 Howitt, "On Some Australian Ceremonies of Initiation", *J. A. I.*, XIII, n. 2, p. 438.

29 Id., "Notes on Australian Message Sticks", *J. A. I.*, VIII, p. 326; "Further Notes", *J. A. I.*, XIII, n. 3, p. 61.

30 Ibid. Cf. Howitt, ibid., *J. A. I.*, XIII, p. 61.

31 Howitt, "On Some Australian Beliefs", *J. A. I.*, XIII, n. 1, p. 191.

32 Curr, op. cit., p. 27. "Se um negro Wongoo que acampou sozinho sonhar que matou um porco-espinho, ele acreditará que no dia seguinte verá um negro Kargilla."

33 Howitt, "On Some Australian Beliefs", *J. A. I.*, XIII, n. 1, p. 191.

34	Curr, op. cit., p. 28.
35	Curr parece até mencionar, quanto a isso, que esses animais são de fato totens, e são os mesmos que os alimentos prescritos: "O homicídio é atribuído a algum membro da tribo em cuja escala alimentar está incluído o animal, ave ou réptil... se for um píton-tapete, um Obad, será um Obad... e só será preciso procurar qual Obad foi".
36	Howitt, "On Some Australian Ceremonies of Initiation", *J. A. I.*, XIII, n. 2, p. 438. Cf. *J. A. I*, XVIII, estampa XIV, fig. 13.
37	Ver exemplos em Howitt, ibid., p. 438.
38	Howitt, "Austral. Message Sticks", *J. A. I.*, XVIII, p. 326; *J. A. I.*, XVIII, estampa XIV, figs. 25, 16, 136.
39	Ibid., p. 326.
40	Muirhead diz expressamente que essa maneira de proceder é seguida pelas tribos vizinhas. A esse sistema dos Wakelbùra provavelmente há boas razões para vincular também os fatos citados por Roth, a propósito dos Pitta-Pitta, dos Kalkadoon, dos Matikoodi, dos Woonamurra, todos vizinhos dos Wakelbùra ("Ethnological Studies among the Nord West-Central Queensland Aborigines", t. 1897, pp. 57-8. Cf. *Proceed. R. Society Queensland*, 1897). Cada classe matrimonial tem uma série de interdições alimentares, de tal modo que "todo o alimento à disposição da tribo é dividido entre seus membros" (*Proceedings* etc., p. 189). Tomemos por exemplo os Pitta-Pitta. Os indivíduos da classe dos Koopooroo não podem comer iguana, dingo amarelo, peixinho amarelo "com um osso dentro" (p. 57). Os Wongko devem evitar o peru-do-mato, o *bandicoot*, a águia-falcão, o dingo preto, o pato "absolutamente branco" etc.; aos Koorkilla são proibidos o canguru, o píton-tapete, a carpa, o pato de cabeça marrom e ventre grande, diversas espécies de aves mergulhadoras etc.; aos Bunburi, o emu, a serpente amarela, certa espécie de falcão, uma espécie de papagaio. Temos aqui, em todo caso, um exemplo de classificação que se estende pelo menos a um grupo determinado de objetos, a saber, aos produtos da caça. E essa classificação tem por modelo a da tribo em quatro classes

NOTAS 585

matrimoniais ou "grupos paedomatronímicos", como diz nosso autor. Roth não parece ter investigado se essa divisão se estendia ao resto das coisas naturais.

41 Fison e Howitt, op. cit., p. 168.

42 Ibid., p. 170. Cf. Br. Smyth, *Aborigines of Victoria*, I, p. 92, que compreende e assinala a importância desse fato, sobre o qual, afirma ele, "há muito a dizer".

43 Curr, op. cit., III, p. 461.

44 Fison e Howitt, op. cit., p. 169.

45 Curr, op. cit., p. 462.

46 Ibid., p. 461.

47 Curr diz formalmente que se trata apenas de exemplos.

48 Essa expressão não deve fazer crer que exista uma hierarquia entre os clãs. A ordem não é a mesma em Fison e em Curr. Nós seguimos Fison.

49 O nome de cada totem é precedido do prefixo *Burt* ou *Boort*, que significa seco. Nós o omitimos na lista.

50 Esse *etc*. indica que a lista das coisas subsumidas não é limitativa.

51 Segundo Curr, o totem seria o do peru (*laa*) e compreenderia, entre as coisas a ele vinculadas, certas raízes comestíveis. Essas variações não têm nada de surpreendente. Elas provam apenas que muitas vezes é difícil determinar exatamente qual é, entre as coisas que são assim classificadas sob o clã, aquela que serve de totem a todo o grupo.

52 Fison diz que esse totem é a cacatua negra. Trata-se, sem dúvida, de um erro. Curr, que simplesmente copia as informações de Stewart, diz branca, o que verossimilmente é mais exato.

53 Fison e Howitt, op. cit., p. 169.

54 Ibid.

55 Howitt, "Further Notes on the Australian Class System", *J. A. I.*, XVIII, pp. 60 ss.

56 Percebe-se o parentesco desses nomes com os de Kroki e Kumite, empregados pela tribo do monte Gambier; o que prova a autenticidade desse sistema de classificação, que reaparece assim em pontos tão afastados um do outro.

| 57 | Howitt, "Australian Group Relations", *Report of the Regents of the Smithsonian Institution*, 1883, p. 818. |

57 Howitt, "Australian Group Relations", *Report of the Regents of the Smithsonian Institution*, 1883, p. 818.

58 Ibid; cf. "Further Notes" etc., *J. A. I.*, XVIII, p. 61.

59 Ibid.

60 Howitt, "Australian Group Relations", p. 818.

61 O termo empregado pelos indivíduos que compõem essa subdivisão do subclã para designar-se significa exatamente: "Nós nos avisamos uns aos outros" (Howitt, "Further Notes", p. 61). — Se quisermos ter uma ideia exata da complexidade dessa classificação, convém acrescentar outro elemento. As coisas não são repartidas somente entre os clãs dos vivos: os mortos, também eles, formam clãs que têm seus totens próprios e, por conseguinte, suas coisas atribuídas. São os chamados totens mortuários. Assim, quando um Krokitch do totem Ngaui (o Sol) morre, perde seu nome, deixa de ser *ngaui* para tornar-se *mitbagrargr*, casca da árvore *mallee* (Howitt, "Further Notes", p. 64). Por outro lado, entre os totens dos vivos e os dos mortos há um vínculo de dependência. Eles entram no mesmo sistema de classificação.

62 Deixamos de lado a ação que a divisão dos indivíduos em grupos sexuais nitidamente diferenciados pode ter exercido sobre a divisão das coisas em gêneros. No entanto, sobretudo onde cada sexo tem seu totem próprio, é difícil que essa influência não tenha sido considerável. Limitamo-nos a assinalar a questão segundo Frazer (ver *L'Année Sociologique*, 4, p. 364).

63 Howitt, "Australian Group Relations", p. 819.

64 Ver sobre a tribo do monte Gambier, p. 235.

65 Howitt, "Further Notes", pp. 61, 64.

66 Id., "Australian Group Relations", p. 819.

67 Os textos que precedem só concernem às relações do subtotem com o totem, e não às do totem com a fratria. Mas, evidentemente, estas últimas devem ter sido concebidas da mesma maneira. Se não temos textos que nos informem especialmente sobre esse ponto, é porque a fratria já não exerce senão um papel apagado nessas tribos, e ocupa menos espaço nas preocupações.

68 Ver, p. 240.

NOTAS

69 Howitt, "Further Notes", p. 61. No texto, aparece *Moiwiluk*; trata-se de um sinônimo de *Moiwuk*.

70 Ibid.

71 Haddon, *Head Hunters*, p. 102.

72 Sabe-se, a partir de Haddon (*Head Hunters*, p. 13, e "The Ethnography of the Western Tribe of Torres Straits", *J. A. I.*, XIX, p. 39), que só se encontra totemismo nas ilhas do oeste, e não nas do leste.

73 Haddon, *Head Hunters*, p. 132. Mas os nomes que nós damos às fratrias não foram dados por Haddon.

74 Ibid., p. 138. Cf. W. H. Rivers, "A Genealogical Method of Collecting" etc., *J. A. I.*, 1900, pp. 75 ss.

75 Ibid., p. 171.

76 Hunt, "Ethnographical Notes on the Murray Islands", *J. A. I.*, nova série, I, pp. 5 ss.

77 Insistimos em chamar a atenção para esse fato porque ele nos fornece a oportunidade para uma observação geral. Por toda parte onde se veem um clã ou uma confraria religiosa exercerem poderes mágico-religiosos sobre espécies de coisas diferentes, é legítimo se perguntar se não existe aí o indício de uma antiga classificação que atribuía a esse grupo social essas diferentes espécies de seres.

78 São tão numerosos os documentos sobre esse assunto que nós não os citamos todos. Tal mitologia é realmente tão desenvolvida que os europeus acreditaram que os astros eram as almas dos mortos (V. Curr, op. cit., I, pp. 255, 403; II, p. 475; III, p. 25).

79 Howitt, "On Australian Medicine Men", *J. A. I.*, XVI, n. 2, p. 53.

80 Id., "On the Migration of the Kurnai Ancestors", *J. A. I.*, XV, p. 415, n. 1. Cf. "Further Notes", *J. A. I.*, XVIII, n. 3, p. 65.

81 "Further Notes", p. 66.

82 Ibid., p. 59. Cf. n. 2, p. 63. Eles correspondem aos cinco dedos da mão.

83 Ibid., p. 66.

84 Ver Palmer, pp. 293-4.

85 Os indivíduos que fazem a cerimônia devem, em sua maioria, ser dessa fratria. Ver Spencer e Gillen, p. 561.

86	Sabe-se que, para os Arunta, cada nascimento é a reencarnação do espírito de um antepassado mítico (*Alcheringa*).
87	Spencer e Gillen, op. cit., p. 564.
88	Ibid., p. 565.
89	Ibid., p. 563, in fine.
90	Outro nome do *wallaroo*, um tipo de canguru. (N. T.)
91	Spencer e Gillen, op. cit., p. 444.
92	Ver, p. 237.
93	Ver, p. 242.
94	Podemos nos convencer disso estudando as listas de clãs repartidos em fratrias que Howitt fornece em "Notes on the Australian Class Systems", *J. A. I.*, XII, p. 149, bem como em "Further Notes on the Australian" etc., *J. A. I.*, XVIII, pp. 52 ss., e em "Remarks on Mr. Palmer's Class Systems", *J. A. I.*, XII, p. 385.
95	Foi justamente desse ponto de vista exclusivo que Howitt estudou os Wotjoballuk, e foi essa segmentação que, ao fazer com que uma mesma espécie de coisas tenha ora o caráter de um totem, ora o de um subtotem, dificultou a constituição de um quadro exato dos clãs e dos totens.
96	Howitt, "Further Notes", pp. 63 e sobretudo 64.
97	Id., "Australian Group Relations", p. 818.
98	Id., "Further Notes", pp. 63-4, 39.
99	Ver acima, p. 256. Essa segmentação e as modificações que dela resultam na hierarquia dos totens e dos subtotens talvez permitam explicar uma particularidade interessante desses sistemas sociais. Sabe-se que, especialmente na Austrália, os totens são em sua maioria animais e, muito mais raramente, objetos inanimados. Pode-se crer que, primitivamente, todos eram tirados do mundo animal. Mas sob esses totens primitivos ficavam classificados objetos inanimados que, em consequência de segmentações, acabavam por ser promovidos à categoria de totens principais.
100	Spencer e Gillen, p. 112.
101	Acreditamos estar prestando um serviço ao reproduzir aqui essa lista, tal como a reconstituímos. Claro, não seguimos nenhuma ordem em nossa enumeração: o ven-

NOTAS   589

to, o Sol, a água ou nuvem (p. 112), o rato, a lagarta *witchetty*, o canguru, o lagarto, o emu, a flor *hakea* (p. 116), a águia-falcão, o *elonka* (fruto comestível), uma espécie de maná, o gato selvagem, o *irriakura* (espécie de bulbo), a lagarta da borboleta longicórnea, o *bandicoot*, o maná *ilpirla*, a formiga do mel, a rã, a baga *chankuna*, a ameixeira, o peixe *irpunga*, o *opossum*, o cão selvagem, o *euro* (pp. 177 s.), o pequeno falcão (p. 232), o píton-tapete (p. 242), a pequena lagarta, o grande morcego branco (pp. 300-1), a semente de grama (p. 311), o peixe *interpitna* (p. 316), a serpente *coma* (p. 317), o faisão nativo, outra espécie de fruto de *mandinia* (p. 320), o rato *jerboa* (p. 329), a estrela vespertina (p. 360), o grande lagarto, o pequeno lagarto (p. 389), o pequeno rato (pp. 389, 395), a semente *alchantwa* (p. 390), outra espécie de pequeno rato (p. 396), o pequeno falcão (p. 397), a serpente *okranina* (p. 399), o peru selvagem, a pega, o morcego branco, o pequeno morcego (pp. 401, 404, 406). Existem ainda os clãs de uma certa espécie de semente e do grande escaravelho (p. 411), dos pombos *inturita* (p. 410), do bicho d'água [*la bête d'eau*] (p. 414), do falcão (p. 416), da codorniz, da formiga-buldogue (p. 417), de dois tipos de lagartos (p. 439), do *wallaby* de cauda ungulada (p. 441), de uma espécie de flor *hakea* (p. 444), da mosca (p. 546), da araponga (p. 635).

102   *L'Année Sociologique*, 5, pp. 108 ss.

103   Assim, Spencer e Gillen não sabem exatamente se o pombo dos rochedos é um totem secundário (cf. pp. 410 e 448). De igual modo, o valor totêmico das diversas espécies de lagartos não é determinado; assim, os seres míticos que criaram os primeiros homens que tiveram por totem o lagarto se transformaram em outra espécie de lagarto (p. 389).

104   Spencer e Gillen, op. cit., p. 449.

105   Ibid., pp. 147-8.

106   Ibid., pp. 283, 297, 403, 404.

107   Ibid., pp. 149-50, 404.

108   Ibid., p. 441.

109   Os churingas, esses emblemas individuais em que su-

postamente residem as almas dos antepassados, trazem, no clã das rãs, representações de seringueiras; as cerimônias nas quais são representados os mitos do clã compreendem a figuração de uma árvore e de suas raízes (ibid., pp. 145, 147, 623, 626, 670. Cf. pp. 335, 344 e figs. 72, 74).

110 Ibid., p. 448.

111 Ibid., pp. 238, 322.

112 Ibid., p. 545.

113 Ibid., p. 329.

114 Ibid., p. 546.

115 Spencer e Gillen só falam de aves. Mas, na realidade, o fato é muito mais geral.

116 Spencer e Gillen, op. cit., pp. 447-8.

117 Ibid., pp. 448, 188, 646. Note-se a analogia que existe entre os nomes deles e o de Ilatirpa, o grande ancestral desse totem.

118 Ibid., p. 305. Em certas cerimônias do clã, em torno do "lagarto" faz-se dançar dois indivíduos que representam duas aves dessa espécie. E, segundo os mitos, essa dança já estava em uso desde os tempos do Alcheringa.

119 Ibid., p. 320. Cf. pp. 318-9.

120 Ibid., pp. 447-8.

121 Ibid., p. 448.

122 Ibid.

123 Ibid., pp. 448-9.

124 V. R. H. Matthews, "The Wombya Organization of the Australian Aborigines", *American Anthropologist*, n. s., 1900, pp. 494 ss.

125 Ainda quanto a esse ponto, há um notável parentesco entre essa tribo e a dos Arunta, na qual as classes matrimoniais são igualmente em número de oito; pelo menos é esse o caso entre os Arunta do norte, e, entre os outros, a mesma subdivisão das quatro classes primitivas está em vias de formação. A causa desse seccionamento é a mesma nas duas sociedades: a transformação da filiação uterina em filiação masculina. Aqui mesmo já foi mostrado como essa revolução teria efetivamente, como resultado, impossibilitar casamentos se as quatro classes iniciais

NOTAS

não se subdividissem (ver *L'Année sociologique*, 5, n. 1, p. 106). Entre os Chingalee, aliás, essa mudança se produziu de maneira muito especial. A fratria e, por conseguinte, a classe matrimonial continuam a transmitir-se em linha materna; somente o totem é herdado do pai. Explica-se assim como cada classe de uma fratria tem, na outra, uma classe correspondente que compreende os mesmos totens. É que a criança pertence a uma classe da fratria materna mas tem os mesmos totens que seu pai, o qual pertence a uma classe da outra fratria.

126 R. H. Matthews, *Proceedings of the American Philosophical Society*, Filadélfia, t. XXXVII, 1898, pp. 151 ss.

127 Nessa tribo não existem nomes conhecidos que designem especialmente as fratrias. Portanto, designamos cada uma delas pelos nomes de suas duas classes matrimoniais. Vê-se que a nomenclatura é a do sistema *kamilaroi*.

128 Os Zuñi foram admiravelmente estudados por Cushing ("Zuñi Creation Myths", *13th Report of the Bureau of Amer. Ethnology of the Smiths. Instit.*, 1896, p. 325, e *Zuñi Fetishes*, *2nd Report*, p. 9-45). Eles estão ao mesmo tempo, diz esse autor, "entre os mais arcaicos" e entre "os mais desenvolvidos" (*13th Rep.*, p. 325). Têm uma cerâmica admirável, cultivam o trigo e os pêssegos que os espanhóis importaram, são joalheiros destacados; durante mais de duzentos anos mantiveram relações com os mexicanos. Hoje são católicos, mas só de maneira exterior; conservaram seus ritos, seus usos e suas crenças (ibid., p. 335). Habitam todos juntos um *pueblo*, isto é, uma só aldeia, formada na realidade de seis ou sete casas em vez de seis ou sete grupos de casas. Caracterizam-se, portanto, por uma extrema concentração social, um conservantismo notável e ao mesmo tempo por uma grande faculdade de adaptação e de evolução. Se não encontramos entre eles aquele primitivo de que nos falam Cushing e Powell (*13th Rep.*, p. LVII, e *2nd Rep.*, p. XXVII), é certo que estamos lidando com um pensamento que se desenvolveu segundo princípios muito primitivos.

A história dessa tribo é resumida por Cushing, *13th Report*, pp. 327 ss.; a hipótese que ele propõe, segundo a qual os Zuñi teriam uma dupla origem, não nos parece provada em absoluto. Citaremos as duas obras de Cushing por meio das abreviações *Z. C. M.* e *Z. F.*

129   Cushing, *Z. C. M.*, p. LIV.

130   Ibid., p. 367 ss.

131   Ibid., p. 378.

132   Ibid., p. 370.

133   Cushing, *Z. F.*, pp. 6, 9. Segundo Cushing, "os graus de parentesco (*relationship*) parecem ser amplamente, ou mesmo inteiramente, determinados por graus de semelhança". Em outro texto (*Z. C. M.*, pp. 368, 370), o autor acreditou poder aplicar seu sistema de explicação com todo o rigor; vê-se que, no que se refere aos Zuñi, convém ser mais reservado. De fato, mostraremos o arbítrio dessas classificações.

133A   Cushing, *Z. C. M.*, pp. 368-70. De outro modo, as sementes da terra eram localizadas no Sul.

134   Ibid., pp. 361, 387-8.

135   Relatamos essas explicações, mas sem afiançarmos seu valor. As razões que presidiram à repartição das cores são provavelmente ainda mais complexas. Mas as razões dadas não deixam de ter seu interesse.

136   Cushing diz que é por causa "do azul do Pacífico", mas não estabelece que os Zuñi tenham conhecido o oceano.

137   Cushing, *Z. C. M.*, p. 367.

138   Ibid., p. 370. Neles, a filiação é materna; o marido habita a casa da mulher.

139   Ibid., p. 368.

140   Contando-se o clã do Centro e admitindo que ele já formava um grupo à parte, além das duas fratrias de três clãs, o que é duvidoso.

141   O texto é versificado; ora, os textos versificados se conservam muito melhor do que os textos em prosa. Aliás, é certo que, em grande parte, os Zuñi tinham, na época de sua conversão, isto é, no século XVIII, uma organização muito semelhante àquela que Cushing estudou entre eles. Em sua maior parte, as confrarias e os clãs existiam de modo idêntico, como se pode comprovar pelos nomes inscritos nos registros batismais da missão (Cushing, *Z. C. M.*, p. 383).

NOTAS 593

142 Cushing, *Z. C. M.*, p. 418.

143 É provável que, com o tempo, esse clã tenha mudado de orientação.

144 Como nos ocupamos, aqui, apenas em mostrar que os seis grupos de três clãs se formaram por segmentação de seis clãs originais, deixamos de lado o 19º clã. Voltaremos ao assunto adiante.

145 "Assim os sacerdotes-pais determinaram que as criaturas e as coisas do verão e do espaço Sul corresponderiam às pessoas do Sul... as do inverno e do espaço Norte às pessoas do inverno" etc.

146 Por abreviação, servimo-nos desse termo para designar as regiões orientadas.

147 Cushing, *Z. C. M.*, pp. 371 e 387-8.

148 Por toda parte, nos Estados Unidos, existe uma relação entre o calor, sobretudo o do Sol, e a agricultura e a medicina. Quanto às confrarias que provêm das regiões de cima e de baixo, estas têm por função a geração e a preservação da vida.

149 Sabemos que a noção do "meio" é de origem relativamente tardia. O meio "foi encontrado" num momento determinado (Cushing, *Z. C. M.*, pp. 388, 390, 398-9, 403, 424-30).

150 Cushing, *Z. C. M.*, p. 369. Os trechos seguintes são muito demonstrativos quanto a isso: "Eles levaram os tubos das coisas ocultas em número de quatro, correspondente às regiões dos homens"; "Eles levaram os volantes de divinação em número de quatro, correspondente às regiões dos homens" (ibid., pp. 423-4).

151 Ver, pp. 263-4.

152 Cushing, *Z. F.*, pp. 18, 24-5, estampas III-VI.

153 O raciocínio pelo qual os Zuñi justificam essa atribuição do texugo mostra quanto essas associações de ideias dependem de causas totalmente estranhas à natureza intrínseca das coisas associadas. O Sul tem o vermelho como cor e diz-se que o texugo é do Sul porque, por um lado, ele é branco e preto, e por outro, o vermelho não é nem branco nem preto (Cushing, *Z. F.*, p. 17). São ideias que se ligam segundo uma lógica singularmente diferente da nossa.

594 ESSENCIAL SOCIOLOGIA

154 Cushing, *Z. F.*, p. 15.

155 A repartição da caça entre os seis animais predadores está exposta em vários mitos (ver Cushing, *Z. F.*, p. 16) que não concordam em todos os detalhes, mas que repousam sobre os mesmos princípios. Tais discordâncias são facilmente explicáveis em razão das modificações que se produziram na orientação dos clãs.

156 Os seis animais-fetiches coincidem exatamente, exceto dois, com os seis animais predadores dos mitos. A divergência resulta simplesmente de que duas espécies foram substituídas por outras duas que eram aparentadas com as primeiras.

157 Prova disso é que o fetiche do coiote amarelo, que é atribuído ao Norte como espécie secundária, tem no entanto um nível de precedência sobre o fetiche do coiote azul, que é do Oeste. Cushing, *Z. F.*, pp. 26, 31.

158 Na verdade existe a serpente, que é totem do Nadir e que, segundo nossas ideias atuais, é um animal predador. Mas, para os Zuñi, não é assim. Para eles, os predadores só podem ser animais munidos de garras.

159 Cushing, *Z. F.*, pp. 18-9.

160 Id., *Z. C. M.*, pp. 384 ss.

161 O termo *kâ-ka-kwe* parece-nos ser de fato o antigo nome do corvo. Admitida essa identificação, ficariam resolvidas todas as questões levantadas pela etimologia desse termo e a origem da festa dos *kâ-ka-kwe*. V. Walter Fewkes, "Tusayan Katcinas", *15th Rep. Bar of Ethn.*, 1897, n. 2, p. 265.

162 Portanto, o clã do papagaio, que hoje é o único da região do Meio, era primitivamente o primeiro clã, o clã--tronco da fratria do verão.

163 Cushing, *Z. C. M.*, p. 386; cf. pp. 405, 425-6.

164 Dizemos "o sistema dos Zuñi" porque foi entre eles que tal sistema foi melhor e mais completamente observado. Não podemos estabelecer de maneira totalmente categórica que os outros índios Pueblos procederam da mesma forma, mas estamos convencidos de que os estudos em vias de realização neste momento por Fewkes, Bourke, Mrs. Stevenson e Dorsey sobre esses diferentes povos

conduzirão a resultados similares. O certo é que entre os Hopi de Walpi e de Tusayan se encontram nove grupos de clãs análogos àqueles que encontramos entre os Zuñi: o primeiro clã de cada um desses grupos tem o mesmo nome do grupo inteiro, prova de que esse agrupamento se deve à segmentação de um clã inicial (V. Mindeleff, "A Study of Pueblo Architecture in Tusayan and Cibola", *8th Report of the Bureau of Ethno.*, *1886-1887*, publicado em 1891, p. 12). Esses nove grupos encerram uma multidão incontável de subtotens que de fato parecem esgotar toda a natureza. Por outro lado, para esses clãs mencionam-se expressamente orientes míticos determinados. Assim, o clã da cascavel veio do Oeste e do Norte e compreende certo número de coisas que são, por isso mesmo, orientadas: diferentes tipos de cactos, as pombas, as marmotas etc. Do Leste veio o grupo de clãs que tem por totem o chifre e que compreende o antílope, o gamo, a ovelha das montanhas. Cada grupo é originário de uma região nitidamente orientada. Por outro lado, o simbolismo das cores corresponde bem àquele que observamos entre os Zuñi (V. W. Fewkes, *15th Report of the Bureau of Ethn.*, pp. 267 ss. Cf. Mallery, "Pictographs of the North Americ. Indians", *5th Rep.*, p. 56). Por fim, também como entre os Zuñi, os monstros predadores e as caças são repartidos por regiões. Há, contudo, a diferença de que as regiões não correspondem aos pontos cardeais.

O *pueblo* arruinado de Sia parece ter conservado uma lembrança bastante nítida desse estado do pensamento coletivo (ver Stevenson, "The Sia", *15th Rep.*, pp. 28- -9, 32, 38, 41). A demonstração de que, ali, as coisas foram de início divididas por clãs, e em seguida por região, é que em cada região existe um representante de cada animal divino. Mas, atualmente, os clãs já não existem ali senão em estado de sobrevivência.

Acreditamos que entre os Navajo se encontrariam semelhantes métodos classificadores (ver Matthews, "The Navaho Mountain Chant", *15th Rep.*, 1883-1884, pp. 448- -9. Cf. A. W. Buckland, "Points of Contact between Old

596 ESSENCIAL SOCIOLOGIA

World and Customs of the Navaho Mountain Chant",
J.A.I., XXVI, 1893, p. 349). Também estamos persuadi-
dos, conquanto não possamos estabelecê-lo aqui, de que
muitos fatos da simbologia dos Huichol (cf. adiante o re-
latório de Lumholtz, *Symbolisn of the Huichol Indians*)
e dos astecas, "esses outros Pueblos", como diz Morgan
(*Ancient Society*, p. 199), encontrariam uma explicação
decisiva em fatos desse gênero. Tal ideia, aliás, foi emitida
por Powell, Mallery e Cyrus Thomas.

165   "Omaha Sociology", *3rd Rep. Bur. Ethn.*, *1882-1883*,
pp. 211 s.; "A Study of Siouan Cults", *11th Rep.*, 1890,
pp. 350s.; "Siouan Sociology", *15th Report*, pp. 205 s.; cf.
as publicações de textos *teton* (*dakotas*), *omahas* e *osages*
em *Contributions to North-American Ethnology*, vol.
III, 2ª parte, e vol. VI, 1. parte; Kohler, *Zur Urgeschichte
der Ehe*, Stuttgart, 1895.

166   De fato, de maneira geral, onde a filiação é masculina o
culto totêmico se enfraquece e tende a desaparecer (ver
Durkheim, "La Prohibition de l'inceste", in *L'Année sociologique*, 1, p. 23). Na verdade, Dorsey menciona a decadência dos cultos totêmicos ("Siouan Cults", p. 391).

167   Ver Dorsey, "Siouan Sociology", p. 226. Parece-nos bastante presumível que esse clã tenha sido um clã do urso;
de fato, esse é o nome do primeiro subclã. Além disso, o
clã que lhe corresponde nas outras tribos Sioux é um clã
do urso.

168   Dorsey "Omaha Sociology", pp. 236 ss. Dorsey, para
designar esses grupamentos, serve-se dos termos *gen-
tes* e *subgentes*. Não nos parece necessário adotar uma
expressão nova para designar os clãs de descendência
masculina. Trata-se apenas de uma espécie do gênero.

169   O nevoeiro é, sem dúvida, representado sob a forma de
uma tartaruga. Sabe-se que, entre os iroqueses, o nevoeiro e a tempestade tinham a ver com o clã da lebre. Cf.
Frazer, "Origin of Totemism", *Fortnightly Rev.*, 1899,
p. 847.

170   Miss A. Fletcher, "The Significant of the Scalp-Lock
(Omaha Ritual)", *J.A.I.*, 1898, p. 438. Essa disposição só é seguida nos movimentos gerais da tribo (ver

NOTAS   597

"Omaha Sociology", pp. 219 s., p. 286, § 133; cf. Id., "Siouan Sociology", p. 226).

171 Para compreender quanto a orientação dos clãs é indeterminada em relação aos pontos cardeais, basta lembrar que ela muda completamente de acordo com a rota seguida pela tribo; por exemplo, do norte para o sul, ou do leste para o oeste, ou vice-versa. Assim, Dorsey e MacGee se aventuraram ao aproximar, tanto quanto fizeram, esse sistema Omaha da classificação completa dos clãs e das coisas sob as regiões (ver Dorsey, "Siouan Cults", pp. 522 ss., e MacGee, *The Siouan Indians*, p. 204).

172 Dorsey, "Siouan Sociology", p. 235; cf. p. 214.

173 Na cerimônia de circunvolução em torno dos pontos cardeais, o ponto de onde cada clã deve partir varia segundo os clãs (Dorsey, "Siouan Cults", p. 380).

174 Dorsey, "Siouan Sociology", p. 220; Id., "Siouan Cults", p. 523. Essa tribo tem subtotens muito importantes.

175 Entre os Winnebago, nos quais se encontra a mesma repartição dos clãs e das coisas, a entrada é no oeste (Dorsey, "Siouan Cults", p. 522. Cf. Foster, "Indian Record and Historical Data", *American Naturalist*, 1885, pp. 672-4). Mas essa diferente orientação da entrada não modifica o aspecto geral do acampamento. Aliás, encontramos a mesma disposição entre os Omaha, não na assembleia geral da tribo, mas nas assembleias particulares dos clãs ou, pelo menos, de certos clãs. Esse é especialmente o caso do clã Chatada. No círculo que ele forma quando se reúne, a terra, o fogo, o vento e a água são situados exatamente da mesma maneira em quatro setores diferentes (Dorsey, "Siouan Cults", p. 523).

176 Contudo, existe uma tribo Sioux em que reencontramos as coisas verdadeiramente classificadas sob orientes, como entre os Zuñi; são os Dakota. Mas, nesse povo, os clãs desapareceram e, em consequência, desapareceu também a classificação por clãs. Isso nos impede de mencioná-lo em nossa demonstração. Ver Dorsey, "Siouan Cults", p. 522; pp. 529-30, 532, 537. Cf. Riggs, *Tah-Koo-Wah-Kon*. Washington, 1885, p. 61). A classi-

598 ESSENCIAL SOCIOLOGIA

ficação dakota é singularmente análoga à classificação chinesa que estudaremos daqui a pouco.

177 Howitt, "Australian Medicine Men", *J. A. I.*, XVI, p. 31; "Further Notes" etc., *J. A. I.*, XVIII, p. 62.

178 O termo *Wartwut* significa ao mesmo tempo Norte e vento do Norte-Noroeste, ou vento quente. Howitt, "Further Notes", in *J. A. I.*, XVIII, p. 62, n. 2.

179 Howitt, "Austr. Medicine Men", p. 31.

180 "Further Notes", pp. 62 ss. O que se segue é um resumo do texto.

181 Eis a tradução, tanto quanto foi possível fazê-la, dos termos indígenas que designam os clãs: 1 e 2 (*ngaui*), sol; 3 (*barewum*). Uma caverna (?); 4 e 11 (*batchangal*), pelicano; 5 (*wartwut-batchangal*), pelicano vento quente; 6 (*wartwut*), vento quente; 7 (*moi*), píton-tapete; 8 e 9 (*munya*), canguru (?); 10 (*wurant*), cacatua negra; 12 (*ngungul*), o mar; 13 (*jallan*), víbora mortal.

182 De fato, o próprio Howitt menciona que seu informante demonstrou hesitações sobre esse ponto. Por outro lado, esse clã é na realidade o mesmo que o clã 8, e só se distingue dele por seus totens mortuários.

183 Ver Morgan, *Ancient Society*, pp. 88, 94-5; Id., *League of the Iroquois*, pp. 294 ss.; Miss E. A. Smith, "Myths of the Iroquois", *2nd Rep. of Bur. Ethn.*, p. 114.

184 Powell, "Wyandot Government", *2nd Rep. Bur. Ethn.*, p. 44.

185 Mooney, *8th Rep. Bur. Ethn.*, 1883-1884, pp. 507-9.

186 Petitot, "Traditions indiennes du Canada Nord-Ouest", *Bibl. des Trad. Popul.*, XXVI, pp. 15 e 20. Entre os Loucheux, existe uma fratria da direita, uma da esquerda e uma do meio.

187 Ver, p. 242-3.

188 Pfeil, *Südsee-Beobachtungen*, p. 28.

189 Spencer e Gillen, op. cit., pp. 32, 70, 277, 287, 324, 501.

190 Ibid., p. 189.

191 Ibid., p. 496. Evidentemente, estamos lidando aqui ou com um começo ou com um resto de localização dos clãs. Acreditamos que seja sobretudo um resto. Se, como se tentou demonstrar no ano passado, admitirmos que os

NOTAS   599

clãs foram repartidos entre as fratrias, assim como as fratrias são localizadas, os clãs também devem tê-lo sido.

192 Howitt, "On Certain Australian Ceremonies of Initiation", *J. A. I.*, XIII, pp. 441-2. O mesmo ocorre entre os Kamilaroi (ver Matthews, "The Bora or Initiation Ceremonies of the Kamilaroi Tribes", *J. A. I.*, XXIV, p. 414, e XXV, pp. 322, 326).

193 Em Roma ainda se encontram vestígios dessas ideias: *mundus* significa ao mesmo tempo o mundo e o lugar onde se reuniam os comícios. Portanto, a identificação da tribo (ou da cidade) com a humanidade não se deve simplesmente à exaltação do orgulho nacional, mas a um conjunto de concepções que fazem da tribo o *microcosmo do universo*.

194 Nesse caso, tudo que sobrevive do antigo sistema é a atribuição de certos poderes aos grupos locais. Assim, entre os Kurnai, cada grupo local é senhor de um certo vento que supostamente provém do seu lado.

195 De Groot, *The Religious System of China*, p. 319; cf. pp. 982 ss.

196 Ibid., p. 989.

197 Ibid.

198 Na verdade, a coisa é ainda mais complicada: em cada uma das quatro regiões distribuem-se sete constelações; daí os 28 asterismos chineses. (Sabe-se que muitos estudiosos atribuem uma origem chinesa ao número dos asterismos em todo o Oriente.) As influências astrais, terrestres e atmosféricas concorrem todas para esse sistema, dito do *feng-shui*, ou "do vento e da água". Sobre esse sistema, ver De Groot, op. cit., part. I, cap. III, e as referências citadas.

199 De Groot, p. 960.

200 Ver no *I-Ching* o cap. XVII, na tradução de Legge, *Sacred Books off the East* (t. XVI). Seguimos o quadro elaborado por De Groot, op. cit., p. 964. Naturalmente, essas classificações carecem de tudo que se assemelhe à lógica grega e europeia. São abundantes as contradições, os desvios, as imbricações. Aliás, por isso mesmo tais classificações nos parecem mais interessantes.

600 ESSENCIAL SOCIOLOGIA

201 De Groot, op. cit., p. 956.

202 Ibid., p. 962.

203 Ver, p. 254

204 Ver De Groot, op. cit., pp. 966, 973. Nos clássicos mais antigos, eles são chamados "as dez mães e os doze filhos".

205 Sabe-se que as divisões duodecimais e sexagesimais serviram de base à mensuração chinesa do círculo celeste e à divisão da bússola divinatória.

206 De Groot, op. cit., p. 966.

207 Ibid., pp. 986-8.

208 Ibid., pp. 44, 987.

209 Não podemos impedir-nos de pensar que o ciclo das doze divisões e os doze anos representados por animais não passavam, na origem, de uma só e mesma divisão do tempo: uma esotérica, a outra exotérica. Um texto chama-as de "as duas dúzias que se pertencem", o que de fato parece indicar que elas eram uma só e única dúzia diversamente simbolizada.

210 Aqui, os elementos voltam a ser quatro: a terra deixa de ser elemento para tornar-se um princípio primeiro. Tal arranjo era necessário para que uma relação aritmética pudesse ser estabelecida entre os elementos e os doze animais. As contradições são infinitas.

211 Wells Williams, *The Middle Kingdom*, edição de 1899, ii, pp. 69 ss. Além disso, Williams reduz o ciclo denário aos cinco elementos, cada dupla da divisão decimal dos tempos correspondendo a um elemento. Também seria bastante possível que a divisão denária fosse parte de uma orientação em cinco regiões, e a divisão duodenária da orientação o fosse em quatro pontos cardeais.

212 Williams, op. cit., i, p. 792.

213 Young, *The Kingdom of the Yellow Robe*, 1896, p. 92. Os outros autores só mencionam a consulta aos adivinhos e a consideração dos ciclos. Ver Pallegoix, *Description du Royaume Thaï*, i, p. 253; *Dictionnaire siamois-français*, introd., p. ii; Chevillard, *Le Siam et les Siamois*, Paris, 1889, p. 252, cf. p. 154; De la Loubere, *Description du royaume de Siam*, Amsterdam, 1714, v. i, p. 156; v. ii, p. 62.

NOTAS

Esse ciclo parece ter tido uma história bastante complicada. No Camboja, o ciclo é empregado como na China. Moura, *Vocabulaire français-cambodgien*, 1876, p. 15. Mas nem os autores nem os códices falam de interdições matrimoniais relativas a esse ciclo. (Ver Adhémar Leclère, *Codes cambodgiens*, Paris, 1898.) Portanto, é provável que exista aí simplesmente uma crença de origem exclusivamente divinatória, e, sendo mais popular que a divinação chinesa, está mais em uso nessas sociedades.

214 V. Doolittle, *Social Life of the Chinese*, 1879, I, pp. 66 e 69.

215 Ibid., II, p. 341.

216 Ibid., p. 342. Cf. De Groot, op. cit., I, 1, p. 106, em que o mesmo fato parece ser mencionado sob uma forma diferente.

217 Chegou-se até a conjecturar se não tinha havido empréstimo, direto ou indireto, de um desses povos ao outro.

218 Bouché-Leclerq, *Astrologie grecque*, pp. 390 ss., 316.

219 Epicuro critica precisamente os prognósticos extraídos dos animais (celestes?) como baseados na hipótese da coincidência dos tempos, das direções e dos eventos suscitados pela divindade (*Ad Pythocl.* Uzener, *Epicura*, p. 55, 1.13).

220 Bouché-Leclercq, op. cit., pp. 319, 76 ss. Cf. Ebers, *Die Körpertheile, ihre Bedeutung und Namen in Alt--Egypten.* (*Abhdl. d. kgl. bayer. Akad. Hist.* Kl., t. XXI, 1897, pp. 9 ss.)

221 Segundo Pan-Ku, autor do século II, que se baseia em autores muito mais antigos. Ver De Groot, op. cit., part. II, I; V IV, pp. 13 ss.

222 Usener, "Göttliche Synonymen", *Rheinisches Museum*, t. LII, p. 357.

223 O termo é de Max Müller, que, aliás, o aplica incorretamente às formas primitivas do bramanismo.

224 V. Barth, *The Religions of India*, 1891, pp. 29, 160 ss.

225 *Götternamen*, 1896, pp. 346 ss.

226 A filosofia hindu é abundante em classificações correspondentes das coisas, dos elementos, dos sentidos, das hipóstases. Encontram-se as principais, enumeradas e

comentadas, em Deussen, *Allgemeine Geschichte der Philosophie*, 1, 2, pp. 85, 89, 95 etc. Boa parte dos *Upanixades* consiste em especulações sobre as genealogias e as correspondências.

227 Com isso, elas se distinguem muito nitidamente daquilo que poderíamos denominar as classificações tecnológicas. É provável que, em todos os tempos, o homem tenha classificado mais ou menos nitidamente as coisas de que se alimentava, segundo os procedimentos que empregava para se apoderar delas: por exemplo, em animais que vivem na água, ou nos ares, ou sobre a terra. Mas, de início, os grupos assim constituídos não são ligados uns aos outros e sistematizados. Trata-se de divisões, distinções de noções, e não de quadros de classificação. Ademais, é evidente que essas distinções estão estreitamente vinculadas à prática, da qual não expressam senão certos aspectos. Foi por essa razão que não falamos delas neste trabalho, no qual procuramos sobretudo esclarecer um pouco as origens do procedimento lógico que está na base das classificações científicas.

228 Ainda hoje, para o crente de vários cultos, os alimentos se classificam sobretudo em dois grandes gêneros, os gordos e os magros, e sabe-se tudo que há de subjetivo nessa classificação.

229 De la Grasserie desenvolveu muito obscuramente, e sobretudo sem provas, ideias bastante análogas às nossas em seu *Religions comparées au point de vue sociologique*, cap. III.

230 O que é compreensível para os romanos, e mesmo para os Zuñi, já não o é tanto para os habitantes da ilha de Páscoa, chamada Te Pito-te Henua (umbigo da terra); mas por toda parte a ideia é perfeitamente natural.

O DUALISMO DA NATUREZA HUMANA
E SUAS CONDIÇÕES SOCIAIS [PP. 291-307]

1 Às sensações deveríamos acrescentar as imagens; mas, como estas não são mais do que as sensações sobrevi-

NOTAS 603

ventes a elas mesmas, parece-nos inútil mencioná-las separadamente. O mesmo se dá com os conglomerados de imagens e de sensações que são as percepções.

2 Sem dúvida, existem inclinações egoístas que não têm por objeto coisas materiais. Mas os apetites sensíveis são o tipo, por excelência, das tendências egoístas. Acreditamos até que as inclinações que nos prendem a um objeto de outro gênero, qualquer que seja o papel aí exercido pelo móvel egoísta, implicam necessariamente um movimento de expansão para fora de nós que ultrapassa o puro egoísmo. É o caso, por exemplo, do amor, da glória, do poder etc.

3 Ver nossa comunicação à Société Française de Philosophie sobre a determinação do fato moral. *Bulletin de la Société Française de Philosophie*, 1906, pp. 113 ss. (In: *Sociologie et philosophie*, 1963, pp. 49 ss.).

4 Não pretendemos recusar ao indivíduo a faculdade de formar conceitos. Ele aprendeu com a coletividade a formar representações desse gênero. Mas até os conceitos que ele forma dessa maneira têm o mesmo caráter dos outros: são construídos de modo a poder ser universalizados. Mesmo quando obra de uma personalidade, eles são, em parte, impessoais.

5 Dizemos *nossa individualidade*, e não *nossa personalidade*. Embora os dois termos sejam frequentemente tomados um pelo outro, é importante distingui-los com o máximo cuidado. A personalidade é feita essencialmente de elementos supraindividuais. (Ver sobre esse ponto *Les Formes élémentaires de la vie religieuse*, pp. 386-90.)

6 Ibid., pp. 320-1, 580.

7 "La Détermination du fait moral", *Bulletin de la Société Française de Philosophie*, 1906, p. 125. In: *Sociologie et philosophie*, 1963, p. 69.

8 Ver *Les Formes élémentaires* etc., pp. 268-342. Não podemos reproduzir aqui os fatos e as análises sobre os quais se apoia nossa tese: limitamo-nos a lembrar sumariamente as principais etapas da argumentação desenvolvida em nosso livro.

9 Ibid., pp. 329 ss.
10 Ibid., pp. 53 ss.
11 *Division du travail social*, passim. Cf. "La Détermination du fait moral", *Bulletin de la Société Française de Philosophie*, 1906.
12 *Les Formes élémentaires* etc., pp. 616 ss.
13 Ibid., pp. 12-28, 205 ss., 336 ss., 386, 508, 627.

AS GRANDES CIDADES
E A VIDA DO ESPÍRITO (1903) [PP. 311-29]

1 O conteúdo desta conferência, por sua própria natureza, não remonta a uma literatura própria. A fundamentação e o desenvolvimento de suas principais ideias histórico-culturais são dados pela minha *Philosophie des Geldes* [Filosofia do dinheiro].

O DINHEIRO NA CULTURA MODERNA [PP. 330-50]

1 O pagamento em dinheiro promove a divisão do trabalho, pois em geral só se paga em dinheiro para uma realização especializada; apenas o equivalente monetário objetivo sem qualidade corresponde exclusivamente ao produto objetivo singular desligado da personalidade do produtor. Não se paga — onde não existe escravidão — com dinheiro por um homem como um todo, com toda a sua especificidade, mas sim por suas realizações na divisão do trabalho. Por isso, a formação da divisão do trabalho precisa andar de mãos dadas com a ampliação da economia monetária. Dessa maneira é possível explicar deficiências e contradições da relação moderna com os empregados domésticos, pois aqui, de fato, ainda se compra com dinheiro um homem inteiro, com a totalidade de suas realizações.

NOTAS

CONCEITOS SOCIOLÓGICOS FUNDAMENTAIS [PP. 363-91]

1   Max Weber, 1913, pp. 253 ss. *Ges. Aufs. z. Wissenschaftslehre* [Ensaios reunidos sobre a doutrina da ciência], 3. Aufl., pp. 427 ss. (N.E. da edição original)

2   Rickert, *Grenzen der naturwissenschaftlichen Begriffsbildung* [Limites da formação de conceitos em ciências naturais], 2. ed., 1913, pp. 514-23. (N.E. da edição original)

3   *Archiv f. Sozialwissensch*, XXIV, 1907, *Ges. Aufs. Z. Wissenschaftslehre*, 3. Aufl., pp. 291 ss. (N.E. da edição original)

4   Mais especificamente, no ano de 1277. (N.E. da edição original)

5   Sobre a finalidade de tais construtos, cf. [minhas explanações no] *Archiv f. Sozialwiss.* [Arquivo de Ciências Sociais], XIX, pp. 64 ss. [*Ges. Aufs. z. Wissenschaftslehre*, pp. 190 ss.] e infra, item 11. (N.E. da edição original)

6   Existem traduções que optam pelo termo "sociação", não dicionarizado e morfologicamente problemático, ou "socialização", semanticamente ambíguo, os quais prefiro evitar, ainda que tendo de recorrer a este nada econômico "organização em sociedade". (N.T.)

7   Weber utiliza o adjetivo "traditional", não dicionarizado como termo alemão, em lugar de "traditionell" (este, sim, de uso corrente e amplamente presente em dicionários alemães. Opto por "tradicionário" para marcar essa diferenciação, ao que tudo indica desejada pelo autor. (N.T.)

8   Cf., sobre tudo isso, *Arch. f. Sozialwiss*, XIX, loc. cit. [cf supra, p. 4, item 6]. (N.E. da edição original)

CIÊNCIA COMO VOCAÇÃO [PP. 392-431]

1   "Deixai qualquer esperança, vós que entrais." Referência à frase na porta de entrada do inferno na *Divina comédia*, de Dante Alighieri. (N.T.)

2   A primeira acepção do termo no dicionário *Duden* refere-se a "acontecimento chamativo, inesperado". (N.T.)

606 ESSENCIAL SOCIOLOGIA

3 Em *Max Weber — Collected Methodological Writings* (org. de Hans Henrik Bruun e Sam Whimster. Nova York: Routledge, 2012), há um glossário em que figura o termo *hinterweltlich*. Os organizadores assinalam as duas ocorrências no presente ensaio, manifestando crer se tratar de um termo cunhado por Nietzsche e usado no mais das vezes pejorativamente para se referir a algo "situado além do mundo real". Uma das ocorrências, em "Science as a Vocation", Bruun traduziu como *"unreal"*; a outra, como *"belonging to a world beyond the real one"*. Como ele aparece diversas vezes também no texto "Política como vocação", trabalharei com o termo aqui forjado como "trasmundano" (solicitando ao leitor que tenha sempre em mente essa conotação a que alude o estudioso americano). (N.T.)

4 Alusão de Weber a Lucas 10, 38-42. (N.T.)

5 Em alemão, a expressão correspondente a "o fim justifica os meios" é "der Zweck heiligt die Mittel". O verbo é, portanto, "heiligen", que também tem a acepção de "santificar". (N.T.)

6 Nesse ponto, Weber recorre ao tratamento informal para conversar com seu público, diferentemente do que predomina no restante da fala (formalidade, aliás, ainda hoje observada em parte do meio acadêmico alemão). (N.T.)

7 Aqui me pareceu necessário explicitar um contraste, a meu ver intencional, entre os dois sentidos abarcados pelo termo original "Beruf". (N.T.)

8 Citação do *Fausto II*, de Goethe, versos 6817-8, aqui traduzidos livremente para facilitar a inteligibilidade. (N.T.)

9 "Creio não no absurdo, e sim *porque* é absurdo." (N.T.)

10 Isaías 21, 11-12. (N.T.)

POLÍTICA COMO VOCAÇÃO [PP. 432-505]

1 O termo "Gewaltsamkeit" deriva do adjetivo "gewaltsam", que segundo o *Duden*, o mais prestigiado dicionário de língua alemã, qualifica (aqui em tradução livre) algo

"praticado mediante o uso da força [*Gewalt*]". "Gewalt" é um substantivo que designa tanto a força legítima — e cada um dos poderes, Executivo, Legislativo e Judiciário, é chamado de "Gewalt" — quanto a "violência", acepção mais generalizada. Optei por "força" por acreditar dar conta não só da força tirânica e, com efeito, praticante de violência, mas de todo o espectro que começa pela força legítima, fruto de autoridade delegada, de todo modo instrumento de dominação. (N. T.)

2   Do grego, termo que designava uma assembleia; deve-se observar a noção expressa no verbo "kaleo", do qual se origina esse substantivo e que equivale a "chamo" ou "convoco". (N. T.)

3   Duas edições brasileiras anteriores apontavam-na como "revolução [alemã de 1918]". (N. T.)

4   No original, "*Räte von Haus aus*", que equivale, literalmente, a algo como "conselheiros atuando de suas próprias casas", que se tornaram necessários devido ao aumento das atividades administrativas na corte. (N. T.)

5   Em outras passagens, figura como *Amtspatronage*, conceito fundamental de Max Weber para designar a patronagem de cargos públicos. (N. T.)

6   No original da edição usada para esta tradução, apenas "*Kaiser* Max". Mas também figura em outra edição como Maximiliano I (imperador do Sacro Império Romano-Germânico entre 1493 e 1519). (N. T.)

7   No original, "*Vortragender Rat*", conselheiro de alto nível na hierarquia da administração, que produzia periodicamente relatórios oficiais para o príncipe sobre o órgão ao qual estava vinculado. (N. T.)

8   Polícia secreta do czar Alexandre III, no final do século XIX. (N. T.)

9   Máquina política formada por integrantes do Partido Democrata dos Estados Unidos, com papel decisivo no controle da política da cidade de Nova York a partir de fins do século XVIII. (N. T.)

10   Tendência conservadora da aristocracia britânica. A designação tem carga pejorativa: remete ao termo irlandês "tóraighe" (bandoleiro). (N. T.)

608 ESSENCIAL SOCIOLOGIA

11 Partido constituído na Inglaterra nas últimas décadas do século XVIII, defensor dos interesses da burguesia mercantil. Mais tarde daria origem ao partido liberal. *Tories* e *whigs* se alternavam no poder, nessa época. (N. T.)

12 No sentido de "disciplinador", com a função de assegurar que os membros do próprio partido estivessem presentes às votações no Parlamento e votassem conforme as determinações da direção. (N. T.)

13 Na Inglaterra, designa a organização partidária em comitês. Difere do mais amplamente conhecido sistema norte-americano, que se caracteriza por reuniões particulares ou preliminares de militantes e chefes de partido, realizadas em escolas ou em outros locais públicos para designar os delegados de um estado às convenções nacionais partidárias, que por sua vez indicarão seus respectivos candidatos às eleições presidenciais. (N. T.)

14 JP é a abreviatura de "Justice of the Peace", juiz de paz na Inglaterra e em Gales; MP, "Member of Parliament". (N. T.)

15 Câmara dos Deputados nos países da Commonwealth. (N. T.)

16 Referência às práticas para burlar as medidas de racionamento e o consequente surgimento de mercados negros na Alemanha durante a Primeira Guerra Mundial. (N. T.)

17 August Bebel (1840-1913), cofundador do Partido Social-Democrata da Alemanha e seu presidente de 1875 a 1913. (N. T.)

18 Literalmente traduzível como "Conselho Federal", é o órgão responsável por assuntos referentes à Constituição do país. (N. T.)

19 No original, "*gelbe Gewerkschaften*", referência a sindicatos que descartam a luta de classes e, por direitos trabalhistas, se aliam aos empregadores. O termo alemão é, por sua vez, tomado de empréstimo do francês *syndicalisme jaune*. (N. T.)

20 Alusão à sentença de Martinho Lutero: "*Fac tuum officium, et eventum Deo permitte*". [Faça o seu dever e deixe o desfecho para Deus.] (N. T.)

21 Em alemão, a expressão é "Der Zweck heiligt die Mittel",

NOTAS   609

sendo que o verbo "heiligen" tem como acepções principais "sacralizar", "santificar", "consagrar". (N. T.)

22 Citação de *Fausto*, de Goethe. São os versos 6815-8, da
segunda parte, aqui traduzidos livremente. (N. T.)

23 Aqui, na tradução de Oscar Mendes, ligeiramente adap-
tada. In: Shakespeare, *Obra completa*, v. III. Rio de Janeiro: José Aguilar, 1969, p. 856. (N. T.)

REFLEXÃO INTERMEDIÁRIA —
TEORIA DOS NÍVEIS E DIREÇÕES DA REJEIÇÃO
RELIGIOSA DO MUNDO [PP. 506-52]

1 Optei por traduzir assim *"aufgehoben"*, particípio passado de *aufheben*, que faz lembrar a *Aufhebung* da
dialética hegeliana, resgatando aqui suas três principais acepções. (N. T.)

2 Apontada por E. Troeltsch repetidas vezes, de modo
enfático e muito apropriado.

3 A sentença completa, na verdade, é: "*Homo mercator
vix aut* nunquam *deo potest placere*", equivalente a
"O comerciante raramente ou *nunca* pode agradar a
Deus". Provérbio corrente na Idade Média, celebriza-
do no *Decreto de Graciano*, obra eclesiástica do século
XII. (N. T.)

4 No *Bhaghavad Gita*, como veremos, realizado teoricamente com máxima consistência.

5 De 1 Coríntios 10, 23: "Todas as coisas me são lícitas".
(N. T.)

6 Termo forjado de difícil tradução. No original, é "*das
All-Eine*", que funde o pronome indefinido "todo" (*all-*)
ao substantivo "uno" (*das Eine*). Unidos, eles resulta-
riam "das Alleine", que significa "o só", "exclusivo" ou
"único". (N. T.)

7 Ou consequência indesejada da excitação orgiástica. A
fundação da seita Skoptzy de castrados na Rússia foi
fruto do empenho de escapar à consequência considerada pecaminosa da dança orgiástica (*radjenie*) da seita
Khlysty (dos flagelantes).

8	Termo do alemão medieval para designar um tipo de amor cortês, sublime e servil de um cavaleiro por uma mulher no mais das vezes casada e em condição social superior, cantado pelos trovadores conhecidos como *Minnesänger* (N. T.)
9	No original, lemos o pronome pessoal de segunda pessoa do singular informal "du" [você, tu], que traduzido literalmente poderia dificultar a leitura. (N. T.)
10	Nomeadamente, em *Guerra e paz*. De resto, as conhecidas análises de Nietzsche na "vontade de poder" estão em absoluta consonância, apesar (e justamente por causa) do claramente identificado prenúncio de valor invertido. A posição da religiosidade de salvação aparece bem definida em Ashvagosha.
11	No original, o termo usado é "Freitod", "morte livre", cunhado por Friedrich Nietzsche e hoje, mesmo na linguagem comum, empregado como sinônimo de *Selbstmord* ou *Suizid*. (N. T.)

LEIA MAIS PENGUIN-COMPANHIA
CLÁSSICOS

Essencial Celso Furtado

Organização de
ROSA FREIRE D'AGUIAR

A partir dos múltiplos interesses a que se dedicou o economista Celso Furtado durante as seis décadas de sua vida, durante as quais produziu de forma constante, o propósito desta antologia é destacar quatro linhas essenciais no pensamento do grande economista. O eixo "Trajetórias" reúne textos de cunho autobiográfico. O núcleo mais relevante de sua obra é, evidentemente, o "Pensamento econômico", subdividido no *Essencial* em teoria e história, cobrindo um período que vai de 1961 a 1994. A problemática do subdesenvolvimento é seu fulcro. De seu livro mais conhecido, *Formação econômica do Brasil*, marcadamente de história econômica, se inclui o capítulo "Os mecanismos de defesa e a crise de 1929". A esse núcleo se seguem "Pensamento político" e, por fim, o tema da cultura, que fecha o volume, e tem um lugar destacado no pensamento de Celso Furtado, preocupado a partir de meados dos anos 1970 com a dimensão cultural do desenvolvimento, ou melhor, o elo explícito entre cultura e desenvolvimento.

WWW.PENGUINCOMPANHIA.COM.BR

LEIA MAIS PENGUIN-COMPANHIA
CLÁSSICOS

Essencial Franz Kafka

Seleção, introdução e tradução de
MODESTO CARONE

Aprisionado à sufocante existência burguesa que as convenções familiares e sociais o obrigavam, Franz Kafka chegou certa vez a afirmar que "tudo o que não é literatura me aborrece". Muitas narrativas que compõem o cerne de sua obra são produto de uma atividade criativa febril e semiclandestina, constrangida pela autoridade implacável do pai, e se originaram da forte sensação de deslocamento e desajuste que acompanhou o escritor durante toda a sua curta vida. Apesar de seu estado fragmentário, o espólio literário de Kafka — publicado na maior parte em edições póstumas — é considerado um dos monumentos artísticos mais importantes do século XX.

Esta edição de *Essencial Franz Kafka* reúne em um único volume diferentes momentos da produção do autor de *O processo*, 109 aforismos nunca publicados em livro no Brasil, e uma introdução assinada por Modesto Carone, também responsável pelos comentários que antecedem os textos. As traduções consagradas de Carone, realizadas a partir dos originais em alemão, permitem que clássicos como *A metamorfose*, *Na colônia penal* e *Um artista da fome* sejam lidos (ou relidos) com fidelidade ao estilo labiríntico da prosa kafkiana.

LEIA MAIS PENGUIN-COMPANHIA
CLÁSSICOS

Essencial Padre Antônio Vieira

Organização de
ALFREDO BOSI

O enfático juízo de Fernando Pessoa sobre Antônio Vieira contido num verso de *Mensagem* conserva sua plena validade neste início de século XXI. O perfeito domínio das sutilezas da retórica seiscentista, a impressionante erudição bíblica e literária e a inigualada capacidade de instruir, comover e deleitar simultaneamente continuam a fazer da prosa do "imperador da língua portuguesa" um clássico absoluto nas duas margens do Atlântico, mais de três séculos após sua primeira publicação.

Embora o mundo monárquico, escravista e radicalmente dogmático de Vieira já tenha há muito desaparecido, sua extensa obra continua a iluminar a história e a literatura da lusofonia. Jesuíta, político e pregador, confessor de reis e profeta do Quinto Império, autor de centenas de sermões e de uma riquíssima correspondência, Vieira foi um homem de múltiplos interesses, unificados por sua fé inquebrantável e pela crença nos altos destinos de Portugal. *Essencial Padre Antônio Vieira* é uma generosa amostra de sua eloquente produção literária, incluindo alguns de seus melhores sermões, cartas e textos proféticos, além de uma esclarecedora introdução de Alfredo Bosi, membro da Academia Brasileira de Letras, e do texto inédito em português *A chave dos profetas*.

WWW.PENGUINCOMPANHIA.COM.BR

LEIA MAIS PENGUIN-COMPANHIA
CLÁSSICOS

Machado de Assis
Quincas Borba

Introdução de
JOHN GLEDSON
Notas de
CRISTINA CARLETTI

Publicado pela primeira vez em livro em 1891, portanto depois de *Memórias póstumas de Brás Cubas* (1880) e antes de *Dom Casmurro* (1899), *Quincas Borba* é uma das obras mais marcantes da fase realista de Machado de Assis. O romance remete ao Machado contista que começava a abordar temas historicamente mais próximos de sua época e a explorar os conflitos psicológicos de seus personagens.

O romance, narrado com o ceticismo e a ironia implacável tão presentes na obra machadiana, conta a história do provinciano Rubião — herdeiro do filósofo Quincas Borba — e dos tipos urbanos que o levam à ruína.

Esta edição de *Quincas Borba*, além de mais de uma centena de notas explicativas, traz uma extensa e abrangente introdução do britânico John Gledson, estudioso do autor e tradutor de *Dom Casmurro* para o inglês.

WWW.PENGUINCOMPANHIA.COM.BR

LEIA MAIS PENGUIN-COMPANHIA
CLÁSSICOS

John Reed
Dez dias que abalaram o mundo

Tradução de
BERNARDO AZJENBERG
Introdução de
A. J. P. TAYLOR

Dez dias que abalaram o mundo é não só um testemunho vivo, narrado no calor dos acontecimentos, da Petrogrado nos dias da Revolução Russa de 1917, como também a obra que inaugura a grande reportagem no jornalismo moderno. A Universidade de Nova York elegeu este livro como um dos dez melhores trabalhos jornalísticos do século xx. Reed conviveu e conversou com os grandes líderes Lênin e Trotski, e acompanhou assembleias e manifestações de rua que marcariam a história da humanidade.

"Jack" Reed fixou a imagem do repórter romântico, que corre riscos e defende causas socialmente justas. Cobriu os grandes eventos de sua época — a Revolução Russa, a Revolução Mexicana e a Primeira Guerra Mundial. Suas coberturas serviram de inspiração para dois filmes clássicos dirigidos por Sergei Eisenstein, *Outubro* (1927) e *Viva México!* (1931). Em 1981, Warren Beatty dirigiu o filme *Reds*, no qual interpreta Reed.

Esta edição traz apêndice com notas e textos de panfletos, decretos, ordens e resoluções dos principais personagens e grupos ligados à revolução, além de introdução assinada pelo historiador A. J. P. Taylor.

WWW.PENGUINCOMPANHIA.COM.BR

1ª EDIÇÃO [2013] 2 reimpressões

Esta obra foi composta em Sabon por warrakloureiro e impressa em ofsete pela Geográfica sobre papel Pólen Soft da Suzano S.A. para a Editora Schwarcz em setembro de 2021

A marca FSC® é a garantia de que a madeira utilizada na fabricação do papel deste livro provém de florestas que foram gerenciadas de maneira ambientalmente correta, socialmente justa e economicamente viável, além de outras fontes de origem controlada.